"十二五"普通高等教育本科国家级规
普通高等教育经济学管理学重点规
上海市优秀教材（一等奖）
财政部会计名家培养工程

高级财务会计学习指南

GUIDELINE ON ADVANCED FINANCIAL ACCOUNTING

储一昀 ◎ 主编

上海财经大学出版社

图书在版编目(CIP)数据

高级财务会计学习指南/储一昀主编. —上海:上海财经大学出版社,2018.4
"十二五"普通高等教育本科国家级规划教材(第一批)
普通高等教育经济学管理学重点规划教材
上海市优秀教材(一等奖)
财政部会计名家培养工程
ISBN 978-7-5642-2967-2/F・2967

Ⅰ.①高… Ⅱ.①储… Ⅲ.①财务会计-高等学校-教学参考资料 Ⅳ.①F234.4

中国版本图书馆CIP数据核字(2018)第031531号

□ 责任编辑　陈　佶
□ 封面设计　杨雪婷

GAOJI CAIWU KUAIJI XUEXI ZHINAN
高级财务会计学习指南
储一昀　主编

上海财经大学出版社出版发行
(上海市中山北一路369号　邮编200083)
网　　址:http://www.sufep.com
电子邮箱:webmaster @ sufep.com
全国新华书店经销
上海宝山译文印刷厂印刷装订
2018年4月第1版　2018年4月第1次印刷

787mm×1092mm　1/16　28.5印张　730千字
印数:0 001—3 000　定价:58.00元

目 录

第一章 企业扩张与企业合并/1
  案例：中国平安收购深发展/1
    案例分析要点提示/6
    学习指导/6
    练习题/11
    练习题参考答案/12

第二章 企业合并的会计方法/13
  案例：申银万国吸收合并宏源证券/13
    案例分析要点提示/17
    学习指导/17
    练习题/24
    练习题参考答案/29
    教材课后习题参考答案/33

第三章 合并日的合并财务报表/38
  案例：吉利控股集团收购沃尔沃/38
    案例分析要点提示/42
    学习指导/42
    练习题/49
    练习题参考答案/54
    教材课后习题参考答案/58

第四章 购并日后的合并财务报表/65
  案例：中国平安收购上海家化/65
    案例分析要点提示/76
    学习指导/76

练习题/84
练习题参考答案/90
教材课后习题参考答案/96

第五章　集团内部存货交易/100
案例：中石油吸收合并PK石油公司/100
案例分析要点提示/105
学习指导/105
练习题/109
练习题参考答案/115
教材课后习题参考答案/122

第六章　集团内部固定资产交易/127
案例：宝钢集团合并八一钢铁/127
案例分析要点提示/130
学习指导/130
练习题/135
练习题参考答案/142
教材课后习题参考答案/149

第七章　集团内部交易：债券/159
案例：绿地集团借壳金丰投资/159
案例分析要点提示/163
学习指导/163
练习题/165
练习题参考答案/170
教材课后习题参考答案/177

第八章　股权变动/182
案例：宝万之争/182
案例分析要点提示/187
学习指导/187
练习题/192
练习题参考答案/197
教材课后习题参考答案/205

第九章　复杂控股关系/209
案例：辽宁成大和广发证券相互持股/209
案例分析要点提示/211
学习指导/211

练习题/216
　　练习题参考答案/221
　　教材课后习题参考答案/225

第十章　合并现金流量表与合并每股收益/231
　案例：中国南车和中国北车合并/231
　　案例分析要点提示/236
　　学习指导/236
　　练习题/240
　　练习题参考答案/244
　　教材课后习题参考答案/250

第十一章　外币交易会计/260
　案例：紫金矿业的外币业务/260
　　案例分析要点提示/263
　　学习指导/263
　　练习题/268
　　练习题参考答案/271
　　教材课后习题参考答案/274

第十二章　外币报表折算/278
　案例：紫金矿业境外子公司外币报表折算/278
　　案例分析要点提示/282
　　学习指导/282
　　练习题/285
　　练习题参考答案/289
　　教材课后习题参考答案/297

第十三章　衍生金融工具会计/305
　案例：中信泰富事件/305
　　案例分析要点提示/310
　　学习指导/310
　　练习题/322
　　练习题参考答案/326
　　教材课后习题参考答案/331

第十四章　分部报告与中期报告/342
　案例：华闻传媒的分部报告与中期报告/342
　　案例分析要点提示/349
　　学习指导/349

练习题/353
练习题参考答案/355
教材课后习题参考答案/358

第十五章　租赁会计/361
案例：东方航空经营租赁/361
案例分析要点提示/364
学习指导/365
练习题/372
练习题参考答案/374
教材课后习题参考答案/380

第十六章　养老金会计/388
案例：平安银行的养老金信息/388
案例分析要点提示/390
学习指导/390
练习题/395
练习题参考答案/397
教材课后习题参考答案/400

第十七章　公司财务困境/405
案例：*ST 川化重整计划/405
案例分析要点提示/408
学习指导/409
练习题/415
练习题参考答案/418
教材课后习题参考答案/422

第十八章　合伙企业会计/424
案例：合伙企业的经营/424
案例分析要点提示/426
学习指导/426
练习题/435
练习题参考答案/439
教材课后习题参考答案/442

后记/447

第一章
企业扩张与企业合并

 **中国平安收购深发展**

2009年6月12日,深圳发展银行(以下简称"深发展")和中国平安保险(集团)股份有限公司(以下简称"中国平安")同时发布公告称,中国平安将通过股份认购和股份转让的方式成为深发展的最大股东。中国平安收购深发展是我国 A 股市场有史以来上市公司之间最大的银行业并购案,也是我国保险机构收购商业银行的第一案。

一、公司简介

中国平安成立于1988年3月,总部位于深圳,它是中国第一家以保险业务为核心,融证券、信托、银行、资产管理、企业年金等多元金融业务于一体的综合金融服务集团,并于2004年6月和2007年3月先后在香港联交所主板及上海证券交易所上市。A 股股票代码为601318.SH,H 股股票代码为2318.HK。中国平安刚成立时名为"深圳平安保险公司",主要在深圳从事财产保险业务。随着经营区域的扩大,于1992年更名为"中国平安保险公司",于1994年开始从事寿险业务,并于2002年更名为"中国平安保险(集团)股份有限公司"。2003年,中国平安与汇丰银行联合收购福建亚洲银行。2006年,中国平安又收购了深圳市商业银行,并将两个银行成功整合为平安银行。截至2016年12月31日,集团总资产达人民币55 769.03亿元,归属母公司股东权益为人民币3 834.49亿元,2016年集团实现营业收入人民币7 124.53亿元,归属于母公司股东的净利润为人民币623.94亿元。美国《福布斯》杂志发布的2017年"全球上市公司2000强"(Forbes Global 2000)排行榜中显示,中国平安连续第12年入围该榜单,列全球第16位;名列2017年《财富》杂志"全球领先企业500强"第39位,并成为入选该榜单的中国内地非国有企业第一名。

深圳发展银行股份有限公司是中国第一家面向社会公众公开发行股票并上市的商业银行。深发展于1987年5月10日以自由认购形式首次向社会公开发售人民币普通股,并于1987年12月22日正式宣告成立。经过20多年的快速发展,深圳发展银行综合实力日益增强,自身规模不断扩大,已在北京、上海、广州、深圳、杭州等18个经济发达城市设立了近300家分支机构,并在北京、香港设立代表处,与境外众多国家和地区的600多家银行建立了代理行关系。2004年,深发展成功引进了国际战略投资者——美国新桥投资集团(Newbridge Asia AIV Ⅲ,L. P.),从而成为国内首家以外资作为第一大股东的中资股份制商业银行(持股比例达16.76%）。2008年底深发展大幅削减不良贷款，根据2009年年报显示，截至2009年12月31日，不良贷款率仅为0.68%，是国内不良贷款率最低的商业银行之一。

新桥资本(Newbridge Capital)是亚洲最大的私人股权投资机构之一，其管理的资金达17亿美元。新桥资本于1994年由德克萨斯太平洋集团(TPG)和Blum Capital Partners发起设立，实际上是这两家公司在亚洲的延伸。其中，TPG是一家合伙制直接投资公司，管理的资本金超过100亿美元，投资领域涉及金融、通信、航空、食品等，曾经收购了著名的硬盘制造商希捷、美洲航空、西北航空和美国第二大快餐连锁公司汉堡王等；Blum投资基金管理的资本金超过20亿美元，其投资范围包括金融服务机构、消费类产品和医疗保健等。新桥资本的主要股东还包括GE投资财团、世界银行、大都会保险和新加坡投资基金等。新桥投资公司的定位是战略性金融投资。

二、合并过程

早在2006年，就有消息称中国平安欲与美国新桥资本商谈接手深发展股权的问题，双方一度达成合作意向，计划借股权分置改革的机会，使中国平安介入，承担对价，同时就收购新桥所持股份达成了一揽子协议。当时深发展股价在13元左右。但新桥方面还有两年承诺的锁定期，最终新桥方面终止了谈判。

2008年7月23日，有报道称，深发展控股股东新桥已经启动退出计划。业内有猜测称平安可能接手部分深发展股份，但平安拒绝表态。

2008年8月21日，在半年报业绩发布会上，深发展董事长兼首席执行官法兰克·纽曼称："如果平安来投资我们，我们相比其他银行会成为一个更好的投资对象。"

2009年3月4日，对于坊间一度流传的平安拟收购深发展的传闻，平安银行行长理查德·杰克逊明确予以否认。

2009年3月20日，深发展发布2008年年报显示，中国平安的控股子公司中国平安人寿保险股份有限公司在2008年一共增持深发展股份150 963 528股，占总股本的4.68%，成为深发展的第二大股东。当时新桥资本是深发展的第一大股东，持股比例为16.76%。

1. 并购第一阶段

2009年6月8日，中国平安A股、H股早盘同时临时停牌，深发展A股也停牌。

2009年6月13日，中国平安发布公告称其控股子公司中国平安人寿保险股份有限公司（以下简称"平安人寿"）认购不少于3.70亿股但不超过5.85亿股的深发展非公开发行的股份，并受让美国新桥投资集团持有的深发展520 414 439股股份，占深发展当时总股本3 105 433 762股的16.76%；交易耗资不超过221.27亿元，交易完成后中国平安将成为深发展的最大股东。此项交易涉及金额为当时A股之最。同日，深发展发布公告称拟向平安人寿非公开发行股票，发行数量不少于3.70亿股但不超过5.85亿股，发行价格为定价基准日前20个交易日公司股票交易均价的100%，即18.26元/股，募集资金金额不超过106.83亿元。

2009年6月29日，深发展召开临时股东大会，在新桥投资与平安人寿作为关联方回避表决的情况下，深发展拟向中国平安非公开发行股票的议案仍获得93.5%以上的赞成票通过。

2009年8月7日，中国平安发布公告称，中国平安将向新桥资本非公开发行H股作为对价受让新桥资本持有的深发展520 414 439股股份。

2010年5月5日，深发展和中国平安同时发布公告称，收到证监会、银监会、保监会和商务部的批复，核准中国平安向新桥资本定向增发299 088 758股H股，受让新桥资本持有的深发展 520 414 439 股股份。

2010 年 6 月 28 日,深发展非公开发行 A 股股票申请获得证监会核准。深发展向平安人寿发行 37 958 万股股份,平安人寿支付认购资金 6 931 130 800 元。本次非公开发行后,深发展总股本增加至 3 485 013 762 股,中国平安和平安人寿合计持有 1 045 322 687 股深发展股份,约占深发展非公开发行后总股本的 29.99%。

下面概括了深发展此次增发前后股权变动情况(根据深发展年报整理)。

中国平安向新桥资本定向增发 299 088 758 股 H 股以换取新桥资本持有的深发展 520 414 439股股份(见图 1)。

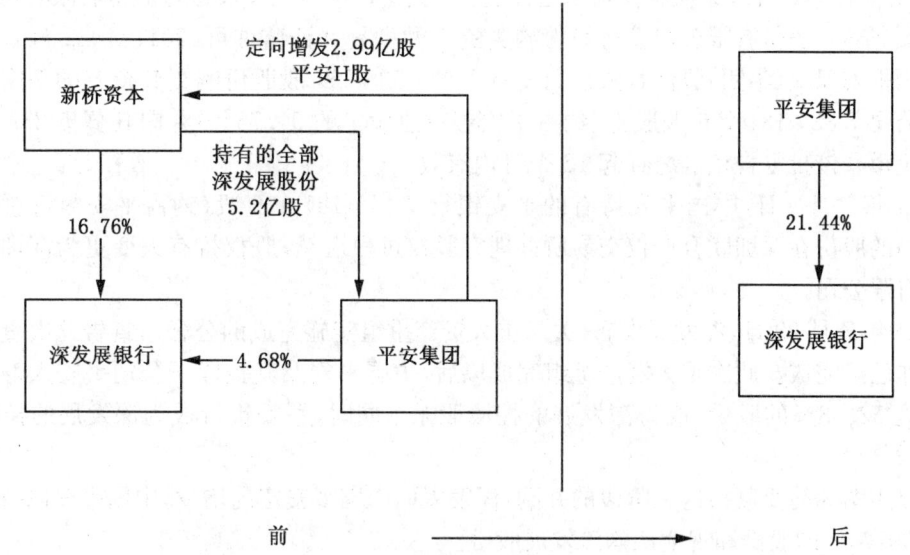

图 1　中国平安向新桥资本定向增发 299 088 758 股 H 股

深发展向平安人寿定向增发 37 958 万股股份(见图 2)。

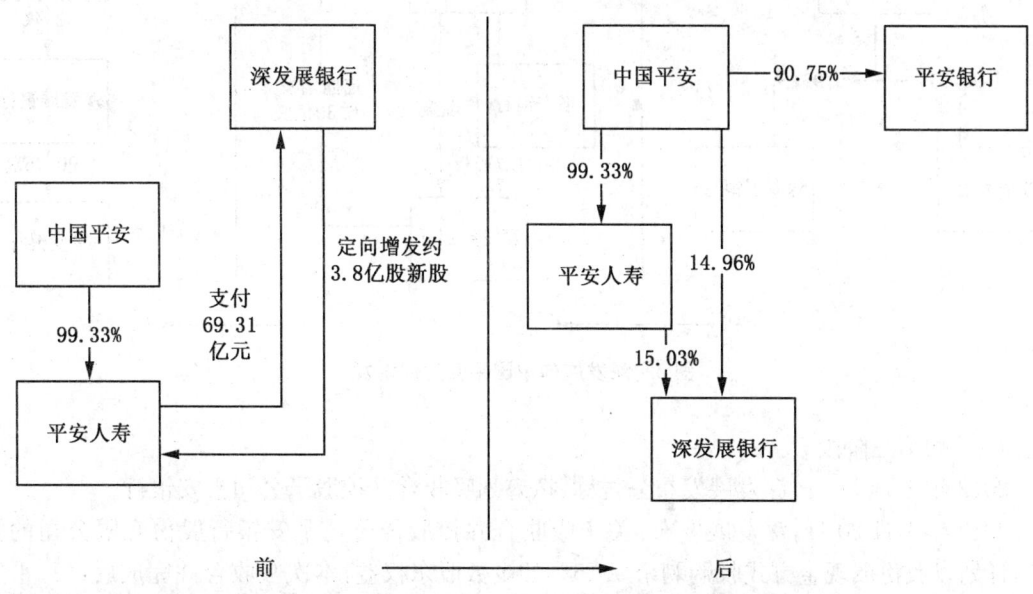

图 2　深发展向平安人寿定向增发 37 958 万股股份

2. 并购第二阶段

2010年9月15日,深发展发布了《发行股份购买资产暨关联交易报告书》。公告称,拟由中国平安以其所持平安银行的7 825 181 106股股份(约占平安银行总股本的90.75%)以及等额于平安银行约9.25%股份评估值的现金269 005.23万元,认购深发展非公开发行的1 638 336 654股股份。本次交易完成后,中国平安直接和间接持有深发展的股权比例将从29.99%增加至52.38%。同时,平安银行将成为深发展的控股子公司。

2011年5月12日,深发展发行股份购买资产暨关联交易之重大资产重组事宜经中国证监会上市公司并购重组审核委员会2011年第12次工作会议审核,获得有条件通过。

2011年6月28日,深发展收到中国证监会《关于核准深圳发展银行股份有限公司向中国平安保险(集团)股份有限公司发行股份购买资产的批复》(证监许可〔2011〕1022号),核准公司向中国平安保险(集团)股份有限公司发行1 638 336 654股股份购买其持有的平安银行股份有限公司7 825 181 106股股份(约占平安银行总股本的90.75%)并向其募集269 005.23万元人民币。该批复自核准之日起12个月内有效。

2011年7月8日,中国平安持有的平安银行7 825 181 106股(约占平安银行总股本的90.75%)的股份在深圳联合产权交易所办理完股权过户手续,股权持有人变更为深圳发展银行股份有限公司。

2011年7月29日,深发展发布《关于重大资产重组实施完成的公告》,宣告此次重大资产重组工作已经完成。此次重大资产重组完成以后,中国平安及其控股子公司平安人寿合计持有深发展52.38%的股份,成为深发展的控股股东。同时,平安银行成为深发展的控股子公司。

可以用图3简要概括这一阶段的并购:深发展向中国平安定向增发,中国平安以持有的平安银行90.75%的股份和现金认购深发展股份。

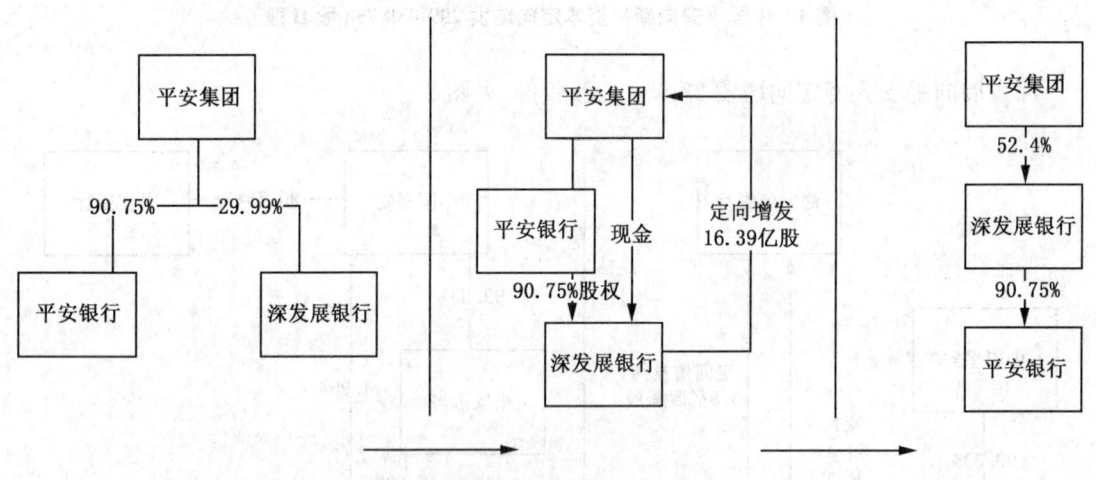

图3 深发展向中国平安定向增发

3. 并购第三阶段

2012年1月11日,深发展发布公告称,拟筹划吸收合并控股子公司平安银行。

2012年1月20日,深发展发布《关于吸收合并控股子公司平安银行股份有限公司的公告》,计划以股份或现金方式收购剩余9.25%的少数股东权益,本次吸收合并完成后:(1)平安银行应被并入深发展,平安银行注销,不再作为法人主体独立存在;(2)深发展应为合并后存续的公司;(3)深发展及其所有权利、资质和许可均不受合并的影响;(4)平安银行的全部资产、负债、证照、许可、业务以及人员均由深发展依法承继,附着于平安银行资产上的全部权利和义务亦由深发展依法享有和承担。

2012年4月24日,中国银监会以《中国银监会关于深圳发展银行吸收合并平安银行的批复》(银监复〔2012〕192号)批准了本次吸收合并,同意深发展吸收合并平安银行股份有限公司,平安银行法人资格终止。

三、尾声

2012年6月13日,平安银行收到深圳市市场监督管理局出具的《企业注销通知书》,深圳市市场监督管理局核准平安银行于2012年6月12日注销登记。平安银行注销后,其分支机构成为深发展的分支机构,其全部资产、负债、证照、许可、业务以及人员均由深发展依法承继,附着于其资产上的全部权利和义务亦由深发展依法享有和承担。

2012年8月2日,深发展公司名称发生变更,变更后公司名称为"平安银行股份有限公司",证券简称为"平安银行",证券代码000001.SZ不变。

总体来看,收购深发展是中国平安综合金融战略的最佳选择,对于其建设综合性金融服务帝国具有长远的战略意义。

深发展在经历了经营业绩低谷、美国新桥投资后的"春天"和众多投资者青睐后,将发展局限归结于资金不足,因此愿意被中国平安并购;中国平安利用深发展的银行客户资源来推动其银行业的发展并最终巩固了保险、银行、投资三大业务在国内金融市场上的地位。这场中国资本市场上最大规模的购并交易基本实现了三方共赢,同时又最大限度地减少了对市场的冲击,控制了交易风险,破解了长期以来让金融监管层头疼的混业经营问题,对综合金融实践进行了有益探索。

讨论题

1. 中国平安收购深发展属于横向合并还是纵向合并?
2. 有关中国平安收购深发展的企业合并中,合并的支付方式有哪些?你认为为什么会采用这些支付方式?
3. 中国平安为什么要收购深发展?中国平安收购深发展之后对自己的银行业务有什么影响?
4. 资本市场如何看待这次并购?

案例分析要点提示

1. 提示：中国平安和深发展都属于金融行业，所以中国平安收购深发展属于横向合并。
2. 提示：从案例中合并过程来看，中国平安收购深发展采用的支付方式主要有现金支付和股权支付，可根据本章有关内容解释为什么采用该种支付方式。
3. 提示：结合收购以后平安银行的年报，从平安银行的经营业绩角度去解释中国平安收购深发展的动因以及经济后果。
4. 提示：结合中国平安以及深发展在并购期间的股价来判断资本市场对这次并购的看法。

学习指导

一、本章教学大纲

本章主要内容是介绍企业合并的动因、企业合并的种类以及企业合并的历史浪潮。

本章教学大纲

企业合并的动因及其控制	企业合并的动因	协同效应
		扩大市场份额
		传递信号
		降低自由现金流量
		打破行业壁垒
		增强国际竞争力
		合理避税
		多元化经营
		资产剥离
		政府导向
	企业合并中的控制	"控制"的三要素
企业合并的种类	按照控制权分类	同一控制下的企业合并
		非同一控制下的企业合并
	按照法律形式分类	吸收合并
		新设合并
		控股合并
	按照支付方式分类	现金合并
		股权合并
		杠杆合并
	按照企业合并所涉及的行业分类	横向合并
		纵向合并
		混合合并
	按照合并动机分类	善意合并
		恶意合并
企业合并的历史浪潮	美国的五次合并浪潮	
	中国的三次合并浪潮	

二、本章重点、难点解析

1. 企业扩张的内涵

企业扩张有两种途径：对内扩张和对外扩张。

对内扩张	对外扩张
在本企业范围内增加资本、扩大生产经营规模，主要是通过增添资产、设立分支机构等形式来实现。	即企业合并，是指两个或两个以上的企业结合起来组成一个更大的企业，扩大生产经营规模，实现优势互补。

2. 企业合并的内涵

当实体获得构成企业的净资产或者获得一家或多家实体的所有者权益，并保持对其的控制权时，便出现了企业合并。根据我国《企业会计准则第 20 号——企业合并》的定义，企业合并是指将两个或者两个以上单体的企业合并形成一个报告主体的交易或事项。

3. 企业合并动因中的协同效应

所谓协同效应，简单地说，就是"1+1>2"的效应。企业合并的协同效应是指企业通过合并，使总体的效果大于两个单体企业效益的算术和。协同效应主要包括三个方面：**管理协同效应、财务协同效应和经营协同效应**。

管理协同效应	该理论认为产生合并的原因在于交易双方的管理效率存在差异，因而具有较高效率的公司合并具有较低效率的公司能提高目标公司的效率，而合并方也会因此获益。
财务协同效应	该理论认为合并能给企业在财务方面带来种种效益，但是这种效益的取得不是由于效率的提高而引起的，而是由于税法、会计惯例以及证券交易等内在规则的作用而产生的，即合并可以产生财务协同效应。
经营协同效应	该理论认为具有不同优势的公司间，通过合并能产生优势互补或形成规模经济，进而促进双方效率的提高。

4. 企业合并动因中的信号理论

企业合并可以向市场传递一些信号，这些信号可以为合并方带来丰厚的利润。一般来说，企业通过合并某些被市场低估的公司可以传递两方面的信号：一方面，通过合并活动可以向市场传递被合并方的股票被低估的信号，促使市场自动对该股票进行重新评估，提升被合并方的价值，而无需企业采取任何措施，这种现象被解释为"坐在金矿上"；另一方面，通过合并可以向被合并方管理层传递信号，使得该管理层意识到如果不改善目前的经营管理状况，则很可能失去现有的职位，被新的管理层替代，从而激励被合并方的管理层提高管理水平，采取更为有效的措施，进一步提升被合并方的价值。

5. 企业合并动因中的自由现金流量理论

自由现金流量是由美国学者迈克尔·C. 詹森（Michael C. Jensen）于 1986 年提出的，是指支付了所有净现值为正的投资项目后所剩余的现金流量。詹森指出："要使公司有效率，并使股东价值最大化，就必须将自由现金流量支付给股东。"但是，管理者追求的是个人利益最大化，而非股东财富最大化，往往不愿意将这部分现金流量支付给股东，而留存公司满足自身利益的要求，这种经理人的机会主义动机是为了获取控制权收益，即所谓的财富转移，如获得控制资源的权力、改善工作环境等。为了避免这种情况就需要为企业寻求更多的投资机会，尽可能减少管理者控制自由现金流量的数量。企业合并就是利用自由现金流量的一种很好的选择,它不仅可以充分利用自由现金流量,还可以使管理者由于为企业合并所需要的资金进行融资,而受到外部资本市场的监督,进一步降低因管理者与企业目标不一致给股东带来的损失,使得管理者能更好地为股东服务。

6. 企业合并中的"控制"三要素

企业合并中的"控制",是指投资方拥有对被投资方的权力,通过参与被投资方的相关活动而享有可变回报,并且有能力运用对被投资方的权力影响其回报金额。这种控制需要具备三个要素:一是投资方拥有对被投资方的权力;二是因参与被投资方的相关活动而享有可变回报;三是有能力运用对被投资方的权力影响其回报金额。

7. 按照控制权分类,企业合并可分为同一控制企业合并和非同一控制企业合并

按照控制权分类,视参与合并的企业是否受同一方控制,可分为同一控制下的企业合并和非同一控制下的企业合并。受同一方控制,一般是指受同一集团控制或者最终的实际控制人是同一个法人(自然人)。

需要注意的是,在我国,国资委主导的企业合并要按不同的情形区分为同一控制和非同一控制。例如,如果 A 和 B 同属于中央国资委或者同属于某个地方国资委,那么 A 和 B 的合并属于同一控制下的企业合并;如果 A 和 B 属于不同地方的国资委,那么 A 和 B 的合并属于非同一控制下的企业合并。

8. 按照法律形式分类,企业合并可分为吸收合并、新设合并和控股合并

类 型	含 义	表现形式
吸收合并	参与合并的企业中只有一家存续,其余公司均告解散。即企业合并后,合并方存续,被合并方的法人资格被注销。	A+B=A
新设合并	原来的各家公司均告解散,合并成立一家新的公司。即企业合并后,参加合并的各方其法人资格均被注销,重新注册成立一家新的企业。	A+B=AB
控股合并	一家企业购入或取得了另一家企业有投票表决权的股份或出资证明书,且已达到控制后者经营和财务方针的持股比例的企业合并形式。在企业合并后,被合并方仍维持其独立法人资格。	A+B=A+B

9. 按照合并支付方式分类,企业合并可分为现金合并、股权合并和杠杆合并

类 型	含 义		表现形式
现金合并	合并方支付现金或现金等价物以换取(购买)被并公司的所有权。	以现金购买资产	合并方使用现金或现金等价物购买目标公司的大部分或全部净资产,以实现对目标公司的控制。
		以现金购买股权	合并方使用现金或现金等价物购买目标公司的大部分或全部股票,以实现对目标公司的控制,这种方式可以通过一级市场或二级市场进行。
股权合并	合并方采取增加发行本公司的股票或权益性证券的方式来购买被并公司的所有权。	以股权购买资产	合并方用增发的股票换取被并公司的大部分或全部资产,以实现对被并公司的控制。
		以股权购买股权(简称换股合并)	合并方用增发的股票换取被并公司的部分或全部股票,以实现对被并公司的控制。

续表

类型	含义	表现形式
杠杆合并	一家或几家公司在银行贷款或金融市场借贷的支持下进行的合并。	

10. 不同的合并支付方式下的核心会计分录

支付方式	会计分录
以现金购买资产	借：资产（被并方） 　　贷：负债（被并方） 　　　　现金/银行存款
以股权购买资产	借：资产（被并方） 　　贷：负债（被并方） 　　　　股本 　　　　资本公积
以现金购买股权	借：长期股权投资——子公司 　　贷：现金/银行存款 合并工作底稿上的抵销分录： 借：股本（子公司） 　　资本公积（子公司） 　　盈余公积（子公司） 　　未分配利润 　　贷：长期股权投资——子公司
以股权购买股权	借：长期股权投资——子公司 　　贷：股本 　　　　资本公积 合并工作底稿上的抵销分录： 借：股本（子公司） 　　资本公积（子公司） 　　盈余公积（子公司） 　　未分配利润 　　贷：长期股权投资——子公司

11. 按照合并所涉及的行业分类，企业合并可分为横向合并、纵向合并和混合合并

类型	含义
横向合并	即水平合并，指生产工艺、产品、劳务相同或相似的企业间的合并行为。
纵向合并	即垂直合并，指参与合并的企业分属不同的产业或行业部门，但相互之间有着密切联系或衔接关系的合并行为。
混合合并	即多种经营合并、多元化合并，指两个或两个以上没有直接生产技术和经营关系的企业之间的合并行为。

12. 反收购的防御策略

"毒丸"计划	向老股东发行优先股购股权,使他们在企业被并时能够以低于市场价格额外购买公司的股份。这种优先股购股权犹如一颗"毒丸",使得恶意合并的企业难以实现其目的或者耗资巨大——如果被吞下,"毒丸"就能使恶意合并的企业在经济上"中毒"。
绿色邮件	当合并方对外收购被并企业的股票,并宣布要正式并购时,如果被并企业管理层不愿公司被接管,便只能与合并方达成协议,以较高的价格买回被收购的股票。
"白衣骑士"	当遭到恶意合并时,被并企业邀请一个更能接受的第三方企业,即所谓的"白衣骑士"作为另一个收购者,以更高的价格来对付恶意收购,从而使自己与"白衣骑士"合并。
自残策略	通常,实施自残策略主要包括三种方式:出售"皇冠上的珍珠"、"焦土防御"和"虚胖防御"。前两者是通过出售资产的方式自残,后者是通过购买资产的方式自残。
举债收购	由被并公司的管理层和第三方投资者通过大量举债的方式收购公司的控股权并因此将公司转为私人控制的公司。在这种策略下发行的债券通常为高利息、高风险的"垃圾"债券。举债收购若主要是管理层以举债形式收购公司控制权,则称为管理层收购(MBO)。
"帕克门"防御	被收购方会采取积极的反攻策略,当被并企业遭到恶意合并时,会以攻为守,向合并方提出恶意合并。

13. 美国及中国的合并浪潮

美国的五次合并浪潮	垄断时期:第一次合并浪潮发生于19世纪末20世纪初,资本主义由自由竞争阶段向垄断竞争阶段过渡。
	寡头垄断时期:第二次合并浪潮发生在20世纪20年代两次世界大战间的经济稳定发展时期。
	企业联合时期:第三次合并浪潮发生在20世纪50年代至60年代,于60年代后期形成高潮。
	企业重组时期:第四次合并浪潮发生在1975年至20世纪90年代初,特别是在80年代进入高潮。
	企业战略性合并:第五次合并浪潮从20世纪90年代开始,目前正处于这一浪潮之中。
中国的三次合并浪潮	新中国成立后带有计划经济特点的企业合并。
	20世纪80年代初期以政府主导为主要特点的国企合并。
	20世纪90年代初期形成形式多样且规模空前的企业合并。

三、名词中英文对照

企业扩张	Business Expansion
对内扩张	Internal Expansion
对外扩张	External Expansion
企业合并	Business Combination
接管	Takeovers
兼并和收购(并购)	Merger & Acquisition(简称 M&A)
管理协同效应	Management Synergy
经营协同效应	Operating Synergy
财务协同效应	Financial Synergy
多元化经营	Diversification

资产剥离	Divestitures
分立	Demerger
甩卖	Sell-off
分立	Spin-off
折股	Split-off
分拆	Split-up
同一控制	Common Control
非同一控制	Non-common Control
吸收合并/兼并	Merger
新设合并	Consolidation
控股合并	Acquisition of Majority Interest（简称 Acquisition）
控股公司	Holding Company
母公司	Parent Company
子公司	Subsidiary Company
附属公司	Affiliated Company
多数股东权益（简称多数股权）	Majority Interest
少数股东权益（简称少数股权）	Minority Interest（简称 MI）
控制性权益	Control Interest（简称 CI）
非控制性权益	Non-control Interest（简称 NCI）
以现金购买资产	Cash-for-Assets
以现金购买股权	Cash-for-Stock
以股份购买资产	Stock-for-Assets
以股份购买股权/换股	Stock-for-Stock
横向合并	Horizontal Integration
纵向合并	Vertical Integration
混合合并	Conglomerate
产品扩张型	A Product Extension
市场扩张型	A Geographic Market Extension
纯粹的混合合并	Pure Conglomerate Merger
善意合并	Friendly Merger

练习题

选择题

1. 企业合并中，一个新成立的公司接管两个或以上的公司的资产和经营，被接管公司宣告解散，这种合并称为（　　）。
   A. 新设合并　　　　　　　　B. 吸收合并
   C. 权益结合法　　　　　　　D. 购买法

2. 牡丹公司和紫兰公司进行合并，牡丹公司接受紫兰公司的净资产，紫兰公司宣告解散，这种合并称为( )。

    A. 新设合并   B. 吸收合并

    C. 控股合并   D. 权益结合

3. 甲公司通过购买乙公司80％在外流通的普通股，从而控制了乙公司的生产经营权，这种控制形式的合并称为( )。

    A. 新设合并   B. 吸收合并

    C. 权益结合法   D. 控股合并

4. 按照合并的支付方式，企业合并可分为如下种类，除了( )。

    A. 现金合并   B. 股票合并

    C. 杠杆合并   D. 混合合并

5. 企业合并按照所涉及的行业分类，可分为( )(多选)。

    A. 横向合并   B. 纵向合并

    C. 混合合并   D. 控股合并

6. 企业合并的财务协同效应是指( )。

A. 合并双方的管理效率存在差异，通过效率高的公司合并效率低的公司从而提高目标公司的效益，由此获益

B. 合并后通过税法、会计处理惯例以及证券交易等内在规定的作用而给企业在财务方面带来效益

C. 合并后可以减少市场中的竞争对手，扩大市场占有率，从而增加企业的销售收入，带来利润的增长

D. 合并后可以获得现成的生产设备、正规的供货分销渠道以及有经验的员工，从而大大降低了企业的成本和风险

练习题参考答案

选择题

1. A
2. B
3. D
4. D
5. ABC
6. B

第二章 企业合并的会计方法

案例 申银万国吸收合并宏源证券

证券公司作为我国金融体系的重要组成部分,随着我国资本市场的不断发展,其上市融资的需求日趋强烈。2014年12月,证券行业迎来了史上最大规模的一次合并——申银万国吸收合并宏源证券。合并后的存续公司(申万宏源)规模一度达到证券业第四。申银万国换股吸收宏源证券的案例,对于后续证券企业创新上市途径、选择合并对象、理性设计合并方案、合理布局集团架构都有着重要的借鉴意义。

一、公司简介

申银万国证券股份有限公司(以下简称"申银万国")为中国第一家股份制证券公司,由原上海申银证券公司和原上海万国证券公司于1996年7月16日合并组建而成,当时注册资本为13.2亿元,总部设在上海。自公司设立以来,申银万国已经发展成为一家拥有4 000多名员工、注册资本67.157 6亿元的大型综合类证券公司,也是国内最具实力的证券公司之一。截至2012年12月31日,申银万国共有195家股东,其中大多是国内著名的大中型企业,中央汇金是公司第一大股东。公司在全国拥有9个分公司、2个代表处、154家营业网点。根据2012年年报,申银万国总资产583.78亿元、净资产181.35亿元、净利润14.3亿元。

宏源证券股份有限公司前身是成立于1993年的新疆宏源信托股份有限公司,是我国唯一一家注册地为新疆的证券股份有限公司,初始注册资本为1.75亿元。1994年,宏源信托在深交所正式挂牌上市,股票代码为000562.SZ。初始以信托业务为主业,随着证券市场的不断发展,其逐渐向证券领域进军。公司为实现战略转型,逐步将原有的信托业务资产进行剥离,最终于2000年正式更名为宏源证券股份有限公司(以下简称"宏源证券")。宏源证券近几年来一直保持着较好的业绩水平,其固定收益业务以及创新性业务在行业内均处于领先地位。其最大股东为中央汇金的全资子公司中国建银投资有限责任公司(以下简称"中国建投"),持股比例超过60%,因此宏源证券的实际控制人也为中央汇金公司。

在申银万国吸收合并宏源证券之前,两家证券公司前几大股东持股比例如表1和表2所示。

表1

申银万国股东名称	持股比例
中央汇金投资有限责任公司	55.38%
上海久事公司	13.38%
中国光大集团股份公司	11.02%
赣州壹申投资合伙企业(有限合伙)	1.49%
浙江中国小商品城集团股份有限公司	1.38%
上海东方明珠(集团)股份有限公司	0.93%
上海陆家嘴金融贸易区开发股份有限公司	0.90%

表2

宏源证券股东名称	持股比例
中国建银投资有限责任公司	60.02%
新疆凯迪投资有限责任公司	1.71%
中国银行—易方达深证100交易型开放式指数证券投资基金	0.47%
汇达资产托管有限责任公司	0.36%
中国工商银行—融通深证100指数证券投资基金	0.27%
新疆生产建设兵团投资有限责任公司	0.26%
中国银行—嘉实沪深300交易型开放式指数证券投资基金	0.17%

合并之前,两家证券公司股权结构分别如图1和图2所示。

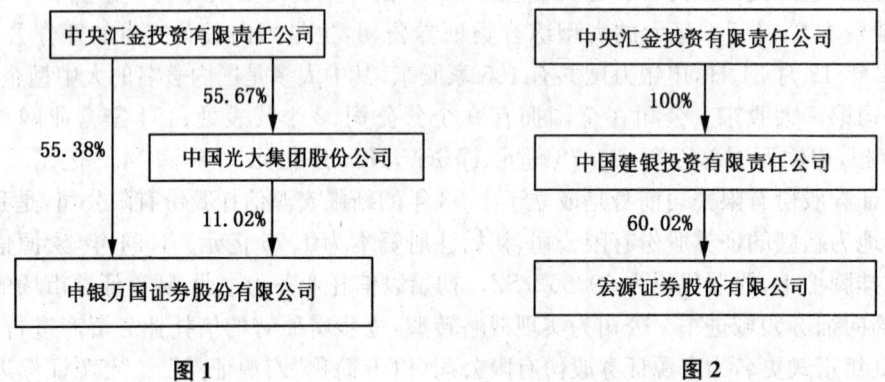

图1　　　　　　　　　　　　图2

二、合并过程

2013年10月30日,宏源证券发布公告称,公司因重大资产重组事项停牌。

2014年1月29日,宏源证券发布公告披露此次重大资产重组的交易对手方为申银万国证券股份有限公司。

2014年7月25日,宏源证券发布公告称将与申银万国合并,并发布合并草案。

2014年8月12日,宏源证券召开股东大会,审议通过了合并议案。

2014年11月4日,证监会核准通过申万宏源合并方案。

2014年12月10日,宏源证券正式停牌,进入换股合并阶段。

2014年12月14日,申银万国召开董事会,审议同意根据重组方案,申银万国以吸收合并宏源证券后的全部证券类资产及负债出资,在上海设立全资证券子公司;之后,申银万国更名为申万宏源集团股份有限公司,并迁址新疆。

2015年1月16日,中国证监会印发《关于核准设立申万宏源证券有限公司及其2家子公司的批复》(证监许可〔2015〕95号),同意申银万国吸收合并宏源证券的全部证券类资产及负债,并出资设立全资证券子公司申万宏源证券有限公司。

2015年1月16日,申万宏源证券有限公司成立,取得了上海市工商行政管理局核发的《企业法人营业执照》,注册资本为330亿元。同日,申银万国更名为"申万宏源集团股份有限公司",经营范围变更为"投资管理、实业投资、股权投资、投资咨询",并取得了上海市工商行政管理局换发的《企业法人营业执照》。

2015年1月26日,申万宏源集团于深交所正式上市,股票代码为000166.SZ。原宏源证券退市并摘牌。

三、合并换股比例

2014年12月,申银万国发布公告:申银万国作为合并方换股吸收宏源证券。申银万国通过向宏源证券全体股东发行A股股票来获得宏源证券股东持有的全部股票。合并以后,申银万国将完全承接宏源证券,同时,宏源证券注销其法人资格。申银万国的换股价格为4.86元,其价格的确定主要根据评估的每股净资产(4.96元)减去2013年向全体股东派发的现金红利(每股0.1元)。而宏源证券的换股价格以定价基准日前20个交易日宏源证券的A股股票交易均价,即8.30元/股为基础,并给予20%的换股溢价率确定。因此,宏源证券本次换股价格为9.96元/股。估算下来,宏源证券股东可以以1∶2.049的比例换取申银万国的股票,即宏源证券的股东可以以每1股换2.049股的比例将手中的宏源证券股票换成申万宏源的股票。本次合并中,申银万国需要合并的宏源证券的普通股为39.72亿股,根据合并方案,其需要增发81.41亿股进行换股操作。

四、尾声

根据申银万国发行股份吸收合并宏源证券上市公告书所示,申银万国将发行8 140 984 977股来吸收宏源证券的全部资产,发行完成后总股本可达14 856 744 977股。合并完成之后,申万宏源前十大股东持股比例如表3所示。

表3

序号	申万宏源前十名股东名称	合并后在申万宏源持股比例
1	中国建银投资有限责任公司	32.89%
2	中央汇金投资有限责任公司	25.03%
3	上海久事公司	6.05%
4	中国光大集团股份公司	4.98%

续表

序号	申万宏源前十名股东名称	合并后在申万宏源持股比例
5	新疆凯迪投资有限责任公司	0.94%
6	赣州壹申投资合伙企业(有限合伙)	0.67%
7	浙江中国小商品城集团股份有限公司	0.63%
8	谌贺飞	0.48%
9	上海东方明珠(集团)股份有限公司	0.42%
10	上海陆家嘴金融贸易区开发股份有限公司	0.41%

合并完成之后,申万宏源的股权结构如图 3 所示,其中,中央汇金直接和间接控股申万宏源 60.69%。

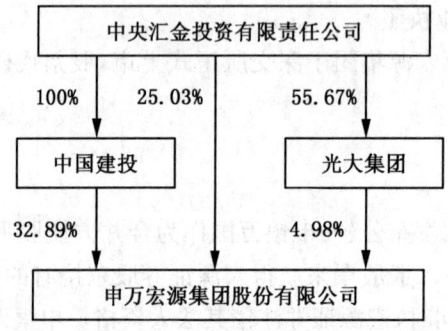

图 3

本次合并后,申万宏源集团形成了"集团金融控股公司＋证券子公司"的结构设计。合并后的申万宏源集团作为金融控股集团进行整体上市,注册地为新疆,主要经营金融投资业务,不再持有任何证券业务牌照;同时,其下设全资证券子公司——申万宏源证券公司,注册地为上海,接收之前申银万国和宏源证券有关证券业务的全部资源和资产,专业从事证券等核心业务。

 **讨论题**

1. 申银万国吸收合并宏源证券属于同一控制下企业合并还是非同一控制下企业合并?
2. 根据本章内容,申银万国吸收合并宏源证券应该采用哪种会计处理方法?为什么?
3. 你觉得资本市场会如何看待申银万国吸收合并宏源?为什么?

案例分析要点提示

1. 提示：申银万国和宏源证券的实际控制人皆为中央汇金，所以它们的合并属于同一控制下企业合并。
2. 提示：根据我国会计准则，同一控制下企业合并采用的会计处理方法类似于权益结合法。
3. 提示：可以观察宏源证券宣告与申银万国合并时的股价变动情况，投资者如果看好这项合并，那么股价会上涨；投资者如果不看好这项合并，股价会下跌。读者可以更深层次地思考投资者为什么看好或者不看好。

学习指导

一、本章教学大纲

本章主要内容是介绍企业合并的会计方法，其中，购并法下商誉确认、会计处理以及减值测试尤为重要。

本章教学大纲

权益结合法	权益结合法的演变	
	股东权益的合并	吸收合并下的会计处理
		新设合并下的会计处理
	库存股的处理	
	经营成果合并的处理	
	合并相关费用的处理	
购并法	确定购并方	
	确定购并日	
	确定企业合并成本	转让的对价
		或有对价
		合并的相关费用
		示例
	合并成本的分配	
	商誉或负商誉	商誉的确认： (1)部分商誉法 (2)全部商誉法
		商誉的会计处理： (1)分期摊销 (2)立即冲销 (3)永久保留
		负商誉的会计处理： (1)减少非流动资产的资本公积 (2)确认为负债 (3)计入资本公积 (4)计入当期损益
		示例
		商誉的减值测试

续表

购并法	或有对价的处理	被合并方在合并前存在的或有事项
		或有对价： (1)以一定盈利水平为条件 (2)以一定的股票价格为条件 (3)现金或有对价和股票或有对价
企业合并的会计方法比较	权益结合法与购并法的比较	从法律形式、支付对价方式与会计方法的选择的对应关系方面进行比较
		从会计处理方面进行比较
		从对财务报表的影响方面进行比较
		从财务报表披露方面进行比较
	示例	
初始法	定义	
	初始法与购并法、权益结合法的比较	

二、本章重点、难点解析

1. 权益结合法

含义	权益结合法又称"权益结合会计"、"权益联合会计"或"兼并会计"。权益结合法假设企业合并是参加合并的各企业所有者权益的结合。不存在任何一个参与合并的公司取得另一个参与合并的公司的净资产和经营活动控制权，而是参与合并的各公司的股东联合起来控制合并后的公司，因此不存在买卖关系和新的计价基础。	
主要特点	(1)合并的实质属于股东权益结合	权益结合法假设企业合并是参加合并的各企业所有者权益的结合，而不是作为企业之间发生的一项购买交易，不存在买卖关系。
	(2)不产生新的计价基础	各个参与合并公司的资产及负债应以账面价值记入存续公司账簿中。
	(3)不产生商誉	权益结合法要求按被合并方的净资产的账面价值入账，因此合并过程中不确认商誉。
	(4)被合并方的留存收益并入合并财务报表	当企业合并采用权益结合法进行处理时，各参与合并的企业该会计年度所发生的收入、费用不分合并前、合并后，全部记入存续公司。也就是说，把企业合并视作年初就发生。因此，无论企业合并发生在期初、期中还是期末，合并后公司的经营成果都是相同的。
会计处理	(1)如果合并是新设合并或吸收合并，参加合并的企业最后只有一个企业主体，各参与合并的公司的资产、负债应按账面价值转列为合并后存续公司的资产、负债。	①资产、负债总额合并前后保持不变。 ②存续公司的股本必等于其发行新股后流通在外股票的面值或设定价值。 ③存续公司的留存收益通常等于参与合并各公司留存收益之和，但是当存续公司流通在外股票的面值与参与合并各公司的投入资本（股本和资本公积）之和不等时，将会调整留存收益。 A.当参加合并公司的投入资本（股本＋资本公积）超过存续公司的股本时，超过部分计入存续公司的资本公积，各合并公司的留存收益合计数为存续公司的留存收益。 B.当存续公司的股本超过参加合并各公司的投入资本时，超过部分作为合并后留存收益的减项，同时，存续公司不再存在资本公积。
	(2)如果合并后是以母子公司的形式存续，则母子公司都应该保持会计记录，但为了反映合并主体的经营成果和财务状况，还需编制合并财务报表。	

2. 购并法

含义	购并法源于购买法,购买法也称"购买会计"、"收购会计"。购并法把企业合并看作购买方购入被购买方净资产的一项交易,按公允价值记录并入的资产和负债,同时,把合并成本超过可辨认净资产公允价值的部分确认为商誉。	
主要特点	(1)合并的实质是一项交易	购并法把企业合并看作购买方购入被购买方净资产和控制权的一项交易。
	(2)产生新的计价基础	应以公允价值为计价基础。
	(3)需要确定、分配企业合并成本	在购并法下,合并成本按购并日支付对价的公允价值予以确定,同时,将合并成本在取得的可辨认资产、负债中进行分配。
	(4)要确认商誉	在购并法下,将合并成本超过可辨认净资产公允价值的部分确认为商誉。
	(5)被合并方的留存收益在购并日后部分并入合并财务报表	在购并法下,被合并方的留存收益不能全部并入合并方的财务报表,只有合并后的留存收益才能并入。
主要内容	(1)确定购并方	购并方是指在企业合并中取得对另一方或多方控制权的一方。
	(2)确定购并日	购并日是购并方获得对被购并方控制权的日期,即企业合并交易进行过程中,发生控制权转移的日期。
	(3)确定企业合并成本	企业合并成本包括转让的对价和金额确定的或有对价。转让的对价是指购并方为进行企业合并支付的现金或非现金资产、发行或承担的债务、发行的权益性证券等在购并日的公允价值。这里需要注意的是,购并法下与合并有关的费用并不计入合并成本。
	(4)评估所获净资产的公允价值,分配企业合并成本	合并方为合并所支付的合并成本,首先应计入"长期股权投资"。合并成本确定后,就应对其进行分配。合并成本的分配主要是指将合并成本按各项可辨认资产、负债在购并日的公允价值计列。
	(5)计算商誉或负商誉(廉价购买利得)	商誉是合并成本超过所获得被合并方可辨认净资产的公允价值的差额。若合并成本小于所获可辨认净资产的公允价值,即形成负商誉,这种负商誉在国际会计准则中称为廉价购买利得,计入当期损益,在我国计入"营业外收入"。
	(6)或有对价的处理	①被合并方存在合并前或有事项,合并后,合并方可按以下原则处理: A. 或有事项的公允价值在分配期间能确定或在该期间能合理估计,则该事项应该包括在应分配的合并成本中。其中,分配期间是指采用购并法的企业合并中取得资产和承担负债所需要的时间。 B. 在分配期间(通常为合并完成后一年)之后,任何对收购前或有事项的调整,均应作为当期损益进行调整。 ②合并方需视未来可能发生的事项或交易向被合并方的原股东支付额外的款项: A. 以一定盈利水平为条件:支付或有对价时,应作为合并成本的增加,重估并调整已记录的并入净资产价值,超过部分作为商誉的增加。 B. 以一定的股票价格为条件:不改变合并成本。 C. 现金或有对价和股票或有对价:购并日用折现率折算计入合并成本,之后满足负债确认条件的,用公允价值记录,而归为权益的则不必重新记录。

3. 权益结合法和购并法的比较

	购并法	权益结合法
会计政策是否需调整为一致	不需调整	需要调整
并入净资产的入账价值	按公允价值入账	按账面价值入账
是否确认商誉	确认商誉	不确认商誉
被合并公司合并前当期的利润	不包含在存续公司当年利润中	包含在存续公司当年利润中
被合并公司以前年度的净利润	不包含在以前年度比较报表中	包含在以前年度比较报表中
被合并公司的留存收益	不包含在存续公司留存收益中	包含在存续公司留存收益中
合并相关的直接费用	计入当期费用	计入当期费用
合并相关的间接费用	计入当期费用	计入当期费用
股票登记和发行成本	冲减资本公积	冲减资本公积

4. 企业合并中，证券登记和发行成本不计入合并成本

证券登记和发行成本是指企业为并购而发行股票或债券所产生的登记和发行成本等。此部分费用的会计处理应作为证券公允价值的减项，通常直接减少资本公积或是计入所发行债券的初始确认金额，不计入合并成本。

5. 确定公允价值的估值技术通常包括市场法、收益法、成本法

市场法	利用相同或类似的资产、负债或资产和负债组合的价格以及其他相关市场交易信息进行估值的技术。
收益法	企业将未来金额转换成单一现值的估值技术。企业使用收益法时，应当反映市场参与者在计量日对未来现金流量或者收入费用等金额的预期。企业使用的收益法包括现金流量折现法、多期超额收益折现法、期权定价模型等估值方法。
成本法	反映当前要求重置相关资产服务能力所需金额的估值技术，通常是指现行重置成本法。在成本法下，企业应根据折旧贬值情况，对市场参与者获得或构建具有相同服务能力的替代资产的成本进行调整。折旧贬值包括实体性损耗、功能性贬值以及经济性贬值。企业主要使用现行重置成本法估计与其他资产或其他资产和负债一起使用的有形资产的公允价值。

6. 合并成本的分配

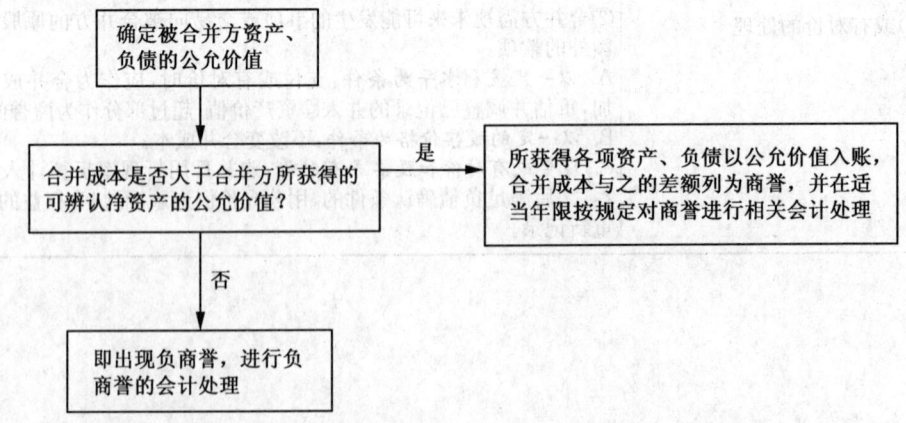

7. 商誉的确认

商誉是合并成本超过所获得被合并方可辨认净资产的公允价值的差额。若合并成本小于所获可辨认净资产的公允价值,即形成**负商誉**,这种负商誉在国际会计准则中称为**廉价购买利得**,计入"当期损益",在我国计入"营业外收入"。它们之间的关系如下图所示:

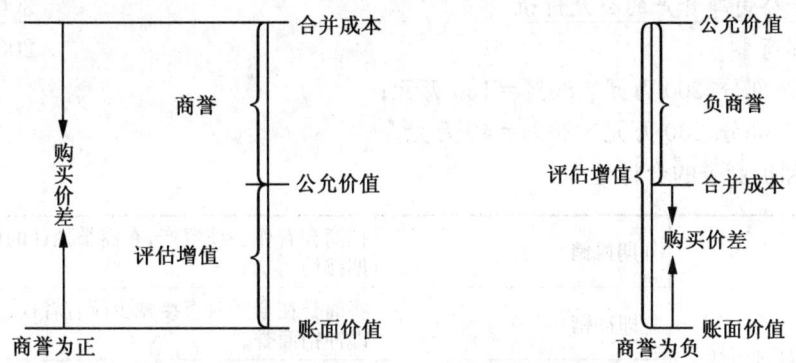

8. 部分商誉法和全部商誉法的区别

在部分商誉法下,计算的商誉只是购并方的商誉,即控制性权益的商誉。在此方法下,非控制性权益(我国称之为"少数股东权益")按子公司可辨认净资产的公允价值比例计算。在全部商誉法下,非控制性权益(即"少数股东权益")按交易的公允价值计算。

【例】 2011年12月31日,牡丹公司以每股5元的价格购买紫兰公司80万股股票,合计支付现金400万元。紫兰公司股本每股面值1元,流通在外的股票100万股。当日,紫兰公司净资产经评估的公允价值为300万元。即牡丹公司购入紫兰公司80%股权,非控制性权益股东(我国称之为少数股东)持20%股权。购并日前一天非控制性权益股东持有的股票每股市价为4元。部分商誉法与全部商誉法区别如下(单位:万元)。

	部分商誉法	全部商誉法
转让的对价(80%部分)	400	400
＋非控制性权益	(300×20%)60	(100×20%×4)80
＝企业整体价值合计	460	480
－子公司净资产的公允价值	300	300
商誉	160	180
非控制性权益的商誉		
非控制性权益(公允价值比例)	(300×20%)60	(100×20%×4)80
－非控制性权益(净资产比例)	(300×20%)60	(300×20%)60
非控制性权益的商誉	0	20

需要注意的是,如果归属于控制性权益的商誉与归属于非控制性权益的商誉两者是等比例的,则整个企业的全部商誉为200万元(160/80%),那么归属于非控制性权益的商誉为40万元(200－160)。

在实务中,当控股股东所购买的股票比例很高时,如90%,而非控制性权益股东的股票比例很低,如 10%,且没有公开活跃交易股票的公允价值,这时控制性权益与非控制性权益的计价一致,每股均为 5 元,则企业整体价值合计 500 万元(400/80%)。商誉计算如下(单位:万元):

企业整体价值合计 400/80%	500
一子公司净资产的公允价值	300
全部商誉	200

其中:80%部分,200 万元×80%=160 万元;
　　　20%部分,200 万元×20%=40 万元。

9. 商誉和负商誉的会计处理

商誉的会计处理方法	分期摊销	把商誉看作一项资产,在商誉预计的使用年限内分期摊销。
	立即冲销	将商誉在合并时直接减少所有者权益,即合并时立即冲销商誉。
	永久保留	把商誉作为一项资产,永久挂账而不予摊销。目前,美国会计准则、国际会计准则以及我国《企业会计准则》对商誉均采用减值测试不予摊销的会计处理方法。
负商誉的会计处理方法	减少非流动资产的公允价值	所获得净资产公允价值超过合并成本的差额,应按其公允价值的比例分配,以减少非流动资产(长期有价证券投资除外)的公允价值。如果该项分配已将非流动资产价值冲减为零,尚有余额,其余额应作为递延贷项处理,并且在受益期内加以摊销。
	确认为负债	将所获得净资产公允价值超过合并成本的差额确认为负债,并在一定期限内摊入各期收益。
	直接计入资本公积	将所获得净资产公允价值超过合并成本的差额,直接计入"资本公积",即作为一项未实现的公积;也可以在将来相关资产折旧或变现时逐渐或一次转入留存收益(未分配利润),即已实现的公积。
	计入当期损益	当所获得净资产公允价值超过合并成本时,首先对所获得的被合并方的各项可辨认资产、负债的公允价值进行复核;经复核后仍有差额的,计入当期损益。我国《企业会计准则》采用此法,将其计入"营业外收入"。

10. 国际会计准则下的商誉减值测试的会计处理

商誉减值的含义		国际会计准则下的商誉减值测试是在现金产出单元(单元组合)的层次上通过比较现金产出单元的现时账面价值(包含分摊的商誉以及总部资产)和可收回金额的大小而进行的,当其可收回金额小于账面价值时,商誉发生减值。
减值测试的主要内容	(1)现金产出单元	现金产出单元是指从持续使用中产生的现金流入基本上独立于其他的资产或资产组合的现金流入时的最小资产组合,判断现金产出单元的主要标准为能否产生独立的现金流量。
	(2)减值金额的确定	当现金产出单元(单元组合)可收回金额低于其账面价值(包含分摊的商誉和分摊的总部资产)时,差额即为减值损失。

续表

减值测试的主要内容	(3)将商誉分摊到现金产出单元	应将商誉分摊到预计能从企业合并的协同效应中受益的每一个现金产出单元和现金产出单元组合。分摊商誉的现金单元或单元组合应当代表主体内基于内部管理目的所记录的商誉的最低水平,以及不大于基于分部报告准则决定的主体的主要或次要报告格式基础上的分部。
	(4)总部资产的分摊	①如果总部资产能在合理、一致的基础上分摊到相关的现金产出单元,即采用自下而上测试的方法,比较包含分摊了总部资产的现金单元的现时账面价值与其可收回金额的差额,以确定减值损失。 ②如果总部资产不能在合理、一致的基础上分摊到相关的现金产出单元,只能把企业作为一个整体,即采用自上而下测试的方法,比较不包含总部资产的现金产出单元的账面价值与可收回金额,并确认分摊减值损失。
	(5)减值损失在现金产出单元内资产间的分配	减值损失发生后,按以下顺序分摊以抵减现金产出单元(单元组合)资产的账面价值: 首先,抵减分摊到现金产出单元(单元组合)的商誉的账面价值。 其次,按比例抵减现金产出单元(单元组合)中其他资产的账面价值。 以上账面金额的减少,应作为单个资产的减值损失处理,一般情况下,在利润表中立即确认为损益。
	(6)商誉减值损失的转回	已确认的商誉减值损失不能在以后期间转回。

三、名词中英文对照

购买法	Purchase Method
购并法	Acquisition Method
购并日	Acquisition Date
购并方	Acquirer
被购并方	Acquiree
权益结合法	Pooling of Interests Method(简称 Pooling Method)
初始法	Fresh-start Method
购买会计	Purchase Accounting
收购会计	Acquisition Accounting
权益联合会计	Uniting-of-Interests Accounting
兼并会计	Merger Accounting
立即盈利	Instant Profit
换股比例	Stock Exchange Ratio
母公司	Parent Company
子公司	Subsidiary
购并成本/合并成本	Cost of an Acquisition(CA)
购并费用(购并相关的费用)	Acquisition Cost
转让的对价	Consideration Transferred(CT)
直接费用	Direct Cost
证券登记和发行成本	Costs of Registering and Issuing Securities

间接费用	Indirect Cost
购买价差	Purchase Differential (PD)
	Difference between Cost & Book Value
	Purchase Discrepancy
	Excess of Cost over Book Value of Equity Acquired
账面价值	Book Value(BV)
公允价值	Fair Value(FV)
评估增值	Revaluation
	Fair Value Increments（简称 FVI）
商誉	Goodwill(简称 GW)
负商誉	Negative Goodwill(简称 NGW)
廉价购买利得	Gain on Bargain Purchase
部分商誉法	Partial Goodwill Method
全部商誉法	Full Goodwill Method
可辨认资产	Identifiable Assets
递延贷项	Deferred Credit
合并前或有事项	Preacquisition Contingencies
分配期间	Allocation Period
或有对价	Contingent Consideration
报告单元	Reporting Unit
现金产出单元	Cash-generating Units
总部资产	Corporate Assets
可收回金额	Recoverable Amount
使用价值	Value in Use
自下而上测试	Bottom-up Test
自上而下测试	Top-down Test
资产组	Group of Assets
减值测试	Impairment Test
商誉摊销	Goodwill Amortization
内含公允价值	Implied Fair Value
库存股	Treasury Stock

练习题

一、思考题

1. 如何确定合并成本？合并成本又该如何分配？
2. 举例说明部分商誉法和全部商誉法的区别？我国现行会计准则采用哪种方法？
3. 你觉得权益结合法和购并法最大的区别在哪里？为什么？
4. 什么是初始法？与权益结合法、购并法相比较，有什么不同？

二、选择题

1. 下列等式中,错误的是( )。
   A. 购买价差＝商誉＋评估增值
   B. 购买价差＝购买成本－账面价值
   C. 商誉＝购买成本－账面价值
   D. 评估增值＝公允价值－账面价值

2. 企业合并采用购并法处理时,对于登记以及发行权益性债券的直接费用应如何处理?( )
   A. 加到母公司的投资账户中
   B. 作为合并主体的资本公积的减项
   C. 从合并当期净利润中扣除
   D. 以上均不对

3. 2014年8月,牡丹公司拟发行10亿股普通股及用现金8 000万元购买牡和公司持有的紫薇公司100%股权。该项交易于2015年1月28日经上市公司临时大会审议通过,2015年6月1日获得国家相关部门批准。2015年11月30日,重组双方签订资产交割协议,并且牡丹公司对紫薇公司董事会进行改选。2016年3月1日,牡丹公司支付剩余款项。牡丹公司和牡和公司无任何关联方关系。牡丹公司本次交易的购并日为( )。
   A. 2015年1月28日
   B. 2015年6月1日
   C. 2015年11月30日
   D. 2016年3月1日

4. 在购并法企业合并中,所获净资产的公允价值超过支付的收购价时,应如何处理?( )
   A. 列作递延贷项,并在40年内摊销
   B. 先减少非现金资产,余下的作为递延贷项
   C. 先减少除有价证券以外的非流动资产,余下的作为递延贷项
   D. 先对所获各项可辨认净资产的公允价值进行复核,复核后仍有差额的,计入当期损益

5. 对于权益结合法下的企业吸收合并,下列哪种说法是不正确的?( )
   A. 合并前后企业的资产、负债总额保持不变
   B. 存续公司的股本金额等于其发行新股后流通在外的股票的面值或设定价值
   C. 存续公司的留存收益等于合并各公司留存收益之和
   D. 当存续公司流通在外的股票面值或设定价值超过参加合并各公司投入资本时,超过部分作为合并后留存收益的减项,同时不再存在资本公积

6. 牡丹公司于2016年4月1日支付900 000元收购紫祥公司所有发行并流通在外的普通股,该合并适用购并法入账。紫祥公司2016年4月1日资产与负债如下(单位:元):

现金	40 000
存货	360 000
固定资产——净额	560 000
应付账款	240 000

在2016年4月1日紫祥公司存货的公允价值为290 000元,固定资产的公允价值为640 000元,则企业合并产生的商誉为( )。
   A. 0
   B. 150 000元
   C. 170 000元
   D. 180 000元

7. 牡丹公司于 2016 年 3 月 1 日发行每股面值 1 元的普通股 2 000 000 股换取紫和公司所有流通在外的股份完成企业合并。紫和公司的普通股在合并完成时的每股市价为 15 元。企业合并的付现成本如下(单位:元):

发起人费用	80 000
注册会计师咨询费	30 000
律师咨询费	40 000
印刷费	8 000
证券登记和发行成本	22 000
合　计	180 000

(1)假设牡丹公司和紫和公司隶属于同一集团,则合并成本为(　)。

A. 30 000 000 元　　　　　　　B. 30 158 000 元

C. 30 180 000 元　　　　　　　D. 以上均不对

(2)假设牡丹公司和紫和公司不属于同一集团控制,则购买成本为(　)。

A. 30 000 000 元　　　　　　　B. 30 158 000 元

C. 30 180 000 元　　　　　　　D. 以上均不对

三、业务题

1. 牡慈公司在 2016 年 1 月 2 日支付 5 000 000 元给紫吉公司以收购其普通股,合并后紫吉公司解散。这一收购价格包括牡慈公司支付的面值 1 元、市价 20 元的普通股 200 000 股及 1 000 000 元的现金。此外,牡慈公司支付 100 000 元的登记费和股票发行费用及合并产生的其他费用 200 000 元。

公司合并前的比较资产负债表如下所示(单位:元):

	牡慈公司账面价值	紫吉公司账面价值	紫吉公司公允价值
现金	6 000 000	480 000	480 000
应收账款	2 600 000	720 000	720 000
应收票据	3 000 000	600 000	600 000
存货	5 000 000	840 000	1 000 000
其他流动资产	1 400 000	360 000	400 000
土地使用权	4 000 000	200 000	400 000
建筑物	18 000 000	1 200 000	2 400 000
设备	20 000 000	1 600 000	1 200 000
资产总计	60 000 000	6 000 000	7 200 000
应付账款	2 000 000	600 000	600 000
应付票据	10 000 000	1 400 000	1 200 000
负债合计	12 000 000	2 000 000	1 800 000
股本	20 000 000	2 000 000	
资本公积	16 000 000	1 200 000	

续表

	牡慈公司账面价值	紫吉公司账面价值	紫吉公司公允价值
盈余公积	8 000 000	600 000	
未分配利润	4 000 000	200 000	
股东权益合计	48 000 000	4 000 000	
负债与股东权益总计	60 000 000	6 000 000	

要求：

(1)编制牡慈公司收购紫吉公司的分录，包括对资产和负债账户的分配。

(2)编制2016年1月2日牡慈公司完成收购紫吉公司及紫吉公司解散后牡慈公司的资产负债表。

2. 2016年1月2日牧爱公司发行每股面值1元的普通股交换紫恩公司流通在外的全部股票，合并采用购并法。紫恩公司随即解散。此外，牧爱公司支付证券的登记与发行费用30 000元，合并的其他费用为40 000元，均以现金支付。2016年1月2日牧爱公司的股票每股市价为40元。

牧爱公司及紫恩公司2016年1月2日，即公司合并前相关的资产负债表资料如下所示（单位：元）：

	牧爱公司账面价值	紫恩公司账面价值	紫恩公司公允价值
现金	550 000	10 000	10 000
存货	450 000	30 000	60 000
其他流动资产	520 000	90 000	100 000
土地	480 000	20 000	100 000
固定资产	800 000	200 000	350 000
资产总计	2 800 000	350 000	620 000
负债	600 000	50 000	50 000
股本，每股面值1元	1 500 000	100 000	
资本公积	300 000	50 000	
未分配利润	400 000	150 000	
股东权益合计	2 200 000	300 000	
负债与股东权益总计	2 800 000	350 000	

要求：

(1)假设牧爱公司发行25 000股股票以换取紫恩公司所有流通在外股票。

①编制牧爱公司收购紫恩公司的分录，包括对资产和负债账户的分配。

②编制牧爱公司合并后的资产负债表。

(2)假设牧爱公司发行10 000股股票以换取紫恩公司所有流通在外股票。

①编制牧爱公司收购紫恩公司的分录，包括对资产和负债账户的分配。

②编制牧爱公司合并后的资产负债表。

3. 牡丹公司于 2016 年 1 月 2 日成立,以合并紫兴公司与紫薇公司。两公司 2015 年 12 月 31 日的资产负债表汇总如下:

	紫兴公司	紫薇公司
现金	2 000 000	2 000 000
应收款项——净额	4 500 000	1 500 000
存货	5 000 000	7 000 000
土地	2 000 000	2 000 000
固定资产——净额	10 500 000	7 500 000
资产总计	24 000 000	20 000 000
应付账款	3 700 000	2 300 000
应付债券	2 000 000	—
负债合计	5 700 000	2 300 000
股本	10 000 000	6 000 000
资本公积	4 300 000	2 700 000
未分配利润	4 000 000	9 000 000
股东权益合计	18 300 000	17 700 000
负债与股东权益总计	24 000 000	20 000 000

其他资料:

(1)参与合并的公司股东同意下列合并计划:

①紫兴公司的股东将收到牡丹公司每股面值 1 元的普通股 13 000 000 股以换取其每股面值 1 元的普通股 10 000 000 股。

②紫薇公司的股东将收到牡丹公司每股面值 1 元的普通股 12 000 000 股以换取其每股面值为 1 元的普通股 6 000 000 股。

③紫兴公司和紫薇公司都将解散。

(2)牡丹公司、紫兴公司以及紫薇公司受同一集团控制。

(3)牡丹公司的存货采用先进先出法计价。紫薇公司存货采用后进先出法计价,2015 年 12 月 31 日在先进先出法下存货成本为 8 000 000 元。

(4)注册和发行证券的费用为 100 000 元,合并的其他直接费用为 300 000 元,均以现金支付。

要求:

(1)在牡丹公司账上编制会计分录:

①对紫兴公司的股东发行 13 000 000 股股票。

②对紫薇公司的股东发行 12 000 000 股股票。

③支付企业合并的费用。

(2)为牡丹公司编制合并日的资产负债表。

4. 2015 年 12 月 31 日,牡丹公司以每股 10 元的价格购买紫兰公司 180 万股股票,合计支付现金 1 800 万元。紫兰公司股本每股面值 1 元,流通在外的股票 200 万股。即牡丹公司购入紫兰公司 90%股权,非控制性权益股东持有 10%股权。当日,紫兰公司净资产经评估的公允价值为 1 500 万元。

要求:

(1)如果牡丹公司在合并中采用部分商誉法确认商誉,请计算此次合并确认的商誉。
(2)如果牡丹公司在合并中采用全部商誉法确认商誉,请计算此次合并确认的商誉。

练习题参考答案

二、选择题

1. C
2. B
3. C
4. D
5. C
6. C 提示:900 000−(40 000+290 000+640 000−240 000)=170 000(元)。
7. (1)D 提示:同一控制下企业合并,合并成本等于被并购方净资产账面价值,因为题干没有给出紫和公司净资产的相关资料,所以选 D。
(2) A 提示:非同一控制下企业合并,合并成本等于购买方支付对价的公允价值,所以购买成本=15×2 000 000=30 000 000(元)。

三、业务题

1.(单位:元)
(1)合并产生的负商誉=所获得净资产公允价值 5 400 000(7 200 000−1 800 000)−长期股权投资初始成本 5 000 000=400 000(元)。

牡慈公司收购紫吉公司的分录:

借:长期股权投资——紫吉	5 000 000	
贷:股本		200 000
资本公积		3 800 000
现金		1 000 000
借:管理费用	200 000	
资本公积	100 000	
贷:现金		300 000
借:现金	480 000	
应收账款	720 000	
应收票据	600 000	
存货	1 000 000	
其他流动资产	400 000	
土地使用权	400 000	
建筑物	2 400 000	
设备	1 200 000	
贷:应付账款		600 000
应付票据		1 200 000
长期股权投资——紫吉		5 000 000
营业外收入		400 000

负商誉直接确认为营业外收入,由于购并日只编制资产负债表,因此在"未分配利润"科目中反映。

(2)合并完成后牧慈公司的资产负债表。

现金	5 180 000
应收账款	3 320 000
应收票据	3 600 000
存货	6 000 000
其他流动资产	1 800 000
土地使用权	4 400 000
建筑物	20 400 000
设备	21 200 000
资产合计	65 900 000
应付账款	2 600 000
应付票据	11 200 000
股本	20 200 000
资本公积	19 700 000
盈余公积	8 000 000
未分配利润(4 000 000－200 000＋400 000)	4 200 000
负债与股东权益合计	65 900 000

2.(单位:元)

(1)假设牧爱公司发行 25 000 股股票收购紫恩公司,购并产生的商誉＝长期股权投资初始投资成本 1 000 000(25 000×40)－所获净资产公允价值 570 000(620 000－50 000)＝430 000(元)。

借:长期股权投资——紫恩　　　　　　　　　　　1 000 000
　　贷:股本　　　　　　　　　　　　　　　　　　　　　　25 000
　　　　资本公积　　　　　　　　　　　　　　　　　　　975 000
借:管理费用　　　　　　　　　　　　　　　　　40 000
　　资本公积　　　　　　　　　　　　　　　　　30 000
　　贷:现金　　　　　　　　　　　　　　　　　　　　　　70 000
借:现金　　　　　　　　　　　　　　　　　　　10 000
　　存货　　　　　　　　　　　　　　　　　　　60 000
　　其他流动资产　　　　　　　　　　　　　　　100 000
　　土地使用权　　　　　　　　　　　　　　　　100 000
　　固定资产　　　　　　　　　　　　　　　　　350 000
　　商誉　　　　　　　　　　　　　　　　　　　430 000
　　贷:负债　　　　　　　　　　　　　　　　　　　　　　50 000
　　　　长期股权投资——紫吉　　　　　　　　　　　　1 000 000

合并完成后牧爱公司的资产负债表

现金(550 000+10 000－70 000)	490 000
存货(450 000+60 000)	510 000
其他流动资产(520 000+100 000)	620 000
土地(480 000+100 000)	580 000
固定资产(800 000+350 000)	1 150 000
商誉	430 000
资产合计	3 780 000
负债(600 000+50 000)	650 000
股本(1 500 000+25 000)	1 525 000
资本公积(300 000+975 000－30 000)	1 245 000
未分配利润(400 000－40 000)	360 000
负债与股东权益合计	3 780 000

(2)假设牧爱公司发行10 000股股票收购紫恩公司,购并产生的商誉＝长期股权投资初始投资成本400 000(10 000×40)－所获净资产公允价值570 000＝－170 000(元),计入营业外收入。

　　借:长期股权投资——紫恩　　　　　　　400 000
　　　贷:股本　　　　　　　　　　　　　　　　　　10 000
　　　　　资本公积　　　　　　　　　　　　　　　390 000
　　借:管理费用　　　　　　　　　　　　　　40 000
　　　　资本公积　　　　　　　　　　　　　　30 000
　　　贷:现金　　　　　　　　　　　　　　　　　　70 000
　　借:现金　　　　　　　　　　　　　　　　10 000
　　　　存货　　　　　　　　　　　　　　　　60 000
　　　　其他流动资产　　　　　　　　　　　100 000
　　　　土地使用权　　　　　　　　　　　　100 000
　　　　固定资产　　　　　　　　　　　　　350 000
　　　贷:负债　　　　　　　　　　　　　　　　　　50 000
　　　　　长期股权投资——紫吉　　　　　　　　　400 000
　　　　　营业外收入　　　　　　　　　　　　　　170 000

合并完成后牧爱公司的资产负债表

现金(550 000+10 000－70 000)	490 000
存货(450 000+60 000)	510 000
其他流动资产(520 000+100 000)	620 000
土地(480 000+100 000)	580 000
固定资产(800 000+350 000)	1 150 000
资产合计	3 350 000

续表

负债(600 000+50 000)	650 000
股本(1 500 000+10 000)	1 510 000
资本公积(300 000+390 000−30 000)	660 000
未分配利润(400 000−40 000+170 000)	530 000
负债与股东权益合计	3 350 000

3. (单位:元)

(1)①牡丹公司对紫兴公司的股东发行 13 000 000 股股票,大于紫兴公司股本 10 000 000 元,但小于紫兴公司投入资本 14 300 000 元(10 000 000+4 300 000),所以合并后牡丹公司股本为 13 000 000 元,资本公积为 1 300 000 元(14 300 000−13 000 000),相关分录如下:

借:现金	2 000 000	
应收款项——净额	4 500 000	
存货	5 000 000	
土地	2 000 000	
固定资产——净额	10 500 000	
贷:应付账款		3 700 000
应付债券		2 000 000
股本		13 000 000
资本公积		1 300 000
未分配利润		4 000 000

此时,牡丹公司"资本公积"贷方余额为 1 300 000 元。

②按照先进先出法,紫薇公司期末存货为 8 000 000 元,而紫薇公司账上期末存货为 7 000 000 元,所以经调整后,紫薇公司的未分配利润应为 10 000 000 元。根据公式"营业成本＝期初存货＋本期购货−期末存货",当期末存货被低估时,会使得营业成本被高估,净利润被低估,所以调整之后未分配利润应加上期末存货被低估的部分 1 000 000 元。

牡丹公司对紫薇公司的股东发行 12 000 000 股股票,大于紫薇公司投入资本 8 700 000 元(6 000 000+2 700 000),两者的差额 3 300 000 元首先冲减牡丹公司的资本公积 1 300 000 元,不足部分冲减紫薇公司的未分配利润 2 000 000 元,相关分录如下:

借:现金	2 000 000	
应收款项——净额	1 500 000	
存货	8 000 000	
土地	2 000 000	
固定资产——净额	7 500 000	
资本公积	1 300 000	
贷:应付账款		2 300 000
股本		12 000 000
未分配利润(10 000 000−2 000 000)		8 000 000

③支付企业合并的费用,因为牡丹公司账上已经没有资本公积,所以证券发行费用冲减未分配利润。

借:管理费用　　　　　　　　　　　　　　　　　　300 000
　　未分配利润　　　　　　　　　　　　　　　　　100 000
　贷:现金　　　　　　　　　　　　　　　　　　　　　　　　400 000

(2)合并完成后,牡丹公司 2016 年 1 月 2 日的资产负债表。

现金	3 600 000
存货	6 000 000
其他流动资产	13 000 000
土地	4 000 000
固定资产	18 000 000
资产合计	44 600 000
应付账款	6 000 000
应付债券	2 000 000
股本	25 000 000
未分配利润(4 000 000＋8 000 000－300 000－100 000)	1 600 000
负债与股东权益合计	44 600 000

4.(单位:万元)

	部分商誉法	全部商誉法
转让的对价(90%部分)	1 800	1 800
＋非控制性权益	(1 500×10%)150	(200×10%×10)200
＝企业整体价值合计	1 950	2 000
－子公司净资产的公允价值	1 500	1 500
商誉	450	500

教材课后习题参考答案

1.(单位:元)

	情况一	情况二	情况三
流动资产	1 900 000	1 900 000	1 900 000
固定资产	4 600 000	4 600 000	4 600 000
总资产	6 500 000	6 500 000	6 500 000
股本	3 600 000	3 700 000	3 800 000
资本公积	400 000	300 000	200 000
盈余公积	1 250 000	1 250 000	1 250 000
未分配利润	1 250 000	1 250 000	1 250 000
总权益	6 500 000	6 500 000	6 500 000

2.(单位:元)

(1)牡建发行面值1元、市价15元的普通股250 000股合并紫福公司。

借:其他资产	350 000	
贷:长期股权投资		4 000
股本		250 000
资本公积		46 000
盈余公积		30 000
未分配利润		20 000

(2)紫福发行面值1元、市价20元的普通股200 000股合并牡建公司。

借:其他资产	396 000	
库存股	4 000	
贷:股本		200 000
资本公积		175 000
盈余公积		15 000
未分配利润		10 000

3.(单位:元)

(1)长期股权投资初始成本=现金500 000+股票市价900 000(20×45 000)+应付票据500 000=1 900 000(元)。

购并产生的商誉=初始投资成本1 900 000-所获净资产公允价值的份额1 720 000(1 830 000-110 000)=180 000(元)。

借:长期股权投资	1 900 000	
管理费用	100 000	
贷:现金		600 000
股本		45 000
资本公积		855 000
应付票据		500 000
借:流动资产	450 000	
固定资产	700 000	
无形资产	230 000	
持有至到期投资	450 000	
商誉	180 000	
贷:负债		110 000
长期股权投资		1 900 000

(2)若牡吉公司签发的应付票据改为100 000元,则初始投资成本=现金500 000+股票市价900 000+应付票据100 000=1 500 000(元),此时,购并产生负商誉=1 720 000-1 500 000=220 000(元),计入营业外收入。

借:长期股权投资	1 500 000	
管理费用	100 000	
贷:现金		600 000
股本		45 000
资本公积		855 000
应付票据		100 000
借:流动资产	450 000	
固定资产	700 000	
无形资产	230 000	
持有至到期投资	450 000	
贷:负债		110 000
长期股权投资		1 500 000
营业外收入		220 000

4.(单位:元)

(1)假定此项合并为同一控制下企业合并,牡佑公司账上有关企业合并的会计分录如下:

借:流动资产	1 200 000	
固定资产	2 000 000	
贷:负债		400 000
股本		1 000 000
资本公积		1 400 000
盈余公积		200 000
未分配利润		200 000
借:管理费用	40 000	
资本公积	15 000	
贷:银行存款		55 000

(2)假定此项合并为非同一控制下企业合并,牡佑公司账上有关企业合并的会计分录如下:

借:长期股权投资	4 000 000	
贷:股本		1 000 000
资本公积		3 000 000
借:流动资产	1 300 000	
固定资产	2 500 000	
商誉	600 000	
贷:负债		400 000
长期股权投资		4 000 000
借:管理费用	40 000	
资本公积	15 000	
贷:银行存款		55 000

(3)同一控制下企业合并按照账面价值进行,不会产生商誉,被合并方的留存收益全部并入存续公司;而非同一控制下企业合并按照公允价值进行,合并过程中会产生商誉,被合并方

的留存收益不能全部并入,只有合并后的留存收益才能并入。

5.(单位:元)

(1)购买价差计算和金额分配:

投资成本(60 000×20)	1 200 000
所获得的账面价值	(880 000)
购买价差	320 000
购买价差	320 000
流动资产增值(200 000-120 000)	80 000
商誉	240 000

(2)相关会计分录:

A. 发行股票

借:长期股权投资　　　　　　　　　　　　1 200 000
　　贷:股本　　　　　　　　　　　　　　　　　　60 000
　　　　资本公积　　　　　　　　　　　　　　　1 140 000

B. 相关费用

借:管理费用　　　　　　　　　　　　　　　50 000
　　资本公积　　　　　　　　　　　　　　　30 000
　　贷:现金　　　　　　　　　　　　　　　　　　80 000

C. 合并

借:流动资产　　　　　　　　　　　　　　200 000
　　建筑物　　　　　　　　　　　　　　　400 000
　　设备　　　　　　　　　　　　　　　　480 000
　　商誉　　　　　　　　　　　　　　　　240 000
　　贷:流动负债　　　　　　　　　　　　　　　120 000
　　　　长期股权投资　　　　　　　　　　　　1 200 000

合并后牡康公司资产负债表

资产	
流动资产(260 000+200 000-80 000)	380 000
建筑物(700 000+400 000)	1 100 000
设备(440 000+480 000)	920 000
商誉	240 000
资产合计	2 640 000
负债和股东权益	
流动负债(100 000+120 000)	220 000
股本(1 000 000+60 000)	1 060 000
资本公积(100 000+1 140 000-30 000)	1 210 000

续表

盈余公积	100 000
未分配利润(100 000－50 000)	50 000
负债和股东权益合计	2 640 000

第三章
购并日的合并财务报表

案例 吉利控股集团收购沃尔沃

2010年8月2日,浙江吉利控股集团正式宣布:已经完成对福特汽车公司旗下沃尔沃轿车公司的全部股权收购。至此,这一桩持续近2年、耗资18亿美元的汽车行业并购案终于尘埃落定。

一、公司简介

浙江吉利控股集团(以下简称"吉利集团")成立于1986年,1997年进入汽车行业,是中国汽车行业十强中唯一一家民营企业。成立至今,在汽车、摩托车、汽车发动机、变速器、汽车电子电气及汽车零部件方面取得了快速发展,并于2012年跻身世界500强企业。根据《财富》杂志公布的2016年世界500强企业排名,吉利集团以263亿美元的营业收入位列第410名。吉利集团主要业务为制造及分销汽车及汽车零部件。集团总部设在杭州,拥有年产30万辆整车的生产能力。现有吉利自由舰、吉利金刚、吉利远景、吉利熊猫、上海华普、中国龙等八大系列、30多种整车产品。2004年,吉利集团子公司吉利股份有限公司通过借壳国润控股,在港交所成功上市,股票代码为0175.HK。这一举措解决了困扰公司的资金不足问题,打开了公司的融资渠道,为公司的进一步扩张创造了良好条件。

沃尔沃系瑞典著名汽车品牌,于1927年在瑞典哥德堡创建。在2013年,销售额达到2 726亿瑞典克朗,产品遍布世界140多个国家和地区。沃尔沃在北欧享有很高声誉,特别是在安全系统方面,沃尔沃更有其独到之处。美国公路损失资料研究所曾评比过10种最安全的汽车,沃尔沃荣登榜首。沃尔沃集团是全球领先的商业运输解决方案供应商,主要提供卡车、客车、建筑设备、船舶和工业应用驱动系统以及飞机发动机零部件等产品和服务。沃尔沃集团经营范围主要由8个方面组成,分别是沃尔沃卡车、雷诺卡车、马克卡车、沃尔沃客车、沃尔沃建筑设备、沃尔沃遍达公司、沃尔沃航空航天公司以及金融服务。

收购前,2009年吉利集团实现汽车销售33万辆,同比增长48%;实现销售收入165亿元,同比增长28%;生产总值达到230亿元,同比增长64%。2009年,沃尔沃汽车全球销量约33.5万辆,同比下降0.6%,其中最畅销的XC60轿车销量约为6.2万辆,与2007年45.8万辆的销售纪录相比相差甚远。2008年沃尔沃轿车销量同比下降18.3%,并由此引发了大规模的裁员。据统计,到2009年第三季度沃尔沃汽车仍持续亏损,亏损额约为6.21亿美元。

二、合并过程

在 2009 年 1 月的底特律车展上,吉利集团及其顾问团队有备而来,与福特高层进行了接洽。洽谈之后福特公司表示,一旦出售沃尔沃,将第一时间通知吉利。

在与福特方面建立良好关系的同时,吉利集团在国内也与政府方面进行了积极的沟通,2009 年 3 月,吉利获得了发改委的支持函。

2009 年 7 月,吉利集团向福特递交的具有法律约束力的标书获得通过。

2009 年 8 月,吉利集团与沃尔沃开始就裁减人员、市场布局、技术转让等细节进行洽谈。

2009 年 10 月,福特宣布吉利集团成为沃尔沃的优先竞标方。

2009 年 12 月,福特对外宣布已和吉利集团达成收购框架协议。

2010 年 3 月,吉利集团与美国福特汽车公司在瑞典哥德堡正式签署收购沃尔沃汽车公司的协议,协议约定吉利集团以 18 亿美元的代价获得沃尔沃汽车公司 100% 的股权以及包括知识产权在内的相关资产。

2010 年 8 月 2 日,吉利集团最终完成对沃尔沃及其相关资产的收购。

收购历程时间轴如图 1 所示。

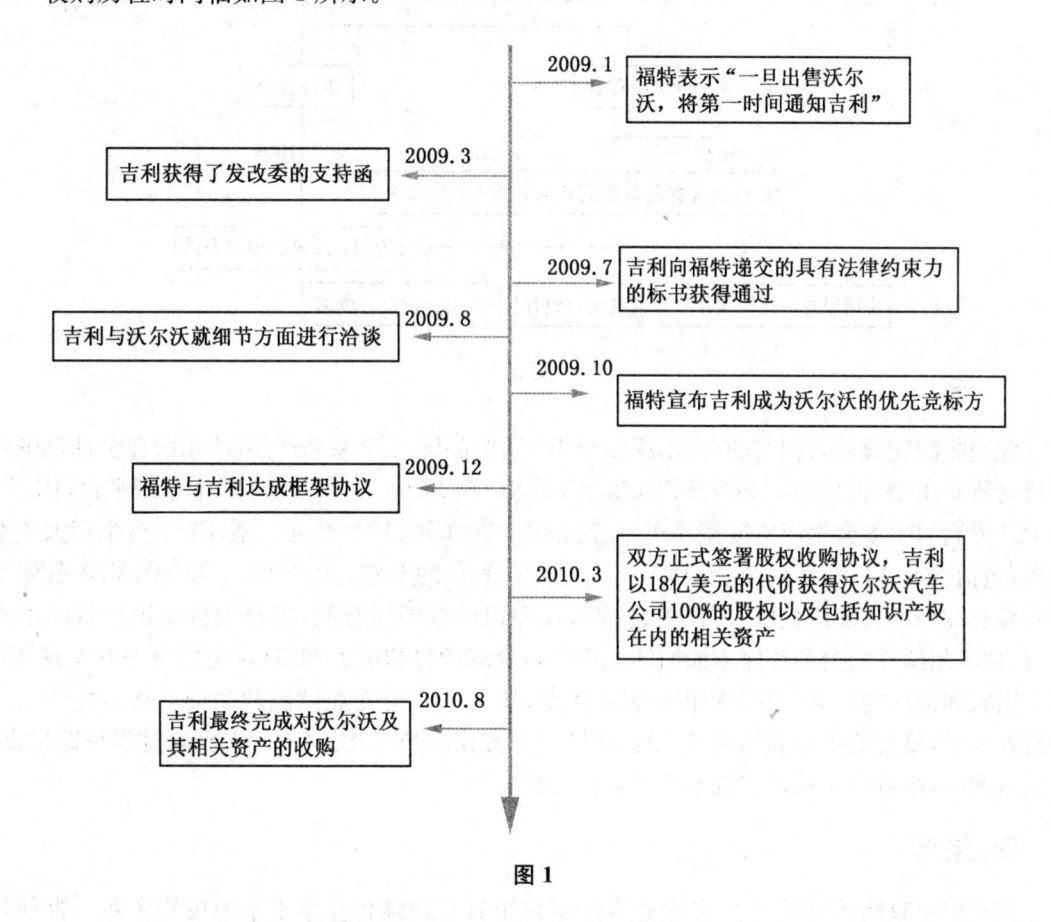

图 1

三、合并收购方案

对于此次收购的资金,吉利主要采用了三种融资方式:一是从国内银行获得贷款;二是由瑞典当地政府担保的欧盟内相关银行的低息贷款;三是通过权益融资的方式吸收海外投资者的资金。国内资金方面,首先,吉利从国内的银行得到了为期5年、将近10亿美元的贷款。其中,国家开发银行和成都银行分别提供20亿元和10亿元人民币贷款,吉利承诺在成都建立沃尔沃工厂。其次,大庆市国有资产经营有限公司提供资金,为此,吉利承诺在大庆建厂。最后,2010年2月3日,上海嘉尔沃公司注册成立,注册资本1亿元,其中嘉定开发区持股60%、嘉定国资持股40%。2月9日,吉利和嘉尔沃签订《吉利沃尔沃上海项目框架协议》,按照协议,吉利收购沃尔沃后,中国总部将设立在上海市嘉定区,并在该区建立一个沃尔沃国产工厂。最终融资方案确定为:吉利、大庆国资和上海嘉尔沃出资额分别为人民币41亿元、30亿元、10亿元,股权比例分别为51%、37%和12%,总共提供11亿美元。境外资金方面,吉利向高盛发行可转换债券和认股权证,高盛为吉利提供25.86亿港元。可转换债券2014年到期,转换价为1.9港元,可转换为约9.98亿股的吉利新普通股;吉利一并发行2.995亿份认股权证,行权价为2.3港元。高盛将获得约3亿份认股权证,每1份认股权证可认购1股普通股。另外,还有部分资金来自美国与欧洲。可用图2表示此次合并的融资结构。

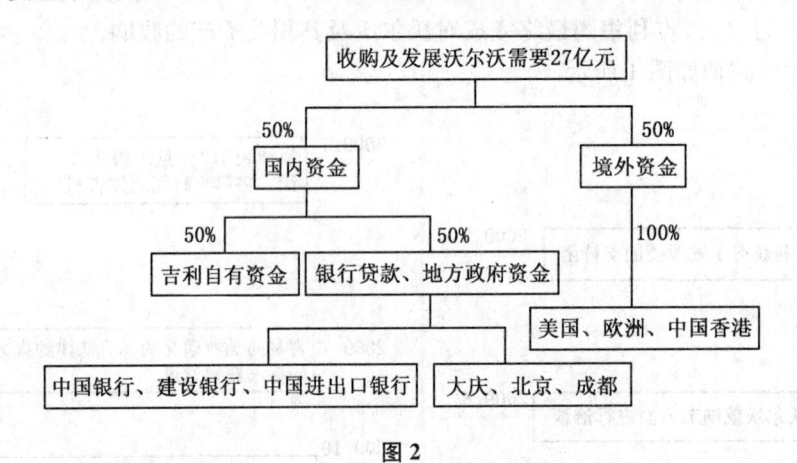

图2

此次收购完成后,吉利拥有沃尔沃轿车100%的品牌,9个系列产品(沃尔沃在全球范围内销售的所有车型,包括S40、S60、S80、C30、C70、XC60、XC90、V50、V70),3个车型平台(P1、P2和P24平台:P1平台生产紧凑型轿车,包括S40、C30、C70、V50系列车型;P2平台生产大中型轿车,包括S60、XC90系列车型;P24平台是P2平台的升级,生产S80、XC60、V70系列车型),核心知识产权使用权(沃尔沃关键技术及知识产权的所有权,以及大量知识产权的使用权,包括沃尔沃在安全和环保方面的知识产权),全球销售和服务网络(沃尔沃分布在全球100多个国家和地区的2 400多家销售和服务网点,其中90%分布在欧洲和北美市场),境外工厂和研发人员,重要的供应商体系,以及由福特汽车提供的技术支持(为确保剥离过程平稳完成,在过渡期间,福特汽车承诺在技术方面提供支持)。

四、尾声

吉利集团收购沃尔沃之后,将企业发展定位于具有国际化竞争水平的民族企业。吉利收购沃尔沃100%股权以及相关的知识产权,不仅是两家企业的联盟,更是整个中国汽车行业的重大事件,在购买沃尔沃知识产权的基础上,吉利集团宣称企业的愿景是提高汽车行业自主创新能力,使中国的汽车行业走向强盛和繁荣。

讨论题

1. 吉利集团收购沃尔沃之后,有人评价这次收购为"蛇吞象"式收购,对此你怎么看?
2. 吉利集团花费18亿美元购买沃尔沃100%股权及相关知识产权,如何确认合并过程中产生的商誉?
3. 目前,中国会计准则对商誉允许采用哪种会计方法?在进行减值测试时要注意些什么?

案例分析要点提示

1. 提示：可以从吉利集团收购沃尔沃之后，能否对沃尔沃进行实质控制的角度去评价。
2. 提示：确认商誉的方法有全部商誉法和部分商誉法，根据我国现行的《企业会计准则》，商誉的确认采用部分商誉法。
3. 提示：根据我国现行的《企业会计准则》，企业合并所形成的商誉至少应当在每年年度终了进行减值测试。由于商誉难以独立于其他资产为企业单体产生现金流量，因此要结合与其相关的资产组或者资产组组合进行减值测试。

学习指导

一、本章教学大纲

本章的主要内容是对报表合并做一简介，包括合并理论、合并范围和合并程序等，在此基础上，分全资子公司、非全资子公司两种情况阐述合并日母子公司财务报表的合并。

本章教学大纲

合并财务报表简介	合并财务报表的重要性	
	合并理论	所有权理论
		母公司理论
		主体理论
		现行实务中所使用的合并理论
		合并理论的比较
	合并范围：以控制为基础	控制定义中的三要素：权力、回报、权力与回报的联系
		投资方拥有对被投资方的权力
		因参与被投资方的相关活动而享有可变回报
		权力与回报的联系
		对被投资方可分割部分的控制
		对控制的持续评估
		投资性主体
	财务报表合并的基本程序	合并财务报表编制的原则
		报表合并的主要步骤： (1)合并前期的准备工作 (2)合并工作底稿的编制
		披露
	合并财务报表的局限	
全资子公司合并日的合并财务报表	同一控制下企业合并	母公司投资成本的确认
		合并日资产负债表的编制： (1)抵销分录 (2)合并工作底稿

续表

全资子公司合并日的合并财务报表	非同一控制下企业合并——以高于净资产账面价值的价格购买	母公司投资成本的确认
		购买价差的计算
		财务报表的合并： (1)购买价差只分配给商誉 (2)购买价差只分配给评估增值 (3)购买价差同时分配给评估增值和商誉
		投资成本高于账面价值但小于公允价值
	非同一控制下企业合并——以低于净资产账面价值的价格购买	不存在商誉
		存在负商誉
非全资子公司合并日的合并财务报表	同一控制下企业合并	母公司投资成本的确认
		合并日资产负债表的编制： (1)抵销分录 (2)合并工作底稿
	非同一控制下企业合并——以高于净资产账面价值的价格购买	母公司投资成本的确认
		购买价差的计算
		合并报表的编制
	非同一控制下企业合并——以低于净资产账面价值的价格购买	母公司投资成本的确认
		购买价差的计算
		合并报表的编制
	披露	

二、本章重点、难点解析

1. 财务报表合并的主要理论的比较

合并理论决定了子公司应并入母公司报表的利润（损益）以及资产等的份额，是报表合并的理论基础，对报表的合并有着重大的影响，主要包括**所有权理论**、**母公司理论**、**主体理论**三种。三种合并理论以及我国现行准则规定的要点比较如下。

	所有权理论	母公司理论	主体理论	现行准则规定
合并报表性质	将公司视为所有权的一种延伸，强调一种严格的所有权关系。	强调母公司拥有对子公司所有资产和负债的实质控制能力，是母公司报表的延伸。	强调将母子公司视为一个独立的经济主体。该经济主体由控股股东和少数股东共同投资建立，财务报表应反映整个经济主体，而不应只从控股股东的角度出发。	母公司理论及主体理论的结合。
合并报表中如何合并子公司净资产	母公司股权部分按公允价值合并，少数股东权益部分不予合并。	母公司股权部分按公允价值合并，少数股东权益部分按账面价值合并。	全部按公允价值合并。	全部按公允价值合并。
合并报表中如何确认商誉	按母公司持股比例计算，与少数股东无关。	按母公司持股比例计算，与少数股东无关。	按子公司净资产全部公允价值确定，即记列母公司商誉和少数股东商誉。	按子公司净资产全部公允价值确定，即记列母公司商誉和少数股东商誉。

续表

	所有权理论	母公司理论	主体理论	现行准则规定
少数股东权益	不予列示。	以子公司的账面价值列报,将少数股东权益视为负债。	以子公司的公允价值列报,少数股东权益是合并股东权益的一部分。	以子公司的公允价值列报,是合并股东权益的一部分,将其列示为单独的一项金额。
少数股东损益	不予列示。	视为费用,在合并净利润前列示为减项。	合并利润的一部分,即合并净利润总额分配给少数股东的部分。	在合并利润表中单独列示,即净利润分为归属于母公司股东的净利润和少数股东的损益。
内部交易的未实现损益或推定损益	按母公司持股比例抵销	顺销时,全部抵销;逆销时,仅抵销母公司所占有的部分。	无论顺销、逆销,均全部抵销。	无论顺销、逆销,均全部抵销,并在逆销时,将此抵销额在母公司和少数股东之间分配。

2. 控制的定义

控制的定义	控制是指投资方拥有对被投资方的权力,通过参与被投资方的相关活动而享有可变回报,并且有能力运用对被投资方的权力影响其回报金额。
	控制的定义中包含三要素: (1)投资方拥有对被投资方的**权力**,在判断是否拥有权力时可以采用以下标准: ①从控股数量上加以判断:直接持股或间接持股比例达到50%以上。 ②从实质控制能力加以判断: A. 通过与被投资单位的其他投资者之间的协议,拥有被投资单位半数以上的表决权; B. 根据公司章程或协议,有权决定被投资单位的财务和经营政策; C. 有权任免被投资单位的董事会或类似机构的多数成员; D. 在被投资单位的董事会或类似机构占多数表决权。 (2)因参与被投资方的相关活动而享有可变回报; (3)有能力运用对被投资方的权力影响其回报金额。

3. "控制"三要素之间的关系

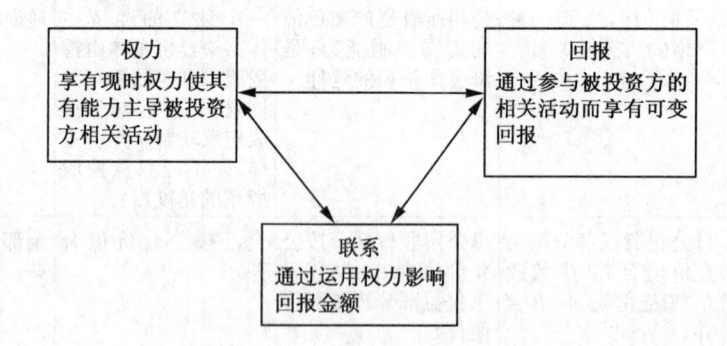

```
┌─────────────────┐              ┌─────────────────┐
│ 权力            │              │ 回报            │
│ 享有现时权力使其 │◄────────────►│ 通过参与被投资方的│
│ 有能力主导被投资 │              │ 相关活动而享有可变│
│ 方相关活动      │              │ 回报            │
└────────┬────────┘              └────────┬────────┘
         │                                │
         │        ┌─────────────────┐     │
         └───────►│ 联系            │◄────┘
                  │ 通过运用权力影响 │
                  │ 回报金额        │
                  └─────────────────┘
```

4. 编制合并报表的主要步骤

合并前期的准备工作	(1)统一母子公司会计政策	子公司所采用的会计政策与母公司不一致的,应当按照母公司的会计政策对子公司财务报表进行必要的调整;或者要求子公司按照母公司的会计政策另行编制财务报表。
	(2)统一母子公司的资产负债表日及会计期间	子公司会计期间与母公司不一致的,应当按照母公司的会计期间对子公司财务报表进行调整;或者要求子公司按照母公司的会计期间另行编制财务报表。
	(3)对子公司的外币财务报表先折算后合并	对母公司和子公司的财务报表进行合并,其前提必须是母子公司单体财务报表所采用的货币计量单位一致。对子公司的外币财务报表先进行折算,然后才能合并。
	(4)收集编制合并财务报表的相关资料	在编制合并财务报表时,子公司除了应当向母公司提供相应期间的财务报表外,还应当向母公司提供下列有关资料: ①采用的与母公司不一致的会计政策及其影响金额; ②对与母公司不一致的会计期间的说明; ③与母公司、其他子公司之间发生的所有内部交易的相关资料; ④所有者权益变动的有关资料; ⑤编制合并财务报表所需要的其他资料。
合并工作底稿的编制	(1)将母子公司单体财务报表列于合并工作底稿中	合并工作底稿编制的第一步是将母子公司单体财务报表列示于合并工作底稿前两栏中,如果母子公司单体财务报表中存在错误或遗漏,要在列入前先行调整。
	(2)编制抵销及调整分录	①"长期股权投资"账户未采用权益法进行会计处理的,首先按权益法的要求将相关科目余额调整为权益法下相应的金额。
		②抵销公司间内部损益。集团内企业之间的交易通常称为公司间内部交易。公司间内部交易产生的损益,就合并主体而言,只是一种内部交易,报表合并要求将其抵销。如果该损益已因有关资产使用或出售给合并主体以外而实现,则不需抵销。
		③将来自子公司的投资收益和股利加以抵销,并将子公司"长期股权投资"账户调整为期初余额。
		④抵销母公司对子公司的"长期股权投资"账户与子公司的"股东权益"账户。
		⑤购买价差的分配及摊销(购实法下)。购买价差分配的主要目的是将被投资公司的资产、负债以公允价值在合并财务报表中进行反映。要达到这一目的,可采用两种方法: A. 基于子公司的账目直接重新估价,并且直接调整子公司的账面价值使其与公允价值一致,这种方法即为下推会计。 B. 保留子公司的账目不变,在每次合并报表时重新估计,并在合并财务报表中进行反映。
		⑥抵销其他相对账户。公司间内部交易以及债权债务,也可能使各公司账上出现相对账户余额。这些相对账户余额也应加以抵销。
	(3)计入少数股东权益及少数股东损益	我国对少数股东权益采用如下做法: ①将子公司所有者权益中不属于母公司的份额作为少数股东权益,并将少数股东权益在合并资产负债表中所有者权益项目下以"少数股东权益"项目列示; ②子公司当期利润(净损益)中属于少数股东权益的份额,应当在合并利润表净利润项目下以"少数股东损益"项目列示。

续表

合并工作底稿的编制	(4)计算合并后各科目总金额	①资产类项目 资产类项目合并数等于母子公司单体报表中相同项目相加后,再加上抵销栏中的借方,减去抵销栏中的贷方。
		②负债类项目 负债类项目的合并数等于母子公司单体报表中相同项目相加后,再减去抵销栏中的借方,加上抵销栏中的贷方。
		③股东权益类项目 A. 股东权益类项目的合并数等于母子公司单体报表中相同项目相加后,再减去抵销栏中的借方,加上抵销栏中的贷方。 B. 在股东权益项目下增加"归属于母公司股东权益合计",用于反映企业集团的股东权益中归属于母公司股东权益的部分。 C. 在股东权益项目下增加"少数股东权益"项目,用于反映非全资子公司的股东权益中不属于母公司的份额。期末少数股东权益等于期初少数股东权益加上本期少数股东损益,减去本期少数股东股利。
		④收入类项目 收入类项目的合并数等于母子公司单体报表中相同项目相加后,再减去抵销栏中的借方,加上抵销栏中的贷方。
		⑤费用类项目 费用类项目合并数等于母子公司单体报表中相同项目相加后,再加上抵销栏中的借方,减去抵销栏中的贷方。
		⑥净利润 A. 净利润等于合并收入减去合并费用。 B. 在"净利润"项目下增加"归属于母公司股东的净利润"和"少数股东损益"两个项目,分别反映净利润中由母公司所有者享有的份额和非全资子公司当期实现的净利润中归属于少数股东的份额。 C. 少数股东损益等于子公司当期实现的净利润乘以少数股东的持股比例。归属于母公司股东的净利润等于净利润减去少数股东损益。

5. 抵销相对账户

抵销相对账户对应表

母公司账上	↔	子公司账上
长期股权投资——子公司	基本相对账户	股东权益——母公司
应收(应付)账款——子公司	其他相对账户	应付(应收)账款——母公司
预付(收)账款——子公司	其他相对账户	预收(付)账款——母公司
利息收入(费用)——子公司	其他相对账户	利息费用(收入)——母公司
股利收入(宣告股利)——子公司	其他相对账户	宣告股利(股利收入)——母公司
应收管理费——子公司	其他相对账户	应付管理费——母公司
营业收入——子公司	其他相对账户	营业成本或购货——母公司
营业成本或购货——子公司	其他相对账户	营业收入——母公司

6. 合并日,母公司对子公司的长期股权投资账户与子公司的股东权益账户抵销分录

同一控制下企业合并抵销分录	全资子公司	借:股本——子公司 　　资本公积 　　盈余公积 　　未分配利润 　贷:长期股权投资——子公司
	非全资子公司	借:股本——子公司 　　资本公积 　　盈余公积 　　未分配利润 　贷:长期股权投资——子公司 　　　少数股东权益
非同一控制下企业合并抵销分录	全资子公司	以高于净资产账面价值购买 借:股本——子公司 　　资本公积 　　盈余公积 　　未分配利润 　　应收账款(FV-BV) 　　存货(FV-BV) 　　固定资产(FV-BV) 　　商誉 　贷:应付票据(FV-BV) 　　　应付账款(FV-BV) 　　　长期股权投资——子公司
		以低于净资产账面价值购买 借:股本——子公司 　　资本公积 　　盈余公积 　　未分配利润 　　应收账款(FV-BV) 　　存货(FV-BV) 　　固定资产(FV-BV) 　贷:应付票据(FV-BV) 　　　应付账款(FV-BV) 　　　营业外收入 　　　长期股权投资——子公司
	非全资子公司	以高于净资产账面价值购买 借:股本——子公司 　　资本公积 　　盈余公积 　　未分配利润 　　应收账款(FV-BV) 　　存货(FV-BV) 　　固定资产(FV-BV) 　　商誉 　贷:应付票据(FV-BV) 　　　应付账款(FV-BV) 　　　长期股权投资——子公司 　　　少数股东权益
		以低于净资产账面价值购买 借:股本——子公司 　　资本公积 　　盈余公积 　　未分配利润 　　应收账款(FV-BV) 　　存货(FV-BV) 　　固定资产(FV-BV) 　贷:应付票据(FV-BV) 　　　应付账款(FV-BV) 　　　营业外收入 　　　长期股权投资——子公司 　　　少数股东权益

三、名词中英文对照

母子公司关系	Parent-subsidiary Relationship
合并财务报表	Consolidated Financial Statement
合并资产负债表	Consolidated Balance Sheet
合并利润表	Consolidated Income Statement
合并工作底稿	Consolidation Working Papers
单体财务报表	Separate Financial Statement
联合财务报表	Combined Financial Statement
会计主体	Accounting Entity
法律主体	Legal Entity
实质重于形式	Substance over Form
法律控制	Legal Control
实质控制	Effective Control
主要受益方	Main Beneficiary
控制	Control
权力	Power
权利	Right
可变回报	Variable Returns
相关活动	Relevant Activities
实质性权利	Substantive Rights
保护性权利	Protective Rights
合并财务报表程序	Consolidation Procedure
合并日	Acquisition Date
长期股权投资——子公司	Investment in Subsidiary
工作底稿分录	Working Paper Entry
抵销	Elimination
抵销分录	Eliminating Entry
相对账户	Reciprocal Account
非相对账户	Nonreciprocal Account
所有权理论	Proprietary Theory
母公司理论	Parent-company Theory
主体理论	Entity Theory
投资成本与账面价值的差额/购买价差	Excess of Cost over Book Value Acquired 或 Cost-book Value Differentials 或 Purchase Price Discrepancy(简称 PPD)
账面净值	Net Book Value(简称 NBV)
账面价值	Book Value(简称 BV)
公允价值	Fair Value(简称 FV)

评估增值	Fair Value Increment(简称 FVI)
商誉	Goodwill
控制性权益	Controlling Interest(简称 CI)
非控制性权益	Noncontrolling Interest(简称 NCI)
非控制性权益损益	Noncontrolling Interest Income(简称 NCII)
少数股东权益/少数股权	Minority Interest（简称 MI，NCI 的旧称）
少数股东损益	Minority Interest Income（简称 MII，NCII 的旧称）
下推会计	Push-down Accounting

练习题

一、思考题

1. 少数股东损益是否属于费用？为什么？
2. 简述财务报表合并的重要意义和局限性。
3. 编制合并财务报表的原则是什么？
4. 报表合并中购买价差应如何分配？在母公司投资成本高于所获得的子公司净资产账面价值的情况下，是否一定不存在负商誉？
5. 为何相对账户在编制合并报表时必须抵销？

二、选择题

1. 下列哪种情况下，投资公司不必把被投资公司列入合并范围？（ ）
   A. 通过与被投资公司的其他投资者之间的协议，拥有被投资公司半数以上的表决权
   B. 根据公司章程和协议，有权决定被投资公司的财务和经营政策
   C. 持有被投资公司 75% 的股权，但是不打算长期持有
   D. 持有被投资公司 75% 的股权，但是母子公司经营内容不同

2. 牡丹公司拥有紫鹃公司 70% 的股权，拥有紫檀公司 35% 的股权，紫鹃公司拥有紫檀公司 30% 的股权，在这种情况下，牡丹公司编制合并财务报表时应纳入合并范围的是（ ）。
   A. 紫鹃公司   B. 紫檀公司
   C. 紫鹃公司和紫檀公司 D. 以上都不对

3. 甲公司持有乙公司发行在外的普通股 7 000 000 股（70% 股权），乙公司其他的 3 000 000 股发行在外的普通股由丙保险公司持有。在甲公司的合并财务报表上，丙保险公司作为（ ）。
   A. 被投资者   B. 合营公司
   C. 附属公司   D. 少数股东

4. 强调从控股股东的角度出发，将合并报表视为控股公司财务报表的延伸的合并理论是（ ）。
   A. 所有权理论 B. 母公司理论
   C. 主体理论   D. 以上都不对

5. 根据主体理论，购并法下形成的商誉属于（ ）。

A. 控股股东 B. 少数股东
C. 全体股东 D. 以上都不是

6. 母公司理论将少数股东权益视为（　　）。
   A. 资产 B. 负债
   C. 所有者权益 D. 报表中不反映

7. 购并日，母公司的投资成本高于被投资单位的账面价值但小于其公允价值时，如下处理正确的是（　　）。
   A. 投资成本高于账面价值的部分确认为商誉
   B. 母公司投资成本小于公允价值的部分确认为负商誉，不予摊销
   C. 母公司投资成本小于公允价值的部分确认为负商誉，计入资本公积
   D. 母公司投资成本小于公允价值的部分确认为负商誉，计入当期损益

8. 合并资产负债表上的少数股权是指（　　）。
   A. 持有母公司50%以下股权的股东
   B. 母公司对子公司应享有的权益
   C. 子公司应付债券的利息费用
   D. 子公司净资产被母公司以外的股东所享有的权益

9. 牡丹公司为增值税一般纳税人，适用的增值税税率为17%。2016年8月1日，牡丹公司以增发400万股普通股和一批存货作为对价，从牡兴公司取得紫檀公司70%的股权，能够对紫檀公司实施控制。购并日紫檀公司所有者权益账面价值为800万元，公允价值为1 000万元。牡丹公司增发的股票每股面值1元，市价2元。牡丹公司该批存货的成本为50万元，公允价值为60万元。该项交易之前，公司之间无任何关联。根据以上材料回答下列问题（单位：万元）：

   (1) 该项企业合并的成本为（　　）。
   A. 858.5　　B. 850　　C. 870.2　　D. 860

   (2) 该项合并形成的商誉为（　　）。
   A. 158.5　　B. 170.2　　C. 298.5　　D. 0

10. 2016年4月1日，牡丹公司增发2 000万股普通股取得紫檀公司80%的股权，能够对紫檀公司实施控制。购并日紫檀公司所有者权益账面价值为4 000万元，公允价值为5 000万元。牡丹公司增发的股票每股面值1元，市价3元。牡丹公司为发行股票产生的证券发行和登记费为100万元，为取得该项投资同时发生审计费和律师费50万元。根据以上材料回答下列问题（单位：万元）：

    (1) 若牡丹公司和紫檀公司同属于甲企业集团，那么该项投资影响牡丹公司资本公积的金额为（　　）。
    A. 4 000　　B. 3 900　　C. 3 850　　D. 1 100

    (2) 若牡丹公司和紫檀公司在该项交易前无任何关联，那么该项投资影响牡丹公司资本公积的金额为（　　）。
    A. 4 000　　B. 3 900　　C. 3 850　　D. 1 100

11. 根据下列资料回答问题(1)和(2)：
    2016年7月28日，牡丹公司获得紫岩公司发行在外股票的60%。合并后，牡丹公司及合并资产负债表：

	牡丹公司	合 并
流动资产	206 000	246 000
长期股权投资——紫岩公司(成本)	100 000	—
商誉	—	47 350
固定资产(净额)	170 000	230 750
资产总计	476 000	524 100
流动负债	15 000	28 000
股本	350 000	350 000
少数股权	—	35 100
未分配利润	111 000	111 000
负债与股东权益总计	476 000	524 100

长期股权投资的成本超过紫岩公司账面价值的部分,有 9 000 元是因为低估了固定资产,其余的为商誉。紫岩公司流动资产的 2 000 元应收账款是来自牡丹公司,该笔款项在合并前就已存在。

下面的两个项目与紫岩公司在牡丹公司获得其 60% 股权时的单体资产负债表有关(单位:元)。

(1)在牡丹公司购并紫岩公司 60% 的股权前,紫岩公司单体账上的流动资产总额是(　　)。

A. 38 000　　　　B. 40 000　　　　C. 42 000　　　　D. 204 000

(2)在牡丹公司购并紫岩公司 60% 股权时,紫岩公司单体账上的股东权益总额是?(　　)

A. 64 900　　　　B. 96 750　　　　C. 87 750　　　　D. 78 750

三、业务题

1. 牡丹公司于 2016 年 1 月 1 日以现金 400 000 元购并紫兴公司 100% 的流通在外普通股,合并后两家公司单体资产负债表资料如下(单位:元)。

	牡丹公司	紫兴公司	
	账面价值	账面价值	公允价值
资产			
现金	100 000	40 000	40 000
应收款项	80 000	60 000	60 000
存货	100 000	60 000	80 000
固定资产	420 000	140 000	200 000
长期股权投资——紫兴公司	400 000		
资产总计	1 100 000	300 000	380 000
负债与股东权益			

续表

	牡丹公司	紫兴公司	
	账面价值	账面价值	公允价值
应付票据	300 000	50 000	80 000
其他负债	200 000	50 000	50 000
负债合计	500 000	100 000	130 000
股本(面值1元)	500 000	160 000	
未分配利润	100 000	40 000	
股东权益合计	600 000	200 000	
负债与股东权益总计	1 100 000	300 000	

要求：

(1)编制报表将长期股权投资成本与账面价值的差额分摊至牡丹公司的可辨认与不可辨认的净资产。

(2)编制购并日母公司对子公司的长期股权投资与子公司股东权益的抵销分录。

(3)编制牡丹公司和其子公司2016年1月1日的合并资产负债表。

2. 牡丹公司和紫檀公司隶属于同一集团。20×1年1月1日，牡丹公司以300 000元购买了紫檀公司全部流通在外的股票。合并日，紫檀公司净资产的账面价值为300 000元。两公司在合并前的相关资料如下表所示(单位：元)。

	牡丹公司	紫檀公司	
		账面价值	公允价值
资产			
现金	350 000	50 000	50 000
应收账款	75 000	50 000	40 000
存货	100 000	60 000	60 000
固定资产——净值	575 000	340 000	800 000
资产总计	1 100 000	500 000	950 000
负债与股东权益			
应付账款	100 000	100 000	100 000
应付债券	200 000	100 000	150 000
负债合计	300 000	200 000	250 000
股本	500 000	200 000	
盈余公积	200 000	50 000	
未分配利润	100 000	50 000	
股东权益合计(净资产)	800 000	300 000	
负债和股东权益总计	1 100 000	500 000	

要求：
(1)编制牡丹公司购买紫檀公司股权的相关会计分录。
(2)编制合并工作底稿上的抵销分录。
(3)编制合并日的合并资产负债表。

3. 20×8年1月1日牡慈公司以50 000股每股面值1元、市价6元的股票和100 000元应付票据购买了紫翔公司的全部股份，假设购买股权采用下推会计。紫翔公司单体资产负债表如下所示。

20×8年1月1日紫翔公司单体资产负债表　　　　　　　　单位：元

	账面价值	公允价值	差　异
现金	30 000	30 000	
应收账款	90 000	90 000	
存货	130 000	150 000	20 000
固定资产——净值	260 000	320 000	60 000
资产总计	510 000	590 000	80 000
应付账款	100 000	100 000	
应付票据	150 000	150 000	
负债合计	250 000	250 000	
股本	150 000		
盈余公积	60 000		
未分配利润	50 000		
股东权益合计	260 000	340 000	80 000
负债和股东权益总计	510 000	590 000	

要求：
(1)在牡慈公司账上记录对紫翔公司的投资。
(2)在紫翔公司账上编制1月1日的会计分录以记录下推会计。
(3)以下推会计为基础，编制紫翔公司1月1日被合并后的单体资产负债表。

4. 牧合公司为一大型集团公司，其有关投资的资料如下：

(1)2015年8月30日，牧合公司为进军互联网业务，经临时股东大会批准，决定采用并购电商公司的方式涉足"互联网＋"行业。2015年10月18日，牧合公司和紫乙公司的控股股东签订股权并购合同，合同约定牧合公司以现金4 000万元(尚未支付)以及自身普通股1 000万股作为对价取得紫乙公司100％股份。

(2)2016年1月1日，牧合公司支付价款2 000万元，发行普通股1 000万股，当天牧合公司正式任命集团公司某总经理为紫乙公司董事长，并对紫乙公司董事会进行改组。发行日牧合公司普通股每股面值1元、市价3元，证券发行和登记费50万元，发生审计费和律师费100万元。购并日紫乙公司可辨认净资产的公允价值为5 000万元，账面价值为4 000万元。差额产生于存货，该批存货在2016年对外出售40％，剩余部分在2017年全部对外出售，牧合公司适用的增值税税率为17％。2016年1月30日，牧合公司支付剩余款项2 000万元，并于当日办理完毕股权登记手续。

(3)2017年1月1日,牧合公司从集团战略角度考虑,与旗下子公司紫丙公司达成一项协议。协议约定,牧合公司以其持有的紫乙公司100%股权作为对价换取紫丙公司的一项无形资产,该无形资产是紫丙公司在2011年12月1日取得的,成本为8 000万元,预计使用20年,采用直线法摊销,预计净残值为0,2017年1月1日的公允价值为6 500万元。

根据相关资料,紫乙公司2016年实现净利润900万元,分配现金股利300万元,未发生其他权益变动,不考虑其他因素。

要求:

(1)牧合公司取得紫乙公司股权的购并日应为哪一天?计算该项合并的购并成本,并编制购并日牧合公司取得该项投资的会计分录。

(2)计算牧合公司取得紫乙公司股权应确认的商誉金额。

(3)计算紫丙公司处置该无形资产会影响利润的金额。

(4)计算紫丙公司取得紫乙公司股权的购并成本。

练习题参考答案

二、选择题

1. C

2. C

3. D

4. B

5. C

6. B

7. D

8. D

9. (1)C 提示:$400\times2+60\times(1+17\%)=870.2$。

(2)B 提示:$870.2-1\,000\times70\%=170.2$。

10. (1)D 提示:$4\,000\times80\%-2\,000-100=1\,100$。

(2)B 提示:$2\,000\times3-2\,000-100=3\,900$。

11. (1)C 提示:$246\,000-206\,000+2\,000=42\,000$。

(2)D 提示:$351\,000\div0.6-9\,000=78\,750$。

三、业务题

1.(单位:元)

(1)牡丹公司投资成本	400 000
牡丹公司所获净资产账面价值	$(160\,000+40\,000)\times100\%=\underline{200\,000}$
购买价差	<u>200 000</u>

	（公允价值	—	账面价值）	=	评估增（减）值
存货	80 000	—	60 000	=	20 000
固定资产	200 000	—	140 000	=	60 000
应付票据	80 000	—	50 000	=	(30 000)
评估增值总计					50 000
剩余的购买价差分配给商誉					150 000
购买价差总计					200 000

(2) 合并抵销分录如下：

借：存货　　　　　　　　　　　　　　　　　20 000
　　固定资产　　　　　　　　　　　　　　　60 000
　　商誉　　　　　　　　　　　　　　　　　150 000
　　股本　　　　　　　　　　　　　　　　　160 000
　　未分配利润　　　　　　　　　　　　　　40 000
　　贷：应收账款　　　　　　　　　　　　　　　　　30 000
　　　　长期股权投资——紫兴公司　　　　　　　　　400 000

(3) 合并工作底稿如下：

	牡丹公司	紫兴公司	抵销分录 借方	抵销分录 贷方	合并数
现金	100 000	40 000			140 000
应收款项	80 000	60 000			140 000
存货	100 000	60 000	20 000		180 000
固定资产	420 000	140 000	60 000		620 000
长期股权投资——紫兴公司	400 000	—		400 000	0
商誉			150 000		150 000
资产总计	1 100 000	300 000			1 230 000
应付票据	300 000	50 000		30 000	380 000
其他负债	200 000	50 000			250 000
负债合计	500 000	100 000			630 000
股本（面值1元）	500 000	160 000	160 000		500 000
未分配利润	100 000	40 000	40 000		100 000
股东权益合计	600 000	200 000			600 000
负债和股东权益合计	1 100 000	300 000			1 230 000

根据合并工作底稿的合并数编制合并资产负债表如下：

牡丹公司和紫兴公司的合并资产负债表
2016年1月1日

资产		负债和股东权益	
现金	140 000	应付票据	380 000
应收款项	140 000	其他负债	250 000
存货	180 000	负债合计	630 000
固定资产	620 000	股本（面值1元）	500 000
		未分配利润	100 000
商誉	150 000	股东权益合计	600 000
资产总计	1 230 000	负债和股东权益合计	1 230 000

2.（单位：元）

(1)在牡丹公司单体账上确认对紫檀公司投资的会计分录如下：

借：长期股权投资——紫檀公司　　　　　　300 000
　　贷：现金　　　　　　　　　　　　　　　　　　300 000

(2)抵销母公司长期股权投资账户与子公司股东权益类项目：

借：股本——紫檀公司　　　　　　　　　　200 000
　　盈余公积——紫檀公司　　　　　　　　　50 000
　　未分配利润——紫檀公司　　　　　　　　50 000
　　贷：长期股权投资——紫檀公司　　　　　　　　300 000

牡丹公司和紫檀公司合并工作底稿

	牡丹公司	紫檀公司	抵销分录 借方	抵销分录 贷方	合并数
现金	50 000	50 000			100 000
应收账款	75 000	50 000			125 000
存货	100 000	60 000			160 000
固定资产	575 000	340 000			915 000
长期股权投资——紫檀公司	300 000			①300 000	—
资产总计	1 100 000	500 000			1 300 000
应付账款	100 000	100 000			200 000
应付债券	200 000	100 000			300 000
负债合计	300 000	200 000			500 000
股本	500 000	200 000	①200 000		500 000
盈余公积	200 000	50 000	①50 000		200 000
未分配利润	100 000	50 000	①50 000		100 000
股东权益合计	800 000	300 000			800 000
负债和股东权益总计	1 100 000	500 000			1 300 000

(3)合并后的资产负债表如下所示:

牡丹公司和紫檀公司的合并资产负债表
20×1年1月1日

资　产		负债和股东权益	
现金	100 000	应付账款	200 000
应收账款	125 000	应付债券	300 000
存货	160 000	负债合计	<u>500 000</u>
固定资产	915 000	股本	500 000
		盈余公积	200 000
		未分配利润	100 000
		股东权益合计	<u>800 000</u>
资产总计	<u>1 300 000</u>	负债和股东权益总计	<u>1 300 000</u>

3.(单位:元)

(1)牡慈公司记录对紫翔公司的投资:

借:长期股权投资——紫翔公司　　　　　　　　　　400 000
　　贷:应付票据　　　　　　　　　　　　　　　　　　　　　100 000
　　　　股本　　　　　　　　　　　　　　　　　　　　　　　 50 000
　　　　资本公积　　　　　　　　　　　　　　　　　　　　　250 000

(2)此次合并产生的商誉=400 000-340 000=60 000(元),紫翔公司记录下推会计的分录如下:

借:存货　　　　　　　　　　　　　　　　　　　　　 20 000
　　固定资产——净值　　　　　　　　　　　　　　　 60 000
　　商誉　　　　　　　　　　　　　　　　　　　　　 60 000
　　盈余公积　　　　　　　　　　　　　　　　　　　 60 000
　　未分配利润　　　　　　　　　　　　　　　　　　 50 000
　　贷:下推资本　　　　　　　　　　　　　　　　　　　　　250 000

(3)经过以上分录调整,紫翔公司合并后的单体资产负债表如下所示:

资　产		负债和股东权益	
现金	30 000	应付账款	100 000
应收账款	90 000	应付票据	150 000
存货	150 000	负债合计	<u>250 000</u>
固定资产——净值	320 000	股本	150 000
商誉	60 000	下推资本	250 000
		股东权益合计	<u>400 000</u>
资产总计	<u>650 000</u>	负债与股东权益总计	<u>650 000</u>

4.(单位:万元)

(1)牧合公司取得紫乙公司股权的购并日应为 2016 年 1 月 1 日,因为当日牧合公司能够控制紫乙公司董事会,已经实质上控制了紫乙公司的生产经营决策。

合并成本=4 000+1 000×3=7 000(万元)

牧合公司取得该项投资的会计分录为:

借:长期股权投资——紫乙公司	7 000
贷:银行存款	2 000
应付账款	2 000
股本	1 000
资本公积——股本溢价	2 000
借:管理费用	50
资本公积——股本溢价	100
贷:银行存款	150

(2)商誉=初始投资成本(合并成本)—紫乙公司可辨认净资产公允价值份额
=7 000-5 000=2 000(万元)

(3)紫丙公司取得紫乙公司 100% 股权属于同一控制下企业合并,所以紫丙公司处置该无形资产时不确认处置损益,因此对营业利润影响金额为 0。

(4)紫丙公司购入紫乙公司股权的初始投资成本为紫乙公司净资产的账面价值(需要注意的是,此处紫乙公司净资产的账面价值是相对于最终控制方牧合公司而言的账面价值)=7 000+(900-1 000×40%-300)=7 200(万元)。

教材课后习题参考答案

1.(单位:元)

(1)牡新公司投资成本	5 520 000
购并日紫黎公司净资产账面价值	
(6 220 000-1 220 000-400 000)	4 600 000
牡新公司所获净资产账面价值(4 600 000×80%)	3 680 000
购买价差	1 840 000

	公允价值	—	账面价值	=	评估增(减)值
存货	1 000 000	—	800 000	=	200 000
其他流动资产	400 000	—	300 000	=	100 000
土地	1 200 000	—	1 000 000	=	200 000
固定资产——建筑物	3 600 000	—	2 000 000	=	1 600 000
固定资产——设备	1 200 000	—	1 600 000	=	(400 000)
其他负债	1 120 000	—	1 220 000	=	100 000
评估增值总计					1 800 000
其中:80%分配给母公司股东权益					1 440 000
20%分配给少数股东权益					360 000
剩余的购买价差分配给商誉					400 000
购买价差总计(1 440 000+400 000)					1 840 000

(2)合并工作底稿上的调整抵销分录如下:

借:股本——紫黎公司　　　　　　　　　　　　4 000 000
　　未分配利润——紫黎公司　　　　　　　　　　600 000
　　存货　　　　　　　　　　　　　　　　　　　200 000
　　其他流动资产　　　　　　　　　　　　　　　100 000
　　土地　　　　　　　　　　　　　　　　　　　200 000
　　固定资产——建筑物　　　　　　　　　　　1 600 000
　　其他负债　　　　　　　　　　　　　　　　　100 000
　　商誉　　　　　　　　　　　　　　　　　　　400 000
　　贷:固定资产——设备　　　　　　　　　　　　　　　　400 000
　　　　长期股权投资——紫黎公司　　　　　　　　　　5 520 000
　　　　少数股东权益(公允价值6 400 000×20%)　　　　1 280 000

合并工作底稿如下:

	牡新公司	紫黎公司 (80%)	抵销分录 借　方	抵销分录 贷　方	合并数
现金	480 000	120 000			600 000
应收账款——净额	1 600 000	400 000			2 000 000
存货	2 200 000	800 000	200 000		3 200 000
其他流动资产	1 800 000	300 000	100 000		2 200 000
土地	6 200 000	1 000 000	200 000		7 400 000
固定资产——建筑物	12 000 000	2 000 000	1 600 000		15 600 000
固定资产——设备	7 000 000	1 600 000		400 000	8 200 000
长期股权投资	5 520 000			5 520 000	0
商誉			400 000		400 000
资产总计	36 800 000	6 220 000			39 600 000
应付账款	800 000	400 000			1 200 000
其他负债	3 000 000	1 220 000	100 000		4 120 000
负债合计	3 800 000	1 620 000			5 320 000
股本	30 000 000	4 000 000	4 000 000		30 000 000
未分配利润	3 000 000	600 000	600 000		3 000 000
归属于母公司股东权益合计					33 000 000
少数股东权益				1 280 000	1 280 000
股东权益合计	33 000 000	4 600 000			34 280 000
负债与股东权益总计	36 800 000	6 220 000			39 600 000

根据合并工作底稿的合并数编制合并资产负债表如下:

牡新公司和紫黎公司的合并资产负债表
2016年1月2日

资　产		负债和股东权益	
现金	600 000	应付账款	1 200 000
应收账款——净额	2 000 000	其他负债	4 120 000
存货	3 200 000	负债合计	5 320 000
其他流动资产	2 200 000	股本	30 000 000
土地	7 400 000	未分配利润	3 000 000
固定资产——建筑物	15 600 000	归属于母公司股东权益合计	33 000 000
固定资产——设备	8 200 000	少数股东权益	1 280 000
商誉	400 000	股东权益合计	34 280 000
资产总计	39 600 000	负债与股东权益总计	39 600 000

2.（单位：元）
(1)计算商誉。

牡健公司投资成本		500 000
购并日紫康公司净资产账面价值	800 000	
牡健公司所获净资产账面价值(800 000×70%)		560 000
购买价差		(60 000)
评估增值(母公司部分)(50 000×70%)		35 000
负商誉		(95 000)

(2)相关会计分录如下：
母公司账上记录长期股权投资：

借：长期股权投资	500 000	
贷：现金		500 000

合并工作底稿上抵销分录：

①借：股本	500 000	
盈余公积	200 000	
未分配利润	100 000	
贷：长期股权投资		500 000
少数股东权益(账面价值部分)		240 000
购买价差		60 000
②借：固定资产	50 000	
购买价差	60 000	
贷：营业外收入		95 000
少数股东权益(评估增值部分)		15 000

两笔分录可合二为一，即：

借:股本　　　　　　　　　　　　　　　　　　　500 000
　　盈余公积　　　　　　　　　　　　　　　　　200 000
　　未分配利润　　　　　　　　　　　　　　　　100 000
　　固定资产　　　　　　　　　　　　　　　　　 50 000
　　贷:长期股权投资　　　　　　　　　　　　　　　　　500 000
　　　　少数股东权益(公允价值)　　　　　　　　　　　255 000
　　　　营业外收入　　　　　　　　　　　　　　　　　 95 000

(3)合并工作底稿如下:

	牡健公司	紫康公司	抵销分录 借方	抵销分录 贷方	合并数
现金	300 000	100 000			400 000
其他流动资产	940 000	250 000			1 190 000
固定资产	3 000 000	550 000	②50 000		3 600 000
长期股权投资	500 000			①500 000	0
购买价差			②60 000	①60 000	0
资产总计	4 740 000	900 000			5 190 000
流动负债	200 000	100 000			300 000
股本	2 000 000	500 000	①500 000		2 000 000
盈余公积	740 000	200 000	①200 000		740 000
未分配利润	1 800 000	100 000	①100 000	②95 000	1 895 000
归属于母公司股东权益合计					4 635 000
少数股东权益				①240 000 ②15 000	255 000
股东权益合计	4 540 000	800 000			4 890 000
负债与股东权益总计	4 740 000	900 000			5 190 000

(4)根据合并工作底稿的合并数编制合并资产负债表如下:

牡健公司和紫康公司的合并资产负债表
2016年6月1日

资　产		负债和股东权益	
现金	400 000	流动负债	300 000
其他流动资产	1 190 000	股本	2 000 000
固定资产	3 600 000	盈余公积	740 000
		未分配利润	1 895 000
		归属于母公司股东权益合计	4 635 000
		少数股东权益	255 000
		股东权益合计	4 890 000
资产总计	5 190 000	负债与股东权益总计	5 190 000

3.（单位：元）

(1) 292 000－212 000＝80 000

　　80 000＋4 000＝84 000

(2) 79 200/0.3－30 000＝234 000

(3) 购并日牡益公司收购紫如公司70％股权产生的商誉为：

　　200 000－(79 200/0.3)×0.7＝15 200

所以，合并财务报表中固定资产金额为：

1 057 200－292 000－15 200＝750 000

4.（单位：元）

(1) 牡福公司购买紫幸公司产生的商誉＝初始投资成本 3 750 000－所获净资产公允价值 3 000 000(3 750 000－300 000－450 000)＝750 000。

借：存货	60 000
固定资产——建筑物	600 000
固定资产——设备	240 000
未分配利润	630 000
商誉	750 000
贷：应付票据	30 000
下推资本	2 250 000

(2) 使用下推会计后紫幸公司资产负债表如下：

资　产		负债与股东权益	
现金	210 000	应付账款	300 000
应收账款	240 000	应付票据	450 000
存货	300 000	负债合计	750 000
固定资产——建筑物	2 100 000	股本	1 500 000
固定资产——设备	900 000	下推资本	2 250 000
商誉	750 000	股东权益合计	3 750 000
资产总计	4 500 000	负债与股东权益总计	4 500 000

5.（单位：元）

(1) 商誉＝初始投资成本－紫恩公司可辨认净资产公允价值份额＝2 000 000×3－6 000 000×70％＝1 800 000。

牡爱公司单体财务报表中取得紫恩公司股权投资的分录为：

借：长期股权投资——紫恩公司	6 000 000
贷：股本	1 000 000
资本公积——股本溢价	5 000 000

(2) 合并时抵销分录：

①抵销母公司长期股权投资账户和子公司权益类项目

借:股本		2 000 000		
资本公积		1 500 000		
盈余公积		1 000 000		
未分配利润		500 000		
购买价差		2 500 000		
贷:长期股权投资——紫恩			6 000 000	
少数股东权益（账面价值部分）			1 500 000	

②购买价差分配

借:固定资产　　　　　　　　　　　　　　　　　　700 000
　存货　　　　　　　　　　　　　　　　　　　　200 000
　长期股权投资　　　　　　　　　　　　　　　　300 000
　商誉　　　　　　　　　　　　　　　　　　　　1 800 000
　贷:应收账款　　　　　　　　　　　　　　　　　　　100 000
　　无形资产　　　　　　　　　　　　　　　　　　　100 000
　　购买价差　　　　　　　　　　　　　　　　　　2 500 000
　　少数股东权益（评估增值部分）　　　　　　　　　300 000

两笔分录可合二为一，即：

借:固定资产　　　　　　　　　　　　　　　　　　700 000
　存货　　　　　　　　　　　　　　　　　　　　200 000
　长期股权投资　　　　　　　　　　　　　　　　300 000
　商誉　　　　　　　　　　　　　　　　　　　　1 800 000
　股本　　　　　　　　　　　　　　　　　　　　2 000 000
　资本公积　　　　　　　　　　　　　　　　　　1 500 000
　盈余公积　　　　　　　　　　　　　　　　　　1 000 000
　未分配利润　　　　　　　　　　　　　　　　　500 000
　贷:应收账款　　　　　　　　　　　　　　　　　　　100 000
　　无形资产　　　　　　　　　　　　　　　　　　　100 000
　　长期股权投资——紫恩公司　　　　　　　　　　6 000 000
　　少数股东权益　　　　　　　　　　　　　　　　1 800 000

合并工作底稿如下：

	牡爱公司	紫恩公司	抵销分录 借方	抵销分录 贷方	合并数
现金	7 000 000	100 000			7 100 000
应收账款	2 000 000	400 000		②100 000	2 300 000
存货	15 000 000	800 000	②200 000		16 000 000
长期股权投资	7 000 000 (1 000 000+6 000 000)	200 000	②300 000	①6 000 000	1 500 000
固定资产	20 000 000	3 000 000	②700 000		23 700 000
无形资产	15 000 000	1 500 000		②100 000	16 400 000
商誉	—	—	②1 800 000		1 800 000

续表

	牡爱公司	紫恩公司	抵销分录 借方	抵销分录 贷方	合并数
购买价差			①2 500 000	②2 500 000	
资产合计	66 000 000	6 000 000			68 800 000
短期借款	7 000 000	300 000			7 300 000
应付账款	9 000 000	400 000			9 400 000
其他负债	4 000 000	300 000			4 300 000
负债合计	20 000 000	1 000 000			21 000 000
股本	21 000 000 (20 000 000+1 000 000)	2 000 000	①2 000 000		21 000 000
资本公积	20 000 000 (15 000 000+5 000 000)	1 500 000	①1 500 000		20 000 000
盈余公积	3 000 000	1 000 000	①1 000 000		3 000 000
未分配利润	2 000 000	500 000	①500 000		2 000 000
归属于母公司股东权益合计					46 000 000
少数股东权益				①1 500 000 ②300 000	1 800 000
股东权益合计	46 000 000	5 000 000			47 800 000
负债与股东权益合计	66 000 000	6 000 000			68 800 000

(3) 根据合并工作底稿的合并数编制合并资产负债表如下：

牡爱公司和紫恩公司的合并资产负债表

2016 年 6 月 30 日

资　产		负债与股东权益	
现金	7 100 000	短期借款	7 300 000
应收账款	2 300 000	应付账款	9 400 000
存货	16 000 000	其他负债	4 300 000
长期股权投资	1 500 000	负债合计	21 000 000
固定资产	23 700 000	股本	21000 000
无形资产	16 400 000	资本公积	20 000 000
商誉	1 800 000	盈余公积	3 000 000
		未分配利润	2 000 000
		归属于母公司股东权益合计	46 000 000
		少数股东权益	1 800 000
		股东权益合计	47 800 000
资产合计	68 800 000	负债与股东权益合计	68 800 000

第四章
购并日后的合并财务报表

案例 中国平安收购上海家化

2011年11月7日,上海联合产权交易所发布上海家化(集团)有限公司100%股权转让竞价结果通知,平安信托旗下上海平浦投资有限公司最终成功获得上海家化(集团)有限公司100%股权,从而成为上海家化(集团)新控股股东。至此,一波三折的上海家化(集团)收购案终于尘埃落定。

一、公司简介

这次并购案的收购方上海平浦投资有限公司是平安信托有限责任公司(以下简称"平安信托")的全资子公司,平安信托成立于1996年7月2日,是中国平安保险(集团)股份有限公司(以下简称"中国平安")投资控股的独立法人机构;是国内第一批获准登记的38家信托投资公司之一。2003年10月,平安信托进行增资扩股,注册资本增加到27亿元人民币,成为国内注册资本最大的信托公司之一。平安信托主要从事非传统投资(包括物业投资、基建投资、私人股权投资)、资产管理(为个人客户、机构客户提供信托理财产品与服务)等业务。

中国平安于1988年诞生于深圳蛇口,是中国第一家股份制保险企业,至今已经发展成为融保险、银行、投资等金融业务于一体的紧密、多元的综合金融服务集团。公司分别于2004年、2007年在香港联合交易所主板和上海证券交易所两地上市,股票代码分别为2318.HK、601318.SH。中国平安是国内金融牌照最齐全、业务范围最广泛、控股关系最紧密的个人综合金融服务集团。平安集团旗下子公司数量众多,具体包括平安寿险、平安产险、平安养老险、平安健康险、平安银行、平安证券、平安信托、平安大华基金等,涵盖金融业各个领域。此外,在非传统业务方面,集团已布局了陆金所、万里通、汽车、房地产、支付、移动社交金融门户等业务。

上海家化(集团)有限公司是上海市国资委的全资子公司,主要经营范围包括化妆用品及饰品,日用化学制品及原辅材料,包装容器,香精香料,清凉油,清洁制品,卫生制品,消毒制品,洗涤用品,口腔卫生用品,纸制品及湿纸巾,蜡制品,驱杀昆虫制品和驱杀昆虫用电器装置,美容美发用品及服务,日用化学品及化妆品技术服务,药品研究开发和技术转让,销售公司自产产品,从事货物及技术的进出口业务。截至2011年6月30日,上海家化(集团)直接和间接持有上海家化联合股份有限公司29.24%的股权(以下简称"上海家化")。上海家化于1999年在上海证券交易所挂牌上市,是国内化妆品行业首家上市企业,股票代码为600315.SH。

二、合并过程

中国平安并购上海家化的过程可谓是一波三折,其间出现了众多的投资者,在经历了各种竞争和筛选后,中国平安旗下的平浦投资最终抓住了上海家化伸出的橄榄枝,成为这家百年日化企业的新老板。

2008年9月,上海市国资委出台的《关于进一步推进上海国资国企改革发展的若干意见》中明确提出,要推动一般竞争性领域国资的调整退出。意见的出台,让上海家化看到了整体改制的曙光。从2008年起,3年中,上海家化多次向上海市委市政府及主管部门陈述意见,申请改制,力争成为上海国资下一阶段改制先行先试的样本。

2010年12月6日,上海家化突然因重要事项停牌。当日晚间,其发布公告称,家化集团按照上级精神正在筹划国资改革事宜。

在停牌9个月后,2011年9月7日,上海家化股东上海市国资委在上海联合产权交易所出让所持有的家化集团100%国有股权,挂牌价格为51.09亿元人民币,其中家化集团所持上海家化股权作价43.9亿元人民币。挂牌公告期为自公告之日起的20个工作日。

在上海家化被并购前的3年中,其业绩年复合增长率达到36%,而且以持续的现金分红颇受投资者称道。上海家化2007年的净利润为1.33亿元,到2010年时已增至2.76亿元,3年就翻了1倍。与此同时,公司经营现金流从2007年的2.22亿元增长至2010年的3.29亿元。如此好的业绩使得上海家化的挂牌出售吸引了社会各界的广泛关注,并吸引了各类投资者的纷纷参与。家化集团在挂牌出售招募投资者的同时,也提出了一系列的转让条件。根据转让公告,家化集团不接受联合转让,受让方及其控股母公司的资产规模须不低于500亿元,并且应具有支持家化集团业务发展的相应资源,与上海家化主营业务不存在同业竞争关系。受让企业必须接受的交易条件还包括:同意接受上海家化(集团)有限公司整体改制职工安置方案;认同家化集团多元化时尚产业发展战略;受让后对家化集团有明确的发展规划;承诺受让后将继续使用和发展旗下所有家化品牌,并着力提升相关品牌在国际上的知名度。

上海家化开出的限制条件使得大批投资者被拒之门外,最后只留下几家投资者互相竞争。最初,上海复星产业投资有限公司(以下简称"上海复星")和平浦投资参加了竞购,但在2010年10月10日下午,也就是股权挂牌结束前的最后一刻,海航商业控股有限公司(以下简称"海航商业")突然递交申请材料,强势挤入竞购。于是出现了上海复星、平浦投资、海航商业三家争夺的局面。

2011年11月7日,上海联合产权交易所发布上海家化(集团)有限公司100%股权转让竞价结果通知,平浦投资有限公司最终成功获得上海家化(集团)100%股权,从而成为上海家化新控股股东。2011年11月8日,上海家化股票复牌,以37.11元高开,收盘35.80元,涨幅1.91%。

2011年12月27日,上海市国资委接到国资委《关于上海家化联合股份有限公司国有股东性质变更有关问题的批复》,批准将上海家化(集团)有限公司100%产权转让给上海平浦投资有限公司,至此这场历时2个月的并购大戏落下帷幕。

收购历程时间轴如图1所示。

三、具体合并方案

2011年11月15日,上海市国资委与平浦投资签署产权交易合同,平浦投资受让上海市

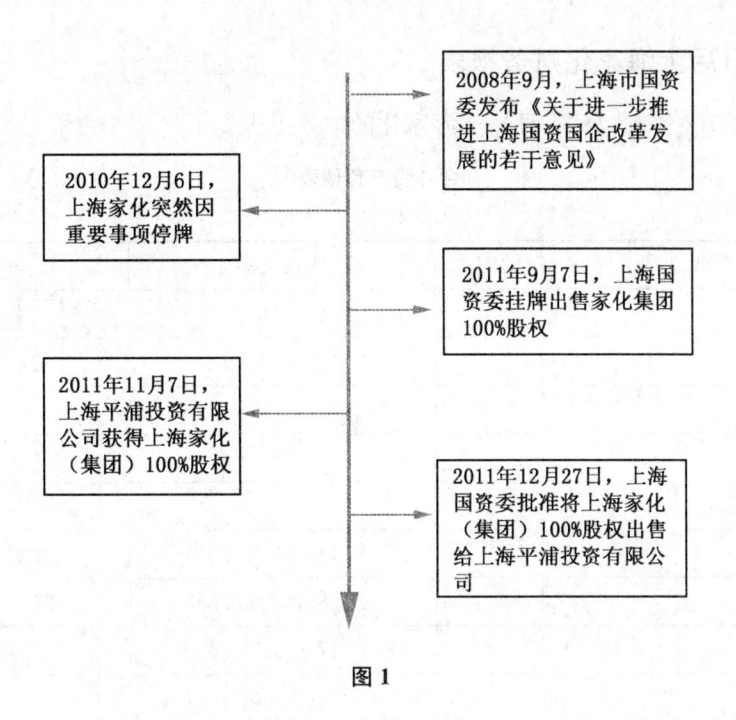

```
                                    ┌─────────────────────┐
                                    │ 2008年9月，上海市国资 │
                                    │ 委发布《关于进一步推 │
                                    │ 进上海国资国企改革发 │
                                    │ 展的若干意见》       │
                                    └─────────────────────┘
┌──────────────────┐
│ 2010年12月6日，  │
│ 上海家化突然因   │◄───
│ 重要事项停牌     │
└──────────────────┘
                                    ┌─────────────────────┐
                                    │ 2011年9月7日，上海国 │
                                    │ 资委挂牌出售家化集团 │
                                    │ 100%股权            │
                                    └─────────────────────┘
┌──────────────────┐
│ 2011年11月7日，  │
│ 上海平浦投资有限 │◄───
│ 公司获得上海家化 │
│ （集团）100%股权 │
└──────────────────┘
                                    ┌─────────────────────┐
                                    │ 2011年12月27日，上海 │
                                    │ 国资委批准将上海家化 │
                                    │ （集团）100%股权出售 │
                                    │ 给上海平浦投资有限公 │
                                    │ 司                  │
                                    └─────────────────────┘
```

图 1

国资委持有的家化集团 100%股权,受让该股权的价格为 51.09 亿元,该股权受让价格依据上海联合产权交易所的产权转让竞价结果确定。经评估,截至 2011 年 3 月 31 日,按照收益法,上海家化(集团)净资产为人民币 51.09 亿元。家化集团直接和间接合计持有上海家化 29.24%的股权,为上海家化的控股股东。平浦投资本次受让股权,将使上海家化的实际控制人由上海市国资委变更为中国平安。合并之后,股权结构如图 2 所示。

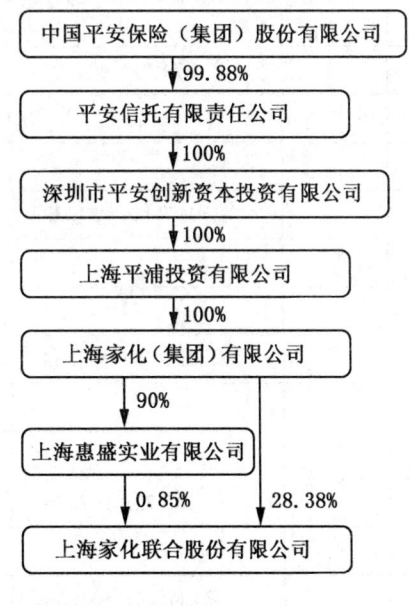

```
        ┌─────────────────────────────────┐
        │ 中国平安保险（集团）股份有限公司 │
        └─────────────────────────────────┘
                       │ 99.88%
                       ▼
        ┌─────────────────────────────────┐
        │      平安信托有限责任公司        │
        └─────────────────────────────────┘
                       │ 100%
                       ▼
        ┌─────────────────────────────────┐
        │  深圳市平安创新资本投资有限公司  │
        └─────────────────────────────────┘
                       │ 100%
                       ▼
        ┌─────────────────────────────────┐
        │      上海平浦投资有限公司        │
        └─────────────────────────────────┘
                       │ 100%
                       ▼
        ┌─────────────────────────────────┐
        │     上海家化（集团）有限公司     │
        └─────────────────────────────────┘
                       │ 90%
                       ▼
        ┌─────────────────────────────────┐
        │      上海惠盛实业有限公司        │
        └─────────────────────────────────┘
                 0.85%       28.38%
                       ▼
        ┌─────────────────────────────────┐
        │     上海家化联合股份有限公司     │
        └─────────────────────────────────┘
```

图 2

四、购并日后上海家化财务报表

购并日后(2012年12月31日),上海家化的财务报表如下:

合并资产负债表[①]

2012年12月31日

金额单位:人民币元

项 目	附注	期末余额	年初余额
流动资产:			
货币资金		1 328 500 030.21	871 579 654.60
结算备付金			
拆出资金			
交易性金融资产			
应收票据		11 037 773.05	73 218 069.61
应收账款		428 395 165.35	371 389 926.03
预付款项		17 130 682.61	28 033 486.26
应收保费			
应收分保账款			
应收分保合同准备金			
应收利息			
应收股利			1 615 108.11
其他应收款		37 102 505.99	22 966 422.03
买入返售金融资产			
存货		374 977 924.24	398 644 823.11
一年内到期的非流动资产			
其他流动资产			
流动资产合计		2 197 144 081.45	1 767 447 489.75
非流动资产:			
发放委托贷款及垫款			
可供出售金融资产		491 584 457.66	
持有至到期投资			
长期应收款			
长期股权投资		507 798 192.56	358 473 350.06
投资性房地产			
固定资产		217 467 104.56	234 531 569.31

[①] 引自上海证券交易所网站(http://www.sse.com.cn)上海家化(600315.SH)2012年年报。

续表

项　目	附　注	期末余额	年初余额
在建工程		9 904 261.57	16 560 029.26
工程物资			
固定资产清理			
生产性生物资产			
油气资产			
无形资产		115 357 637.83	94 225 631.55
开发支出			
商誉			
长期待摊费用		54 774 691.41	49 680 474.80
递延所得税资产		44 840 180.35	25 864 848.09
其他非流动资产		8 000 000.00	
非流动资产合计		1 449 726 525.94	779 335 903.07
资产总计		3 646 870 607.39	2 546 783 392.82
流动负债：			
短期借款			10 000 000.00
向中央银行借款			
吸收存款及同业存放			
拆入资金			
交易性金融负债			
应付票据			
应付账款		463 849 428.88	359 221 154.98
预收款项		67 909 348.22	62 966 575.20
卖出回购金融资产款			
应付手续费及佣金			
应付职工薪酬		33 186 661.74	22 166 920.49
应交税费		120 100 595.09	80 297 463.53
应付利息			
应付股利		10 140 000.00	516 393.76
其他应付款		209 488 531.15	227 459 065.42
应付分保账款			
保险合同准备金			
代理买卖证券款			

续表

项 目	附注	期末余额	年初余额
代理承销证券款			
一年内到期的非流动负债			
其他流动负债			
流动负债合计		904 674 565.08	762 627 573.38
非流动负债：			
长期借款			
应付债券			
长期应付款			
专项应付款			
预计负债			
递延所得税负债		8 073 937.50	
其他非流动负债		2 638 330.00	2 434 385.00
非流动负债合计		10 712 267.50	2 434 385.00
负债合计		915 386 832.58	765 061 958.38
所有者权益(或股东权益:)			
实收资本(或股本)		448 350 474.00	423 011 004.00
资本公积		868 455 888.69	377 947 717.54
减:库存股			
专项储备			
盈余公积		220 855 306.89	161 918 863.87
一般风险准备			
未分配利润		1 174 394 874.42	798 043 494.10
外币报表折算差额		−2 000 405.47	−2 165 817.76
归属于母公司所有者权益合计		2 710 056 138.53	1 758 755 261.75
少数股东权益		21 427 636.28	22 966 172.69
所有者权益合计		2 731 483 774.81	1 781 721 434.44
负债和所有者权益总计		3 646 870 607.39	2 546 783 392.82

合并利润表

2012 年 1~12 月　　　　　　　　　　　　　　　　　　　金额单位：人民币元

项　目	附　注	本期金额	上期金额
流动资产：			
一、营业总收入		4 504 122 570.41	3 576 607 562.87
其中：营业收入		4 504 122 570.41	3 576 607 562.87
利息收入			
已赚保费			
手续费及佣金收入			
二、营业总成本		3 962 733 494.24	3 229 629 050.54
其中：营业成本		2 026 284 289.92	1 519 290 854.00
利息支出			
手续费及佣金支出			
退保金			
赔付支出净额			
提取保险合同准备金净额			
保单红利支出			
分保费用			
营业税金及附加		42 712 762.04	37 305 340.57
销售费用		1 395 073 220.57	1 283 194 817.63
管理费用		502 759 913.20	393 324 923.93
财务费用		−17 330 477.95	−11 123 354.24
资产减值损失		13 233 786.46	7 636 468.65
加：公允价值变动收益（损失以"－"号填列）			
投资收益（损失以"－"号填列）		167 893 177.10	88 737 295.32
其中：对联营企业和合营企业的投资收益		166 077 661.78	87 553 913.62
汇兑收益（损失以"－"号填列）			
三、营业利润（亏损以"－"号填列）		709 282 253.27	435 715 807.65
加：营业外收入		15 044 976.67	18 701 745.88
减：营业外支出		958 674.17	2 158 750.35
其中：非流动资产处置损失		347 406.95	1 501 544.55
四、利润总额（亏损总额以"－"号填列）		723 368 555.77	452 258 803.18
减：所得税费用		95 430 972.34	87 253 938.93
五、净利润（净亏损以"－"号填列）		627 937 583.43	365 004 864.25

续表

项 目	附注	本期金额	上期金额
归属于母公司所有者的净利润		614 632 224.94	361 253 954.04
少数股东损益		13 305 358.49	3 750 910.21
六、每股收益			
（一）基本每股收益		1.41	0.85
（二）稀释每股收益		1.41	0.85
七、其他综合收益		7 749 869.95	−415 622.86
八、综合收益总额		635 687 453.38	364 589 241.39
归属于母公司所有者的综合收益总额		622 382 094.89	360 838 331.18
归属于少数股东的综合收益总额		13 305 358.49	3 750 910.21

母公司资产负债表

2012年12月31日　　　　　　　　　　　金额单位：人民币元

项 目	附注	期末余额	年初余额
流动资产：			
货币资金		1 007 768 480.47	632 843 165.31
交易性金融资产			
应收票据			
应收账款		398 054 191.41	459 795 141.37
预付款项		9 566 717.84	12 117 562.96
应收利息			
应收股利			1 615 108.11
其他应收款		43 014 867.72	17 155 290.40
存货		200 735 941.30	219 962 524.31
一年内到期的非流动资产			
其他流动资产			
流动资产合计		1 659 140 198.74	1 343 488 792.46
非流动资产：			
可供出售金融资产		491 584 457.66	
持有至到期投资			
长期应收款			
长期股权投资		1 384 064 289.37	1 171 597 680.88
投资性房地产			
固定资产		160 007 832.59	174 870 213.66

续表

项　目	附注	期末余额	年初余额
在建工程		4 285 461.57	11 939 245.17
工程物资			
固定资产清理			
生产性生物资产			
油气资产			
无形资产		24 543 336.37	22 231 511.52
开发支出			
商誉			
长期待摊费用			
递延所得税资产		8 546 211.84	7 692 336.98
其他非流动资产			
非流动资产合计		2 073 031 589.40	1 388 330 988.21
资产总计		3 732 171 788.14	2 731 819 780.67
流动负债：			
短期借款			
交易性金融负债			
应付票据			523 895 819.24
应付账款		813 050 590.10	340 413 683.47
预收款项		312.39	55 530 286.03
应付职工薪酬		10 960 000.00	8 433 762.00
应交税费		55 901 888.72	52 531 410.23
应付利息			
应付股利		10 140 000.00	
其他应付款		181 201 819.53	26 903 332.24
一年内到期的非流动负债			
其他流动负债			
流动负债合计		1 071 254 610.74	1 007 708 293.21
非流动负债：			
长期借款			
应付债券			
长期应付款			
专项应付款			

续表

项　目	附 注	期末余额	年初余额
预计负债			
递延所得税负债		8 073 937.50	
其他非流动负债		1 712 945.00	1 749 000.00
非流动负债合计		9 786 882.50	1 749 000.00
负债合计		1 081 041 493.24	1 009 457 293.21
所有者权益(或股东权益)：			
实收资本(或股本)		448 350 474.00	423 011 004.00
资本公积		870 062 840.42	376 654 531.59
减:库存股			
专项储备			
盈余公积		220 855 306.89	161 918 863.87
一般风险准备			
未分配利润		1 111 861 673.59	760 778 088.00
所有者权益(或股东权益)合计		2 651 130 294.90	1 722 362 487.46
负债和所有者权益总计		3 732 171 788.14	2 731 819 780.67

母公司利润表

2012年1～12月　　　　　　　　　　　　　　　金额单位:人民币元

项　目	附 注	本期金额	上期金额
一、营业收入		2 803 240 778.82	2 322 098 022.31
减:营业成本		1 793 800 029.23	1 593 462 541.64
营业税金及附加		12 339 766.82	10 112 723.47
销售费用		170 488 197.78	115 829 753.37
管理费用		313 818 027.69	234 840 566.36
财务费用		−15 895 669.78	−10 043 430.02
资产减值损失		4 761 936.70	−6 322 652.09
加:公允价值变动收益(损失以"−"号填列)			
投资收益(损失以"−"号填列)		134 496 218.03	97 506 990.73
其中:对联营企业和合营企业的投资收益		166 325 558.38	87 073 696.72
二、营业利润(亏损以"−"号填列)		658 424 708.41	481 725 510.31
加:营业外收入		6 065 934.09	2 988 652.93

续表

项　　目	附注	本期金额	上期金额
减:营业外支出		632 472.74	606 833.01
其中:非流动资产处置损失		267 562.74	356 743.98
三、利润总额(亏损总额以"一"号填列)		663 858 169.76	484 107 330.23
减:所得税费用		74 493 739.55	55 344 571.79
四、净利润(净亏损以"一"号填列)		589 364 430.21	428 762 758.44
五、每股收益			
(一)基本每股收益			
(二)稀释每股收益			
六、其他综合收益		7 584 457.66	
七、综合收益总额		596 948 887.87	428 762 758.44

五、尾声

并购完成后,家化集团成为中国平安旗下子公司,并且控股上市公司上海家化。尽管中国平安从一开始就将上海家化视为纳入合并范围的公司,但对其控制权的争夺持续了一年。而在此期间,对上海家化不论是股价还是发展机会的损害都是不容忽视的。最终,中国平安成功入主上海家化,并从内部对上海家化的董事会经理层结构、激励机制和内控制度都做出了调整,从外部对原家化的品牌战略、业务经营做了整合。从长远来看,这些举措是否真正有利于上海家化,并最终有利于中国平安,都需要时间的检验。

讨论题

1. 中国平安从何时起将上海家化纳入合并报表范围?

2. 中国平安合并上海家化是以上海家化的合并报表为基础,还是以上海家化母公司报表为基础?

3. 课后查找平安入主上海家化之后,争夺上海家化控制权的资料,结合控制权之争,谈谈你对此次合并的看法。

案例分析要点提示

1. 提示：中国平安应从上海市国资委与平浦投资签署产权交易合同，平浦投资受让上海市国资委持有的家化集团100％股权时（即2011年11月15日），将上海家化纳入合并报表范围。
2. 提示：应以上海家化的合并财务报表为基础编制中国平安的合并财务报表。
3. 提示：一般而言，争夺上市公司控制权是为了谋取控制权私利，而控制权私利是指利用对上市公司的控制权来为自身谋福利。

学习指导

一、本章教学大纲

本章介绍了长期股权投资的两种会计处理方法：权益法、成本法；讲解了购并日后合并报表编制过程中该两种方法下投资企业投资收益和所获股利的抵销、购买价差的摊销方法。

本章教学大纲

长期股权投资的会计处理	我国长期股权投资的会计处理	初始计量
		后续计量
	美国长期股权投资的会计处理	
长期股权投资后续计量的会计方法	权益法	权益法的特点
		权益法的分类
		权益法的会计处理
		权益法举例
	成本法	成本法的特点
		报表的合并
		成本法与权益法的比较举例
	使用权益法和成本法的经济后果	
购并日后全资子公司财务报表的合并——权益法	购并日财务报表合并	
	购并日后第一年财务报表合并	母子公司单体账上的会计处理
		合并报表的编制
	购并日后第二年财务报表合并	母子公司单体账上的会计处理
		合并报表的编制
购并日后非全资子公司财务报表的合并——完全权益法	购并日后第一年财务报表合并	完全权益法下母公司单体账上的会计处理
		合并报表的编制
	购并日后第二年财务报表合并	完全权益法下母公司单体账上的会计处理
		合并报表的编制
购并日后非全资子公司财务报表的合并——不完全权益法	购并日后第一年财务报表合并	母子公司单体账上的会计处理
		合并报表的编制
	购并日后第二年财务报表合并	
购并日后非全资子公司财务报表的合并——成本法	购并日后第一年财务报表合并	成本法下母公司单体账上的会计处理
		合并报表的编制
	购并日后第二年财务报表合并	成本法下母公司单体账上的会计处理
		合并报表的编制

二、本章重点、难点解析

1. 股权投资的分类

持股比例	0～20%	20%～50%	50%～100%
股权投资的性质	对被投资企业不具有重大影响力的股权投资	对被投资企业具有重大影响力或能与其他企业共同控制被投资企业	能对被投资企业实施控制
适用的会计准则	金融工具会计准则	长期股权投资会计准则	长期股权投资会计准则
后续计量方法	公允价值法	权益法	成本法
是否编制合并报表	否	否	是，编制合并报表时，长期股权投资由成本法转为权益法

2. 我国长期股权投资的会计处理

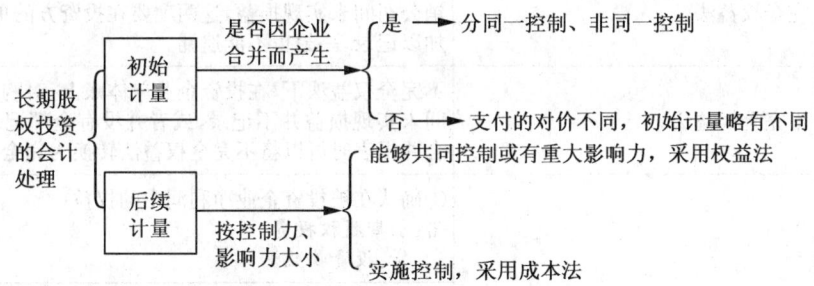

长期股权投资的会计处理
- 初始计量
  - 是否因企业合并而产生
    - 是 → 分同一控制、非同一控制
    - 否 → 支付的对价不同，初始计量略有不同
- 后续计量（按控制力、影响力大小）
  - 能够共同控制或有重大影响力，采用权益法
  - 实施控制，采用成本法

3. 美国长期股权的会计处理

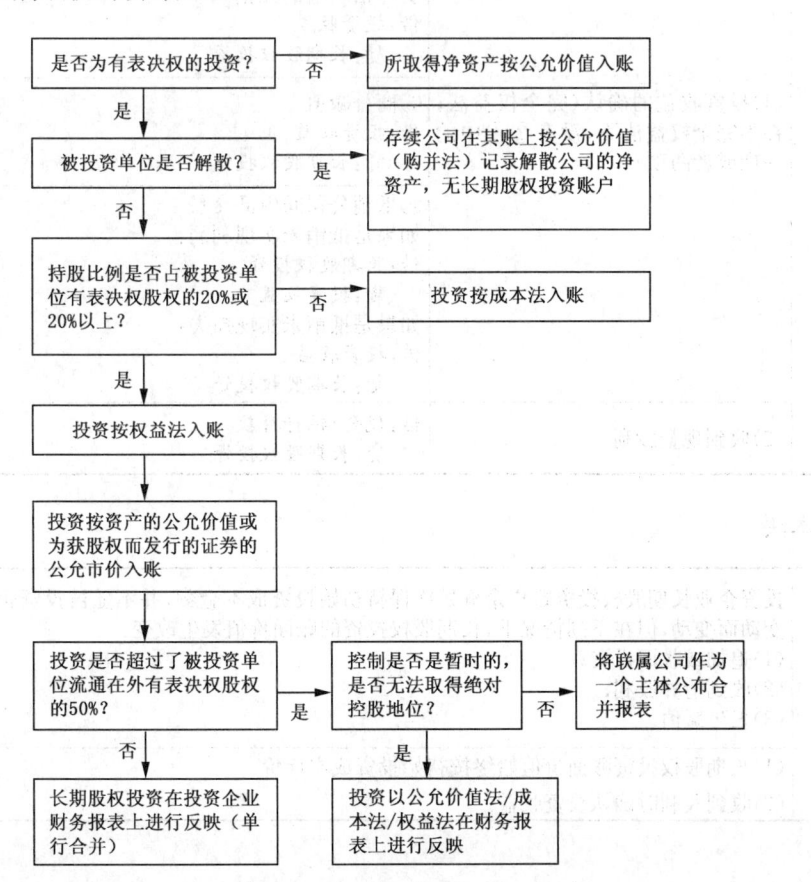

- 是否为有表决权的投资？
  - 否 → 所取得净资产按公允价值入账
  - 是 → 被投资单位是否解散？
    - 是 → 存续公司在其账上按公允价值（购并法）记录解散公司的净资产，无长期股权投资账户
    - 否 → 持股比例是否占被投资单位有表决权股权的20%或20%以上？
      - 否 → 投资按成本法入账
      - 是 → 投资按权益法入账

投资按资产的公允价值或为获股权而发行的证券的公允市价入账

- 投资是否超过了被投资单位流通在外有表决权股权的50%？
  - 否 → 长期股权投资在投资企业财务报表上进行反映（单行合并）
  - 是 → 控制是否是暂时的，是否无法取得绝对控股地位？
    - 是 → 投资以公允价值法/成本法/权益法在财务报表上进行反映
    - 否 → 将联属公司作为一个主体公布合并报表

4. 权益法

含 义	投资企业长期股权投资账户余额随被投资企业股东权益的变动而变动。	
特 点	(1)长期股权投资账面价值反映投资企业在被投资企业中享有的净资产	投资收益发生时,长期股权投资账面价值增加。
		被投资企业发放现金股利时,长期股权投资账户余额减少。
		被投资企业发放股票股利时,不改变其股东权益总额,长期股权投资账户余额因此不发生改变。
		被投资企业接受捐赠等造成股东权益发生变化,投资企业长期股权投资账户也相应发生变化。
	(2)投资收益反映投资企业在被投资企业享有的经营成果	被投资企业每年发生的损益,投资企业按持股比例确认为投资收益。
		收到现金股利减少长期股权投资账户余额时,投资收益并不改变。
分 类	完全权益法	完全权益法下,在投资企业单体账上要摊销购买价差、抵销公司间未实现损益,这两项要在投资方的单体账上全部加以记录,一笔也不能遗漏。
	不完全权益法	不完全权益法下,在投资企业单体账上,对购买价差、公司间未实现损益并不记录,或者并没有全部记录,只在编制合并报表时可以将不完全权益法转换为完全权益法。
会计处理	(1)投资收益的确认(完全权益法;在不完全权益法下,没有②④中的一项或者两项)	①确认在被投资企业净利润中的权益 借:长期股权投资 　贷:投资收益
		②评估增值的摊销 借:投资收益 　贷:长期股权投资
		③商誉减值 借:投资收益 　贷:长期股权投资
		④抵销公司间内部交易 如果是抵销未实现利润: 借:长期股权投资 　贷:投资收益 如果是抵销未实现损失: 借:投资收益 　贷:长期股权投资
	(2)收到现金股利	借:现金/银行存款 　贷:长期股权投资

5. 成本法

含 义	投资企业长期股权投资账户余额始终保持初始投资成本金额,并不随被投资企业股东权益的变动而变动,但在下列情况下,长期股权投资的账面价值发生改变: (1)追加或收回投资; (2)收到清算股利; (3)发生减值。
特 点	(1)长期股权投资账面价值始终按初始投资成本计价; (2)收到股利时确认投资收益。

会计处理	收到现金股利 借:现金/银行存款 　　贷:投资收益

续表

6. 不完全权益法、完全权益法、成本法的区别

	不完全权益法	完全权益法	成本法
在子公司净利润中享有的权益份额	计入投资收益的同时调增长期股权投资账户。	计入投资收益的同时调增长期股权投资账户。	不确认
评估增值的摊销、商誉的减值、公司间未实现损益	母公司单体账上不反映。	调减母公司投资收益、长期股权投资账户。	不反映
收到现金股利	抵减长期股权投资账户。	抵减长期股权投资账户。	确认为投资收益,长期股权投资账面价值始终保持原投资成本。

7. 完全权益法下,合并全资子公司购并日后第一年、第二年抵销分录

【例1】 合并日前牡丹、紫檀公司单体资产负债表见表1,假设牡丹公司20×1年1月1日以现金680 000元购买了紫檀公司100%的股权。假定存货在1年内出售,固定资产的估计使用年限为10年,商誉在10年内平均减值。20×1年度、20×2年度,牡丹公司、紫檀公司的净利润、利润分配等信息见表2。假设牡丹公司采用完全权益法。

编制购并日后第一年和第二年的抵销分录。

表1 　　　　　　　　牡丹公司和紫檀公司在合并日前的单体资产负债表
　　　　　　　　　　　　20×1年1月1日　　　　　　　　　　　　　单位:元

	牡丹公司	紫檀公司	
		账面价值	公允价值
资产			
现金	700 000	100 000	100 000
应收账款	150 000	100 000	100 000
存货	200 000	120 000	140 000
固定资产	1 950 000	1 280 000	
累计折旧	(800 000)	(600 000)	
固定资产净值	1 150 000	680 000	720 000
资产合计	2 200 000	1 000 000	
负债和所有者权益			
应付账款	200 000	200 000	200 000
应付债券	400 000	200 000	200 000
负债合计	600 000	400 000	
股本	1 000 000	400 000	
盈余公积	400 000	100 000	

续表

	牡丹公司	紫檀公司	
		账面价值	公允价值
未分配利润	200 000	100 000	
股东权益合计	1 600 000	600 000	
负债和股东权益合计	2 200 000	1 000 000	

表2　　　　　　　　牡丹公司、紫檀公司净利润、利润分配资料　　　　　　　　单位:元

	20×1年		20×2年	
	牡丹公司	紫檀公司	牡丹公司	紫檀公司
单体净利润(不包括投资收益)	280 000	100 000	320 000	150 000
提取盈余公积	100 000	20 000	140 000	40 000
分派现金股利	120 000	60 000	120 000	80 000

完全权益法下,购买价差余额摊销计算如下(单位:元):

	20×1年1月1日余额	20×1年摊销/减值额	20×1年12月31日余额
存货	20 000	(20 000)	—
固定资产	40 000	(4 000)	36 000
商誉	20 000	(2 000)	18 000
合计	80 000	(26 000)	54 000

	20×2年1月1日余额	20×2年摊销/减值额	20×2年12月31日余额
固定资产	36 000	(4 000)	32 000
商誉	18 000	(2 000)	16 000
合计	54 000	(6 000)	48 000

母公司对子公司的长期股权投资与全资子公司所有者权益的对应关系如下(单位:元):

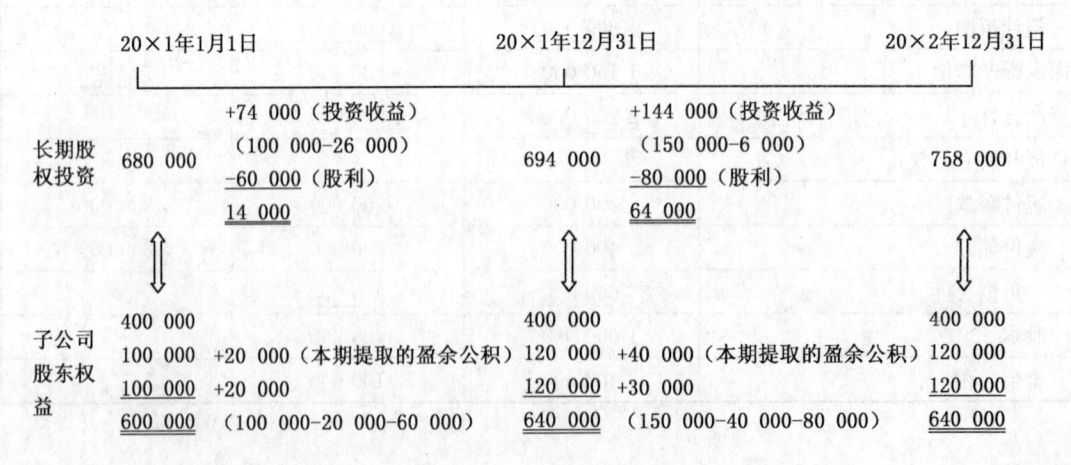

	20×1年1月1日		20×1年12月31日		20×2年12月31日
长期股权投资	680 000	+74 000(投资收益) (100 000-26 000) -60 000(股利) 14 000	694 000	+144 000(投资收益) (150 000-6 000) -80 000(股利) 64 000	758 000
子公司股东权益	400 000 100 000 100 000 600 000	+20 000(本期提取的盈余公积) +20 000 (100 000-20 000-60 000)	400 000 120 000 120 000 640 000	+40 000(本期提取的盈余公积) +30 000 (150 000-40 000-80 000)	400 000 120 000 120 000 640 000

完全权益法下，合并全资子公司购并日后的抵销分录

	购并日后第一年抵销分录	购并日后第二年抵销分录
(1)抵销母公司已确认的投资收益和股利,并将长期股权投资账户调整至期初数	借:投资收益　　　　　　　　74 000 　贷:利润分配——分派现金股利　60 000 　　　长期股权投资——紫檀公司　14 000	借:投资收益　　　　　　　　144 000 　贷:利润分配——分派现金股利　80 000 　　　长期股权投资——紫檀公司　64 000
(2)抵销母公司对子公司的长期股权投资账户与子公司的股东权益账户,并确认购买价差	借:股本(紫檀)　　　　　　　400 000 　期初盈余公积(紫檀)　　　100 000 　期初未分配利润(紫檀)　　100 000 　购买价差　　　　　　　　 80 000 　贷:长期股权投资——紫檀公司　680 000	借:股本(紫檀)　　　　　　　400 000 　期初盈余公积(紫檀)　　　120 000 　期初未分配利润(紫檀)　　120 000 　购买价差　　　　　　　　 54 000 　贷:长期股权投资——紫檀公司　694 000
(3)分摊购买价差	借:存货　　　　　　　　　　 20 000 　固定资产　　　　　　　　 40 000 　商誉　　　　　　　　　　 20 000 　贷:购买价差　　　　　　　 80 000	借:固定资产　　　　　　　　 36 000 　商誉　　　　　　　　　　 18 000 　贷:购买价差　　　　　　　 54 000
(4)购买价差的摊销	借:营业成本　　　　　　　　 20 000 　管理费用　　　　　　　　　4 000 　资产减值损失　　　　　　　2 000 　贷:存货　　　　　　　　　 20 000 　　　固定资产　　　　　　　4 000 　　　商誉　　　　　　　　　2 000	借:管理费用　　　　　　　　　4 000 　资产减值损失　　　　　　　2 000 　贷:固定资产　　　　　　　　4 000 　　　商誉　　　　　　　　　2 000
(5)抵销子公司提取的盈余公积	借:盈余公积　　　　　　　　 20 000 　贷:利润分配——提取盈余公积　20 000	借:盈余公积　　　　　　　　 40 000 　贷:利润分配——提取盈余公积　40 000

8. 合并非全资子公司购并日后第一年、第二年抵销分录的比较

【例2】 合并日前牡丹、紫檀公司单体资产负债表见表1(【例1】的相关资料),假设牡丹公司20×1年1月1日以现金540 000元购买了紫檀公司80%的股权。假定存货在1年内出售,固定资产的估计使用年限为10年,商誉在10年内平均减值。20×1年度、20×2年度,牡丹公司、紫檀公司的净利润、利润分配等信息见表2(【例1】的相关资料)。

现分别按完全权益法、不完全权益法、成本法编制购并日后第一年和第二年的抵销分录(单位:元)。

完全权益法下,购买价差余额摊销计算如下:

	20×1年1月1日余额	20×1年摊销/减值额	20×1年12月31日余额
存货	20 000×80%	(20 000×80%)	—
固定资产	40 000×80%	(40 000×80%)	28 800
商誉	12 000	(1 200)	10 800
合计	60 000	(20 400)	39 600

	20×2年1月1日余额	20×2年摊销/减值额	20×2年12月31日余额
固定资产	28 800	(40 000×80%)	25 600
商誉	10 800	(1 200)	9 600
合计	39 600	(4 400)	35 200

完全权益法下,母公司对子公司的长期股权投资与非全资子公司所有者权益的对应关系

如下(其中,少数股东权益部分按子公司净资产的公允价值计价,单位:元):

```
                20×1年1月1日              20×1年12月31日              20×2年12月31日

长期股                   +59 600 (100 000×80%-20 400)     +115 600 (150 000×80%-4 400)
权投资   540 000         -48 000 (股利60 000×80%)   551 600  -64 000 (股利80 000×80%)   603 200
                         11 600                                51 600

少数股                   +15 200[(100 000-20 000-4 000)×20%]  +29 200[(150 000-4 000)×20%]
东权益   132 000         -12 000 (股利60 000×20%)  135 200   -16 000 (股利80 000×20%)  148 400
                         3 200                                 13 200

         400 000                                  400 000                              400 000
子公司   100 000         +20 000                  120 000   +40 000                   160 000
股东权   100 000         +20 000                  120 000   +30 000                   150 000
益       600 000         (100 000-20 000-60 000)  640 000   (150 000-40 000-80 000)   710 000
```

(1)完全权益法下,合并非全资子公司购并日后的抵销分录

	购并日后第一年抵销分录	购并日后第二年抵销分录
(1)抵销母公司已确认的投资收益和股利,并将长期股权投资账户调整至期初数	借:投资收益　　　　　　　　59 600 　　少数股东权益——股利　　12 000 　贷:利润分配——分派现金股利　60 000 　　　长期股权投资——紫檀公司　11 600	借:投资收益　　　　　　　　115 600 　　少数股东权益——股利　　16 000 　贷:利润分配——分派现金股利　80 000 　　　长期股权投资——紫檀公司　51 600
(2)抵销母公司对子公司的长期股权投资账户与子公司的股东权益账户,确认购买价差,并记录期初少数股权	借:股本(紫檀)　　　　　　　400 000 　　期初盈余公积(紫檀)　　100 000 　　期初未分配利润(紫檀)　100 000 　　购买价差　　　　　　　　60 000 　贷:长期股权投资——紫檀公司　540 000 　　　少数股东权益　　　　　　120 000	借:股本(紫檀)　　　　　　　400 000 　　期初盈余公积(紫檀)　　120 000 　　期初未分配利润(紫檀)　120 000 　　购买价差　　　　　　　　39 600 　贷:长期股权投资——紫檀公司　551 600 　　　少数股东权益　　　　　　128 000
(3)分摊购买价差	借:存货　　　　　　　　　　　20 000 　　固定资产　　　　　　　　40 000 　　商誉　　　　　　　　　　12 000 　贷:购买价差　　　　　　　　60 000 　　　少数股东权益(增值部分)　12 000	借:固定资产　　　　　　　　36 000 　　商誉　　　　　　　　　　10 800 　贷:购买价差　　　　　　　　39 600 　　　少数股东权益(增值部分)　7 200
(4)购买价差的摊销	借:营业成本　　　　　　　　20 000 　　管理费用　　　　　　　　4 000 　　资产减值损失　　　　　　1 200 　贷:存货　　　　　　　　　　20 000 　　　固定资产　　　　　　　　4 000 　　　商誉　　　　　　　　　　1 200	借:管理费用　　　　　　　　4 000 　　资产减值损失　　　　　　1 200 　贷:固定资产　　　　　　　　4 000 　　　商誉　　　　　　　　　　1 200
(5)确认少数股东损益	借:少数股东损益　　　　　　15 200 　贷:少数股东权益　　　　　　15 200	借:少数股东损益　　　　　　29 200 　贷:少数股东权益　　　　　　29 200
(6)抵销子公司提取的盈余公积	借:盈余公积　　　　　　　　20 000 　贷:利润分配——提取盈余公积　20 000	借:盈余公积　　　　　　　　40 000 　贷:利润分配——提取盈余公积　40 000

(2)不完全权益法下,购并日后合并非全资子公司的抵销分录

	购并日后第一年抵销分录	购并日后第二年抵销分录
(1)抵销母公司已确认的投资收益和股利,并将长期股权投资账户调整至期初数	借:投资收益　　　　　　　80 000 　　少数股东权益——股利　12 000 　贷:利润分配——分派现金股利　60 000 　　　长期股权投资——紫檀公司　32 000	借:投资收益　　　　　　　120 000 　　少数股东权益　　　　　16 000 　贷:利润分配——分派现金股利　80 000 　　　长期股权投资——紫檀公司　56 000
(2)抵销母公司对子公司的长期股权投资账户与子公司的股东权益账户,确认购买价差,并记录期初少数股权	借:股本(紫檀)　　　　　　400 000 　　期初盈余公积(紫檀)　　100 000 　　期初未分配利润(紫檀)　100 000 　　购买价差　　　　　　　60 000 　贷:长期股权投资——紫檀公司　540 000 　　　少数股东权益　　　　120 000	借:股本(紫檀)　　　　　　400 000 　　期初盈余公积(紫檀)　　120 000 　　期初未分配利润(紫檀)　120 000 　　购买价差　　　　　　　60 000 　贷:长期股权投资——紫檀公司　572 000 　　　少数股东权益　　　　128 000
(3)分摊购买价差	借:存货　　　　　　　　　20 000 　　固定资产　　　　　　　40 000 　　商誉　　　　　　　　　12 000 　贷:购买价差　　　　　　　60 000 　　　少数股东权益(增值部分)　12 000	借:期初未分配利润(牡丹公司)　16 000 　　固定资产　　　　　　　40 000 　　商誉　　　　　　　　　12 000 　贷:购买价差　　　　　　　60 000 　　　少数股东权益　　　　　8 000
(4)购买价差的摊销	借:营业成本　　　　　　　20 000 　　管理费用　　　　　　　4 000 　　资产减值损失　　　　　1 200 　贷:存货　　　　　　　　　20 000 　　　固定资产　　　　　　4 000 　　　商誉　　　　　　　　1 200	借:期初未分配利润(牡丹)　4 400 　　(1 200+4 000×80%) 　　少数股东权益　　　　　800 　　(4 000×20%) 　　管理费用　　　　　　　4 000 　　资产减值损失　　　　　1 200 　贷:固定资产　　　　　　　8 000 　　　商誉　　　　　　　　2 400
(5)确认少数股东损益	借:少数股东损益　　　　　15 200 　贷:少数股东权益　　　　15 200	借:少数股东损益　　　　　29 200 　贷:少数股东权益　　　　29 200
(6)抵销子公司提取的盈余公积	借:盈余公积　　　　　　　20 000 　贷:利润分配——提取盈余公积　20 000	借:盈余公积　　　　　　　40 000 　贷:利润分配——提取盈余公积　40 000

(3)成本法下,购并日后合并非全资子公司的抵销分录

	购并日后第一年抵销分录	购并日后第二年抵销分录
(1)将成本法转换为完全权益法	借:长期股权投资　　　　　11 600 　贷:投资收益　　　　　　11 600	借:长期股权投资　　　　　63 200 　贷:投资收益　　　　　　51 600 　　　期初未分配利润　　　11 600
以下合并工作底稿的抵销分录与完全权益法下完全相同:		
(2)抵销母公司已确认的投资收益和股利,并将长期股权投资账户调整为期初数	借:投资收益　　　　　　　59 600 　　少数股东权益——股利　12 000 　贷:利润分配——分派现金股利　60 000 　　　长期股权投资——紫檀公司　11 600	借:投资收益　　　　　　　115 600 　　少数股东权益　　　　　16 000 　贷:利润分配——分派现金股利　80 000 　　　长期股权投资——紫檀公司　51 600
(3)抵销母公司对子公司的长期股权投资账户与子公司的股东权益账户,确认购买价差,并记录期初少数股权	借:股本(紫檀)　　　　　　400 000 　　期初盈余公积(紫檀)　　100 000 　　期初未分配利润(紫檀)　100 000 　　购买价差　　　　　　　60 000 　贷:长期股权投资——紫檀公司　540 000 　　　少数股东权益　　　　120 000	借:股本(紫檀)　　　　　　400 000 　　期初盈余公积(紫檀)　　120 000 　　期初未分配利润(紫檀)　120 000 　　购买价差　　　　　　　39 600 　贷:长期股权投资——紫檀公司　551 600 　　　少数股东权益　　　　128 000
(4)分摊购买价差	借:存货　　　　　　　　　20 000 　　固定资产　　　　　　　40 000 　　商誉　　　　　　　　　12 000 　贷:购买价差　　　　　　　60 000 　　　少数股东权益(增值部分)　12 000	借:固定资产　　　　　　　36 000 　　商誉　　　　　　　　　10 800 　贷:购买价差　　　　　　　39 600 　　　少数股东权益(增值部分)　7 200

续表

	购并日后第一年抵销分录	购并日后第二年抵销分录
(5)购买价差的摊销	借:营业成本　　　　　　20 000 　　管理费用　　　　　　　4 000 　　资产减值损失　　　　　1 200 　贷:存货　　　　　　　　　　20 000 　　固定资产　　　　　　　　4 000 　　商誉　　　　　　　　　　1 200	借:管理费用　　　　　　4 000 　　资产减值损失　　　　1 200 　贷:固定资产　　　　　　　4 000 　　商誉　　　　　　　　　1 200
(6)确认少数股东损益	借:少数股东损益　　　　15 200 　贷:少数股东权益　　　　　15 200	借:少数股东损益　　　　29 200 　贷:少数股东权益　　　　　29 200
(7)抵销子公司提取的盈余公积	借:盈余公积　　　　　　20 000 　贷:利润分配——提取盈余公积 20 000	借:盈余公积　　　　　　40 000 　贷:利润分配——提取盈余公积 40 000

通过以上例子可以发现,在购并日后,长期股权投资后续计量无论采用完全权益法、不完全权益法还是成本法,合并财务报表均相同。

9. 完全权益法下的恒等式

合并报表中归属于母公司股东的净利润＝母公司单体净利润

合并报表中期末未分配利润＝母公司期末未分配利润

合并报表中期末留存收益＝母公司期末留存收益

10. 购并日后的少数股东损益

购并日后的少数股东损益＝(子公司当年单体净利润－评估增值部分的摊销－内部交易产生的未实现利润)×少数股东持股比例

需要注意的是,如果采用的是部分商誉法(即只确认母公司的商誉)确认商誉,那么在计算少数股东损益时,子公司单体净利润中扣除的评估增值部分并不考虑母公司的商誉减值。

三、名词中英文对照

长期股权投资	Long-term Investment in Stock
不完全权益法	Incomplete Equity Method
完全权益法	Complete Equity Method
权益法	Equity Method
成本法	Cost Method
无重大影响力	No Significant Influence
重大影响力	Significant Influence
非控制权益损益	Noncontrolling Interest Income(简称 NCII)
少数股东损益	Minority Interest Income(简称 MII)
清算股利	Liquidating Dividend

练习题

一、思考题

1. 当投资公司取得被投资公司股权时,对两家公司的账户有何影响?
2. 母公司对子公司长期股权投资的会计处理方法不同,对合并财务报表的影响有什么不同?

3. 长期股权投资后续计量的方法有哪些? 我国长期股权投资的后续处理与美国的有什么不同?

4. 试举例说明在何种情况下,购并日后财务报表上的长期股权投资账户余额(采用完全权益法处理)与投资时所获净资产的账面价值相等。

5. 母公司的期末未分配利润与合并财务报表反映的期末未分配利润有何区别?

6. 少数股东损益如何列入合并工作底稿?

7. 母公司长期股权投资所采用的会计方法对合并财务报表的编制以及报表合并后的金额有何影响?

二、选择题

1. 下列哪项不是长期股权投资的会计处理方法?(　　)
    A. 完全权益法　　　　　　B. 不完全权益法
    C. 成本法　　　　　　　　D. 权益结合法

2. 按照我国会计准则,下列哪种情况下,长期股权投资后续计量采用成本法?(　　)
    A. 投资企业对被投资单位能实施控制
    B. 投资企业对被投资单位能实施共同控制
    C. 投资企业对被投资单位有重大影响
    D. 投资企业持有被投资单位30%的股权

3. 在完全权益法和不完全权益法下,对于以下哪项的会计处理是相同的?(　　)
    A. 评估增值　　　　　　　B. 商誉减值
    C. 公司间内部交易　　　　D. 收到现金股利

4. 在购并日后第二期及以后各期编制合并财务报表时,编制基础为(　　)。
    A. 上一期编制的财务报表
    B. 上一期编制合并财务报表的工作底稿
    C. 母公司与子公司的账本记录
    D. 母公司与子公司当年的单体财务报表

5. 乙公司的25%股权被甲公司持有,20×1年,甲公司收到乙公司的股利12 000元。该股利会如何影响甲公司的财务况状和经营成果?(　　)
    A. 增加资产总额　　　　　B. 减少长期股权投资账户余额
    C. 增加净利润　　　　　　D. 减少净利润

6. 甲投资公司持有乙公司40%的股权。20×6年,乙公司有100 000元的净利润并发放了10 000元的股利。甲公司误用成本法入账而非权益法。试问其对长期股权投资账户、净利润及留存收益分别有什么影响?(　　)
    A. 低估,高估,高估　　　　B. 高估,低估,低估
    C. 高估,高估,高估　　　　D. 低估,低估,低估

7. 合并利润表中的少数股东损益计算方式是(　　)。
    A. 少数股权比例乘以合并净利润
    B. 子公司的净利润减去购买价差摊销部分,再乘以少数股权比例
    C. 合并净利润减去子公司的净利润

D. 按合并报表目的计算的子公司净利润乘以少数股权比例

8. 牧慈公司与紫真公司无关联方关系。牧慈公司 2016 年 1 月 1 日投资 700 万元购入紫真公司 100% 股权,购并日紫真公司可辨认净资产公允价值为 600 万元,账面价值为 500 万元,其差额是由一项存货形成,该批存货在 2016 年对外出售 40%,余下部分在 2017 年全部对外出售。2016 年紫真公司实现净利润 100 万元,分配现金股利 20 万元。2017 年紫真公司实现净利润 150 万元,提取盈余公积 50 万元。根据以上材料,回答(单位:万元):

(1)完全权益法下,2016 年 12 月 31 日牧慈公司"长期股权投资——紫真公司"账户余额为( )。

 A. 640   B. 700   C. 740   D. 780

(2)完全权益法下,2017 年 12 月 31 日牧慈公司"长期股权投资——紫真公司"账户余额为( )。

 A. 730   B. 780   C. 800   D. 830

9. 根据以下资料回答问题(1)和(2)。

牧化公司与紫苑公司无关联方关系。牧化公司在 2015 年 1 月 1 日以 10 000 000 元获得紫苑公司 70% 的股权,当时,紫苑公司的股东权益包括普通股 3 000 000 元、资本公积 5 000 000 元、留存收益 2 000 000 元。紫苑公司 2015 年、2016 年和 2017 年的净利润和股利情况如下(单位:元):

	2015 年	2016 年	2017 年
净利润(或损失)	1 000 000	200 000	(500 000)
股利	400 000	100 000	—

(1)牧化公司 2017 年的单体净利润为 15 000 000 元(不包括对子公司的投资收益),经评估,2017 年牧化公司投资所形成的商誉减值为 112 500 元,则 2017 年的合并净利润为(单位:元)( )。

 A. 14 387 500   B. 14 500 000
 C. 14 537 500   D. 14 650 000

(2)不完全权益法下,牧化公司 2017 年 12 月 31 日对紫苑公司的长期股权投资账户余额为(单位:元)( )。

 A. 7 140 000   B. 10 140 000
 C. 10 960 000   D. 11 137 500

三、业务题

1. 牡丹公司和紫恩公司 20×7 年 12 月 31 日单体资产负债表如下(单位:元):

	牡丹公司	紫恩公司
资产		
现金	100 000	40 000
其他流动资产	300 000	160 000

续表

	牡丹公司	紫恩公司
土地	600 000	100 000
固定资产	1 200 000	400 000
减：累计折旧	(400 000)	(100 000)
资产总计	1 800 000	600 000
负债和股东权益		
流动负债	200 000	100 000
普通股(面值1元)	1 200 000	200 000
资本公积	120 000	150 000
未分配利润	280 000	150 000
股东权益合计	1 600 000	500 000
负债和股东权益合计	1 800 000	600 000

牡丹公司于20×8年1月2日以市价600 000元的100 000股普通股(每股市价6元)换取紫恩公司80%流通在外的股票，除固定资产外，紫恩公司所有资产和负债的账面价值都等于其公允价值，该固定资产还剩5年使用年限，公允价值为340 000元。20×8年商誉减值10%，牡丹公司对这一投资采用完全权益法进行后续计量。

20×8年度，紫恩公司单体净利润为80 000元，并发放股利40 000元；牡丹公司单独的经营净利润为180 000元(不包括投资收益)，并发放股利100 000元。

要求计算以下各项的金额：

(1) 20×8年牡丹公司投资收益；

(2) 20×8年12月31日，牡丹公司"长期股权投资——紫恩公司"账户的余额；

(3) 20×8年合并利润表中归属于母公司股东的净利润；

(4) 20×8年12月31日合并的留存收益；

(5) 20×8年少数股东损益；

(6) 20×8年1月1日少数股东权益；

(7) 20×8年12月31日少数股东权益。

2. 20×1年1月1日牡立公司取得紫宝公司控制权。20×1年12月31日两家公司的单体财务报表如下(单位：元)：

	牡立公司	紫宝公司
利润表及利润分配部分		
营业收入	800 000	200 000
投资收益——紫宝公司	34 000	—
营业成本	(500 000)	(100 000)
资产减值损失	(194 000)	(52 000)

续表

	牡立公司	紫宝公司
净利润	140 000	48 000
加:期初未分配利润	180 000	34 000
减:提取盈余公积	(50 000)	—
分派现金股利	(50 000)	(32 000)
期末未分配利润	220 000	50 000
资产负债表		
现金	122 000	30 000
应收账款(净)	160 000	40 000
应收股利——紫宝公司	12 000	—
存货	190 000	20 000
应收票据——牡立公司	—	10 000
固定资产(净)	730 000	320 000
长期股权投资——紫宝公司	366 000	
资产总计	1 580 000	420 000
应付账款	170 000	20 000
应付票据——紫宝公司	10 000	—
应付股利	—	16 000
负债合计	180 000	36 000
股本	1 000 000	300 000
盈余公积	180 000	34 000
未分配利润	220 000	50 000
股东权益合计	1 400 000	384 000
负债和股东权益总计	1 580 000	420 000

要求:编制 20×1 年牡立公司和紫宝公司合并财务报表工作底稿,假设当年商誉发生减值 2.5%。

3.20×1 年 1 月 1 日,牡波公司以现金 560 000 元购买了紫尔公司 80%的股权,当日紫尔公司股本为 400 000 元,盈余公积为 50 000 元,未分配利润为 50 000 元。牡波公司对这一投资采用不完全权益法核算。

20×1 年至 20×2 年两年间,两家公司流通在外的普通股均未发生改变。20×2 年 12 月 31 日,牡波公司和紫尔公司的试算表如下(单位:元):

	牡波公司	紫尔公司
借方		
流动资产	400 000	150 000
固定资产(净)	800 000	600 000
长期股权投资——紫尔公司	680 000	—
营业成本	500 000	240 000
其他费用	100 000	60 000
股利	120 000	50 000
	2 600 000	1 100 000
贷方		
流动负债	320 000	100 000
股本	1 000 000	400 000
盈余公积	200 000	100 000
期初未分配利润	200 000	100 000
营业收入	800 000	400 000
投资收益——紫尔公司	80 000	—
	2 600 000	1 100 000

补充资料：

(1)20×1年1月1日,紫尔公司资产、负债账面价值等于公允价值。

(2)20×2年12月31日,紫尔公司的流动负债中包括了20 000元应付股利。

要求：计算20×2年12月31日牡波公司、紫尔公司合并财务报表中下列科目的金额,并完成合并工作底稿的编制。

(1)少数股东损益;

(2)流动资产;

(3)投资收益——紫尔公司;

(4)股本;

(5)长期股权投资——紫尔公司;

(6)商誉(假设40年内平均减值);

(7)合并净利润中归属于母公司股东的净利润;

(8)20×1年12月31日合并未分配利润;

(9)20×2年12月31日合并未分配利润(假设20×2年未提取盈余公积);

(10)20×2年12月31日少数股东权益。

4.20×2年1月1日,牡丹公司以5 000 000元收购了紫檀公司80%的股权,当时紫檀公司的股东权益如下：

股本(每股面值1元)	2 000 000
资本公积	1 200 000
盈余公积(20×1年12月31日)	800 000
未分配利润(20×1年12月31日)	800 000
股东权益合计	4 800 000

购买价差10%分摊至低估的存货,该存货20×2年全部卖出;40%分摊至固定资产,该固定资产尚有8年剩余使用年限;剩下50%作为商誉,假设商誉每年减值10%。

牡丹公司和紫檀公司20×3年12月31日的单体试算表如下(单位:元):

	牡丹公司	紫檀公司
其他资产(净)	6 000 000	4 600 000
长期股权投资——紫檀公司	5 000 000	—
费用(包括营业成本)	6 000 000	1 200 000
股利	1 000 000	400 000
	18 000 000	6 200 000
股本(每股面值1元)	6 000 000	2 000 000
资本公积	1 000 000	1 200 000
盈余公积	2 000 000	1 000 000
期初未分配利润	1 180 000	1 000 000
营业收入	7 500 000	2 000 000
投资收益——股利收入	320 000	—
	18 000 000	6 200 000

要求:
(1)对于这一长期股权投资,牡丹公司该采用哪种方法核算,为什么?
(2)计算20×3年合并报表中的商誉;
(3)计算20×3年合并报表中归属于母公司股东的净利润;
(4)计算20×3年少数股东损益;
(5)计算20×3年1月1日合并报表中少数股东权益的金额;
(6)计算20×3年12月31日合并报表中少数股东权益的金额。

练习题参考答案

二、选择题

1. D
2. A

3. D
4. D
5. B
6. D
7. D

8.(1)C 提示:700+(100-100×40%-20)=740。
(2)D 提示:740+(150-100×60%)=830。

9.(1)C 提示:15 000 000-500 000×70%-112 500=14 537 500。
(2)B 提示:10 000 000+[(1 000 000-400 000)+(200 000-100 000)-500 000]×70%=10 140 000。

三、业务题

1.(单位:元)

此次合并产生的商誉=600 000-[200 000+150 000+150 000+(340 000-300 000)]×80%=168 000。

完全权益法下,母公司确认对子公司的投资收益时要扣除评估增值的摊销部分,即固定资产评估增值部分折旧以及商誉减值;母公司的单体净利润等于合并净利润中归属于母公司部分,母公司的留存收益等于合并留存收益。

(1)20×8年牡丹公司投资收益=[80 000-(340 000-300 000)÷5]×80%-168 000×10%=40 800。

(2)20×8年12月31日,牡丹公司"长期股权投资——紫恩公司"账户的余额=600 000+40 800-40 000×20%=632 800。

(3)20×8年归属于母公司股东的净利润=母公司单体净利润=180 000+40 800=220 800。

(4)20×8年12月31日合并的留存收益=母公司期末留存收益=280 000+220 800-100 000=400 800。

(5)20×8年固定资产评估增值折旧部分=(340 000-300 000)÷5=8 000。

所以,20×8年少数股东损益=子公司单体净利润80 000-固定资产评估增值折旧部分8 000=72 000。

(6)20×8年1月1日少数股东权益=子公司期初净资产公允价值×20%=[200 000+150 000+150 000+(340 000-300 000)]×20%=108 000。

(7)20×8年12月31日少数股东权益=20×8年1月1日少数股东权益108 000+20×8年少数股东损益72 000-20×8年少数股东股利8 000(40 000×20%)=172 000。

2.(单位:元)

合并工作底稿如下:

项目	牡立公司	紫宝公司	调整与抵销 借方	调整与抵销 贷方	合并数
利润表					
营业收入	800 000	200 000			1 000 000
投资收益	34 000		①34 000		
营业成本	(500 000)	(100 000)			(600 000)
资产减值损失	(194 000)	(52 000)	③2 000		(248 000)
净利润	140 000	48 000			152 000
少数股东损益			⑥12 000		(12 000)
归属于母公司股东的净利润					140 000
利润分配部分					
期初未分配利润	180 000	34 000	②34 000		180 000
净利润	140 000	48 000			140 000
减:分派现金股利	(50 000)	(32 000)		①32 000	(50 000)
提取盈余公积	(50 000)	—			(50 000)
期末未分配利润	220 000	50 000			220 000
资产负债表					
现金	122 000	30 000			152 000
应收账款	160 000	40 000			200 000
应收股利	12 000	—		⑤12 000	0
存货	190 000	20 000			210 000
应收票据	—	10 000		④10 000	0
固定资产(净)	730 000	320 000			1 050 000
长期股权投资——紫宝公司	366 000	—		①10 000 ②356 000	0
商誉			②80 000	③2 000	78 000
资产总计	1 580 000	420 000			1 690 000
应付账款	170 000	20 000			190 000
应付票据	10 000	—	④10 000		0
应付股利	—	16 000	⑤12 000		4 000
负债合计	180 000	36 000			194 000
股本	1 000 000	300 000	②300 000		1 000 000
盈余公积	180 000	34 000	34 000		180 000
未分配利润	220 000	50 000			220 000
归属于母公司股东权益合计					1 400 000
少数股东权益			①8 000	②92 000 ⑥12 000	96 000

续表

项 目	牡立公司	紫宝公司	调整与抵销		合并数
			借 方	贷 方	
股东权益合计	1 400 000	384 000			1 496 000
负债和股东权益合计	1 580 000	420 000			1 690 000

从牡立公司单体账上"应收股利——紫宝公司"12 000元,以及紫宝公司单体账上"应付股利"16 000元,可知牡立公司持股比例为75%(12 000/16 000)。

购并时,紫宝公司股东权益=300 000+34 000+34 000=368 000。

购并时,牡立公司所获得的净资产=368 000×75%=276 000。

商誉=356 000-276 000=80 000。

商誉当年减值2.5%,则当年减值金额=80 000×2.5%=2 000。

少数股东损益=子公司当年净利润48 000×25%=12 000。

3. (单位:元)

购并日商誉的计算:

初始投资成本	560 000
所获得净资产账面价值(500 000×80%)	(400 000)
购买价差	160 000
评估增值	(0)
商誉	160 000

(1)少数股东损益

子公司营业收入	400 000
—营业成本	(240 000)
—其他费用	(60 000)
子公司本年净利润	100 000
少数股东损益(20%)	20 000

(2)流动资产

合并流动资产(400 000+150 000)	550 000
—应收股利(20 000×80%)	(16 000)
流动资产	534 000

(3)合并财务报表中不存在投资收益,因为投资收益在合并中被抵销了。

(4)股本为母公司股本1 000 000元。

(5)合并工作底稿中不存在"长期股权投资——紫尔公司"账户,因为在合并报表时被抵销了。

(6)商誉

购入时商誉初始金额	160 000
—20×1年至20×2年减值(160 000/40×2)	(8 000)
20×2年12月31日余额	152 000

(7)合并净利润中归属于母公司股东的净利润

母子公司营业收入之和	1 200 000
—营业成本之和	(740 000)

—其他费用之和				(160 000)
—购买价差摊销(商誉减值)				(4 000)
—少数股东损益				(20 000)
归属于母公司股东的净利润				276 000

(8)20×1年12月31日合并未分配利润=20×2年合并期初未分配利润=20×2年母公司期初未分配利润200 000−20×1年购买价差的摊销4 000=196 000。

(9)20×2年12月31日合并未分配利润

母公司期初未分配利润	200 000
−20×1年应摊销的购买价差	(4 000)
调整后的期初未分配利润	196 000
＋归属于母公司股东的净利润	276 000
−母公司股利	(120 000)
期末未分配利润	352 000

(10)期末少数股东权益

子公司期初权益合计	600 000
＋净利润	100 000
−股利	(50 000)
子公司期末权益	650 000
少数股东权益持股比例	20%
少数股东权益	130 000

合并财务报表：

牡波公司合并财务报表工作底稿
20×2年12月31日及20×2年度

	牡波公司	紫尔公司	抵销分录 借方	抵销分录 贷方	合并数
利润表					
营业收入	800 000	400 000			1 200 000
投资收益	80 000	—	①80 000		—
营业成本	(500 000)	(240 000)			(740 000)
其他费用	(100 000)	(60 000)			(160 000)
资产减值损失			③4 000		(4 000)
净利润	280 000	100 000			296 000
少数股东损益			④20 000		(20 000)
归属于母公司股东的净利润					276 000
利润分配部分					
净利润	280 000	100 000			276 000

续表

	牡波公司	紫尔公司	抵销分录 借方	抵销分录 贷方	合并数
加:期初未分配利润	200 000	100 000	②100 000 ③4 000		196 000
可供分配的净利润	480 000	200 000			472 000
减:提取盈余公积	—				—
分派现金股利	(120 000)	(50 000)		①50 000	(120 000)
期末未分配利润	360 000	150 000			352 000
资产负债表					
流动资产	400 000	150 000		⑤16 000	534 000
长期股权投资	680 000	—		①40 000 ②640 000	—
固定资产(净)	800 000	600 000			1 400 000
商誉			②160 000	③8 000	152 000
资产总计	1 880 000	750 000			2 086 000
流动负债	320 000	100 000	⑤16 000		404 000
股本	1 000 000	400 000	②400 000		1 000 000
盈余公积	200 000	100 000	②100 000		200 000
未分配利润	360 000	150 000			352 000
归属于母公司股东权益合计					1 552 000
少数股东权益			①10 000	②120 000 ④20 000	130 000
股东权益合计	1 560 000	650 000			1 682 000
负债与股东权益合计	1 880 000	750 000			2 086 000

4.(单位:元)

初始投资成本(20×2年1月1日)	5 000 000
所获得账面价值(4 800 000×80%)	(3 840 000)
购买价差	1 160 000
购买价差分配	
10%给存货	116 000
40%给固定资产	464 000
50%给商誉	580 000
	1 160 000
存货评估增值(116 000÷80%)	145 000
固定资产评估增值(464 000÷80%)	580 000

(1)因为牡丹公司账上"长期股权投资——紫檀公司"账户余额一直是5 000 000元,而且

当年子公司分派现金股利 400 000 元,牡丹公司按持股比例确认投资收益 320 000 元,所以牡丹公司采用的是成本法核算该长期股权投资。

(2)20×3 年 12 月 31 日,商誉＝580 000－2×580 000×10％＝464 000。

(3)20×3 年子公司单体净利润＝2 000 000－1 200 000＝800 000,存货增值部分在 20×2 年全部摊销完毕,所以 20×3 年评估增值摊销＝固定资产增值部分折旧 72 500＋商誉减值 58 000＝130 500。

20×3 年归属于母公司股东的净利润＝(20×3 年子公司单体净利润 800 000－20×3 年评估增值摊销部分 130 500)×80％＝535 600。

(4)20×3 年少数股东损益＝(20×3 年子公司单体净利润 800 000－20×3 年固定资产增值部分折旧 72 500)×20％＝145 500。

(5)购并日,子公司净资产的公允价值＝子公司股东权益账面价值 4 800 000＋资产评估增值 725 000＝5 525 000。

所以 20×2 年 1 月 1 日少数股东权益＝子公司净资产的公允价值 5 525 000×20％＝1 105 000。

20×3 年 1 月 1 日少数股东权益＝20×2 年 1 月 1 日少数股东权益＋(该期间子公司扣除股利后的净利润－评估增值摊销部分)×20％,其中,该期间(即 20×2 年 1 月 1 日至 20×3 年 1 月 1 日)子公司扣除股利后的净利润＝20×3 年 1 月 1 日留存收益 2 000 000－20×2 年 1 月 1 日留存收益 1 600 000＝400 000,评估增值摊销部分＝存货增值摊销 145 000＋固定资产增值部分折旧 72 500＝217 500。所以,20×3 年 1 月 1 日少数股东权益＝1 105 000＋(400 000－217 500)×20％＝1 068 500。

(6)20×3 年 12 月 31 日少数股东权益＝20×3 年 1 月 1 日少数股东权益 1 068 500＋20×3 年少数股东损益 145 500－20×3 年少数股东股利 80 000(400 000×20％)＝1 134 000。

教材课后习题参考答案

1.(单位:元)
(1)商誉计算

购买成本	2 400 000
所获得子公司净资产账面价值(2 640 000－640 000)	2 000 000
购买价差	400 000
商誉	400 000
20×3 年商誉减值 10％	(40 000)
20×3 年年末商誉	360 000
(2)长期股权投资(1 月 1 日)	2 400 000
＋应享有子公司本年净利润	280 000
－实际收到的股利	(40 000)
－商誉的减值	(40 000)
长期股权投资(12 月 31 日)	2 600 000

可以看出,母公司采用完全权益法核算长期股权投资,因此合并资产负债表中留存收益值即为母公司留存收益。合并资产负债表上盈余公积为 1 240 000 元,未分配利润为 1 240 000

元,留存收益合计 2 480 000 元。

2.(单位:元)

(1)假设牡特公司采用成本法处理长期股权投资账户

①20×2年1月1日,牡特公司确认长期股权投资

借:长期股权投资——紫新　　　　　　　　　　220 000
　　贷:现金　　　　　　　　　　　　　　　　　　　　　　220 000

②记录应收现金股利

借:应收股利　　　　　　　　　　　　　　　　12 800
　　贷:投资收益　　　　　　　　　　　　　　　　　　　　12 800

(2)假设牡特公司采用完全权益法处理长期股权投资账户

初始投资成本　　　　　　　　　　　　　　　220 000
－所获得资产账面价值　　　　　　　　　　　(176 000)
购买价差　　　　　　　　　　　　　　　　　 44 000

购买价差全分配给资产评估增值,每年摊销 4 400。

①20×2年1月1日,牡特公司确认长期股权投资

借:长期股权投资——紫新　　　　　　　　　　220 000
　　贷:现金　　　　　　　　　　　　　　　　　　　　　　220 000

②确认投资收益

在子公司当年净利润中所占份额　　　　　　　16 000
资产评估增值摊销　　　　　　　　　　　　　(4 400)
投资收益　　　　　　　　　　　　　　　　　 11 600

借:长期股权投资——紫新　　　　　　　　　　11 600
　　贷:投资收益——紫新　　　　　　　　　　　　　　　 11 600

③记录应收现金股利

借:应收股利　　　　　　　　　　　　　　　　12 800
　　贷:长期股权投资——紫新　　　　　　　　　　　　　 12 800

3.(单位:元)

(1)子公司流动资产(726 000－436 000)　　　290 000
　－子公司流动负债(300 000－166 000)　　　 (134 000)
　子公司营运资本　　　　　　　　　　　　　 156 000

(2)子公司股东权益=少数股东权益 58 400÷少数股东持股比例 20%=292 000。

(3)(290 000+14 000)÷80%=380 000。

4.(单位:元)

	紫海	紫江
投资成本		
紫海(100 000×80%)×1.4	112 000	
紫江(120 000×70%)×2		168 000
所获账面价值		
紫海(140 000×80%)	112 000	

紫江(240 000×70%)		168 000
购买价差	0	0

(1)①投资成本确认

借:长期股权投资——紫海　　　　　112 000
　　　贷:现金　　　　　　　　　　　　　　　112 000
借:长期股权投资——紫江　　　　　168 000
　　　贷:现金　　　　　　　　　　　　　　　168 000

②收到股利

借:现金　　　　　　　　　　　　　 25 600
　　　贷:长期股权投资——紫海　　　　　　　25 600
借:现金　　　　　　　　　　　　　 12 600
　　　贷:长期股权投资——紫江　　　　　　　12 600

③投资收益确认

借:长期股权投资——紫海　　　　　 57 600
　　　贷:投资收益——紫海　　　　　　　　　57 600
借:投资收益——紫江　　　　　　　 16 800
　　　贷:长期股权投资——紫江　　　　　　　16 800

(2)

	紫海	紫江
股本	100 000	120 000
资本公积		40 000
留存收益	<u>80 000</u>	<u>38 000</u>
股东权益合计	<u>180 000</u>	<u>198 000</u>
少数股东持股比例	20%	30%
少数股东权益	36 000	59 400

(3)①本题中,不完全权益法和完全权益法下长期股权投资账户余额相同。

	紫海	紫江
初始投资成本	112 000	168 000
＋投资收益	57 600	(16 800)
－应收股利	(25 600)	(12 600)
长期股权投资余额	<u>144 000</u>	<u>138 600</u>

②成本法下,长期股权投资期末余额等于初始投资成本,所以"长期股权投资——紫海"账户期末余额为112 000元;"长期股权投资——紫江"账户期末余额为168 000元。

5.(单位:元)

初始投资成本(20×2年1月1日)	5 000 000
所获得账面价值(4 800 000×75%)	(3 600 000)
购买价差	<u>1 400 000</u>

购买价差分配
10%给存货   140 000
40%给固定资产   560 000
50%给商誉   700 000
                                                      1 400 000

假设商誉每年减值10%。

(1)① 20×3年12月31日,商誉=700 000-2×700 000×10%=560 000。

②完全权益法下,归属于母公司股东的净利润=母公司单体净利润,母公司单体净利润计算如下:

营业收入   8 000 000
+投资收益   460 000
-费用   (6 360 000)
净利润   2 100 000

所以,20×3年12月31日合并报表中归属于母公司股东的净利润为2 100 000元。

③完全权益法下,合并留存收益等于母公司留存收益。

由试算表可知,20×3年期初母公司留存收益=20×3年期初盈余公积2 000 000+20×3年期初未分配利润1 060 000=3 060 000。

20×3年1月1日母公司留存收益   3 060 000
+母公司20×3年净利润   2 100 000
-母公司20×3年股利发放   (1 000 000)
20×3年12月31日母公司留存收益   4 160 000

所以,20×3年12月31日合并报表中留存收益为4 160 000元。

④合并报表中不存在母子公司之间的"应付股利"和"应收股利"科目,所以合并报表中应付股利为母公司当年的应付股利,即为1 000 000元,如果该股利已经发放,则应付股利为0。

(2)①因为购买价差的40%分摊给固定资产,所以子公司固定资产评估增值=560 000÷75%=746 667,20×3年少数股东损益=[子公司单体净利润800 000(2 000 000-1 200 000)-固定资产增值部分折旧93 333(746 667÷8))]×25%=176 667。

②购并日,子公司净资产的公允价值=子公司股东权益账面价值4 800 000+资产评估增值933 334=5 733 334,其中,存货评估增值=140 000÷75%=186 667,固定资产评估增值=746 667,所以20×2年1月1日少数股东权益=子公司净资产的公允价值5 733 334×25%=1 433 333。

20×3年1月1日少数股东权益=20×2年1月1日少数股东权益+(该期间子公司扣除股利后的净利润-评估增值摊销部分)×25%,其中,该期间子公司扣除股利后的净利润=20×3年1月1日留存收益1 600 000-20×2年1月1日留存收益1 600 000=0,评估增值摊销部分=存货增值摊销186 667+固定资产增值部分折旧93 333=280 000。所以,20×3年1月1日少数股东权益=1 433 333+(0-280 000)×25%=1 363 333。

③20×3年12月31日少数股东权益=20×3年1月1日少数股东权益1 363 333+20×3年少数股东损益176 667-20×3年少数股东股利100 000(400 000×25%)=1 440 000。

第五章
集团内部存货交易

案例 中石油吸收合并PK石油公司

2007年1月8日,中国石油天然气集团公司(以下简称"中石油")下属的中石油勘探开发有限公司,历时数年终于完成对哈萨克斯坦石油公司(Petro Kazakhstan,以下简称"PK公司")67%股权的收购,标志着我国最大的能源海外合并案终于尘埃落定。

一、公司简介

中国石油天然气集团公司是1998年7月在原中国石油天然气总公司的基础上组建的特大型石油石化企业集团,是一家集油气勘探开发、炼油化工、油品销售、油气储运、石油贸易、工程技术服务和石油装备制造于一体的综合性能源公司。中石油每天为社会提供超过219万桶原油和28亿立方英尺天然气,加工原油180万桶,在世界50家大石油公司中排名第7位。截至2005年12月31日,中石油股本总额为1 790亿元,净资产为5 002亿元。2005年中石油实现营业收入5 522亿元,利润总额1 850亿元。

PK公司是在加拿大注册的国际石油公司,在加拿大、美国、英国、德国和哈萨克斯坦证券交易所上市,其油气田、炼油厂等资产全部在哈萨克斯坦境内,年原油生产能力超过700万吨。PK公司在哈萨克斯坦拥有12个油田的权益、6个区块的勘探许可证,具有较大的勘探潜力,总资产12.69亿美元,日产油量约15万桶,已证实和可能的原油储量共有约5.5亿桶。2004年PK公司的税前利润为5.007亿美元,仅2005年第一季度,其净利润已超过1.66亿美元。

二、合并过程

2006年6月初,中石油、印度国营石油与天然气公司和俄罗斯卢克石油公司对收购PK公司进行第一轮竞价。

2006年6月底,印度国营石油与天然气公司和俄罗斯卢克石油公司竞购PK公司失利。

2006年8月12日,哈萨克斯坦国会上议院一致通过禁止外资转让国家石油资产交易的法案,此法案一旦由哈萨克斯坦总统签署生效,可能会对PK公司处以5亿多美元的巨额罚款,一旦合并成功,最终将由中石油支付该笔罚款。

2006年8月21日,中石油与PK公司完成收购谈判,双方签署有关收购工作的安排协议,各项审批手续和法律程序全部完成。

2006年10月15日，中石油同哈萨克斯坦国家石油公司签署相互谅解备忘录，根据备忘录，哈萨克斯坦国家石油公司获得为保持国家对矿产资源开发活动的战略控制所需的PK公司33%的股份，约合14亿美元，这一价格与中石油的购入价格相当，并获得在对等条件下联合管理奇姆肯特炼油厂和成品油销售的权力。

2006年10月18日，哈萨克斯坦石油公司股东大会以99.04%的比例高票表决通过了该项收购。根据交易程序，股东大会的表决结果需经加拿大阿尔伯塔省卡尔加里法院的批准。

2006年10月18日，俄罗斯卢克石油公司向瑞典斯德哥尔摩商会仲裁院提出上诉，要求得到PK公司持有的图尔盖石油公司50%股份的优先收购权。该公司认为，在中石油收购PK公司之前，它有权对图尔盖公司另外50%股权实施优先收购（数年前，俄罗斯卢克石油公司与PK公司合资成立了"图尔盖石油公司"）。为此，法院决定推迟至10月26日裁决。

2006年10月26日，卡尔加里地方法院做出不带任何条件的最终裁决，中石油100%收购PK公司。俄罗斯卢克石油公司没有提出上诉，至此，中石油最终完成收购PK公司的全部法律程序，双方完成交割。

2006年10月27日，中石油与PK公司签署最终协议。

三、合并方案

2006年10月26日，中石油与PK公司联合发布公告，中石油收到加拿大阿尔伯塔省卡尔加里地方法院不带任何条件的最终裁决，可以100%收购PK公司。10月27日，中石油与PK公司签署最终协议，根据协议中的收购条件，中石油国际以每股55美元现金要约购买PK公司所有上市股份。这一报价总价值约为41.8亿美元，是迄今为止中国企业最大的海外合并收购案。

四、合并财务报表

截至购并日2007年1月8日，中石油已持有67%的PK公司的股权。在购并日后的合并财务报表（2007年6月30日）中，中石油采用购买法核算对上述PK公司67%权益的收购。

资产负债表①
2007年6月30日　　　　　　　　　　　　　金额单位：人民币百万元

资　产	2007年6月30日 合并	2007年6月30日 母公司	2006年12月31日 合并	2006年12月31日 母公司
流动资产				
货币资金	77 191	70 591	54 070	48 029
应收票据	4 606	3 207	2 844	2 097
应收账款	16 399	884	8 488	583
预付款项	25 995	19 319	12 664	8 924
应收利息	65	65	81	81
应收股利	690	79	13	80

---

① 选自上海证券交易所网站：《中国石油天然气股份有限公司首次公开发行A股股票招股意向书》(601857)，http://www.sse.com.cn/cs/zhs/scfw/gg/ssgs/2007-10-22/601857_20071022_2.pdf。

续表

资　产	2007年6月30日 合并	2007年6月30日 母公司	2006年12月31日 合并	2006年12月31日 母公司
其他应收款	12 828	13 330	10 515	12 903
存货	84 327	68 555	76 038	60 269
其他流动资产	6	5	4	4
流动资产合计	222 107	176 035	164 717	132 970
非流动资产				
可供出售金融资产	2 292	1 015	1 860	793
长期股权投资	29 595	115 644	30 361	115 624
固定资产	232 148	179 076	231 590	179 669
油气资产	262 804	188 580	270 496	191 866
在建工程	82 407	67 777	64 652	53 471
工程物资	6 006	4 583	8 664	7 614
固定资产清理	280	241	279	249
无形资产	16 504	12 366	16 127	12 233
长期待摊费用	11 568	9 525	11 194	9 210
递延所得税资产	12 949	7 581	14 391	7 790
其他非流动资产	813	1	813	—
非流动资产合计	657 366	586 389	650 427	578 519
资产总计	879 473	762 424	815 144	711 489
负债和股东权益				
流动负债				
短期借款	15 833	11 178	15 156	10 612
应付票据	856	—	1 045	—
应付账款	83 808	53 773	77 936	56 386
预收款项	10 204	7 373	11 590	8 977
应付职工薪酬	12 594	10 721	11 368	9 426
应交税费	22 670	15 824	24 174	19 630
应付利息	236	159	200	67
应付股利	85	—	95	—
其他应付款	29 241	57 029	18 367	45 044
预计负债	114	87	115	95
一年内到期的非流动负债	11 900	7 822	20 407	16 998
其他流动负债	13	—	12	—
流动负债合计	187 554	163 966	180 465	167 235
非流动负债				
递延收益	17	—	—	—

续表

资　产	2007年6月30日 合并	2007年6月30日 母公司	2006年12月31日 合并	2006年12月31日 母公司
长期借款	37 497	32 852	30 401	24 165
应付债券	4 597	3 500	4 645	3 500
长期应付款	50	50	50	50
专项应付款	675	614	737	679
预计负债	19 186	11 716	18 481	11 269
递延所得税负债	11 628	5 033	12 480	5 543
其他非流动负债	133	128	290	233
非流动负债合计	73 783	53 893	67 084	45 439
负债合计	261 337	217 859	247 549	212 674
股东权益				
股本	179 021	179 021	179 021	179 021
资本公积	59 733	63 344	59 797	63 348
盈余公积	89 928	78 828	89 928	78 828
未分配利润	261 443	223 372	213 255	177 618
外币报表折算差额	(666)	—	(534)	—
归属于母公司股东权益合计	589 459		541 467	
少数股东权益	28 677		26 128	
股东权益合计	618 136	544 565	567 595	498 815
负债和股东权益总计	879 473	762 424	815 144	711 489

利润表

2007年1～6月　　　　　　　　　　　　　　　　　　金额单位：人民币百万元

项　目	截至2007年6月30日,6个月期间 合并	截至2007年6月30日,6个月期间 母公司	2006年,截至12月31日 合并	2006年,截至12月31日 母公司
一、营业收入	392 726	290 391	688 978	505 632
减：营业成本	(223 140)	(195 320)	362 590	(337 585)
营业税金及附加	(26 853)	(16 258)	(51 692)	(31 437)
销售费用	(19 075)	(15 049)	(35 050)	(27 133)
管理费用	(21 475)	(15 738)	(44 429)	(32 252)
财务费用——净额	(1 656)	(944)	(1 322)	(687)
资产减值损失	2 317	1 842	(2 914)	(1 938)
加：投资收益	3 090	30 404	1 344	66 470
其中：对联营企业和合营企业的投资收益	2 593	392	1 253	478

续表

项　目	截至2007年6月30日,6个月期间 合并	截至2007年6月30日,6个月期间 母公司	2006年,截至12月31日 合并	2006年,截至12月31日 母公司
二、营业利润	105 934	79 328	192 325	141 070
加:营业外收入	1 441	856	1 645	1 665
减:营业外支出	(1 081)	(948)	(4 180)	(3 708)
其中:非流动资产处置损失	(289)	(259)	(1 962)	(1 404)
三、利润总额	106 294	79 236	189 790	139 027
减:所得税费用	(25 997)	(5 788)	(47 043)	(7 328)
四、净利润	80 297	73 448	142 747	131 699
归属于母公司股东的净利润	75 882		136 229	
少数股东损益	4 415		6 518	
五、每股收益(基于归属于母公司普通股股东合并净利润)				
基本每股收益(元/股)	0.42	0.41	0.76	0.74
稀释每股收益(元/股)	0.42	0.41	0.76	0.74

五、尾声

凭借灵活的战略以及与哈萨克斯坦的良好关系,中石油最终获得了此次收购的成功,虽然41.8亿美元的报价远高出PK公司33亿美元的市值,但合并PK公司带来的好处也显而易见。合并PK公司有利于中石油依托在哈萨克斯坦长期油气合作的基础,发挥现有项目与收购资产的协同效益,促进在哈萨克斯坦业务的发展;有利于发挥中石油独特的技术优势和管理经验,提升合并资产的价值;有利于增加在哈萨克斯坦油气领域的投资,促进当地经济发展;同时,合并本身也将给PK公司股东带来增值效益。

讨论题

1. 中石油与PK公司之间的石油销售业务会对合并财务报表产生什么影响?

2. 请分别讨论中石油将石油销售给PK公司与PK公司将石油销售给中石油,属于集团内部的顺销业务还是逆销业务?两者的会计处理各有何特点?

3. 假设以上石油销售业务计提了相应的存货跌价准备和坏账准备,则需要进行怎样的会计处理?试分别说明。

案例分析要点提示

1. 提示：中石油集团收购PK公司之后，中石油与PK公司之间的石油销售业务会产生未实现损益，合并财务报表应予以抵销。

2. 提示：中石油将石油销售给PK公司属于顺销，PK公司将石油销售给中石油属于逆销。

3. 提示：对于集团内部公司间销售存货计提的跌价准备，在母公司编制合并财务报表时，应使其反映合并主体对外界计提的跌价准备，即反映合并主体的存货成本高于其可变现价值的差额。

学习指导

一、本章教学大纲

本章主要内容是讲解集团内部存货交易对合并财务报表的影响。

本章教学大纲

存货内部交易简介		
存货顺销	本期内部顺销存货，当期全部对外出售	
	本期内部顺销存货，当期全部未对外出售	
	上期内部顺销存货，当期全部对外出售	
	坏账准备的处理	
存货逆销	本期内部逆销存货，当期全部对外出售	
	本期内部逆销存货，当期全部未对外出售	
	上期内部逆销存货，当期全部对外出售	
	坏账准备的处理	
	存货跌价准备的处理	
合并示例	顺销下的合并示例	不完全权益法
		成本法
	逆销下的合并示例	不完全权益法
		成本法
顺销、逆销对合并净利润的影响		

二、本章重点、难点解析

1. 集团存货内部交易示意图

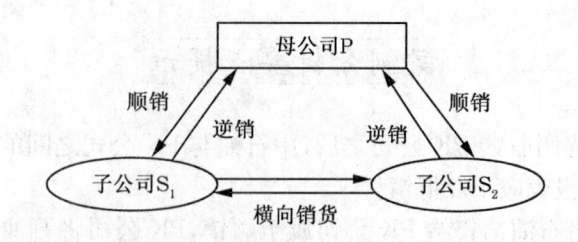

```
        母公司P
     ↗    ↑    ↖
   顺销  逆销 逆销  顺销
   ↙    ↓    ↘
 子公司S₁ ←——————→ 子公司S₂
           横向销货
```

2. 未实现损益

含 义	对于合并主体而言,集团内部顺销或逆销的存货在没有对外销售之前,顺销或逆销产生的毛利或损失即为未实现损益。
会计处理原则	(1)从合并主体角度来看,只有对合并主体之外的销售才为集团已实现的营业收入,才能记入合并财务报表中的"营业收入"账户。集团内部的购销不应确认为营业收入,也不产生合并利润。所以,在合并工作底稿中,应将"营业收入"账户和"营业成本"账户这对相对账户抵销,并将其产生的未实现损益加以抵销,以反映合并主体对外界的销售情况。 (2)在顺销时,未实现损益全部包含于母公司单体净利润中,少数股权不受任何影响;而在逆销时,未实现损益全部包含于子公司净利润中,需要在多数股权和少数股权间按比例分配。

3. 存货的内部转移价格

存货的内部转移价格是指集团内部公司间买卖存货的价格。

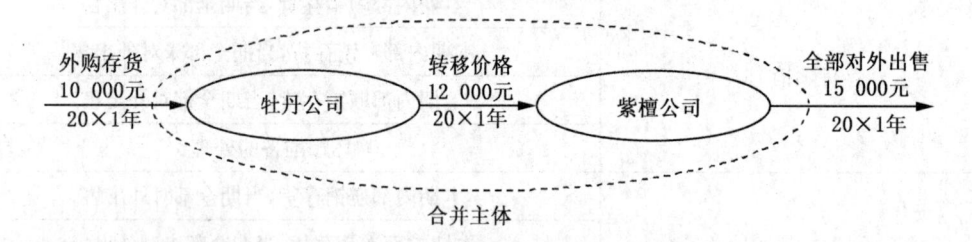

```
外购存货                转移价格                  全部对外出售
10 000元   →  牡丹公司  12 000元  →  紫檀公司  →  15 000元
20×1年                  20×1年                    20×1年
              ╲_____合并主体_____╱
```

如上图所示,母公司将存货 A 以 12 000 元的价格卖给子公司,其中 12 000 元即为内部转移价格。

4. 存货内部交易对长期股权投资账户的影响

完全权益法	母公司单体账上需要抵销存货内部交易产生的未实现利润:顺销时,全额抵销未实现利润;逆销时,按持股比例抵销未实现利润。 借:投资收益——子公司 　　贷:长期股权投资——子公司
不完全权益法	母公司单体账上不需要抵销存货内部交易产生的未实现利润。
成本法	母公司单体账上不需要抵销存货内部交易产生的未实现利润。

5. 存货顺销的合并抵销分录

本期内部顺销存货,当期全部对外出售	按转移价格抵销本期发生的内部交易,视同合并主体内部交易没有发生一样。	借:营业收入 贷:营业成本
本期内部顺销存货,当期全部未对外出售	①按转移价格抵销本期发生的内部交易,视同合并主体内部交易没有发生一样。	借:营业收入 贷:营业成本
	②抵销期末存货中未实现利润,通过增加"营业成本"的方式来减少未实现利润。	借:营业成本 贷:存货
上期内部顺销存货,当期全部对外出售	上期未实现损益在本期实现,不完全权益法或成本法下,抵销母公司的期初未分配利润和子公司的营业成本,子公司期初虚增的存货成本已经在本期的对外交易中结转为营业成本。	借:期初未分配利润 贷:营业成本
	上期未实现损益在本期实现,完全权益法下,抵销长期股权投资和子公司的营业成本。	借:长期股权投资 贷:营业成本

6. 存货逆销的合并抵销分录

本期内部逆销存货,当期全部对外出售	按转移价格抵销本期发生的内部交易,视同合并主体内部交易没有发生一样。	借:营业收入 贷:营业成本
本期内部逆销存货,当期全部未对外出售	①按转移价格抵销本期发生的内部交易,视同合并主体内部交易没有发生一样。	借:营业收入 贷:营业成本
	②抵销期末存货中未实现利润,通过增加"营业成本"的方式减少未实现利润。	借:营业成本 贷:存货
	③少数股东损益为少数股权在子公司已实现净利润中所享有的份额。在逆销的情况下,子公司已实现净利润为子公司当期净利润扣除未实现利润后的余额。	借:少数股东损益 贷:少数股东权益
	④母公司长期股权投资账户余额及投资收益会因为内部交易而增加,需要将其抵销。	借:投资收益 贷:长期股权投资
上期内部逆销存货,当期全部对外出售	上期未实现损益在本期实现,不完全权益法或成本法下,抵销母公司的期初未分配利润、少数股东权益和子公司的营业成本,子公司期初虚增的存货成本已经在本期的对外交易中结转为营业成本。	借:期初未分配利润 　　少数股东权益 贷:营业成本
	上期未实现损益在本期实现,完全权益法下,抵销长期股权投资、少数股东权益和子公司的营业成本。	借:长期股权投资 　　少数股东权益 贷:营业成本

7. 顺销、逆销对合并报表的影响的比较

		顺　　销	逆　　销
合并工作底稿	本期销货	营业收入与营业成本抵销	营业收入与营业成本抵销
	期末存货未实现损益	未实现损益冲减存货成本并增加营业成本	未实现损益冲减存货成本并增加营业成本
	期初存货已实现损益	已实现损益增加期初未分配利润并冲减营业成本	已实现损益冲减营业成本，并增加期初未分配利润和少数股东权益
母公司投资收益		子公司净利润×持股比例	子公司已实现净利润×持股比例
少数股东损益		子公司净利润×持股比例	子公司已实现净利润×持股比例

8. 坏账准备的处理

假如在发生内部交易当期货款未付清，就会涉及应收应付账款和计提坏账准备的问题，在合并过程中由内部交易所引起的应收应付账款和坏账准备也需要抵销。

【例】 20×5 年牡丹公司销售一批商品给其子公司紫檀公司，其转移价格为 48 000 元，成本为 40 000 元。紫檀公司到 20×6 年才以银行存款支付该笔货款。上述存货紫檀公司当年全部未对外出售，直至 20×6 年才对外出售，价格为 60 000 元。母公司在 20×5 年期末计提了 10% 的坏账准备。编制 20×5 年和 20×6 年的抵销分录。

20×5 年内部交易当年的抵销分录	20×6 年内部交易当年的抵销分录
①按转移价格抵销本期发生的内部交易，视同合并主体内部交易没有发生一样。 借：营业收入　　　　　　　　48 000 　　贷：营业成本　　　　　　　　48 000 ②抵销期末存货中未实现损益，通过增加"营业成本"的方式减少未实现利润。 借：营业成本　　　　　　　　8 000 　　贷：存货　　　　　　　　　　8 000 ③抵销内部交易产生的应收应付账款。 借：应付账款　　　　　　　　48 000 　　贷：应收账款　　　　　　　　48 000 ④抵销母公司计提的坏账准备。 借：坏账准备　　　　　　　　4 800 　　贷：资产减值损失　　　　　　4 800	①上期未实现损益在本期实现，抵销母公司的期初未分配利润和子公司的营业成本。 借：期初未分配利润　　　　　8 000 　　贷：营业成本　　　　　　　　8 000 ②抵销坏账准备的期初影响。 借：坏账准备　　　　　　　　4 800 　　贷：期初未分配利润　　　　　4 800 ③抵销母公司转回的坏账准备。 借：资产减值损失　　　　　　4 800 　　贷：坏账准备　　　　　　　　4 800 可以将②③两笔分录合成一笔： 借：资产减值损失　　　　　　4 800 　　贷：期初未分配利润　　　　　4 800

9. 存货跌价准备的处理

对于集团内部公司间销售存货计提的跌价准备，在母公司编制合并财务报表时，应使其反映合并主体对外界计提的跌价准备，即反映合并主体的存货成本高于其可变现价值的差额。

三、名词中英文对照

集团内部公司间存货交易	Intercompany Inventory Transactions
顺销	Downstream Sales
逆销	Upstream Sales
横向销货	Horizontal Sale
未实现利润	Unrealized Profit
未实现损益	Unrealized Profit or Loss

| 已实现利润 | Realized Income |
| 少数股东损益 | Minority Interest Income or Loss |

练习题

一、思考题

1. 在抵销集团内部销货产生的未实现利润时,应抵销毛利还是净利润?
2. 若未抵销 20×1 年 12 月 31 日存货中未实现利润,对于 20×2 年、20×3 年的合并净利润有何影响?
3. 子公司期初存货与子公司期末存货的未实现利润对于合并营业成本有何影响?
4. 合并工作底稿上抵销存货未实现利润的方法是增加营业成本并减少存货账户的余额。试问合并工作底稿上应如何反映期初存货未实现利润?
5. 在编制合并工作底稿过程中,我们通常假设当年度期初存货的未实现利润都会在接下来的年度内实现,假如当年期末存货并未在次年出售,那么对合并净利润有什么影响?
6. 牡丹公司持有紫檀公司 80% 的股权。20×8 年,牡丹公司以 40% 的毛利将商品销售给紫檀公司。紫檀公司于 20×8 年全部对外销售该商品。在 20×8 年的合并财务报表中,应该如何调整牡丹公司和紫檀公司的利润表项目?

二、选择题

1. 在合并工作底稿中编制抵销公司内部利润的分录是为了( )。
   A. 使公司内部交易在合并报表中无效
   B. 递延公司间未实现利润至实现时
   C. 在多数股东与少数股东之间分摊未实现利润
   D. 减少合并净利润

2. 当集团内部存货交易符合下列哪种情况时,销售的方向(顺销或逆销)不影响合并工作底稿程序? ( )
   A. 以公允价值   B. 以账面价值
   C. 以高于市价   D. 销售给 100% 拥有的子公司

3. 牡丹公司销售商品给其拥有 80% 股权的子公司紫荆公司,获得 100 000 元。合并工作底稿分录中用于抵销该公司内部销售的分录应借记"营业收入"( )。
   A. 100 000 元   B. 80 000 元
   C. 紫荆公司存货中保留的部分   D. 紫荆公司期末存货中保留部分的 80%

4. 牡丹公司持有紫檀公司 80% 的股权,20×5 年,牡丹公司以毛利 40% 销售商品给紫檀公司。该商品紫檀公司于 20×5 年全部销售。在 20×5 年的合并利润表中,应如何调整牡丹公司及紫檀公司利润表项目?( )
   A. 根据内部营业收入调减营业收入和营业成本
   B. 根据内部营业收入的 80% 调减营业收入和营业成本
   C. 应按内部营业收入的 80% 调减净利润
   D. 无需调整

5. 20×5年,甲公司与其联属公司发生如下交易:

(1)销售60 000元商品给乙公司,毛利为20 000元。乙公司期末存货中仍有15 000元的该商品。

甲公司持有乙公司15%的股权,但不对其具有重大影响。

(2)从丙公司购得原材料,成本为240 000元,丙公司为甲公司的全资子公司。丙公司销售该原材料的毛利为48 000元。20×5年12月31日,甲公司存货中包括该部分的为60 000元。

在编制抵销分录之前,甲公司流动资产合计320 000元,则20×5年12月31日的合并资产负债表中,列报的流动资产为( )。

A. 320 000元　　　　　　　　B. 317 000元
C. 308 000元　　　　　　　　D. 303 000元

6. 牡丹公司持有紫菱公司80%的普通股股权。20×6年,牡丹公司按出售给第三方的条件出售250 000元的商品给紫菱公司。20×6年,紫菱公司将该商品全部出售。有关牡丹公司与紫菱公司20×6年内部销售情况的资料如下(单位:元):

	牡丹公司	紫菱公司
营业收入	1 000 000	700 000
营业成本	400 000	350 000
毛利	600 000	350 000

在20×6年的合并利润表中,牡丹公司应列报营业成本( )。

A. 750 000　　　　　　　　B. 680 000
C. 500 000　　　　　　　　D. 430 000

7. 紫檀公司经常销售商品给其母公司牡兴公司。编制合并利润表时,下列哪一个项目不受公司内部销售方向(顺销或逆销)的影响?( )

A. 合并毛利　　　　　　　　B. 少数股东收益
C. 合并净利润　　　　　　　D. 合并留存收益

8. 牡丹公司经常销售商品给其子公司紫兴公司。若紫兴公司20×8年的期末存货中未实现利润超过其20×9年期末存货中未实现利润,则( )。

A. 合并营业成本将大于20×9年的合并营业成本

B. 合并营业成本将小于20×9年的合并营业成本

C. 合并毛利将大于20×9年的合并毛利

D. 合并营业收入将小于20×9年的合并营业收入

9. 牡恩公司销售商品给其子公司紫发公司,紫发公司将其作为固定资产使用。销售当年,抵销公司内部未实现利润的工作底稿分录不包括( )。

A. 借记"营业收入"　　　　　B. 贷记"营业成本"
C. 贷记"存货"　　　　　　　D. 贷记"固定资产"

10. 20×3年1月1日,牡丹公司以720 000元获得紫兴公司60%的股权,当时紫兴公司净资产的账面价值和公允价值均为1 200 000元。20×3年,牡丹公司将成本为1 200 000元的商品销售给紫兴公司,获得1 600 000元,且紫兴公司20×3年12月31日的存货中包含此部分商品的 1/4。20×3 年牡丹公司列报的单体经营利润(不包括投资收益)600 000 元,紫兴公司损失 300 000 元。20×3 年牡丹公司和紫兴公司的合并净利润为(单位:元)(   )。

A. 520 000　　　　　　　　　　B. 60 000
C. 320 000　　　　　　　　　　D. 200 000

11. 紫兴公司为牡文公司按 75% 拥有的子公司,紫兴公司以加成 25% 的价格向牡文公司销售商品。20×9 年,两家公司的存货如下(单位:元):

	牡文公司	紫兴公司
期初存货	800 000	500 000
期末存货	1 000 000	400 000

牡文公司的期初与期末存货中包括购自紫兴公司的 300 000 元和 400 000 元商品。若 20×9 年紫兴公司列报的净利润为 600 000 元,完全权益法下,牡文公司来自紫兴公司的投资收益为(单位:元)(   )。

A. 510 000　　　　　　　　　　B. 435 000
C. 430 000　　　　　　　　　　D. 390 000

12. 20×1 年牡丹公司获得紫微公司 80% 的股权,紫微公司以加成 25% 的价格销售商品给牡丹公司。20×8 年,牡丹公司及紫微公司毛利的相关数据如下(单位:元):

	牡丹公司	紫微公司
营业收入	1 000 000	800 000
营业成本	800 000	640 000
毛利	200 000	160 000

20×8 年,牡丹公司以 400 000 元购得紫微公司商品。牡丹公司 20×7 年 12 月 31 日和 20×8 年 12 月 31 日的存货中来自紫微公司的商品分别为 100 000 元和 125 000 元。

(1) 20×8 年牡丹公司及其子公司合并营业收入为(单位:元)(   )。

A. 1 800 000　　　　　　　　　B. 1 425 000
C. 1 400 000　　　　　　　　　D. 1 240 000

(2) 20×7 年和 20×8 年年末存货中未实现利润分别为(单位:元)(   )。

A. 100 000 和 125 000　　　　　B. 80 000 和 100 000
C. 20 000 和 25 000　　　　　　D. 16 000 和 20 000

(3) 20×8 年牡丹公司和子公司合并营业成本为(单位:元)(   )。

A. 1 024 000　　　　　　　　　B. 1 045 000
C. 1 052 800　　　　　　　　　D. 1 056 000

三、业务题

1. 牡丹公司于 20×4 年 1 月 1 日以账面价值(等于当日的公允价值)取得紫檀公司 75% 的股权。牡丹公司与紫檀公司 20×6 年的比较利润表如下(单位:元):

营业收入	1 000 000	400 000
营业成本	600 000	240 000
销售毛利	400 000	160 000
营业费用	120 000	60 000
营业利润	280 000	100 000
投资收益——紫檀公司	75 000	—
净利润	355 000	100 000

其他资料：

(1)紫檀公司于20×5年、20×6年各销货120 000元与200 000元给牡丹公司。

(2)牡丹公司20×5年、20×6年的期末存货中均含有购自紫檀公司的存货,对该存货紫檀公司列报的利润分别是30 000元与48 000元。

(3)牡丹公司处理对紫檀公司的长期股权投资时,并未抵销公司间的毛利。

要求：

(1)计算在完全权益法下牡丹公司确认的投资收益。

(2)编制20×6年与存货内部交易有关的合并抵销分录。

(3)计算20×6年的合并营业成本。

(4)计算20×6年的少数股东损益。

(5)计算20×6年的合并净利润中归属于母公司股东的部分。

2. 紫恩公司20×7、20×8与20×9三年的比较利润表如下(单位:元)：

	20×7年	20×8年	20×9年
营业收入	8 000 000	8 500 000	9 500 000
营业成本	4 200 000	4 400 000	5 000 000
销售毛利	3 800 000	4 100 000	4 500 000
营业费用	3 000 000	3 200 000	3 800 000
净利润	800 000	900 000	700 000

其他资料：

(1)20×7至20×9年间,牡兴公司拥有紫恩公司75%的股权,牡兴公司20×7、20×8及20×9年的单体净利润(不含投资收益)分别是3 600 000元、3 400 000元与4 000 000元,牡兴公司于20×6年7月1日以账面价值(等于当日的公允价值)取得紫恩公司的股权。

(2)牡兴公司于20×7年出售商品给紫恩公司,获得毛利400 000元。该商品尚有一半包含于紫恩公司20×7年的存货中。20×7年牡兴公司出售给紫恩公司的商品总额为1 000 000元,其中未出售商品紫恩公司于20×8年售出。

(3)牡兴公司20×8年12月31日的存货中含有购自紫恩公司的商品,对于该存货紫恩公司获利200 000元。紫恩公司于20×8年间共出售800 000元的商品给牡兴公司。

(4)两公司20×9年12月31日的存货均不含未实现利润。

(5)牡兴公司采用完全权益法处理其对紫恩公司的投资。

要求：

(1)计算牡兴公司 20×7、20×8、20×9 年对紫恩公司的投资收益。

(2)计算牡兴公司 20×7、20×8、20×9 年各年的净利润。

(3)计算牡兴公司及其子公司 20×7、20×8、20×9 年各年的合并净利润中归属于母公司股东的部分，要求从两家公司的单体净利润的计算开始，并包括对少数股东损益的计算。

(4)对比(2)、(3)两题的结果，能得出什么结论？

3. 牡才公司及其拥有 80% 股权的子公司紫民公司 20×2 年末单体资产负债表及合并资产负债表如下(单位：元)：

	牡才公司	紫民公司	合并数
资产			
现金	360 000	80 000	440 000
存货	400 000	320 000	720 000
其他流动资产	140 000	300 000	340 000
固定资产——净额	1 000 000	700 000	1 700 000
长期股权投资——紫民公司	1 260 000	—	—
商誉	—	—	300 000
资产总计	3 160 000	1 400 000	3 500 000
负债和所有者权益			
应付账款	160 000	100 000	240 000
应付股利	200 000	100 000	220 000
股本(面值1元)	2 000 000	1 000 000	2 000 000
未分配利润	800 000	200 000	800 000
少数股东权益	—	—	240 000
负债和所有者权益总计	3 160 000	1 400 000	3 500 000

调查得出合并资产负债表有误，因牡才公司未进行商誉减值测试，也未抵销存货中未实现利润。20×1 年 1 月 1 日，牡才公司购得紫民公司 80% 股权，初始投资成本超过所购买股权账面价值(等于当日的公允价值)300 000 元。20×2 年末，经测试，商誉减值 30 000 元。20×1 年 12 月 31 日及 20×2 年 12 月 31 日，紫民公司购自牡才公司的商品中未实现利润分别为 60 000 元和 100 000 元。紫民公司的应付股利包含应付给牡才公司的股利 80 000 元。公司内部的应收账款 20 000 元包含于其他流动资产中。

要求：为牡才公司及其子公司编制 20×2 年 12 月 31 日合并资产负债表的调整抵销分录及其工作底稿。

4. 20×1 年 1 月 1 日，牡丹公司以现金 189 000 元收购紫檀公司 90% 的股权。当时紫檀公司的股本为 200 000 元、未分配利润为 2 000 元、盈余公积为 8 000 元。购并日，紫檀公司的所有资产和负债的公允价值等于账面价值。牡丹公司采用不完全权益法核算对紫檀公司的长期股权投资。20×4年12月31日,牡丹公司账上对紫檀公司的长期股权投资账户余额为261 000元,紫檀公司当时股本为200 000元、未分配利润为10 000元、盈余公积为80 000元。20×5年紫檀公司单体净利润为60 000元,分配的现金股利为20 000元。20×5年有关公司间存货内部交易的资料如下:

20×5年销售给紫檀公司的商品(成本100 000元)的价格	120 000元
20×4年12月31日紫檀公司存货中未实现利润	16 000元
20×5年12月31日紫檀公司存货中未实现利润	20 000元
20×5年12月31日紫檀公司应付牡丹公司的账款	30 000元

除以上存货内部交易外,没有其他内部交易。

要求:

(1)编制20×5年牡丹公司确认的对紫檀公司的投资收益以及收到紫檀公司股利的会计分录;

(2)计算20×5年12月31日长期股权投资账户余额;

(3)编制有关存货内部交易的调整抵销分录;

(4)计算20×5年合并报表上少数股东损益。

如果牡丹公司采用完全权益法核算对紫檀公司的长期股权投资:

(5)计算20×4年12月31日长期股权投资账户余额;

(6)编制20×5年牡丹公司确认的对紫檀公司的投资收益以及收到紫檀公司股利的会计分录;

(7)计算20×5年12月31日长期股权投资账户余额;

(8)编制有关存货内部交易的调整抵销分录;

(9)计算20×5年合并报表上少数股东损益。

5.20×1年1月1日,牡丹公司以现金378 000元收购紫檀公司90%的股权。当时紫檀公司的股本为400 000元、未分配利润为4 000元、盈余公积为16 000元。购并日,紫檀公司的所有资产和负债的公允价值等于账面价值。牡丹公司采用不完全权益法核算对紫檀公司的长期股权投资。20×4年12月31日,牡丹公司账上对紫檀公司的长期股权投资账户余额为522 000元,紫檀公司当时股本为400 000元、未分配利润为20 000元、盈余公积为160 000元。20×5年紫檀公司单体净利润为120 000元,分配的现金股利为40 000元。20×5年有关公司间存货内部交易的资料如下:

20×5年销售给牡丹公司的商品(成本200 000元)的价格	240 000元
20×4年12月31日牡丹公司存货中未实现利润	32 000元
20×5年12月31日牡丹公司存货中未实现利润	40 000元
20×5年12月31日牡丹公司应付紫檀公司的账款	60 000元

除以上存货内部交易外,没有其他内部交易。

要求:

(1)编制20×5年牡丹公司确认的对紫檀公司的投资收益以及收到紫檀公司股利的会计分录;

(2)计算20×5年12月31日长期股权投资账户余额;

(3)编制有关存货内部交易的调整抵销分录;

(4)计算20×5年合并报表上少数股东损益。

如果牡丹公司采用完全权益法核算对紫檀公司的长期股权投资：

(5)计算20×4年12月31日长期股权投资账户余额；

(6)编制20×5年牡丹公司确认的对紫檀公司的投资收益以及收到紫檀公司股利的会计分录；

(7)计算20×5年12月31日长期股权投资余额；

(8)编制有关存货内部交易的调整抵销分录；

(9)计算20×5年合并报表上少数股东损益。

练习题参考答案

二、选择题

1. A

2. D

3. A

4. A

5. C 提示：320 000－48 000×(60 000÷240 000)＝308 000。

6. C 提示：400 000＋350 000－250 000＝500 000。

7. A

8. A

9. C

10. C 提示：600 000－300 000×60%－(1 600 000－1 200 000)×1/4＝320 000。

11. B 提示：期初存货未实现利润＝300 000－300 000÷125%＝60 000，期末存货未实现利润＝400 000－400 000÷125%＝80 000，所以完全权益法下，母公司对子公司的投资收益＝(600 000＋60 000－80 000)×75%＝435 000。

12. (1)C 提示：1 000 000＋800 000－400 000＝1 400 000。

(2)C 提示：期初存货未实现利润＝100 000－100 000÷125%＝20 000，期末存货未实现利润＝125 000－125 000÷125%＝25 000。

(3)B 提示：800 000＋640 000－(400 000－25 000)－20 000＝1 045 000。

三、业务题

1.(单位:元)

(1)完全权益法下，母公司确认对子公司的投资收益时要扣除内部交易产生的实际损益，所以此时投资收益＝75 000＋30 000×75%－48 000×75%＝61 500。

(2)抵销20×6年公司间营业收入与营业成本金额：

①借：营业收入　　　　　　　　　　　　　　　　200 000
　　　贷：营业成本　　　　　　　　　　　　　　　　　　　　200 000

将期初存货中未实现利润30 000元调整为销售成本，并将其中75%分配给牡丹公司的期初未分配利润账户，25%分配给少数股权：

②借:期初未分配利润(30 000×75%)   22 500
  少数股东权益(30 000×25%)   7 500
  贷:营业成本   30 000

抵销期末存货中未实现利润,并将营业成本加到合并主体的实际成本中:
③借:营业成本   48 000
  贷:存货   48 000

(3)20×6年的合并营业成本＝600 000＋240 000－200 000－30 000＋48 000＝658 000。

(4)20×6年的少数股东损益计算如下:

子公司列报的净利润	100 000
加:期初存货中未实现利润	30 000
减:期末存货中未实现利润	(48 000)
紫檀公司已实现的净利润	82 000
少数股东持股比例	25%
少数股东损益	20 500

(5)20×6年归属于母公司股东的净利润＝(1 000 000＋400 000－200 000)－658 000－(120 000＋60 000)－20 500＝341 500,或者＝355 000＋30 000×75%－48 000×75%＝341 500。

2.(单位:元)

(1)

	20×7年	20×8年	20×9年
按75%的持股比例享有紫恩公司的净利润	600 000	675 000	525 000
20×7年末未实现利润(顺销)400 000×1/2×100%	(200 000)	200 000	
20×8年末未实现利润(逆销,按持股比例分配)200 000×75%		(150 000)	150 000
牡兴公司对紫恩公司的投资收益	400 000	725 000	675 000

(2)

	20×7年	20×8年	20×9年
牡兴公司单体净利润	3 600 000	3 400 000	4 000 000
牡兴公司对紫恩公司的投资收益	400 000	725 000	675 000
牡兴公司净利润	4 000 000	4 125 000	4 675 000

(3)

	20×7年	20×8年	20×9年
牡兴公司和紫恩公司单体净利润的合计数	4 400 000	4 300 000	4 700 000
20×7年末未实现利润	(200 000)	200 000	
20×8年末未实现利润		(200 000)	200 000
净利润合计数	4 200 000	4 300 000	4 900 000

续表

	20×7年	20×8年	20×9年
少数股东损益			
20×7年少数股东损益 800 000×25%	(200 000)		
20×8年少数股东损益(900 000-200 000)×25%		(175 000)	
20×9年少数股东损益(700 000+200 000)×25%			(225 000)
归属于母公司股东的净利润	4 000 000	4 125 000	4 675 000

(4)对比(2)、(3)两题结果可以发现,在完全权益法下,母公司单体净利润等于合并利润表中归属于母公司股东的净利润。

3.(单位:元)

(1)合并工作底稿上的调整抵销分录

根据期初存货中未实现利润调整营业成本和母公司的期初未分配利润:

①借:期初未分配利润　　　　　　　　　60 000
　　贷:营业成本　　　　　　　　　　　　　　　　　　60 000

抵销期末存货中未实现利润,并将营业成本加到合并主体的实际成本中:

②借:营业成本　　　　　　　　　　　　100 000
　　贷:存货　　　　　　　　　　　　　　　　　　　100 000

抵销母公司对子公司的长期股权投资账户与子公司股东权益账户:

③借:股本　　　　　　　　　　　　　1 000 000
　　　未分配利润　　　　　　　　　　　200 000
　　　商誉　　　　　　　　　　　　　　300 000
　　贷:长期股权投资——紫民　　　　　　　　　　1 260 000
　　　　少数股东权益　　　　　　　　　　　　　　　240 000

根据减值测试结果,调整商誉的账面价值:

④借:资产减值损失　　　　　　　　　　30 000
　　贷:商誉　　　　　　　　　　　　　　　　　　　30 000

抵销公司间应收应付股利:

⑤借:应付股利——牡才　　　　　　　　80 000
　　贷:应收股利——紫民　　　　　　　　　　　　　80 000

抵销内部应收账款:

⑥借:应付账款　　　　　　　　　　　　20 000
　　贷:应收账款　　　　　　　　　　　　　　　　　20 000

(2)20×8年12月31日牡才公司及其子公司合并工作底稿:

	牡才公司	紫民公司	调整、抵销 借方	调整、抵销 贷方	合并数
现金	360 000	80 000			440 000
存货	400 000	320 000		②100 000	620 000

续表

	牡才公司	紫民公司	调整、抵销		合并数
			借 方	贷 方	
其他流动资产	140 000	300 000		⑤80 000 ⑥20 000	340 000
固定资产——净额	1 000 000	700 000			1 700 000
长期股权投资——紫民	1 260 000	—		③1 260 000	—
商誉	—	—	③300 000	④30 000	270 000
资产总计	3 160 000	1 400 000			3 370 000
应付账款	160 000	100 000	⑥20 000		240 000
应付股利	200 000	100 000		⑥80 000	220 000
股本(面值1元)	2 000 000	1 000 000	③1 000 000		2 000 000
未分配利润	800 000	200 000	①60 000 ②100 000 ③200 000 ④30 000	①60 000	670 000
少数股东权益	—	—		③240 000	240 000
负债和所有者权益总计	3 160 000	1 400 000			3 370 000

4.(单位:元)

(1)20×5年,牡丹公司按不完全权益法在账上编制有关“长期股权投资——紫檀公司”的分录如下:

记录20×5年对紫檀公司净利润的权益(净利润60 000×90%):

借:长期股权投资——紫檀公司　　54 000

　　贷:投资收益——紫檀公司　　54 000

记录收到的紫檀公司的股利(20 000×90%):

借:银行存款　　18 000

　　贷:长期股权投资——紫檀公司　　18 000

(2)20×5年12月31日,长期股权投资=261 000+54 000−18 000=297 000。

(3)公司间存货交易的有关抵销分录如下:

抵销公司间营业收入与营业成本金额:

①借:营业收入　　120 000

　　贷:营业成本　　120 000

根据期初存货中未实现利润调整营业成本和牡丹公司的期初未分配利润:

②借:期初未分配利润　　16 000

　　贷:营业成本　　16 000

抵销期末存货中未实现利润,并将营业成本加到合并主体的实际成本中:

③借:营业成本 20 000
　　贷:存货 20 000
抵销相对的应收账款与应付账款余额:
④借:应付账款 30 000
　　贷:应收账款 30 000

(4)母公司顺销存货产生的未实现利润在母公司单体账上,所以在计算少数股东损益时不需要考虑。此时,少数股东损益=子公司净利润 300 000×10%=30 000。

(5)20×4 年 12 月 31 日长期股权投资=紫檀公司当时净资产 290 000(股本 200 000 元、未分配利润 10 000 元及盈余公积 80 000 元)×90%－紫檀公司 20×4 年 12 月 31 日存货中未实现利润 16 000=245 000。

(6)牡丹公司按完全权益法在账上编制有关"长期股权投资——紫檀公司"的分录如下:
记录 20×5 年对紫檀公司净利润的权益:
借:长期股权投资——紫檀公司 50 000
　　贷:投资收益——紫檀公司 50 000
完全权益法下,20×5 年母公司对子公司的投资收益计算如下:
对子公司净利润的权益(净利润 60 000×90%) 54 000
加:20×4 年 12 月 31 日未实现利润在 20×5 年确认 16 000
减:20×5 年 12 月 31 日未实现利润 (20 000)
20×5 年母公司账上确认的投资收益 <u>50 000</u>
记录收到的紫檀公司的股利(20 000×90%):
借:银行存款 18 000
　　贷:长期股权投资——紫檀公司 18 000

(7)20×5 年 12 月 31 日长期股权投资账户余额计算如下:
20×4 年 12 月 31 日,长期股权投资余额 245 000
加:投资收益(对子公司净利润的权益) 50 000
减:股利 20 000×90% (18 000)
长期股权投资余额(20×5 年 12 月 31 日) <u>277 000</u>

(8)公司间存货交易的有关抵销分录如下:
抵销公司间营业收入与营业成本金额:
①借:营业收入 120 000
　　贷:营业成本 120 000

随着顺销存货在本年对外出售,期初存货中未实现利润在本年实现。牡丹公司采用完全权益法处理长期股权投资时,在其单体账上,上一年期末存货中未实现利润记入"长期股权投资"的贷方,所以本年实现了就记入"长期股权投资"的借方,并调整营业成本:
②借:长期股权投资——紫檀公司 16 000
　　贷:营业成本 16 000
抵销期末存货中未实现利润,并将营业成本加到合并主体的实际成本中:
③借:营业成本 20 000
　　贷:存货 20 000
抵销相对的应收账款与应付账款余额:

④借:应付账款　　　　　　　　　　　　　　　　　　30 000
　　贷:应收账款　　　　　　　　　　　　　　　　　　　　　　　　30 000
(9)少数股东损益=子公司净利润 300 000×10%=30 000。

5.(单位:元)

(1)20×5年,牡丹公司按不完全权益法在账上编制有关"长期股权投资——紫檀公司"的分录如下:

记录20×5年对紫檀公司净利润的权益(净利润 120 000×90%):
借:长期股权投资——紫檀公司　　　　　　　　　108 000
　　贷:投资收益——紫檀公司　　　　　　　　　　　　　　　　108 000

记录收到的紫檀公司的股利(40 000×90%):
借:银行存款　　　　　　　　　　　　　　　　　　36 000
　　贷:长期股权投资——紫檀公司　　　　　　　　　　　　　　36 000

(2)20×5年12月31日长期股权投资=522 000+108 000-36 000=594 000。

(3)公司间存货交易的有关抵销分录如下:

抵销公司间营业收入与营业成本金额:
①借:营业收入　　　　　　　　　　　　　　　　　240 000
　　贷:营业成本　　　　　　　　　　　　　　　　　　　　　　　240 000

将逆销所产生的期初存货中未实现利润 32 000 元调整为销售成本,并将其中 90% 分配给牡丹公司的期初未分配利润账户,10% 分配给少数股权:
②借:期初未分配利润(32 000×90%)　　　　　　　28 800
　　少数股东权益(32 000×10%)　　　　　　　　　3 200
　　贷:营业成本　　　　　　　　　　　　　　　　　　　　　　　32 000

抵销期末存货中未实现利润,并将营业成本加到合并主体的实际成本中:
③借:营业成本　　　　　　　　　　　　　　　　　40 000
　　贷:存货　　　　　　　　　　　　　　　　　　　　　　　　　40 000

抵销相对的应收账款与应付账款余额:
④借:应付账款　　　　　　　　　　　　　　　　　60 000
　　贷:应收账款　　　　　　　　　　　　　　　　　　　　　　　60 000

(4)在逆销的情况下,少数股东损益为少数股权在子公司已实现净利润中所享有的份额。子公司已实现净利润为子公司当期净利润扣除未实现利润后的余额,本题中,在计算20×5年少数股东损益时,应先根据未实现利润调整紫檀公司列报的净利润为已实现净利润,再乘上少数股权比例,其计算如下:

　　紫檀公司列报的净利润　　　　　　　　　　　　120 000
　　加:20×4年存货中未实现利润在20×5年实现　　　32 000
　　减:20×5年末存货中未实现利润　　　　　　　　(40 000)
　　紫檀公司20×5年已实现净利润　　　　　　　　　112 000
　　乘:少数股权比例　　　　　　　　　　　　　　　　×10%
　　少数股东损益　　　　　　　　　　　　　　　　　11 200

如果牡丹公司采用完全权益法:

(5)20×4年12月31日长期股权投资=紫檀公司当时净资产 580 000(股本 400 000 元、

未分配利润 20 000 元及盈余公积 160 000 元)×90%－紫檀公司 20×4 年 12 月 31 日母公司存货中未实现利润 32 000×90%＝493 200。

(6)牡丹公司按完全权益法在账上编制有关"长期股权投资——紫檀公司"的分录如下：
记录 20×5 年对紫檀公司的投资收益：

借：长期股权投资——紫檀公司　　　　　　　　100 800
　　贷：投资收益——紫檀公司　　　　　　　　　　　　　　100 800

完全权益法下，20×5 年母公司对子公司的投资收益计算如下：

对子公司净利润的权益(净利润 120 000×90%)	108 000
加:20×4 年 12 月 31 日未实现利润在 20×5 年确认(32 000×90%)	28 800
减:20×5 年 12 月 31 日未实现利润(40 000×90%)	(36 000)
20×5 年母公司账上确认的投资收益	100 800

记录收到的紫檀公司的股利(40 000×90%)：

借：银行存款　　　　　　　　　　　　　　　　36 000
　　贷：长期股权投资——紫檀公司　　　　　　　　　　　　36 000

(7)20×5 年 12 月 31 日长期股权投资余额计算如下：

20×4 年 12 月 31 日，长期股权投资余额	493 200
加:投资收益(对子公司净利润的权益)	100 800
减:股利 40 000×90%	(36 000)
长期股权投资余额(20×5 年 12 月 31 日)	558 000

(8)公司间存货交易的有关抵销分录如下：
抵销公司间营业收入与营业成本金额：

①借：营业收入　　　　　　　　　　　　　　　240 000
　　贷：营业成本　　　　　　　　　　　　　　　　　　　　240 000

将期初存货中未实现利润 32 000 元调整为销售成本，并将其中 90% 分配给长期股权投资账户，10% 分配给少数股权：

②借：长期股权投资(32 000×90%)　　　　　　 28 800
　　　少数股东权益(32 000×10%)　　　　　　 3 200
　　贷：营业成本　　　　　　　　　　　　　　　　　　　　32 000

抵销期末存货中未实现利润，并将营业成本加到合并主体的实际成本中：

③借：营业成本　　　　　　　　　　　　　　　 40 000
　　贷：存货　　　　　　　　　　　　　　　　　　　　　　40 000

抵销相对的应收账款与应付账款余额：

④借：应付账款　　　　　　　　　　　　　　　 60 000
　　贷：应收账款　　　　　　　　　　　　　　　　　　　　60 000

(9)少数股东损益计算如下：

紫檀公司列报的净利润	120 000
加:20×4 年存货中未实现利润在 20×5 年实现	32 000
减:20×5 年末存货中未实现利润	(40 000)
紫檀公司 20×5 年已实现净利润	112 000

乘：少数股权比例	×10%
少数股东损益	11 200

教材课后习题参考答案

1. （单位：元）

从紫林公司购入存货产生的未实现利润需要在期末存货中抵销：

合并流动资产＝流动资产合计数 320 000－未实现利润 12 000（48 000×60 000/240 000）＝308 000。

2. （单位：元）

合并营业成本＝营业成本合计数（400 000＋350 000）－公司间内部销货 250 000＝500 000。

3. （单位：元）

(1) 内部销货产生的营业收入＝收入合计数 340 000－合并收入 308 000＝32 000。

(2) 内部交易产生的应收账款＝应收账款合计数 45 000－合并应收账款 39 000＝6 000。

(3) 收入成本比例＝200 000/150 000＝4/3，

紫檀公司期末存货中购自牡丹公司的部分＝32 000×37.5%＝12 000，

所对应的成本＝12 000×3/4＝9 000。

(4) 少数股权比例＝少数股东权益 10 000/子公司股东权益 50 000＝20%。

4. （单位：元）

初始投资成本	550 000
减：所获净资产的公允价值（500 000×90%）	450 000
商誉	100 000

逆销产生的未实现利润如下：

20×6 年 12 月 31 日牡丹公司存货中的未实现利润 56 000－56 000/140%＝16 000。

20×7 年 12 月 31 日牡丹公司存货中的未实现利润 84 000－84 000/140%＝24 000。

牡丹公司采用的是不完全权益法核算对紫檀公司的长期股权投资，所以牡丹公司账上确认的"投资收益——紫檀公司"为紫檀公司列报净利润的 90%（200 000×90%），即为 180 000 元。

长期股权投资余额：

初始投资成本	550 000
自 20×4 年 12 月 31 日至 20×7 年 12 月 31 日紫檀公司净资产增加额的 90%（140 000×90%）	126 000
20×7 年 12 月 31 日牡丹公司长期股权投资余额	676 000

少数股东损益：

子公司列报的净利润	200 000
加：期初存货中未实现利润	16 000
减：期末存货中未实现利润	(24 000)
紫檀公司已实现的净利润	192 000
少数股东持股比例	10%
少数股东损益	19 200

20×7年12月31日牡丹公司及其子公司合并工作底稿

	牡丹公司	紫檀公司	抵销 借方	抵销 贷方	合并数
利润表					
营业收入	1 638 000	1 120 000	①1 120 000		1 638 000
投资收益——紫檀公司	180 000	—	④180 000		
营业成本	(1 092 000)	(800 000)	②24 000	①1 120 000 ③16 000	(780 000)
其他费用	(308 800)	(120 000)	⑦10 000		(438 800)
净利润	417 200	200 000			419 200
少数股东损益			⑧19 200		(19 200)
归属于母公司股东的净利润					400 000
利润分配部分					
期初未分配利润	74 400	40 000	③14 400 ⑥40 000 ⑦20 000		40 000
净利润	417 200	200 000			400 000
可供分配的利润	491 600	240 000			440 000
减:提取盈余公积	(83 440)	(40 000)		⑤40 000	(83 440)
分派现金股利	(200 000)	(100 000)		④90 000 ⑧10 000	(200 000)
未分配利润	208 160	100 000			156 560
资产负债表					
现金	151 600	100 000			251 600
存货	84 000	160 000		②24 000	220 000
其他流动资产	120 000	40 000		⑨20 000	140 000
固定资产	600 000	600 000			1 200 000
长期股权投资——紫檀公司	676 000	—		④90 000 ⑥586 000	
商誉			⑥100 000	⑦30 000	70 000
资产总计	1 631 600	900 000			1 881 600
流动负债	340 000	260 000	⑨20 000		580 000
股本	800 000	400 000	⑥400 000		800 000
盈余公积	283 440	140 000	⑤40 000 ⑥100 000		283 440
未分配利润	208 160	100 000			156 560
归属于母公司股东权益合计					1 240 000

续表

	牡丹公司	紫檀公司	抵销 借方	抵销 贷方	合并数
少数股东权益			③1 600	⑥54 000 ⑧9 200	61 600
股东权益合计	1 291 600	640 000			1 301 600
负债和股东权益总计	1 631 600	900 000			1 881 600

5.(单位:元)

因为子公司 20×8 年单体净利润为 60 000 元,牡丹公司确认的投资收益为 54 000 元,所以牡丹公司按照不完全权益法确认对子公司的长期股权投资。

母公司期初存货中包含逆销产生的未实现利润,在计算少数股东损益时要扣除这一未实现利润。子公司期末存货存在顺销产生的未实现利润,这一未实现利润存在于母公司单体账上,所以在计算少数股东损益时不需要考虑。

少数股东损益计算如下:

子公司列报的净利润	60 000
加:期初存货中未实现利润	10 000
紫檀公司已实现的净利润	70 000
少数股东持股比例	10%
少数股东损益	7 000

合并抵销分录如下:

抵消子公司期初存货中未实现利润 10 000 元的影响:

①借:期初未分配利润　　　　　　　　　　　　　　　9 000
　　　少数股东权益　　　　　　　　　　　　　　　　1 000
　　贷:营业成本　　　　　　　　　　　　　　　　　　　　　10 000

按内部转移价格 20 000 元抵消内部存货交易的影响:

②借:营业收入　　　　　　　　　　　　　　　　　　20 000
　　贷:营业成本　　　　　　　　　　　　　　　　　　　　　20 000

抵消母公司期末存货中未实现利润 8 000 元(20 000－12 000)的影响:

③借:营业成本　　　　　　　　　　　　　　　　　　8 000
　　贷:存货　　　　　　　　　　　　　　　　　　　　　　　8 000

抵销母公司确认的投资收益以及子公司的股利分配,并将长期股权投资调整至期初数:

④借:投资收益——紫檀公司　　　　　　　　　　　54 000
　　贷:利润分配——分配现金股利(40 000×90%)　　　　36 000
　　　　长期股权投资——紫檀公司　　　　　　　　　　　18 000

抵销子公司本期提取的盈余公积:

⑤借:盈余公积　　　　　　　　　　　　　　　　　12 000
　　贷:利润分配——提取盈余公积　　　　　　　　　　　12 000

抵销相对的长期股权投资与股东权益账户,并确认期初的少数股东权益:

⑥借:股本 160 000
　　盈余公积 40 000
　　期初未分配利润 40 000
　　　贷:长期股权投资——紫檀公司 216 000
　　　　少数股东权益(期初) 24 000

确认子公司中属于少数股东权益的净利润,并增加少数股东权益:

⑦借:少数股东损益 7 000
　　　贷:利润分配——分配现金股利 4 000
　　　　少数股东权益 3 000

抵销相对的应收账款与应付账款:

⑧借:应付账款 20 000
　　　贷:应收账款 20 000

20×8 年 12 月 31 日牡丹公司及其子公司合并工作底稿

	牡丹公司	紫檀公司（90%）	抵销 借方	抵销 贷方	合并数
利润表					
营业收入	1 000 000	200 000	②20 000		1 180 000
投资收益——紫檀公司(不完全权益法)	54 000	—	④54 000		
营业成本	(480 000)	(80 000)	③8 000	①10 000 ②20 000	(538 000)
销售费用	(348 000)	(60 000)			(408 000)
净利润	226 000	60 000			234 000
少数股东损益			⑦7 000		(7 000)
归属于母公司股东的净利润					227 000
利润分配部分					
期初未分配利润	22 000	40 000	①9 000 ⑥40 000		13 000
净利润	226 000	60 000			227 000
可供分配的利润	248 000	100 000			240 000
减:提取盈余公积	(45 200)	(12 000)		⑤12 000	(45 200)
分派现金股利	(140 000)	(40 000)		④36 000 ⑦4 000	(140 000)
未分配利润	62 800	48 000			54 800
资产负债表					
现金	126 000	60 000			186 000
应收账款	80 000	40 000		⑧20 000	100 000
存货	120 000	30 000		③8 000	142 000

续表

	牡丹公司	紫檀公司（90%）	抵销 借方	抵销 贷方	合并数
固定资产	440 000	210 000			650 000
长期股权投资——紫檀公司（不完全权益法）	234 000	—		④18 000 ⑥216 000	
资产总计	1 000 000	340 000			1 078 000
应付账款	94 000	80 000	⑧20 000		154 000
股本	600 000	160 000	⑥160 000		600 000
盈余公积	243 200	52 000	⑤12 000 ⑥40 000		243 200
未分配利润	62 800	48 000			54 800
归属于母公司股东权益合计					898 000
少数股东权益			①1 000	⑥24 000 ⑦3 000	26 000
股东权益合计	906 000	260 000			924 000
负债和股东权益合计	1 000 000	340 000			1 078 000

第六章
集团内部固定资产交易

案例 宝钢集团合并八一钢铁

2007年7月31日,新疆八一钢铁集团有限责任公司(以下简称"八一钢铁")发布《关于实际控制人变更公告》,至此,宝山钢铁集团有限公司(以下简称"宝钢集团")收购八一钢铁的相关事宜正式完成。

一、公司简介

宝钢集团是以宝山钢铁(集团)公司为主体,联合重组上海冶金控股(集团)公司和上海梅山(集团)公司,于1998年11月17日成立的特大型钢铁联合企业。宝钢集团是中国最具竞争力的钢铁企业,年产钢能力2 000万吨左右,盈利水平居世界领先地位,产品畅销国内外市场。2007年7月,美国《财富》杂志公布了世界500强企业的最新排名,宝钢集团位居第307位,在进入500强的钢铁企业中排第6位,这是宝钢集团连续第4年跻身世界500强。截至2006年12月31日,宝钢集团总股本为17 512 000 000股,其中,国家股13 641 000 000股,社会公众股3 871 000 000股;总资产为137 139 090 680.96元,净资产为82 903 293 405.22元。2006年宝钢集团实现营业收入117 603 912 247.41元,利润总额18 126 986 665.90元。

八一钢铁始建于1951年9月,是老一辈无产阶级革命家王震将军率领驻疆解放军指战员和新疆各族群众艰苦奋斗、节衣缩食创建起来的,是自治区的国有骨干企业和利税大户,为自治区的经济和社会发展做出了重要贡献。从2002年开始,八一钢铁投入大量资金进行新系统的建设,达到国际国内先进水平的彩涂、镀锌、冷轧、110吨电炉、1750热轧带钢等项目相继建成并投入生产,热轧、冷轧、彩涂、镀锌等高附加值的板材产品纷纷走向市场,优钢和金属制品生产也有了很大的发展,产品结构实现了战略性调整,市场竞争能力大大增强。在宝钢集团的支持下,八一钢铁还将建设4.2米和3.5米中厚板轧机各一套,改造和新建棒线生产线各一条,并建设3座40 000立方米制氧机。八一钢铁将形成年产800万吨钢的生产能力,产品结构和企业实力都将达到一个新的水平。截至2006年12月31日,八一钢铁总股本为589 576 104股,其中,国家股325 145 580股,社会法人股17 326 524股,社会公众股247 104 000股;总资产为7 872 578 482.76元,净资产为2 422 809 188.77元。2006年,八一钢铁实现营业收入8 737 181 488.70元,利润总额172 391 498.19元。

二、合并过程

2006年3月11日,宝钢与八一钢铁首次签署战略联盟框架协议。

2006年4月5日,宝钢集团公司工作组人员来到八一钢铁,与八一钢铁集团公司相关部门负责人座谈,互相交流情况。

2006年8月7日上午,在新疆维吾尔自治区党委常委、副主席艾力更·依明巴海的陪同下,宝钢集团公司董事长谢企华一行来到八一钢铁考察。

2006年9月5日,以康复为组长的宝钢专家组一行9人来到八一钢铁参观调研。

2006年9月7日至12日,宝钢集团公司总经理徐乐江一行在新疆考察,在新疆期间,徐乐江总经理考察了八一钢铁和焦煤集团。

2006年10月9日至13日,八一钢铁党委书记、董事长赵峡,总经理陈忠宽及相关人员一行12人,到宝钢参加了"八钢新区规划"的方案论证,并就八钢今后的发展方向及发展规模与宝钢的领导和专家进行了认真的研究和探讨。

2006年11月23日,八一钢铁在上海证券交易所发布澄清公告,披露在2006年3月公司控股股东新疆八一钢铁集团有限责任公司与宝钢集团签署战略联盟框架协议后,双方在资本联合和资产重组方面进行了密切接触,宝钢集团聘请有关中介机构对八一钢铁集团的资产经营状况进行了摸底调查,截至公告披露日,双方未签署协议。

2006年11月29日上午,宝钢集团副总经理马国强一行到八一钢铁走访、调研。

2007年1月12日,八一钢铁股票停牌。

2007年1月17日,八一钢铁在上海证券交易所发布《关于实际控制人变更的提示性公告》,披露宝钢集团成为八一钢铁的控股股东、八一钢铁集团的控股股东,进而成为八一钢铁的实际控制人,其将通过八一钢铁集团对其行使与股份份额相对应的股东权利。本次合并尚须取得中国证券监督管理委员会豁免要约收购后方可实行。

2007年1月17日上午10:30,八一钢铁股票复牌。

2007年5月15日,八一钢铁实际控制人新疆维吾尔自治区人民政府国有资产监督管理委员会和宝钢集团就重组八一钢铁集团有关事宜签署了《关于重组新疆八一钢铁集团有限责任公司的补充协议》。

2007年7月31日,八一钢铁在上海证券交易所发布《关于实际控制人变更的公告》,披露在取得国务院国资委和中国证监会的批准后,宝钢集团成为八一钢铁集团的控股股东,进而成为八一钢铁的实际控制人。

三、合并方案

2007年7月31日,在取得国务院国资委和中国证监会的批准后,宝钢集团及时完成了无偿划转八一钢铁集团48.46%股权的过户手续。之后,按照《关于重组新疆八一钢铁集团有限责任公司协议》的约定,宝钢集团以人民币30亿元、新疆维吾尔自治区国有资产监督管理委员会以土地使用权3.09亿元向八一钢铁集团实施增资,相关产权和工商登记手续已办理完毕,八一钢铁集团正式更名为"宝钢集团新疆八一钢铁有限公司"(以下简称"宝钢集团八钢公司")。截至当日,宝钢集团持有宝钢集团八钢公司69.56%的股权,成为宝钢集团八钢公司的控股股东,进而成为八一钢铁的实际控制人,拥有该公司31 319.58万股股份,占发行股份的53.12%。

四、尾声

本次宝钢集团与八一钢铁跨地合并所创立的"政府推动+市场化运作"模式将成为国内钢铁业合并的标杆,有利于加快全行业并购重组步伐。本次合并也是宝钢集团贯彻落实国家钢铁产业发展政策的首例市场化操作的产业整合,标志着我国钢铁工业重组迈出了重要一步。

讨论题

1. 宝钢集团出售给八一钢铁集团的 4.2 米和 3.5 米中厚板轧机业务会对合并财务报表产生什么影响?

2. 简要说明如果宝钢集团将出售给八一钢铁集团的 4.2 米和 3.5 米中厚板轧机作为本企业存货,则在编制合并财务报表时所需进行的会计处理。

3. 简要说明如果宝钢集团将出售给八一钢铁集团的 4.2 米和 3.5 米中厚板轧机作为本企业固定资产,则在编制合并财务报表时所需进行的会计处理。

案例分析要点提示

1. 提示：宝钢集团合并八一钢铁集团之后，出售给八一钢铁集团的4.2米和3.5米中厚板轧机业务属于集团内部交易，在编制合并报表时，应抵销此项内部交易产生的未实现损益。

2. 提示：如果宝钢集团将出售给八一钢铁集团的4.2米和3.5米中厚板轧机作为本企业存货，那么属于购买存货项目作为固定资产的情形，在编制合并报表时，抵销的是公司间营业收入，并按成本和毛利分别减少营业成本和固定资产。

3. 提示：如果宝钢集团将出售给八一钢铁集团的4.2米和3.5米中厚板轧机作为本企业固定资产，那么在编制合并报表时，抵销的是未实现的处置固定资产损益。

学习指导

一、本章教学大纲

本章主要内容是讲解集团内部固定资产交易对合并财务报表的影响。

本章教学大纲

不需要计提折旧的固定资产内部交易	顺销	顺销土地当年
		顺销土地以后年度
		顺销土地对外出售年度
	逆销	逆销土地当年
		逆销土地以后年度
		逆销土地对外出售年度
	土地内部销售方向对合并报表的影响	
需要计提折旧的固定资产内部交易	顺销	期末顺销
		期初顺销
		顺销以后年度
	逆销	期初逆销
		逆销以后年度
	公司间固定资产交易以非公允价值进行	
	购买存货项目作为固定资产	
	计提减值准备的内部固定资产交易	
	固定资产内部销售方向对合并报表的影响	
合并示例	不完全权益法	
	成本法	

二、本章重点、难点解析

1. 固定资产交易的未实现损益

含　义	集团内部固定资产交易产生的未实现利润或损失。
会计处理原则	(1)公司间固定资产交易产生的未实现损益在编制合并报表时必须加以抵销,除非该资产在使用过程中通过折旧实现递延收益或转让给集团外第三方。 (2)在顺销时,未实现损益全部包含于母公司单体净利润中,少数股权不受任何影响;而在逆销时,未实现损益全部包含于子公司净利润中,需要在多数股权和少数股权间按比例分配。

2. 固定资产内部交易对长期股权投资账户的影响

完全权益法	母公司单体账上需要抵销固定资产内部交易产生的未实现损益:顺销时,全额抵销未实现损益;逆销时,按持股比例抵销未实现损益。 借:投资收益——子公司 　　贷:长期股权投资——子公司
不完全权益法	母公司单体账上不需要抵销固定资产内部交易产生的未实现损益。
成本法	母公司单体账上不需要抵销固定资产内部交易产生的未实现损益。

3. 土地内部交易的抵销分录

【例】 假设20×1年1月1日,牡兰公司以540 000元取得紫鹃公司90%的股份。该日紫鹃公司股东权益账面价值等于公允价值,且投资成本等于账面价值,因此不存在购买价差。牡兰公司采用成本法处理该项长期股权投资。20×1年,紫鹃公司实现净利润140 000元,提取盈余公积40 000元;牡兰公司单体实现净利润180 000元(不包括确认的紫鹃公司的投资收益),提取盈余公积60 000元。牡兰公司的净利润中包括20 000元出售土地给紫鹃公司所获得的未实现利润,该土地的成本为80 000元,卖给紫鹃公司作价100 000元。紫鹃公司在使用该土地3年后,于20×5年以130 000元将土地对外出售。

编制销售土地当年、以后年度以及对外出售年度的抵销分录。如果是紫鹃公司将成本为80 000元的土地以100 000元出售给母公司牡兰公司,且牡兰公司使用该土地3年后,于20×5年将土地以130 000元对外售出,那么抵销分录如何编制(即编制逆销情况下的抵销分录)?

	顺　销	逆　销
销售土地当年	抵销出售土地利得并将合并报表中的土地使用权的成本调整为对外界的成本: 借:营业外收入——出售土地利得 　　　　　　　　　　　　　　20 000 　贷:无形资产——土地使用权　20 000	(1)抵销出售土地利得并将合并报表中的土地使用权的成本调整为对外界的成本: 借:营业外收入——出售土地利得 　　　　　　　　　　　　　　20 000 　贷:无形资产——土地使用权　20 000 (2)确认紫鹃公司中属于少数股东权益的净利润,并增加少数股东权益: 借:少数股东损益　　　　　　12 000 　贷:少数股东权益　　　　　　12 000

	顺　销	逆　销
销售土地以后年度	如果母公司采用成本法或不完全权益法处理对子公司的长期股权投资,则将土地使用权的成本调整为对外界的成本,并调整期初未分配利润,抵销分录为: 　借:期初未分配利润　　　　　20 000 　　贷:无形资产——土地使用权　　20 000 如果母公司采用完全权益法处理对子公司的长期股权投资,抵销分录为: 　借:长期股权投资　　　　　　20 000 　　贷:无形资产——土地使用权　　20 000	如果母公司采用成本法或不完全权益法处理对子公司的长期股权投资,则将期初未实现出售土地利得调整为土地成本,并将其中90%分配给牡丹公司的期初未分配利润账户,10%分配给少数股权,抵销分录为: 　借:期初未分配利润　　　　　18 000 　　少数股东权益　　　　　　2 000 　　贷:无形资产——土地使用权　　20 000 如果母公司采用完全权益法处理对子公司的长期股权投资,抵销分录为: 　借:长期股权投资　　　　　　18 000 　　少数股东权益　　　　　　2 000 　　贷:无形资产——土地使用权　　20 000
土地对外出售年度	如果母公司采用成本法或不完全权益法处理对子公司的长期股权投资,则将出售土地利得调整为合并主体的利得20 000元,抵销分录为: 　借:期初未分配利润　　　　　20 000 　　贷:营业外收入——出售土地利得 20 000 如果母公司采用完全权益法处理对子公司的长期股权投资,抵销分录为: 　借:长期股权投资　　　　　　20 000 　　贷:营业外收入——出售土地利得 20 000	如果母公司采用成本法或不完全权益法处理对子公司的长期股权投资,则将出售土地利得调整为合并主体的利得20 000元,抵销分录为: 　借:期初未分配利润　　　　　18 000 　　少数股东权益　　　　　　2 000 　　贷:营业外收入——出售土地利得 　　　　　　　　　　　　　20 000 如果母公司采用完全权益法处理对子公司的长期股权投资,抵销分录为: 　借:长期股权投资　　　　　　18 000 　　少数股东权益　　　　　　2 000 　　贷:营业外收入——出售土地利得 　　　　　　　　　　　　　20 000

4. 固定资产(需计提折旧)内部交易的抵销分录要点

(1)交易发生当年抵销未实现损益,使合并资产表中以原始成本净值反映该资产;

(2)抵销买卖双方对该资产计提折旧的差额;

(3)调整卖方净利润,逐期通过折旧部分实现未实现损益。

5. 固定资产(需计提折旧)内部交易的抵销分录

	顺　销	逆　销
期初销售	(1)抵销出售固定资产利得(未实现利润)并将固定资产价值调整至合并主体对外界的成本: 　借:营业外收入——处置固定资产损益 　　贷:固定资产 (2)通过折旧账户抵消当年未实现利润的影响(可以看作公司间交易产生的未实现损益的逐期确认): 　借:累计折旧 　　贷:折旧费用	(1)抵销出售固定资产利得(未实现利润)并将固定资产价值调整至合并主体对外界的成本: 　借:营业外收入——处置固定资产损益 　　贷:固定资产 (2)通过折旧账户抵消当年未实现利润的影响(可以看作公司间交易产生的未实现损益的逐期确认): 　借:累计折旧 　　贷:折旧费用 (3)确认当期属于少数股东权益的净利润,并增加少数股东权益(注意,由于是逆销,子公司列报的净利润包含了未实现净利润,故在计算少数股东损益时应扣除该未实现利润): 　借:少数股东损益 　　贷:少数股东权益

续表

	顺 销	逆 销
期末销售	抵销出售固定资产利得（未实现利润）并将固定资产价值调整至合并主体对外界的成本： 借：营业外收入——处置固定资产损益 　　贷：固定资产	（1）抵销出售固定资产利得（未实现利润）并将固定资产价值调整至合并主体对外界的成本： 借：营业外收入——处置固定资产损益 　　贷：固定资产 （2）确认当期属于少数股东权益的净利润，并增加少数股东权益（注意，由于是逆销，子公司列报的净利润包含了未实现净利润，故在计算少数股东损益时应扣除该未实现利润）： 借：少数股东损益 　　贷：少数股东权益
销售以后年度直至固定资产报废	（1）抵销前期出售固定资产利得（未实现利润）并将固定资产价值调整至合并主体对外界的成本： 借：期初未分配利润/长期股权投资 　　累计折旧（前期累计数） 　　贷：固定资产 （2）通过折旧账户抵消当年未实现利润的影响（可以看作公司间交易产生的未实现损益的逐期确认）： 借：累计折旧（当期折旧数） 　　贷：折旧费用	（1）抵销前期出售固定资产利得（未实现利润）并将固定资产价值调整至合并主体对外界的成本： 借：期初未分配利润/长期股权投资（按持股比例） 　　少数股东权益（按持股比例） 　　累计折旧（前期累计数） 　　贷：固定资产 （2）通过折旧账户抵消当年未实现利润的影响（可以看作公司间交易产生的未实现损益的逐期确认）： 借：累计折旧（当期折旧数） 　　贷：折旧费用 （3）确认当期属于少数股东权益的净利润，并增加少数股东权益（注意，由于是逆销，子公司列报的净利润包含了未实现净利润，故在计算少数股东损益时应扣除该未实现利润）： 借：少数股东损益 　　贷：少数股东权益

6. 公司间固定资产交易的少数股东损益的计算

	交易当年		损益实现年度	
	顺 销	逆 销	顺 销	逆 销
不计提折旧的固定资产	少数股东损益＝子公司净利润×少数股权比例	少数股东损益＝（子公司净利润－未实现利润／＋未实现损失）×少数股权比例	少数股东损益＝子公司净利润×少数股权比例	少数股东损益＝（子公司净利润＋已实现利润／－已实现损失）×少数股权比例
需计提折旧的固定资产	少数股东损益＝子公司净利润×少数股权比例	少数股东损益＝（子公司净利润－未实现利润＋已实现利润／＋未实现损失－已实现损失）×少数股权比例	少数股东损益＝子公司净利润×少数股权比例	少数股东损益＝（子公司净利润＋已实现利润／－已实现损失）×少数股权比例

7. 固定资产顺销、逆销交易比较

		顺　销	逆　销
合并工作底稿	期末固定资产内部交易	处置固定资产损益与固定资产成本抵销。	处置固定资产损益与固定资产成本抵销。
	期初固定资产内部交易	处置固定资产损益与固定资产成本抵销；通过折旧账户分期确认未实现利润。	处置固定资产损益与固定资产成本抵销；通过折旧账户分期确认未实现利润。
	固定资产内部交易以后年度	通过固定资产及累计折旧抵消未实现利润的影响，并调整期初未分配利润/长期股权投资；通过折旧账户分期确认未实现利润。	通过固定资产及累计折旧抵消未实现利润的影响，并按比例调整期初未分配利润/长期股权投资及少数股东权益；通过折旧账户分期确认未实现利润。
母公司投资收益		子公司净利润×持股比例	子公司净利润×持股比例
少数股东损益		子公司净利润×持股比例	子公司已实现净利润×持股比例

8. 购买存货项目作为固定资产的抵销分录

内部交易当年	(1)抵销公司间营业收入，并按成本和毛利分别减少营业成本和固定资产。	借：营业收入 　贷：营业成本 　　　固定资产
	(2)抵销未实现损益产生的折旧。	借：累计折旧（当期折旧数） 　贷：折旧费用
内部交易以后年度	(1)将固定资产价值调整至合并主体的成本，抵消前期累计折旧对公司间销售的影响，并调整母公司期初未分配利润（不完全权益法或成本法下）或长期股权投资（完全权益法下）。	借：期初未分配利润/长期股权投资 　　累计折旧（前期累计数） 　贷：固定资产
	(2)通过折旧账户抵消当年未实现利润的影响（可以看作公司间交易产生的未实现损益的逐期确认）。	借：累计折旧（当期折旧数） 　贷：折旧费用

9. 计提减值准备的固定资产交易

母公司在编制合并财务报表时，无论纳入合并财务报表范围的子公司财务状况是否恶化，均应对内部交易形成的应收款项计提的坏账准备或对其他资产计提的减值准备予以抵销。

三、名词中英文对照

不需计提折旧的资产	Non-depreciable Property
出售土地利得	Gain on Sale of Land
需计提折旧的资产	Depreciable Property
处置固定资产损益	Gain or Loss on Disposal of Plant Assets

练习题

一、思考题

1. 在编制合并报表时为什么要抵销公司间固定资产交易？
2. 逆销土地时如何计算少数股东损益？顺销时又如何计算？
3. 在处理公司间固定资产交易的未实现损益时，顺销与逆销有何不同？若母公司持有子公司100%股权，答案是否不同？
4. 公司间销售土地未实现损益何时实现？
5. 试说明母公司在完全权益法下，应如何抵销公司间销售折旧性资产的未实现利润？
6. 当合并工作底稿涉及固定资产未实现损益的抵销时，试说明调整与抵销的程序。此调整与抵销程序是否会受到母公司核算长期股权投资方法的影响？内部交易发生的年度对合并抵销有什么影响？

二、选择题

1. 20×4年母公司将账面价值为5 000元的土地以6 000元出售给子公司。20×5年，子公司持有该土地。20×6年该土地由子公司销售给外部，获得8 000元。

(1) 20×4年的未实现利润（　　）。

A. 应抵消部分受少数股权比例的影响

B. 权益法下最初包含于子公司的账户中，且应从母公司的投资收益中抵销

C. 通过贷记"土地"账户1 000元的工作底稿分录从合并净利润中抵销

D. 通过贷记"土地"账户6 000元的工作底稿分录从合并净利润中抵销

(2) 下列哪一项说法是正确的？（　　）

A. 权益法下，母公司对子公司的长期股权投资账户比20×5年其在子公司的股东权益少1 000元

B. 若母公司采用了完全权益法，则无需编制关于土地的工作底稿调整分录

C. 在土地出售给外部之前，每年应编制工作底稿分录，借记"营业外收入——土地销售利得"，贷记"土地"

D. 20×6年，子公司将土地出售，则工作底稿的调整分录应借记"营业外收入——土地销售利得" 2 000元

2. 母公司于20×5年12月31日将机器以100 000元出售给其拥有80%股权的子公司。该机器的成本为80 000元，出售时的账面价值为60 000元，且其仍有5年的剩余使用年限。母公司采用完全权益法核算对子公司的长期股权投资。

(1) 该内部交易会如何影响20×5年母公司对子公司的投资收益和子公司的净利润？（　　）

	投资收益——子公司	子公司净利润
A.	不影响	不影响
B.	增加	不影响
C.	减少	不影响
D.	不影响	减少

（2）该内部交易会如何影响 20×5 年的合并净资产和合并净利润？（   ）

	合并净资产	合并净利润
A.	不影响	减少
B.	减少	减少
C.	增加	不影响
D.	不影响	不影响

3. 牡兰公司持有紫菱公司 100% 股权，20×5 年 1 月 1 日牡兰公司将其成本 2 000 000 元、累计折旧 500 000 元的设备以 1 800 000 元出售给紫菱公司。牡兰公司对设备采用直线法计提折旧，估计使用年限 20 年，无残值；紫菱公司也采用同样方式。因此，20×5 年 12 月 31 日合并资产负债表上"固定资产"账户余额与"累计折旧"账户余额分别是（单位：元）（   ）。

A. 1 500 000 与 600 000　　　B. 1 800 000 与 100 000
C. 1 800 000 与 500 000　　　D. 2 000 000 与 600 000

4. 编制合并报表时，不必抵销的公司间交易项目是（   ）。
A. 母公司采用权益法下的购货与销货
B. 母公司采用成本法下的应收应付款项
C. 母公司采用权益法下所收到的股利和所支付的股利
D. 母公司采用权益法下的应收股利和应付股利

5. 甲公司持有乙公司 100% 的普通股。20×6 年 1 月 2 日，甲公司将价值 30 000 元的机器以 40 000 元的价格出售给乙公司，乙公司以直线法在 5 年中对该机器计提折旧。计算 20×6 年和 20×7 年税前合并净利润应调高或调低（单位：元）（   ）。

	20×6 年	20×7 年
A.	(8 000)	2 000
B.	(8 000)	0
C.	(10 000)	2 000
D.	(10 000)	0

6. 紫檀公司是牡丹公司的全资子公司。20×6 年 1 月 1 日，牡丹公司出售运输设备给紫檀公司并获利。牡丹公司已经持有该设备 2 年，并且使用直线法按 5 年计提该机器的折旧，无残值。紫檀公司在 3 年内按直线法计提折旧，无残值。在合并利润表中，紫檀公司应记录 20×6 年的折旧费用减少（   ）。

A. 出售利得的 20%　　　　B. 出售利得的 33.33%

C. 出售利得的50%   D. 出售利得的100%

7. 紫檀公司为牡丹公司拥有80%股权的子公司。20×1年,紫檀公司将成本为30 000元的土地以50 000元出售给牡丹公司,牡丹公司直到20×9年才将该土地以110 000元出售给无关联的第三方。20×9年,牡丹公司及其子公司的合并利润表中列示的"营业外收入——土地出售利得"为(单位:元)( )。

  A. 80 000   B. 64 000
  C. 60 000   D. 48 000

8. 20×8年1月3日,牡慈公司将账面价值为180 000元的设备以240 000元出售给全资子公司紫恩公司。该设备尚有3年的剩余使用年限,交易时无残值。紫恩公司使用直线法计提折旧。20×8年12月31日,完全权益法下,牡慈公司对紫恩公司的长期股权投资账户余额为( )。

  A. 比原始股东权益多40 000元   B. 比原始股东权益少40 000元
  C. 比原始股东权益少60 000元   D. 比原始股东权益多20 000元

9. 20×8年1月1日,牡兴公司将账面价值为160 000元的设备以200 000元出售给其拥有75%股权的子公司紫檀公司。紫檀公司预期该设备的剩余使用年限为4年,且适合采用直线法计提折旧。20×8年12月31日,牡兴公司和紫檀公司的单体财务报表列示"固定资产——净额"分别为1 000 000元和600 000元,合并报表上"固定资产——净额"应为(单位:元)( )。

  A. 1 600 000   B. 1 570 000
  C. 1 560 000   D. 1 300 000

10. 20×4年1月2日,牡丹公司将账面价值为29 000元、剩余使用年限为3年的设备出售给其拥有80%股权的子公司,获得32 000元。20×4年抵销设备内部销售未实现利润的合并工作底稿分录应( )。

  A. 借记"营业外收入——设备销售利得"2 000元
  B. 借记"营业外收入——设备销售利得"3 000元
  C. 贷记"折旧费用"3 000元
  D. 借记"固定资产——设备"3 000元

11. 20×2年1月1日,子公司销售仍有4年剩余使用年限的设备给母公司,出售利得为24 000元。完全权益法下,该内部交易对母公司20×2年的投资收益影响为( )。

  A. 若子公司为母公司100%拥有,则增加24 000元
  B. 若子公司为母公司100%拥有,则增加18 000元
  C. 若子公司为母公司100%拥有,则减少18 000元
  D. 若子公司为母公司60%拥有,则减少7 200元

12. 紫兴公司为牡丹公司拥有60%股权的子公司。20×8年1月1日,紫兴公司将账面价值为600 000元的建筑物出售给牡丹公司,收入700 000元。出售时,估计该建筑物仍有10年的剩余使用年限,无残值。牡丹公司采用直线法计提折旧。若紫兴公司20×8年列报净利润为2 000 000元,则少数股东损益为(单位:元)( )。

  A. 900 000   B. 800 000
  C. 764 000   D. 760 000

三、业务题

1. 牡丹公司与其拥有 90% 股权的子公司紫檀公司 20×3 年单体利润表汇总如下(单位:元):

	牡丹公司	紫檀公司
营业收入	2 000 000	1 200 000
投资收益——紫檀公司	180 000	—
营业外收入——出售设备利得	80 000	—
营业成本	(1 200 000)	(800 000)
其他费用	(400 000)	(200 000)
净利润	660 000	200 000

牡丹公司确认对子公司的投资收益时并没有考虑公司间的内部交易,以下为公司间内部交易的相关资料:

(1)牡丹公司出售给紫檀公司的存货如下(单位:元):

	20×2 年	20×3 年
营业收入	200 000	300 000
营业成本	120 000	180 000
期末未出售比例	50%	40%

(2)20×3 年 1 月 1 日,牡丹公司以 200 000 元出售账面价值为 120 000 元的设备给紫檀公司,紫檀公司以直线法(没有残值)分 4 年计提折旧。

要求:

(1)牡丹公司采用什么方法核算对子公司的长期股权投资?

(2)计算牡丹公司 20×3 年考虑到内部交易的投资收益。

(3)计算 20×3 年的少数股东损益。

(4)编制 20×3 年牡丹公司与紫檀公司的合并利润表。

2. 20×1 年 1 月 1 日,牡夏公司以现金 472 000 元取得紫地公司 90% 的股权,当天紫地公司股本为 300 000 元,盈余公积为 90 000 元,未分配利润为 90 000 元,投资成本与账面价值的差额全部归为商誉。假设商誉每年发生 4 000 元的减值。两家公司的单体财务报表如下(单位:元):

	牡夏公司	紫地公司
利润表及利润分配部分		
20×2 年		
营业收入	900 000	380 000
投资收益——紫地公司	90 000	—

续表

	牡夏公司	紫地公司
营业外收入——出售土地利得	10 000	—
营业成本	(400 000)	(200 000)
营业费用	(226 000)	(80 000)
净利润	374 000	100 000
加:期初未分配利润	236 000	120 000
减:提取盈余公积	(150 000)	(40 000)
分派现金股利	(300 000)	(40 000)
未分配利润	274 000	140 000
资产负债表 20×2年12月31日		
现金	334 000	28 000
应收账款	360 000	200 000
应收股利	36 000	—
存货	120 000	72 000
土地	200 000	60 000
房屋建筑(净)	560 000	160 000
机器设备(净)	660 000	280 000
长期股权投资——紫地公司	580 000	—
资产总计	2 850 000	800 000
应付账款	400 000	100 000
应付股利	60 000	40 000
其他负债	280 000	60 000
负债合计	740 000	200 000
股本	1 600 000	300 000
盈余公积	350 000	160 000
未分配利润	160 000	140 000
股东权益合计	2 110 000	600 000
负债和股东权益总计	2 850 000	800 000

补充资料:

(1)20×1年牡夏公司以120 000元、20×2年以144 000元销售存货给紫地公司。紫地公司20×1年12月31日存货项目中含有未实现利润20 000元,20×2年为24 000元。

(2)20×1年7月1日牡夏公司将一台账面价值为56 000元的机器以70 000元卖给紫地公司,该机器剩余使用年限为3.5年,采用直线法计提折旧,到期无残值。

(3)20×2年牡夏公司将一块账面价值为30 000元的土地以40 000元卖给紫地公司。

(4)20×2年12月31日牡夏公司应收账款余额中包括20 000元紫地公司账款。

要求：编制20×2年12月31日的合并工作底稿。

3. 牡丹公司20×1年1月1日取得对紫檀公司的控制权，20×2年牡丹公司及其唯一的子公司紫檀公司的单体财务报表及合并财务报表汇总如下（单位：元）：

牡丹公司及其子公司20×2年12月31日单体财务报表及合并财务报表

	牡丹公司	紫檀公司	合 并
利润表			
营业收入	1 000 000	600 000	1 432 000
投资收益——紫檀公司	34 000	—	—
营业外收入——设备销售利得	40 000		
营业成本	(400 000)	(300 000)	(550 000)
折旧费用	(120 000)	(80 000)	(190 000)
其他费用	(154 000)	(120 000)	(282 000)
净利润	400 000	100 000	410 000
少数股东损益	—	—	(10 000)
归属于母公司股东的净利润			400 000
利润分配部分			
期初未分配利润	500 000	240 000	500 000
加：净利润	400 000	100 000	400 000
减：分派的现金股利	(200 000)	(60 000)	(200 000)
期末未分配利润	700 000	280 000	700 000
资产负债表			
现金	35 000	70 000	105 000
应收账款——净额	100 000	60 000	140 000
应收股利	27 000	—	—
存货	180 000	120 000	272 000
其他流动资产	140 000	80 000	220 000
土地	100 000	40 000	140 000
固定资产——建筑物（净额）	200 000	100 000	300 000
固定资产——设备（净额）	600 000	530 000	1 100 000
长期股权投资——紫檀公司	618 000	—	—
商誉	—	—	64 000
资产总计	2 000 000	1 000 000	2 341 000
应付账款	120 000	100 000	200 000

续表

	牡丹公司	紫檀公司	合并
应付股利	—	30 000	3 000
其他负债	180 000	190 000	370 000
负债合计	300 000	320 000	573 000
股本	1 000 000	400 000	1 000 000
未分配利润	700 000	280 000	700 000
少数股东权益	—	—	68 000
股东权益合计	1 700 000	680 000	1 768 000
负债和所有者权益总计	2 000 000	1 000 000	2 341 000

要求：

(1)牡丹公司在紫檀公司占的股权比例为多少？列示计算过程。

(2)牡丹公司是否采用完全权益法处理对紫檀公司的投资？为什么？

(3)20×2年牡丹公司与紫檀公司之间有无内部交易？若有，列示计算过程并给出相关的抵销分录。

(4)20×2年12月31日有无未实现存货利润？若有，列示计算过程，并给出相关的抵销分录。

(5)解释营业成本合计数与合并营业成本之间的差额。

(6)编制工作底稿分录解释"固定资产——设备(净额)"合计数与合并"固定资产——设备(净额)"之间的差额。

(7)有无公司内部应收应付账款？若有，确定其金额。

(8)从20×2年1月1日少数股权开始，列示20×2年12月31日68 000元少数股权的计算过程。

(9)通过计算解释20×2年12月31日"长期股权投资——紫檀公司"618 000元的账户余额。

4.牡丹公司于20×1年1月1日以180 000元取得紫檀公司90%的股权，当日紫檀公司所有资产与负债的公允价值均等于账面价值。当时，紫檀公司股本为200 000元，未分配利润为24 000元，盈余公积为16 000元。20×2年12月31日，紫檀公司股本为160 000元，未分配利润为40 000元，盈余公积为40 000元。20×3年，紫檀公司单体净利润为32 000元，发放现金股利12 000元，提取盈余公积12 000元。牡丹公司采用不完全权益法核算对子公司的长期股权投资。20×1年至20×3年，两家公司的内部交易相关资料如下：

(1)20×1年7月1日，牡丹公司向紫檀公司销售土地获利2 000元。紫檀公司将该土地于20×3年卖给集团外企业，损失400元。

(2)20×2年1月1日，紫檀公司将一台机器设备卖给牡丹公司，获利8 000元，该设备尚有5年使用期限，无残值。20×3年12月31日，牡丹公司仍在使用该机器。

(3)20×3年1月1日，牡丹公司将一幢写字楼卖给紫檀公司，获利12 800元。该写字楼尚有8年使用期限。20×3年12月31日，紫檀公司仍持有该写字楼。

要求：

(1)编制20×3年牡丹公司确认对紫檀公司的投资收益以及收到紫檀公司股利的会计分录。

(2)计算20×3年12月31日长期股权投资账户余额。

(3)如果牡丹公司采用完全权益法核算对紫檀公司的长期股权投资,计算20×3年12月31日长期股权投资账户余额。

(4)编制有关公司间内部交易的调整抵销分录。

(5)计算20×3年的少数股东损益。

练习题参考答案

二、选择题

1.(1) C;(2) A

2.(1) C;(2) D

3.D 提示:固定资产账户余额保持合并主体对外的成本=2 000 000,累计折旧账户余额反映合并主体的累计折旧=500 000+2 000 000÷20=600 000。

4.C

5.A 提示:20×6年合并净利润调整额=-(40 000-30 000)+[(40 000-30 000)÷5]=-8 000,20×7年合并净利润调整额=(40 000-30 000)÷5=2 000。

6.B 提示:因为剩余使用年限为3年,所以20×6年合并主体的折旧费用应减少出售利得的1/3。

7.A 提示:110 000-30 000=80 000。

8.B 提示:完全权益法下,母公司单体账上需要抵销内部交易产生的未实现利润,20×8年内部交易产生的未实现利润=240 000-180 000-(240 000-180 000)÷3=40 000,所以20×8年12月31日,牡慈公司对紫恩公司的长期股权投资账户余额比原始股东权益少40 000。

9.B 提示:1 000 000+600 000-(200 000-160 000)+(200 000-160 000)÷4=1 570 000。

10.B

11.C 提示:若子公司为母公司100%拥有,则减少18 000元(24 000-24 000÷4=18 000);若子公司为母公司60%拥有,则减少10 800元[(24 000-24 000÷4)×60%=10 800]。

12.C 提示:[2 000 000-(700 000-600 000)+(700 000-600 000)÷10]×40%=764 000。

三、业务题

1.(单位:元)

(1)因为牡丹公司没有考虑内部交易对投资收益的影响,直接按照持股比例确认对子公司的净权益,所以采用的是不完全权益法核算对子公司的长期股权投资。

(2)20×3年度考虑到内部交易的投资收益计算如下:

子公司列报的净利润份额	180 000
加:期初存货未实现利润在本期实现[(200 000-120 000)×50%]	40 000
减:期末存货未实现利润[(300 000-180 000)×40%]	(48 000)
减:固定资产内部交易产生的未实现利润(200 000-120 000)	(80 000)
加:固定资产分期确认的利得[(200 000-120 000)÷4]	20 000
投资收益(完全权益法下)	112 000

(3)本题中所有内部交易都属于顺销,内部交易的未实现利润都在母公司的单体账上,所以在计算少数股东损益时,不需要考虑内部交易的未实现利润。少数股东损益计算如下:

子公司列报的净利润	200 000
乘:少数股权比例	×10%
少数股东损益	20 000

(4)合并利润表如下:

	合并报表
营业收入(2 000 000+1 200 000-300 000)	2 900 000
营业成本(1 200 000+800 000-300 000-40 000+48 000)	(1 708 000)
其他费用(400 000+200 000)	(600 000)
折旧费用(-20 000)	20 000
净利润	612 000
少数股东损益	20 000
归属于母公司股东的净利润	592 000

2.(单位:元)

初始投资成本	472 000
所获账面价值[(300 000+90 000+90 000)×90%]	432 000
商誉	40 000

不完全权益法下投资收益的计算:

紫地公司列报的净利润	100 000
牡夏公司的持股比例	90%
投资收益	90 000

所以,本题中母公司采用不完全权益法核算对子公司的长期股权投资。

本题中所有内部交易都属于顺销,内部交易的未实现利润都在母公司的单体账上,所以在计算少数股东损益时,不需要考虑内部交易的未实现利润。

抵销分录如下:
抵消期初存货中未实现利润的影响:
①借:期初未分配利润　　　　　　　　　　　　　20 000
　　　贷:营业成本　　　　　　　　　　　　　　　　　　　20 000
抵消本期存货内部交易的影响:

②借:营业收入　　　　　　　　　　　　　　　　　144 000
　　贷:营业成本　　　　　　　　　　　　　　　　　　　　　　　144 000
抵消期末存货中未实现利润的影响:
③借:营业成本　　　　　　　　　　　　　　　　　 24 000
　　贷:存货　　　　　　　　　　　　　　　　　　　　　　　　 24 000
抵消以前年度固定资产内部交易的影响,因为固定资产是于20×1年7月1日出售,所以当年计提的折旧为年折旧的一半,即2 000元(14 000÷3.5÷2)。
④借:期初未分配利润　　　　　　　　　　　　　　 12 000
　　累计折旧　　　　　　　　　　　　　　　　　　 2 000
　　贷:固定资产——机器　　　　　　　　　　　　　　　　　　 14 000
通过折旧账户抵消当年未实现利润的影响:
⑤借:累计折旧　　　　　　　　　　　　　　　　　 4 000
　　贷:折旧费用　　　　　　　　　　　　　　　　　　　　　　　 4 000
抵消当年土地内部交易的影响:
⑥借:营业外收入——出售土地利得　　　　　　　　 10 000
　　贷:土地　　　　　　　　　　　　　　　　　　　　　　　　 10 000
抵销投资收益和子公司90%的股利,并将长期股权投资账户调整为期初数:
⑦借:投资收益　　　　　　　　　　　　　　　　　 90 000
　　贷:利润分配——分派现金股利　　　　　　　　　　　　　　 36 000
　　　　长期股权投资　　　　　　　　　　　　　　　　　　　　 54 000
抵销子公司本期提取的盈余公积:
⑧借:盈余公积　　　　　　　　　　　　　　　　　 40 000
　　贷:利润分配——提取盈余公积　　　　　　　　　　　　　　 40 000
抵销相对的长期股权投资与子公司股东权益,并记录期初的少数股东权益:
⑨借:股本　　　　　　　　　　　　　　　　　　　300 000
　　盈余公积　　　　　　　　　　　　　　　　　　120 000
　　期初未分配利润　　　　　　　　　　　　　　　120 000
　　商誉　　　　　　　　　　　　　　　　　　　　 40 000
　　贷:长期股权投资　　　　　　　　　　　　　　　　　　　　526 000
　　　　少数股东权益　　　　　　　　　　　　　　　　　　　　 54 000
确认子公司中属于少数股东权益的净利润,并增加少数股东权益:
⑩借:少数股东损益　　　　　　　　　　　　　　　 10 000
　　贷:利润分配——分派现金股利　　　　　　　　　　　　　　 4 000
　　　　少数股东权益　　　　　　　　　　　　　　　　　　　　 6 000
商誉减值确认,用以前年度的商誉减值调整期初未分配利润:
⑪借:期初未分配利润　　　　　　　　　　　　　　 4 000
　　资产减值损失　　　　　　　　　　　　　　　　 4 000
　　贷:商誉　　　　　　　　　　　　　　　　　　　　　　　　 8 000
抵销相对的应收账款和应付账款:

⑫借:应付账款   20 000
　　贷:应收账款   20 000
抵销相对的应收股利和应付股利:
⑬借:应付股利   36 000
　　贷:应收股利   36 000

合并报表工作底稿
(20×2年12月31日,20×2年度)

	牡夏公司	紫地公司	抵销借方	抵销贷方	合并数
利润表					
营业收入	900 000	380 000	②144 000		1 136 000
投资收益——紫地公司	90 000		⑦90 000		
营业外收入——处置土地利得	10 000		⑥10 000		
营业成本	(400 000)	(200 000)	③24 000	①20 000 ②144 000	(460 000)
营业费用	(226 000)	(80 000)			(306 000)
折旧费用				⑤4 000	4 000
资产减值损失			⑪4 000		(4 000)
净利润	374 000	100 000			370 000
少数股东损益			⑩10 000		(10 000)
归属于母公司股东的净利润					360 000
利润分配部分					
净利润	374 000	100 000			360 000
加:期初未分配利润	236 000	120 000	①20 000 ④12 000 ⑨120 000 ⑪4 000		200 000
减:提取盈余公积	(150 000)	(40 000)	⑧40 000		(150 000)
分派现金股利	(300 000)	(40 000)		⑦36 000 ⑩4 000	(300 000)
未分配利润	274 000	140 000			110 000
资产负债表					
现金	334 000	28 000			362 000
应收账款	360 000	200 000		⑫20 000	540 000
应收股利	36 000	—		⑬36 000	

续表

	牡夏公司	紫地公司	抵销借方	抵销贷方	合并数
存货	120 000	72 000		③24 000	168 000
土地	200 000	60 000		⑥10 000	250 000
房屋建筑物(净)	560 000	160 000			720 000
机器设备(净)	660 000	280 000	④2 000 ⑤4 000	④14 000	932 000
长期股权投资——紫地公司	580 000			⑦54 000 ⑨526 000	
商誉			⑨40 000	⑪8 000	32 000
资产总计	2 850 000	800 000			3 004 000
应付账款	400 000	100 000	⑫20 000		480 000
应付股利	60 000	40 000	⑬36 000		64 000
其他负债	280 000	60 000			340 000
负债合计	740 000	200 000			884 000
股本	1 600 000	300 000	⑨300 000		1 600 000
盈余公积	350 000	160 000	⑧40 000 ⑨120 000		350 000
未分配利润	160 000	140 000			110 000
归属于母公司股东权益合计					2 060 000
少数股东权益				⑨54 000 ⑩6 000	60 000
股东权益合计	2 110 000	600 000			2 120 000
负债和股东权益总计	2 850 000	800 000			3 004 000

3. (单位:元)

(1)牡丹公司持有紫檀公司90%的股权。

20×2年12月31日少数股权为68 000元,紫檀公司净资产为680 000元,所以少数股权比例=68 000/680 000=10%,即牡丹公司持有紫檀公司90%的股权。

或者从牡丹公司应收股利与紫檀公司应付股利之间的勾稽关系也可得出相同结论(注意题干条件,紫檀公司是牡丹公司唯一的子公司),所以牡丹公司对紫檀公司的持股比例=27 000/30 000=90%。

(2)牡丹公司采用完全权益法核算对紫檀公司的投资。因为母公司的净利润等于合并净利润,且母公司留存利润等于合并净利润。

(3)因为母子公司销售收入的合计数不等于合并数,所以20×2年牡丹公司与紫檀公司之间有内部交易,内部交易金额=1 000 000+600 000-1 432 000=168 000。合并抵销分录为:

借:营业收入 168 000
　　贷:营业成本 168 000

(4)因为母子公司期末存货的合计数不等于合并数,所以20×2年12月31日有未实现存货利润,未实现存货利润=180 000+120 000-272 000=28 000。合并抵销分录为:

借:营业成本 28 000
　　贷:存货 28 000

(5)由(3)、(4)可得内部交易使得销售成本虚增168 000元,未实现存货损益使得合并销售成本增加28 000元,由于最终的合并销售成本为550 000元,与合计数差150 000元,所以可以推断上期存货未实现损益10 000元在本期得以实现,即:

借:期初未分配利润 10 000
　　贷:营业成本 10 000

合并销售成本=400 000+300 000-168 000+28 000-10 000=550 000。

(6)抵销分录为:

借:营业外收入——出售设备利得 40 000
　　贷:折旧费用(120 000+80 000-190 000) 10 000
　　　　固定资产——设备(600 000+530 000-1 100 000) 30 000

(7)有。

内部应收账款=100 000+60 000-140 000=20 000;
内部应付账款=120 000+100 000-200 000=20 000;
内部应收应付股利=30 000-3 000=27 000。

(8)紫檀公司期初净资产=期初留存利润+股本=240 000+400 000=640 000,

所以,期初少数股东权益=640 000×10%=64 000;

本期少数股东损益=10 000;

本期发放股利属于少数股东部分=60 000×10%=6 000;

期末少数股东权益=期初少数股东权益+本期少数股东损益-本期少数股东股利=64 000+10 000-6 000=68 000。

(9)期末紫檀公司净资产=400 000+280 000=680 000。

由(2)可知,牡丹公司采用完全权益法核算对紫檀公司的投资,在完全权益法下,期末长期股权投资=680 000×90%-28 000(存货未实现损益)-30 000(固定资产未实现损益)+64 000(商誉)=618 000。

4.(单位:元)

(1)确认对子公司净利润的权益,即确认子公司净利润32 000元的90%:

借:长期股权投资——紫檀公司 28 800
　　贷:投资收益——紫檀公司(32 000×90%) 28 800

收到现金股利时:

借:银行存款(12 000×90%) 10 800
　　贷:长期股权投资——紫檀公司 10 800

(2)20×2年12月31日,不完全权益法下,长期股权投资余额为216 000元[(160 000+40 000+40 000)×90%],20×3年12月31日长期股权投资账户余额计算过程如下:

20×2年12月31日,长期股权投资余额	216 000
加:投资收益(对子公司净利润的权益)	28 800
减:股利 12 000×90%	(10 800)
20×3年12月31日,长期股权投资余额	234 000

(3)如果牡丹公司采用完全权益法核算对紫檀公司的长期股权投资:

240 000×90%	216 000
减:土地中未实现利润	(2 000)
减:设备中未实现利润的90%[(8 000−8 000÷5)×90%]	(5 760)
长期股权投资余额(20×2年12月31日)	208 240
加:投资收益(对子公司净利润的权益)	28 800
加:出售土地利得	2 000
加:设备中分期确认的利得(8 000÷5×90%)	1 440
减:建筑物中未实现利润(12 800−12 800÷8)	(11 200)
减:股利 12 000×90%	(10 800)
长期股权投资余额(20×3年12月31日)	218 480

(4)确认以前递延的出售土地利得:

①借:期初未分配利润　　　　　　　　　　　　2 000
　　　贷:营业外收入——出售土地利得　　　　　　　　　　2 000

抵销逆销机器设备的未实现利润:

②借:期初未分配利润[(8 000−8 000÷5)×90%]　　5 760
　　　累计折旧(设备)(8 000÷5×2)　　　　　　　3 200
　　　少数股东权益[(8 000−8 000÷5)×10%]　　　640
　　　贷:固定资产——机器设备　　　　　　　　　　　　8 000
　　　　　折旧费用　　　　　　　　　　　　　　　　　　1 600

抵销顺销写字楼的未实现利润:

③借:营业外收入——处置固定资产损益　　　　12 800
　　　累计折旧　　　　　　　　　　　　　　　1 600
　　　贷:固定资产——写字楼　　　　　　　　　　　　　12 800
　　　　　折旧费用　　　　　　　　　　　　　　　　　　1 600

(5)20×3年少数股东损益的计算如下:

紫檀公司列报的净利润	32 000
加:20×3年通过设备折旧分期确认的未实现利润	+1 600
紫檀公司20×3年已实现净利润	33 600
乘:少数股权比例	×10%
少数股东损益	3 360

教材课后习题参考答案

1. (单位:元)

初始投资成本(500 000×3)	1 500 000
所获净资产账面价值	
(800 000＋160 000＋156 000＋346 000－190 000)	1 272 000
购买价差	228 000

其中,156 000 为期初未分配利润,(346 000－190 000)为期初盈余公积。

购买价差的分配:

设备(尚有 6 年使用年限)	108 000
商誉	120 000
购买价差	228 000

购买价差当年摊销额＝108 000÷6＋6 000(商誉减值)＝24 000。

因为母公司单体报表上"长期股权投资——紫冷公司"账户余额一直是初始投资成本,所以母公司采用成本法核算对子公司的投资。将成本法的结果转换为不完全权益法的结果如下表所示:

成本法/不完全权益法转换

	长期股权投资 ——紫冷公司	投资收益 ——紫冷公司	投资收益 ——股利收入
本年度影响			
将股利收入重新分类作为长期股权投资的减少	(80 000)		(80 000)
购买价差的摊销	(24 000)		
确认 20×1 年紫冷公司净利润的权益	380 000	380 000	
20×1 年工作底稿调整数(成本法转换为不完全权益法)	276 000	380 000	(80 000)

转换分录:

① 借:投资收益——股利收入　　　　　　　　　　80 000
　　　长期股权投资——紫冷公司　　　　　　　276 000
　　　贷:投资收益(380 000－24 000)　　　　　　　　　　　356 000

抵销分录:

② 借:营业外收入——处置固定资产利得　　　　60 000
　　　贷:固定资产(172 000－132 000)　　　　　　　　　　　40 000
　　　　　土地(86 000－66 000)　　　　　　　　　　　　　　20 000

③ 借:累计折旧[(40 000÷5)÷2]　　　　　　　4 000
　　　贷:折旧费用　　　　　　　　　　　　　　　　　　　　4 000

(注:因为是在 7 月 1 日卖给紫冷公司,所以当年折旧只计提半年。)

④借：营业收入　　　　　　　　　　　　　　　360 000
　　贷：营业成本　　　　　　　　　　　　　　　　　　360 000
⑤借：营业成本　　　　　　　　　　　　　　　 36 000
　　贷：存货(72 000×50%)　　　　　　　　　　　　　 36 000
⑥借：投资收益　　　　　　　　　　　　　　　356 000
　　贷：利润分配——分配现金股利　　　　　　　　　 80 000
　　　　长期股权投资　　　　　　　　　　　　　　　276 000
⑦借：盈余公积　　　　　　　　　　　　　　　190 000
　　贷：利润分配——提取盈余公积　　　　　　　　　190 000
⑧借：股本　　　　　　　　　　　　　　　　　800 000
　　　资本公积　　　　　　　　　　　　　　　160 000
　　　盈余公积　　　　　　　　　　　　　　　156 000
　　　期初未分配利润　　　　　　　　　　　　156 000
　　　商誉　　　　　　　　　　　　　　　　　120 000
　　　固定资产——设备　　　　　　　　　　　108 000
　　贷：长期股权投资　　　　　　　　　　　　　　1 500 000
⑨借：折旧费用　　　　　　　　　　　　　　　 18 000
　　贷：累计折旧　　　　　　　　　　　　　　　　　 18 000
⑩借：资产减值损失　　　　　　　　　　　　　 6 000
　　贷：商誉　　　　　　　　　　　　　　　　　　　 6 000
⑪借：应付账款　　　　　　　　　　　　　　　172 000
　　贷：应收账款　　　　　　　　　　　　　　　　　172 000

合并报表工作底稿如下：

合并报表工作底稿
(20×1年12月31日，20×1年度)

	牡山公司	紫冷公司	调整与抵销 借方	调整与抵销 贷方	合并数
利润表					
营业收入	7 600 000	3 000 000	④360 000		10 240 000
投资收益——股利收入	80 000		①80 000		
投资收益——紫冷公司			⑥356 000	①356 000	
营业外收入——处置固定资产利得	60 000		②60 000		
营业成本	(4 720 000)	(1 740 000)	⑤36 000	④360 000	(6 136 000)
营业费用(包括折旧费用)	(2 200 000)	(880 000)	⑨18 000	③4 000	(3 094 000)
资产减值损失			⑩6 000		(6 000)
净利润	820 000	380 000			1 004 000
利润分配部分					

续表

	牡山公司	紫冷公司	调整与抵销 借方	调整与抵销 贷方	合并数
净利润	820 000	380 000			1 004 000
加:期初未分配利润	440 000	156 000	⑧156 000		440 000
减:提取盈余公积	(410 000)	(190 000)		⑦190 000	(410 000)
分派现金股利	—	(80 000)		⑥80 000	
未分配利润	850 000	266 000			1 034 000
资产负债表					
现金	1 140 000	300 000			1 440 000
应收账款(净)	1 720 000	700 000		⑪172 000	2 248 000
存货	2 120 000	820 000		⑤36 000	2 904 000
固定资产	2 640 000	1 360 000	⑧108 000	②60 000	4 048 000
累计折旧	(740 000)	(420 000)	③4 000	⑨18 000	(1 174 000)
长期股权投资——紫冷公司	1 500 000	—	①276 000	⑥276 000	
				⑧1 500 000	
商誉			⑧120 000	⑩6 000	114 000
资产总计	8 380 000	2 760 000			9 580 000
应付账款及其他负债	2 680 000	1 188 000	⑪172 000		3 696 000
股本	3 400 000	800 000	⑧800 000		3 400 000
资本公积	600 000	160 000	⑧160 000		600 000
盈余公积	850 000	346 000	⑦190 000		850 000
			⑧156 000		
未分配利润	850 000	266 000			1 034 000
股东权益合计	5 700 000	1 572 000			5 884 000
负债和股东权益总计	8 380 000	2 760 000			9 580 000

2.(单位:元)

牡克公司及其控股90%的子公司紫凉公司20×3年12月31日合并资产负债表如下:

资　　产		负债和股东权益	
现金	8 800 000	应付账款	12 000 000
应收账款(净)	13 520 000	其他负债	20 000 000
存货①	11 580 000	负债合计	32 000 000
土地②	11 000 000	股本	60 000 000
房屋建筑(净)	24 000 000	盈余公积	8 000 000

续表

资　产		负债和股东权益	
设备(净)	40 000 000	未分配利润④	7 240 000
商誉③	700 000	归属于母公司股东权益合计	75 240 000
		少数股东权益⑤	2 360 000
		股东权益合计	77 600 000
资产合计	109 600 000	负债和股东权益合计	109 600 000

①存货合计数 11 680 000－期末存货中的未实现利润 100 000＝11 580 000。

②土地合计数 11 400 000－未实现利润 400 000＝11 000 000。

③20×0 年 12 月 31 日商誉　　　　　　　　　　　1 000 000
减：3 年发生的减值　　　　　　　　　　　　　　　300 000
20×3 年 12 月 31 日商誉　　　　　　　　　　　　700 000

注意，这是购并后第 3 年，商誉每年减值 100 000 元。

④20×3 年 12 月 31 日牡克公司未分配利润　　　8 000 000
减：商誉 3 年发生的减值　　　　　　　　　　　　(300 000)
减：期末存货中的未实现利润　　　　　　　　　　(100 000)
减：出售土地的未实现利润(400 000×90%)　　　(360 000)
20×3 年 12 月 31 日合并未分配利润　　　　　　7 240 000

注意，这里在计算合并期末未分配利润时，并不需要考虑上一年年末存货中未实现利润，这是因为期初存货未实现利润在本期实现。

⑤紫凉公司股东权益的 10%(24 000 000×10%)　2 400 000
减：出售土地未实现利润中少数股权享有的份额
(400 000×10%)　　　　　　　　　　　　　　　　(40 000)
20×3 年 12 月 31 日少数股权　　　　　　　　　2 360 000

3.(单位：元)

并购产生的购买价差 40 000 元为固定资产评估增值，这一部分评估增值仅为母公司持有股权的一部分，购并日母公司购买子公司 90%的股权，所以整个固定资产评估增值＝40 000÷90%＝44 444(元)，每年摊销 8 889 元。在购并日要按公允价值确认少数股东权益，购并日以后要按公允价值确认少数股东损益。

20×2 年少数股东损益计算如下：

子公司列报的净利润　　　　　　　　　　　　　　80 000
减：固定资产评估增值部分摊销　　　　　　　　　－8 889
　　　　　　　　　　　　　　　　　　　　　　　71 111
乘：少数股权比例　　　　　　　　　　　　　　　×10%
少数股东损益　　　　　　　　　　　　　　　　　7 111

母公司采用不完全权益法确认对子公司的投资，合并工作底稿调整与抵销分录如下：

将紫姆公司汇款入账：

①借:现金 4 000
　　贷:应收账款 4 000
抵消期初存货中未实现利润的影响:
②借:期初未分配利润 10 000
　　贷:营业成本 10 000
抵消本期存货内部交易的影响:
③借:营业收入 40 000
　　贷:营业成本 40 000
抵消期末存货中未实现利润的影响:
④借:营业成本 8 000
　　贷:存货 8 000
抵销以前年度土地内部交易产生的未实现利润:
⑤借:期初未分配利润 6 000
　　贷:土地 6 000
抵消本年度固定资产内部交易的影响:
⑥借:营业外收入——出售固定资产利得 18 000
　　贷:固定资产——设备 18 000
⑦借:累计折旧 6 000
　　贷:折旧费用 6 000
抵销投资收益和子公司90%的股利,并将长期股权投资账户调整为期初数:
⑧借:投资收益——紫姆公司 72 000
　　贷:利润分配——分派现金股利(40 000×90%) 36 000
　　　　长期股权投资——紫姆公司 36 000
抵销子公司本期提取的盈余公积:
⑨借:盈余公积 30 000
　　贷:利润分配——提取盈余公积 30 000
抵销相对的长期股权投资与子公司股东权益,并记录期初的少数股东权益:
⑩借:股本 100 000
　　　盈余公积 70 000
　　　期初未分配利润 70 000
　　　商誉 40 000
　　　固定资产——建筑物 44 444
　　贷:长期股权投资 296 000
　　　　少数股东权益 28 444
确认子公司中属于少数股东权益的净利润,并增加少数股东权益:
⑪借:少数股东损益 7 111
　　贷:利润分配——分派现金股利(40 000×10%) 4 000
　　　　少数股东权益 3 111

固定资产评估增值摊销:因为母公司采用不完全权益法确认对子公司的投资收益,所以对以前年度的评估增值摊销并没有确认,在合并工作底稿上需要确认以前年度属于母公司购买价差的摊销部分以调整期初未分配利润,属于少数股东评估增值的摊销以调整期初的少数股东权益。当年固定资产评估增值部分直接调整折旧费用。

⑫借:期初未分配利润(44 444×90%÷5)   8 000
  少数股东权益(44 444×10%÷5)   889
  折旧费用(44 444÷5)   8 889
  贷:固定资产——建筑物   17 778

商誉减值确认,用以前年度的商誉减值调整期初未分配利润:

⑬借:期初未分配利润   4 000
  资产减值损失   4 000
  贷:商誉   8 000

抵销相对的应收股利和应付股利:

⑭借:应付股利   18 000
  贷:应收股利   18 000

合并报表工作底稿

(20×2年12月31日,20×2年度)

	牡罗公司	紫姆公司	调整与抵销 借方	调整与抵销 贷方	合并数
利润表					
营业收入	600 000	200 000	③40 000		760 000
投资收益——紫姆公司	72 000		⑧72 000		
营业外收入——处置固定资产利得	18 000		⑥18 000		
营业成本	(280 000)	(100 000)	④8 000	②10 000	(338 000)
				③40 000	
营业费用	(120 000)	(20 000)			(140 000)
折旧费用			⑫8 889	⑦6 000	(2 889)
资产减值损失			⑬4 000		(4 000)
净利润	290 000	80 000			275 111
少数股东损益			⑪7 111		(7 111)
归属于母公司股东的净利润					268 000
利润分配部分					
净利润	290 000	80 000			268 000
加:期初未分配利润	174 000	70 000	②10 000		146 000
			⑤6 000		
			⑩70 000		
			⑫8 000		

续表

	牡罗公司	紫姆公司	调整与抵销 借方	调整与抵销 贷方	合并数
加:期初未分配利润			⑬4 000		
减:提取盈余公积	(100 000)	(30 000)		⑨30 000	(100 000)
分派现金股利	(120 000)	(40 000)		⑧36 000	(120 000)
				⑪4 000	
未分配利润	244 000	80 000			194 000
资产负债表					
现金	200 000	34 000	①4 000		238 000
应收账款	180 000	100 000		①4 000	276 000
应收股利	18 000			⑭18 000	
存货	40 000	16 000		④8 000	48 000
土地	80 000	30 000		⑤6 000	104 000
房屋建筑(净)	270 000	100 000	⑩44 444	⑫17 778	396 666
设备(净)	330 000	120 000	⑦6 000	⑥18 000	438 000
长期股权投资——紫姆公司	332 000			⑧36 000	
				⑩296 000	
商誉			⑩40 000	⑬8 000	32 000
资产总计	1 450 000	400 000			1 532 666
应付账款	196 000	60 000			256 000
应付股利	30 000	20 000	⑭18 000		32 000
其他负债	134 000	40 000			174 000
负债合计	360 000	120 000			462 000
股本	600 000	100 000	⑩100 000		600 000
盈余公积	246 000	100 000	⑨30 000		246 000
			⑩70 000		
未分配利润	244 000	80 000			194 000
归属于母公司股东权益合计					1 040 000
少数股东权益			⑫889	⑩28 444	30 666
				⑪3 111	
股东权益合计	1 090 000	280 000			1 070 666
负债和股东权益总计	1 450 000	400 000			1 532 666

4.（单位：元）

初始投资成本	216 000
所获净资产公允价值(200 000＋10 000＋10 000)×80%	176 000
购买价差（商誉）	40 000

因为购并日子公司所有资产与负债的账面价值等于公允价值，所以购买价差全部是商誉。

不完全权益法下投资收益的计算：

紫天公司列报的净利润	100 000
牡木公司的持股比例	80%
投资收益	80 000

所以，本题中母公司采用不完全权益法核算对子公司的长期股权投资。

少数股东损益：

紫天公司列报的净利润	100 000
加：期初存货中未实现利润	4 000
减：期末存货中未实现利润	(2 000)
加：分期确认的出售固定资产利得	8 000
紫天公司已实现净利润	110 000
少数股权比例	20%
少数股东损益	22 000

合并工作底稿调整与抵销分录如下：

抵消本期存货内部交易的影响：

①借：营业收入	16 000	
贷：营业成本		16 000

抵消期末存货中未实现利润的影响：

②借：营业成本	2 000	
贷：存货		2 000

抵消期初存货中未实现利润的影响：

③借：期初未分配利润	3 200	
少数股东权益	800	
贷：营业成本		4 000

抵销以前年度固定资产内部交易产生的未实现利润 32 000 元(40 000－8 000)，调整期初未分配利润 25 600 元(32 000×80%)和期初少数股东权益 6 400 元(32 000×20%)。

④借：期初未分配利润	25 600	
累计折旧	8 000	
少数股东权益	6 400	
贷：固定资产		40 000

通过折旧账户抵消当年未实现利润的影响：

⑤借：累计折旧	8 000	
贷：折旧费用		8 000

抵销投资收益和子公司 80% 的股利，并将长期股权投资账户调整为期初数：

⑥借：投资收益	80 000	
贷：利润分配——分派现金股利(20 000×80%)		16 000
长期股权投资		64 000

抵销子公司本期提取的盈余公积：

⑦借：盈余公积 20 000
　　贷：利润分配——提取盈余公积 20 000

抵销相对的长期股权投资与子公司股东权益，并记录期初的少数股东权益：

⑧借：股本 200 000
　　盈余公积 10 000
　　期初未分配利润 10 000
　　商誉 40 000
　　贷：长期股权投资 216 000
　　　　少数股东权益 44 000

确认子公司中属于少数股东权益的净利润，并增加少数股东权益：

⑨借：少数股东损益 22 000
　　贷：利润分配——分派现金股利（20 000×20%） 4 000
　　　　少数股东权益 18 000

商誉减值确认，用以前年度的商誉减值调整期初未分配利润：

⑩借：期初未分配利润（4 000×3） 12 000
　　资产减值损失 4 000
　　贷：商誉 16 000

抵销相对的应收账款和应付账款：

⑪借：应付账款 8 000
　　贷：应收账款 8 000

合并报表工作底稿

（20×5年12月31日，20×5年度）

	牡木公司	紫天公司	抵销借方	抵销贷方	合并数
利润表					
营业收入	1 300 000	240 000	①16 000		1 524 000
投资收益——紫天公司	80 000	—	⑥80 000		
营业成本	(780 000)	(80 000)	②2 000	①16 000	(842 000)
				③4 000	
其他费用	(340 000)	(60 000)			(400 000)
折旧费用				⑤8 000	8 000
资产减值损失			⑩4 000		(4 000)
净利润	260 000	100 000			286 000
少数股东损益			⑨22 000		(22 000)
归属于母公司股东的净利润					264 000
利润分配部分					

续表

	牡木公司	紫天公司	抵销 借方	抵销 贷方	合并数
净利润	260 000	100 000			264 000
加:期初未分配利润	110 800	10 000	③3 200 ④25 600 ⑧10 000 ⑩12 000		70 000
减:提取盈余公积	(70 000)	20 000)		⑦20 000	(70 000)
分派现金股利	(140 000)	(20 000)		⑥16 000 ⑨4 000	(140 000)
未分配利润	160 800	70 000			124 000
资产负债表					
现金	116 000	40 000			156 000
应收账款	80 000	40 000		⑪8 000	112 000
存货	120 000	70 000		②2 000	188 000
固定资产	580 000	410 000		④40 000	950 000
累计折旧	(140 000)	(200 000)	④8 000 ⑤8 000		(324 000)
长期股权投资——紫天公司	280 000	—		⑥64 000 ⑧216 000	
商誉			⑧40 000	⑩16 000	24 000
资产总计	1 036 000	360 000			1 106 000
应付账款	84 000	60 000	⑪8 000		136 000
股本	600 000	200 000	⑧200 000		600 000
盈余公积	191 200	30 000	⑦20 000 ⑧10 000		191 200
未分配利润	160 800	70 000			124 000
归属于母公司股东权益合计					915 200
少数股东权益			③800 ④6 400	⑧44 000 ⑨18 000	54 800
股东权益合计	952 000	300 000			970 000
负债和股东权益合计	1 036 000	360 000			1 106 000

第七章
集团内部交易:债券

案例　绿地集团借壳金丰投资

2015年7月3日,上海金丰投资股份有限公司(以下简称"金丰投资")发布《重大资产置换及发行股份购买资产暨关联交易实施情况暨新增股份报告书》,公告称绿地控股集团有限公司(以下简称"绿地集团")反向收购金丰投资的相关事宜正式完成。至此,这一由上海市国资委主导的国有企业混合所有制改革终于完成。

一、公司简介

绿地集团成立于1992年,经过多次增资扩股,截至2014年年末,绿地集团注册资本达12 949 010 280元,第一大股东为上海地产(集团)有限公司,直接持股比例为19.99%,其他股东包括中星集团、上海城投集团、上海格林兰、天宸股份、平安创新资本、鼎晖嘉熙、宁波汇盛聚智、珠海普罗、国投协力。绿地集团实际控制人为上海市国资委。绿地集团是中国第一家跻身《财富》世界500强的以房地产为主业的综合性企业集团。绿地集团作为上海市混合所有制特大型企业集团,在2016年《财富》世界500强排名中位居第258位。2008年,"绿地"商标被国家工商总局正式认定为中国驰名商标。绿地集团目前已形成"房地产主业突出,能源、金融等相关产业并举发展"的多元化产业布局。绿地集团主营业务包括房地产开发主业、房地产延伸产业(包括建筑建设、酒店等业务),绿地集团还涉足能源及相关贸易、汽车销售及服务与金融等产业。

金丰投资前身为上海嘉丰股份有限公司,于1991年12月经上海市人民政府批准,由原上海嘉丰棉纺织厂改制成立,于1992年2月经中国人民银行上海分行批准发行股票,同年3月嘉丰股份在上海证券交易所上市,股票代码为600606.SH。后经跨行业资产重组,变更主营业务,金丰投资现在的主要业务包括房地产流通服务、投资开发、金融服务和代建管理等。截至2014年12月31日,金丰投资总股本为518 320 089股,总资产为7 449 304 468.09元,净资产为1 865 068 681.48元。2014年金丰投资实现业务收入11 027.97万元,归属于上市公司股东的净利润为-36 459.59万元(即亏损36 459.59万元)。据2014年年报,公司控股股东为上海地产(集团)有限公司,持股比例为38.96%,公司实际控制人为上海市国资委。

二、事件过程

2013年7月1日,金丰投资突然发布重大事项停牌公告,公告称金丰投资于2013年6月28日晚接到控股股东上海地产(集团)有限公司通知,上海地产(集团)有限公司将研究有关涉及本公司的重大事项,鉴于该事项存在重大不确定性,经申请,公司股票自2013年7月1日起停牌。

2013年9月24日,金丰投资发布公告称公司控股股东上海地产(集团)有限公司正在与绿地控股集团有限公司及其有关股东接洽、商谈重大资产重组事项,公司继续停牌。

2014年3月15日,金丰投资继续发布停牌公告,称公司控股股东上海地产(集团)有限公司与绿地控股集团有限公司及其有关股东就重大资产重组事项进行了接洽、论证,已基本确定本次重组框架方案,并拟于2014年3月17日召开董事会,审议本次重组预案相关文件。

2014年3月18日,金丰投资公布了董事会会议审议结果,并披露了《上海金丰投资有限公司重大资产置换及发行股份购买资产暨关联交易预案》,称本次交易构成借壳重组。公司股票自2014年3月18日起复牌交易。

2014年6月27日,上海市国资委原则同意上海地产(集团)有限公司以持有的绿地集团19.99%股权与金丰投资全部资产及负债进行置换,差额部分认购上海金丰投资股份有限公司非公开发行的人民币普通股2 012 394 199股;同时,上海市城市建设投资开发总公司和上海中星(集团)有限公司分别以持有的绿地控股集团有限公司20.76%股权和7.70%股权认购上海金丰投资股份有限公司非公开发行的人民币普通股2 500 837 581股和927 812 451股。

2015年4月23日,金丰投资接到中国证监会通知,公司重大资产置换及发行股份购买资产暨关联交易的重大资产重组事项获得有条件通过。

2015年6月18日,金丰投资收到中国证监会下发的《关于核准上海金丰投资股份有限公司重大资产重组及向上海地产(集团)有限公司等发行股份购买资产的批复》的核准批文。

2015年7月3日,金丰投资发布《重大资产置换及发行股份购买资产暨关联交易实施情况暨新增股份报告书》,公告称绿地集团反向收购金丰投资的相关事宜正式完成。

2015年8月13日,公司名称由"上海金丰投资股份有限公司"变更为"绿地控股股份有限公司"。

三、资产重组方案

此次资产重组包括两部分:资产置换;发行股份购买资产。

(一)资产置换

金丰投资以全部资产及负债与上海地产(集团)持有的绿地集团等额价值的股权进行置换,拟置出资产由上海地产(集团)或其指定的第三方主体承接。根据第三方评估机构出具的《拟置出资产评估报告》,以2013年12月31日为评估基准日,本次评估采用资产基础法和收益法对拟置出资产的价值进行评估,并采用资产基础法的评估值作为评估结论。在资产基础法下,拟置出资产评估值为221 321.91万元,考虑到评估基准日后上市公司实施2013年度现金分红2 125.11万元,本次拟置出资产的交易价格为219 196.80万元。

(二)发行股份购买资产

金丰投资向绿地集团全体股东非公开发行A股股票购买其持有的绿地集团股权,其中向上海地产(集团)购买的股权为其所持绿地集团股权在资产置换后的剩余部分。

根据东洲评估出具的《拟置入资产评估报告》,以 2013 年 12 月 31 日为评估基准日,本次评估采用资产基础法和收益法对拟置入资产的价值进行评估,并采用资产基础法下的评估值作为评估结论。在资产基础法下,本次拟置入资产价值的股东全部权益评估值为 6 673 205.00 万元,相对于评估基准日拟置入资产模拟财务报表上归属于母公司股东权益账面值的增值额为 2 465 528.00 万元,增值率为 58.60%。经协商,交易各方确定拟置入资产的交易价格为 6 673 205.00 万元。

本次发行股份的定价基准日为上市公司审议本次重大资产重组事项的第七届董事会第四十五次会议决议公告日。上市公司定价基准日前 20 个交易日的股票交易均价为 5.64 元/股,考虑到上市公司 2012 年度、2013 年度利润分配情况,本次交易的发行价格为 5.54 元/股。

根据拟注入资产、拟置出资产的交易价格及股票发行价格计算,本次发行股份总量为 11 649 834 296 股,其中向上海地产(集团)发行 2 012 394 199 股,向中星集团发行 927 812 451 股,向上海城投集团发行 2 500 837 581 股,向上海格林兰发行 3 503 741 870 股,向天宸股份发行 278 343 754 股,向平安创新资本发行 1 206 037 043 股,向鼎晖嘉熙发行 517 205 241 股,向宁波汇盛聚智发行 465 112 627 股,向珠海普罗发行 122 071 374 股,向国投协力发行 116 278 156 股。

可用图 1 简要概括资产重组方案。

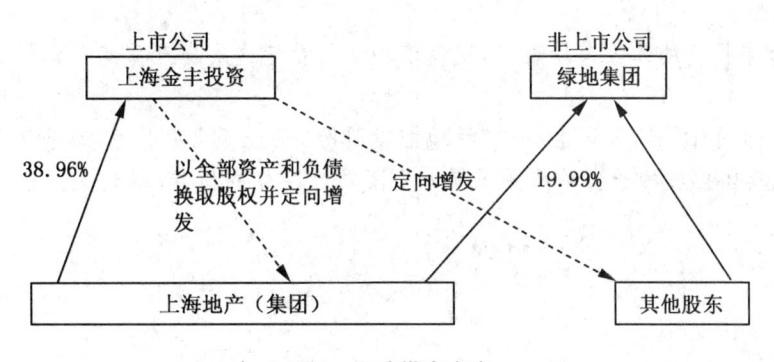

图 1 绿地借壳方案

资产重组完成后,股权结构如图 2 所示。

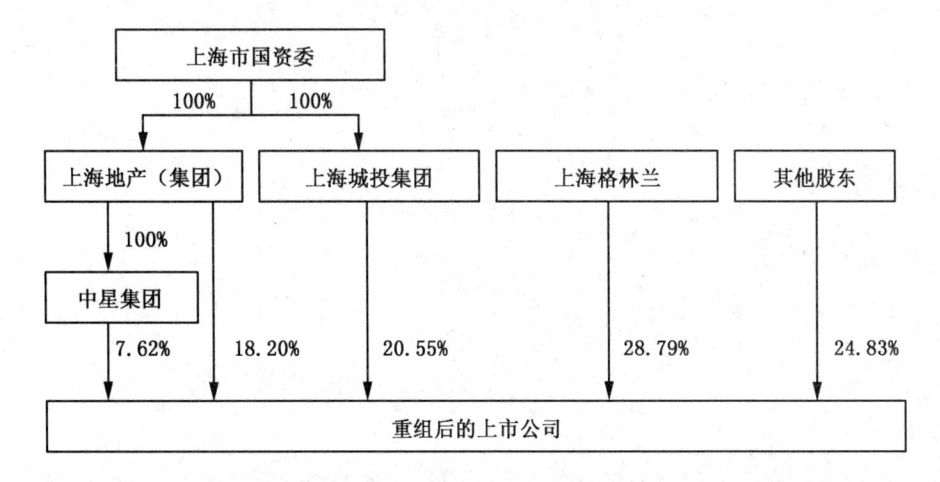

图 2 重组后的股权结构

四、尾声

本次交易前,控股股东为上海地产(集团),实际控制人为上海市国资委。交易完成后,上海地产(集团)及其全资子公司中星集团、上海城投集团、上海格林兰持有重组后的上市公司股权的比例较为接近,且均不超过30%,上述股东中没有任何一个股东能够单独对上市公司形成控制关系,均不能被认定为控股股东。在此之前,根据上海市国资委出具的文件,上海地产(集团)与上海城投集团作为绿地集团的股东拟参与金丰投资重大资产重组,作为绿地集团及未来金丰投资的股东,上海地产(集团)与上海城投集团按照各自的决策机制独立进行经营管理决策,分别独立持有相关股权,依据自身的判断独立行使表决权等股东权利,互不干涉、互不影响,不作为一致行动人行使股东权利,上海地产(集团)及上海城投集团不构成一致行动关系。所以,本次资产重组后金丰投资将成为上海市国资系统中的多元化混合所有制企业。

讨论题

1. 结合国企混合所有制改革背景,解释上海市国资委为什么要将金丰投资与绿地集团进行重大资产重组?

2. 结合金丰投资的二级市场表现,谈谈市场如何看待这次资产重组?你认为这其中的逻辑是什么?

3. 2016年3月18日,公司名称由"绿地控股股份有限公司"变更为"绿地集团股份有限公司",如果绿地集团控股的子公司购买了绿地集团发行在外的债券,绿地集团应如何进行会计处理?

案例分析要点提示

1. 提示：金丰投资与绿地集团的核心业务都是房地产业务，而且控股股东都是上海地产（集团），上海地产（集团）的实际控制人则是上海市国资委，所以可从缓和同业竞争的角度去分析上海市国资委将金丰投资与绿地集团进行重组整合。

2. 提示：2014年3月18日，金丰投资披露了《上海金丰投资有限公司重大资产置换及发行股份购买资产暨关联交易预案》，并且公司股票自该日起复牌交易。复牌之后，公司的股价一路飙升，这表明市场看好这次重组。可以结合金丰投资之后的业绩以及中国的相关制度背景来判断市场看好此次重组的内在逻辑。

3. 提示：子公司购买母公司发行在外的债券，属于企业集团债券推定回购的情形，对于内部交易形成的债权债务关系要予以抵销。

学习指导

一、本章教学大纲

本章主要内容是讲解集团内部债券交易对合并财务报表的影响。

本章教学大纲

	集团内部债券交易	
		将推定损益全部分配给母公司
		将推定损益全部分配给购买方
集团内部债券交易概述	推定损益及其处理	将推定损益按债券面值在购买方和发行方之间进行分配
		将推定损益全部分配给发行方
	集团内部债券交易的处理方法	顺销：子公司购买母公司债券
		逆销：母公司购买子公司债券
子公司购买母公司债券	债券推定回购当年合并报表的编制	不完全权益法
		成本法
	推定回购以后各年度合并报表的处理	
母公司购买子公司债券	债券推定回购当年合并报表的编制	不完全权益法
		成本法
	推定回购以后各年度合并报表的处理	
	持有至到期投资减值准备的处理	
债券回购方向对合并报表的影响		

二、本章重点、难点解析

1. 集团内部债券交易

实际回购	发行公司(母公司或子公司)通过其可运用的资源回购自己发行的债券。	
	发行公司(母公司或子公司)按市场利率向集团外的公司融资,并以融资款回购自己发行的债券(这一方式称为"以债偿债")。	
	发行公司向集团内其他公司融资,并以融资款回购自己发行的债券。	
推定回购	集团内的其他公司(母公司或子公司)回购发行公司发行的债券。	

2. 推定损益

含　义	集团内公司从集团外部以非账面价值购买集团内其他公司发行的债券时产生的,从整个集团而言应予以确认的已实现损益,称为推定损益。当集团内公司为购买本集团中其他公司发行的债券而支付的价格低于该发行债券的账面价值时,就产生推定利得;当购买公司所支付的买价高于债券账面价值时,则会产生推定损失。	
会计处理方法	(1)推定损益全部分配给母公司	母公司控制了集团内各个公司的财务决策,正是由于母公司管理层的决策才导致债券的回购,因此,由决策所产生的任何损益应分配给母公司。
	(2)推定损益全部分配给购买公司	购买公司执行了债券交易,故应将全部的推定损益分配给购买公司。
	(3)将推定损益按债券面值在购买公司和发行方公司之间进行分配	如果购买公司持有债券至到期日,那么全部的推定损益应该在这两个公司之间进行分配,其中,账面价值与债券面值之差由发行公司确认;面值与买价之差由购买公司确认,该观点又称为面值论。
	(4)将推定损益全部分配给发行公司	购买债券的公司是在其母公司管理层的决策下,作为债券发行公司的代理而进行债券回购的,因此,任何的推定损益都应全额分配给发行公司,这种观点又称为代理论。

3. 在代理论下,推定损益的处理

在代理论下,当子公司购买母公司债券时产生的推定损益就全部由母公司确认;而当母公司购买子公司债券时产生的推定损益便由子公司承担。在后一种情况下,推定损益将在少数股东损益与归属于母公司股东的净利润之间进行分配。随着债券溢折价在发行公司与购买公司间的摊销,公司间债券推定回购产生的损益将逐年被确认。

4. 集团内公司间债券交易对少数股东权益的影响及合并工作底稿的抵销分录

	子公司购买母公司债券	母公司购买子公司债券
债券推定回购当年	少数股东损益＝子公司净利润×少数股权持股比例 抵销分录: ①确认利得并抵销相对的持有至到期投资与应付债券账户: 借:应付债券——面值 　　应付债券——利息调整(溢价) 　　投资收益——推定损益(损失) 　　持有至到期投资——利息调整(折价) 　贷:投资收益——推定损益(利得) 　　　持有至到期投资——面值 ②抵销相对的利息收入与利息费用账户: 借:利息收入 　　收益——推定损益(损失) 　贷:利息费用 　　　投资收益——推定损益(利得) ③抵销相对的应收利息与应付利息余额: 借:应付利息 　贷:应收利息	少数股东损益＝(子公司净利润＋未确认的推定损益)×少数股权持股比例 抵销分录: ①②③与子公司购买母公司债券时的抵销分录相同。

续表

	子公司购买母公司债券	母公司购买子公司债券
以后年度	少数股东损益＝子公司净利润×少数股权持股比例 抵销分录： ①抵销相对的公司债券投资(持有至到期投资)与应付债券账户,用未确认的推定回购损益调整母公司期初未分配利润： 借：应付债券——面值 　　应付债券——利息调整(溢价) 　　期初未分配利润——母公司(损失) 　　持有至到期投资——利息调整(折价) 　贷：期初未分配利润——母公司(利得) 　　持有至到期投资——面值 ②抵销相对的利息收入与利息费用账户,用本期确认的推定回购损益调整母公司期初未分配利润： 借：利息收入 　　期初未分配利润 　贷：利息费用 　　期初未分配利润 ③抵销相对的应收利息与应付利息余额： 借：应付利息 　贷：应收利息	少数股东损益＝(子公司净利润＋未确认的推定损益)×少数股权持股比例 抵销分录： ①抵销相对的持有至到期投资与应付债券账户,用未确认的推定回购损益调整母公司期初未分配利润与少数股东权益期初余额： 借：应付债券——面值 　　应付债券——债券溢价 　　期初未分配利润——母公司(损失) 　　少数股东权益——期初(损失) 　　持有至到期投资——利息调整(折价) 　贷：期初未分配利润——母公司 　　少数股东权益——期初 　　持有至到期投资——面值 ②抵销相对的利息收入与利息费用账户,用本期确认的推定回购损益调整母公司期初未分配利润与少数股东权益期初余额： 借：利息收入 　　期初未分配利润 　　少数股东权益——期初 　贷：利息费用 　　期初未分配利润 　　少数股东权益——期初 ③抵销相对的应收利息与应付利息余额： 借：应付利息 　贷：应收利息

三、名词中英文对照

实际回购　　　　　　　　　　　　　Actual Retirement
推定回购　　　　　　　　　　　　　Constructive Retirement
推定回购损益　　　　　　　　　　　Constructive Gain or Loss
面值论　　　　　　　　　　　　　　Par Value Theory
代理论　　　　　　　　　　　　　　Agency Theory

练习题

一、思考题

1. 集团内公司回购发行在外债券的方式有哪些?
2. 什么是债券的推定回购?
3. 一公司有 2 000 000 元发行在外的债券,溢价为 20 000 元,未摊销发行成本为 10 600 元,其负债的账面价值为多少? 若一联属公司在市场上以 98 元购得其一半的债券,利得或损失为多少? 该损益是真实的还是推定的?
4. 简述公司内部债券交易推定利得在单体公司账上实现和确认的过程。合并财务报表上的推定利得确认与联属公司账上的推定利得确认何者为先,何者为后?

5. 母公司因内部相互持股列报利息费用8 600元,子公司对此列报利息收入9 000元。(1)该债券有无推定损益？(2)该推定损益应归于母公司还是子公司？(3)400元的差异表明什么？

二、选择题

1. 当某联属公司在市场上购得债券时,内部应付债券的账面价值为(　　)。
   A. 债券面值减去未摊销的发行成本再减去(加上)未摊销的折价(溢价)
   B. 债券面值减去发行成本,减去(加上)未摊销折价(溢价),再减去购买债券投资的成本
   C. 债券的面值
   D. 债券的面值减去(加上)发行时的折价(溢价)

2. 推定损益(　　)。
   A. 产生于一公司购买联属公司债券或直接贷款给联属公司以重购其自己的债券
   B. 对发行公司来讲是实现的损益
   C. 总是分配给母公司,因为其管理决定内部交易
   D. 对合并主体来讲,已实现并确认

3. 紫传公司为牡连公司拥有70%股权的子公司。20×3年1月1日,紫传公司在债券市场上以12 040 000元购得牡连公司流通在外债券18 000 000元中的面值12 000 000元部分。牡连公司债券利率为8%,付息日为每年1月1日和7月1日,20×7年1月1日到期。20×3年1月1日发行的债券有960 000元未摊销溢价,假设采用直线法摊销。
   (1)20×3年牡连公司及其子公司紫传公司合并利润表中推定损益为(　　)。
   A. 利得600 000元   B. 利得920 000元
   C. 损失40 000元   D. 损失600 000元
   (2)20×3年合并利润表中牡连公司发行债券的利息费用为(　　)。
   A. 560 000元   B. 480 000元
   C. 416 000元   D. 400 000元

4. 牡润公司20×5年1月1日发行长期公司债券,面值为8 000 000元,利率为10%,未摊销折价160 000元,于20×9年1月1日到期。牡润公司拥有紫纯公司90%股权。紫纯公司在20×5年1月2日以1 520 000元购买了牡润公司利率为10%、面值为1 600 000元的公司债券。利息于每年1月1日及7月1日支付,采用直线法摊销。
   (1)20×5年度,牡润公司与紫纯公司的合并利润表上,列报的推定利得金额应为(　　)。
   A. 112 000元   B. 80 000元
   C. 48 000元   D. 40 000元
   (2)20×5年12月31日的合并资产负债表上,牡润公司的应付债券扣除未摊销折价后,应列示金额为(　　)。
   A. 7 840 000元   B. 7 880 000元
   C. 6 400 000元   D. 6 304 000元
   (3)20×5年12月31日,牡润公司及紫纯公司单体账上,未确认的推定利得为(　　)。
   A. 48 000元   B. 44 000元
   C. 36 000元   D. 0
   (4)20×5年度的合并利润表上,应列示牡润公司债券的利息费用为(　　)。

A. 840 000 元　　　　　　　　　　B. 800 000 元
C. 672 000 元　　　　　　　　　　D. 664 000 元

(5)公司间债券交易对20×6年度的合并净利润有什么影响？(　　)
A. 增加100%的20×5年推定利得　　B. 减少25%的20×5年推定利得
C. 增加25%的20×5年推定损失　　D. 减少25%的20×5年推定损失

5. 母公司与子公司在20×4年12月31日的比较资产负债表如下(单位：元)：

	母公司	子公司
资产		
应收账款(净额)	1 024 300	300 000
应收利息	10 000	—
存货	3 000 000	500 000
其他流动资产	98 500	200 000
固定资产(净额)	3 840 000	2 500 000
长期股权投资——子公司	1 830 800	
持有至到期投资——子公司	196 400	—
资产总计	10 000 000	3 500 000
负债和股东权益		
应付账款	400 000	139 000
应付利息	—	50 000
10%应付公司债券		1 000 000
公司债券溢价		36 000
股本	8 000 000	2 000 000
未分配利润	1 600 000	275 000
负债和股东权益总计	10 000 000	3 500 000

母公司于20×2年1月1日以1 660 000元取得子公司80%的股权，当时子公司的股本为2 000 000元，其未分配利润为75 000元。

在20×4年1月1日，母公司在债券市场上以195 500元购得子公司10%的公司债券，面值200 000元，当时在子公司账上有45 000元的未摊销溢价。此公司债券每年于1月1日及7月1日付利息，到期日为20×9年1月1日(假设按直线法摊销溢折价)。

(1)在20×4年合并利润表上，列报当年1月1日子公司200 000元的债券的推定赎回损益应为(　　)。
A. 13 500　　　　　　　　　　　B. 11 500
C. 10 500　　　　　　　　　　　D. 7 000

(2)在20×4年12月31日，母公司与子公司账上未确认推定损益部分应为(　　)。
A. 12 000　　　　　　　　　　　B. 10 800
C. 10 500　　　　　　　　　　　D. 9 200

(3)20×4年12月31日,合并公司债券应列示(　　)。
A. 1 036 000　　　　　　　　　　B. 1 000 000
C. 828 800　　　　　　　　　　　D. 800 000

6. 教材中债券溢折价采用直线摊销法。我国会计准则要求采用实际利率法,在使用实际利率法时,(　　)。
　　A. 分期确认的推定损益即为内部利息费用与抵销的内部利息收入的差额
　　B. 分期确认的推定损益记录于各联属公司的账上
　　C. 合并财务报表时,无须分期确认推定损益
　　D. 因债券已赎回,发行和购买公司均无须在其单体账上摊销溢折价

三、业务题

1. 20×2年12月31日牡丹公司有面值4 000 000元、利率为12%的公司债券流通在外,其尚未摊销的溢价有120 000元,付息日为7月1日和1月1日,并于20×8年1月1日到期。牡丹公司拥有紫檀公司80%的股权,紫檀公司于20×3年1月1日在公开市场上以980 000元购得牡丹公司流通在外、面值1 000 000元的公司债券。其他相关资料如下:
　　(1)牡丹公司与紫檀公司采用直线法摊销溢折价。
　　(2)母子公司编制合并报表。
　　(3)企业集团中只有牡丹公司有公司债券流通在外。
　　(4)紫檀公司20×3年和20×4年的单体净利润分别是400 000元、600 000元。
要求:
　　(1)编制20×3年牡丹公司和紫檀公司有关债券交易的会计分录。
　　(2)计算20×3年合并利润表上所列的推定损益。
　　(3)编制20×3年公司间债券交易的抵销分录。
　　(4)要求计算20×4年合并利润表上下列各项的金额:
　　①推定损益;
　　②少数股东损益;
　　③公司债券利息费用;
　　④公司债券利息收入。
　　(5)计算20×4年12月31日合并资产负债表上下列各项的金额:
　　①持有至到期投资——牡丹公司;
　　②应付公司债券的账面价值;
　　③应收公司债券利息;
　　④应付公司债券利息。

2. 牡兴公司于20×7年1月1日以账面价值(等于当日的公允价值)取得紫阳公司80%的股权,当时紫阳公司的股本及未分配利润各为200 000元、80 000元。紫阳公司同时也以97 600元取得牡兴公司流通在外面值100 000元、利率8%的公司债券,离到期日还有3年,付息日为1月1日和7月1日。20×8年紫阳公司列报的持有至到期投资利息收入为8 800元,牡兴公司列报的债券利息费用为16 000元。其他相关资料如下:
　　(1)20×8年牡兴公司的单体净利润为400 000元。
　　(2)20×8年紫阳公司的单体净利润为100 000元。

(3)牡兴公司对其投资采用完全权益法。
(4)采用直线法摊销溢折价。
要求：
(1)计算此公司债券的损益。
(2)编制20×8年紫阳公司对其持有至到期投资的分录。
(3)编制20×8年牡兴公司对其应付公司债券的分录。
(4)计算紫阳公司所购买的牡兴公司债券占牡兴公司发行在外债券的比例。
(5)编制20×8年牡兴公司对紫阳公司80%股权投资的分录。
(6)计算20×8年少数股东损益及归属于母公司股东的净利润。

3. 牡兰公司于20×1年1月1日以92 000元取得紫鹃公司80%的股权,当时紫鹃公司的股本为52 000元,未分配利润为13 000元。投资成本超过账面价值是由于尚有15年使用年限的固定资产价值被低估30 000元以及商誉的存在。假设商誉在10年内均匀减值。

牡兰公司于20×4年1月1日以48 000元取得紫鹃公司面值50 000元的公司债券,该公司债券于20×9年1月1日到期。母子公司均采用直线法摊销溢折价。

紫鹃公司将货品销售给牡兰公司时,均以对成本加价20%的价格出售。20×4年公司间的销货共16 000元。20×4年12月31日牡兰公司存货中有9 000元是购自紫鹃公司的货品,而当年的期初存货中有4 500元是购自紫鹃公司的货品。牡兰公司20×4年12月31日应付账款中包含3 000元由于内部交易而应付紫鹃公司的账款。

牡兰公司及其子公司紫鹃公司20×4年的单体财务报表如下(单位:元):

	牡兰公司	紫鹃公司
20×4年利润表及利润分配部分		
营业收入	113 200	40 000
投资收益——紫鹃	6 400	—
利息收入	5 400	—
营业成本	(56 000)	(14 000)
营业费用	(24 000)	(8 400)
利息费用	—	(9 600)
净利润	45 000	8 000
加:期初未分配利润	84 000	28 000
减:分配现金股利	(30 000)	(4 000)
期末未分配利润	99 000	32 000
20×4年12月31日资产负债表		
现金	30 000	62 000
应收账款	24 400	50 000
存货	60 000	16 000

续表

	牡兰公司	紫鹃公司
固定资产	100 000	80 000
累计折旧	(20 000)	(8 000)
长期股权投资——紫鹃	107 200	—
持有至到期投资——紫鹃(面值)	50 000	—
持有至到期投资——利息调整(折价)	(1 600)	
资产总计	<u>350 000</u>	<u>200 000</u>
应付账款	51 000	14 400
应付公司债券(10%)	—	100 000
公司债券利息调整(溢价)	—	1 600
负债合计	51 000	116 000
股本	200 000	52 000
未分配利润	99 000	32 000
股东权益合计	299 000	84 000
负债和股东权益总计	<u>350 000</u>	<u>200 000</u>

要求：

(1)计算牡兰公司购买紫鹃公司80%股权时所产生的商誉。

(2)计算20×4年合并利润表上所列的推定损益。

(3)计算20×4年合并报表上的少数股东损益。

(4)牡兰公司采用什么方法核算对紫鹃公司的股权投资？请解释。

(5)在完全权益法下，计算20×4年初牡兰公司对紫鹃公司的长期股权投资余额。

(6)编制牡兰公司与紫鹃公司20×4年的合并财务报表的抵销分录以及工作底稿。

练习题参考答案

二、选择题

1. A

2. D

3. (1)A　提示：买价12 040 000元＜债券账面价值12 640 000元(12 000 000＋960 000×2/3)，推定利得＝12 640 000－12 040 000＝600 000(元)。

(2)D　提示：(18 000 000－12 000 000)×8%－摊销溢价(960 000×1/3÷4)＝400 000(元)。

4. (1)C　提示：买价1 520 000元＜债券账面价值1 568 000元(1 600 000－160 000×1/5)，推定利得＝1 568 000－1 520 000＝48 000(元)。

(2)D　提示：8 000 000－1 600 000－未摊销折价(160 000×4/5×3/4)＝6 304 000(元)。

(3)C 提示:48 000×3/4=36 000(元)。
(4)C 提示:(8 000 000−1 600 000)×10%+摊销折价(160 000×4/5÷4)=672 000(元)。
(5)B 提示:2006年分期确认的推定利得为48 000×1/4。
5.(1)A 提示:买价195 500元＜账面价值209 000元(200 000+45 000×1/5),推定利得=209 000−195 500=13 500。
(2)B 提示:13 500×4/5=10 800。
(3)C 提示:1 000 000−200 000+未摊销溢价(45 000×4/5×4/5)=828 800。
6.A

三、业务题

1.(单位:元)
(1)20×3年,牡丹公司账上:
7月1日
借:利息费用   240 000
　　贷:银行存款(面值4 000 000×12%×1/2年)   240 000
12月31日
借:利息费用   240 000
　　贷:应付利息(面值4 000 000×12%×1/2年)   240 000
12月31日
借:应付债券——利息调整(溢价)   24 000
　　贷:利息费用(溢价120 000/5年)   24 000
20×3年,紫檀公司账上:
1月1日
借:持有至到期投资——面值   1 000 000
　　贷:银行存款   980 000
　　　　持有至到期投资——利息调整(折价)   20 000
7月1日
借:银行存款   60 000
　　贷:利息收入(面值1 000 000×12%×1/2年)   60 000
12月31日
借:应收利息   60 000
　　贷:利息收入(面值1 000 000×12%×1/2年)   60 000
12月31日
借:持有至到期投资——利息调整(折价)   4 000
　　贷:利息收入(折价20 000/5年)   4 000
(2)紫檀公司所购买债券占牡丹公司发行在外债券的比例=1 000 000÷4 000 000=25%。
所以,紫檀公司所购买债券的账面价值=(4 000 000+120 000)×25%=1 030 000。
20×3年合并利润表上所列的推定损益=1 030 000−980 000=50 000。
(3)20×3年12月31日,在工作底稿上抵销相对债券账户的分录如下:

借：应付债券——面值 1 000 000
　　　应付债券——利息调整(溢价)[(120 000-24 000)×25%] 24 000
　　　持有至到期投资——利息调整(折价)(20 000-4 000) 16 000
　　贷：持有至到期投资——面值 1 000 000
　　　　投资收益——推定损益 40 000
借：利息收入(1 000 000×12%+4 000) 124 000
　　贷：利息费用(4 000 000×12%-24 000)×25% 114 000
　　　　投资收益——推定损益 10 000
借：应付利息 60 000
　　贷：应收利息 60 000

(4) 20×4年合并利润表上

①因为20×4年，没有公司债的推定回购，所以推定损益=0[注意：前期未实现的推定利得在20×4年合并利润表上应调整期初未分配利润(牡丹公司)]。

②少数股东损益=紫檀公司20×4年的净利润×少数股东持股比例=600 000×20%=120 000。

③公司债券利息费用=(4 000 000×12%-24 000)×75%=342 000。

④公司债券利息收入=0(注意，在合并报表上，紫檀公司单体报表上的利息收入被抵销了)。

(5) 20×4年12月31日合并资产负债表上

①持有至到期投资——牡丹公司=0(注意，在合并报表上，紫檀公司单体报表上的持有至到期投资被抵销了)。

②应付公司债券的账面价值=(4 000 000+120 000-48 000)×75%=3 054 000。

③应收公司债券利息=0。

④应付公司债券利息=4 000 000×12%×75%×1/2=180 000。

2.（单位：元）

(1) 推定损益=100 000-97 600=2 400。

(2) 20×8年，紫阳公司账上：

1月1日，购买债券

借：持有至到期投资——面值 100 000
　　贷：银行存款 97 600
　　　　持有至到期投资——利息调整(折价) 2 400

7月1日，收到利息

借：银行存款 4 000
　　贷：利息收入(面值100 000×8%×1/2年) 4 000

12月31日

借：应收利息 4 000
　　贷：利息收入(面值100 000×8%×1/2年) 4 000

12月31日

借：持有至到期投资——利息调整(折价) 800
　　贷：利息收入(折价2 400/3年) 800

(3) 20×8年，牡兴公司账上：

7月1日

借:利息费用 8 000
　　贷:银行存款(面值16 000×1/2年) 8 000
12月31日
借:利息费用 8 000
　　贷:应付利息(面值16 000×1/2年) 8 000

(4)紫阳公司所购买的牡兴公司债券占牡兴公司发行在外债券的比例=(8 000÷16 000)×100%=50%。

(5)借:长期股权投资——紫阳 81 600
　　　贷:投资收益(100 000×80%+2 400−800) 81 600

(6)少数股东损益=100 000×20%=20 000。

归属于母公司股东的净利润=400 000+81 600=481 600。

3.(单位:元)

(1)商誉=92 000−(52 000+13 000+30 000)×80%=16 000。

(2)由紫鹃公司的单体资产负债表可知,牡兰公司购买紫鹃公司发行在外的债券的比例为50%(50 000/100 000)。牡兰公司20×4年利息收入5 400元,其中400元[(50 000−48 000)÷5]来自折价的调整,所以按票面利率收取的利息为5 000元。由此推断紫鹃公司按票面利率应付的利息为10 000元(5 000÷50%)。因为20×4年利润表中紫鹃公司利息费用为9 600元,所以20×4年紫鹃公司债券溢价摊销为400元(10 000−9 600),由此可以推算出20×4年初紫鹃公司债券溢价为2 000元(1 600+400)。

或者,因为20×4年末,紫鹃公司应付债券溢价为1 600元,且母公司采用直线法摊销溢价,所以每年摊销的溢价为400元(1 600÷4),进而推断出20×4年初紫鹃公司债券溢价为2 000元(400×5)。

20×4年合并利润表上所列的推定损益=(100 000+2 000)×50%−48 000=3 000。

(3)20×4年1月1日,未实现存货利润=4 500−(4 500/1.2)=750。

20×4年12月31日,未实现存货利润=9 000−(9 000/1.2)=1 500。

20×4年少数股东损益:

紫鹃公司净利润	8 000
−固定资产公允价值超过账面价值部分的折旧	(2 000)
+期初未实现的存货利润在本期实现	750
−期末未实现存货利润	(1 500)
+债券回购推定损益	3 000
−抵销的利息收入	(5 400)
+抵销的利息费用(9 600×50%)	4 800
调整的金额合计	(350)
完全权益法下,紫鹃公司净利润	7 650
×少数股权比例	×20%
20×4年少数股东损益	1 530

(4)牡兰公司采用不完全权益法核算对紫鹃公司的股权投资,因为20×4年牡兰公司对紫鹃公司的投资收益为紫鹃公司的净利润份额,并没有考虑存货的未实现损益、购并日的购买价差以及公司之间的债券交易。

(5)不完全权益法下,20×4年牡兰公司确认的长期股权投资=(8 000-4 000)×80%=3 200。所以,20×4年初,不完全权益法下,长期股权投资账面余额=107 200-3 200=104 000。

完全权益法下,需要摊销购并日的购买价差以及20×3年末未实现的存货利润,所以,20×4年初,长期股权投资账面余额=104 000-2 000×3×80%-750×80%=98 600。

(6)抵销分录

①将不完全权益法转为完全权益法:

借:期初未分配利润(牡兰)(2 000×3×80%+750×80%)	5 400	
投资收益(350×80%)	280	
贷:长期股权投资		5 680

②抵销存货内部交易:

借:营业收入	16 000	
贷:营业成本		16 000

③抵消期初存货未实现利润的影响:

借:期初未分配利润	600	
少数股东权益	150	
贷:营业成本		750

④抵销期末存货未实现利润:

借:营业成本	1 500	
贷:存货		1 500

⑤抵销公司间债券交易:

借:应付债券——面值	50 000	
应付债券——溢价	800	
持有至到期投资——利息调整(折价)	1 600	
利息收入	5 400	
贷:持有至到期投资——面值		50 000
利息费用		4 800
投资收益——推定损益		3 000

⑥抵销母公司确认的投资收益和股利,并将长期股权投资账户调整至期初数:

借:投资收益	6 120	
少数股东权益——股利	800	
贷:利润分配——分派现金股利		4 000
长期股权投资		2 920

⑦抵销母公司长期股权投资账户与子公司股东权益账户,并记录期初少数股权:

借:股本	52 000	
未分配利润	28 000	
固定资产	30 000	
商誉	16 000	
贷:长期股权投资		98 600
少数股东权益		27 400

⑧摊销购买价差：
借：期初未分配利润　　　　　　　　　　　　6 000
　　管理费用　　　　　　　　　　　　　　　2 000
　　贷：固定资产　　　　　　　　　　　　　　　　　8 000
⑨商誉减值的确认：
借：期初未分配利润　　　　　　　　　　　　4 800
　　资产减值损失　　　　　　　　　　　　　1 600
　　贷：商誉　　　　　　　　　　　　　　　　　　　6 400
⑩确认少数股东损益：
借：少数股东损益　　　　　　　　　　　　　1 530
　　贷：少数股东权益　　　　　　　　　　　　　　　1 530
⑪抵销内部应收账款与应付账款：
借：应付账款　　　　　　　　　　　　　　　3 000
　　贷：应收账款　　　　　　　　　　　　　　　　　3 000

合并工作底稿如下：

	牡兰公司	紫鹃公司	调整、抵销 借方	调整、抵销 贷方	合并数
利润表					
营业收入	113 200	40 000	②16 000		137 200
投资收益——紫鹃	6 400	—	①280		0
			⑥6 120		
投资收益——推定损益				⑤30 000	30 000
利息收入	5 400	—	⑤5 400		0
营业成本	(56 000)	(14 000)	④1 500	②16 000	(54 750)
				③750	
管理费用	(24 000)	(8 400)	⑧2 000		(34 400)
利息费用	—	(9 600)		⑤4 800	(4 800)
资产减值损失	—	—	⑨1 600		(1 600)
净利润	<u>45 000</u>	<u>8 000</u>			<u>44 650</u>
少数股东损益				⑩1 530	(1 530)
归属于母公司股东的净利润					43 120
利润分配部分					
期初未分配利润	84 000	28 000	⑤5 400		67 200
			③600		
			⑦28 000		
			⑧6 000		

续表

	牡兰公司	紫鹃公司	调整、抵销 借方	调整、抵销 贷方	合并数
期初未分配利润			⑨4 800		
加:净利润	45 000	8 000			43 120
减:分派现金股利	(30 000)	(4 000)		⑥4 000	(30 000)
期末未分配利润	99 000	32 000			80 320
资产负债表					
现金	30 000	62 000			92 000
应收账款	24 400	50 000		⑪3 000	71 400
存货	60 000	16 000		④1 500	74 500
固定资产	100 000	80 000	⑦30 000		210 000
累计折旧	(20 000)	(8 000)		⑧8 000	(36 000)
长期股权投资——紫鹃	107 200	—		①5 680	0
				⑥2 920	
				⑦98 600	
持有至到期投资——紫鹃(面值)	50 000			⑤50 000	0
利息调整(折价)	(1 600)		⑤1 600		0
商誉			⑦16 000	⑨6 400	9 600
资产总计	350 000	200 000			421 500
应付账款	51 000	14 400	⑪3 000		62 400
应付公司债券(10%)	—	100 000	⑤50 000		50 000
公司债券利息调整(溢价)	—	1 600	⑤800		800
负债合计	51 000	116 000			113 200
股本	200 000	52 000	⑦52 000		200 000
未分配利润	99 000	32 000			80 320
归属于母公司股东权益合计					280 320
少数股东权益			③150	⑦27 400	27 980
			⑥800	⑩1 530	
股东权益合计	299 000	84 000			308 300
负债和股东权益总计	350 000	200 000			421 500

教材课后习题参考答案

1. (单位:元)

(1)①20×2年1月1日债券的账面价值(10 000 000－300 000)   9 700 000
6个月的折价摊销(300 000/5年×1/2年)   30 000
20×2年7月1日债券的账面价值   9 730 000
紫利公司购买的比例   60%
所购债券的账面价值   5 838 000
购买价格   5 748 000
推定利得   90 000

②20×2年合并债券利息费用
1月1日至7月1日债券利息费用
(10 000 000×8%×1/2年)＋6个月的折价摊销30 000   430 000
加:7月1日至12月31日债券利息费用[(10 000 000×8%×1/2年)＋6个月的折价摊销30 000]×40%   172 000
合并债券利息费用   602 000

③牡单公司债券负债

	面 值	折 价	账面价值
20×2年1月1日	10 000 000	300 000	9 700 000
20×2年摊销额		－60 000	＋60 000
20×2年12月31日	10 000 000	240 000	9 760 000

20×2年12月31日合并债券负债9 760 000×流通在外比例40%＝3 904 000。

(2)如果本题为牡单公司购买紫利公司发行的债券,那么上述问题的答案仍保持不变。需要注意的是,在代理论下,推定利得将"属于"发行公司紫利公司,并且将最终按比例在牡单公司与紫利公司少数股东权益间进行分配。

2. (单位:元)

少数股东损益:
紫伸公司列报的净利润   400 000
加:期初存货中未实现利润   100 000
减:期末存货中未实现利润   (200 000)
紫伸公司已实现净利润   300 000
少数股权比例   10%
少数股东损益   30 000

抵销分录:
抵消期初存货中未实现利润(逆销)的影响:
①借:期初未分配利润(100 000×90%)   90 000
      少数股东权益(100 000×10%)   10 000
   贷:营业成本   100 000

抵消本期存货内部交易的影响：
②借：营业收入　　　　　　　　　　　　　　　900 000
　　　贷：营业成本　　　　　　　　　　　　　　　　　　　900 000
抵消期末存货中未实现利润的影响：
③借：营业成本　　　　　　　　　　　　　　　200 000
　　　贷：存货　　　　　　　　　　　　　　　　　　　　　200 000
抵销本期固定资产内部交易产生的未实现利润：
④借：营业外收入——出售固定资产利得　　　　300 000
　　　贷：固定资产　　　　　　　　　　　　　　　　　　　300 000
通过折旧账户抵消当年未实现利润的影响，因为固定资产是于20×2年7月1日出售，所以当年计提的折旧为年折旧的一半，即30 000元(300 000÷5÷2)。
⑤借：累计折旧　　　　　　　　　　　　　　　30 000
　　　贷：折旧费用　　　　　　　　　　　　　　　　　　　30 000
确认利得，抵销相对的公司债券与应付债券账户以及相对的利息收入与利息费用账户：
⑥借：应付债券——面值　　　　　　　　　　1 000 000
　　　利息收入　　　　　　　　　　　　　　　120 000
　　　应付利息　　　　　　　　　　　　　　　 50 000
　　　持有至到期投资——利息调整（折价）　　 40 000
　　　贷：持有至到期投资——面值　　　　　　　　　　　1 000 000
　　　　　利息费用　　　　　　　　　　　　　　　　　　　100 000
　　　　　应收利息　　　　　　　　　　　　　　　　　　　 50 000
　　　　　投资收益——推定损益　　　　　　　　　　　　　 60 000
抵销投资收益和子公司90%的股利，并将长期股权投资账户调整为期初数：
⑦借：投资收益　　　　　　　　　　　　　　　360 000
　　　贷：利润分配——分派现金股利(300 000×90%)　　　270 000
　　　　　长期股权投资　　　　　　　　　　　　　　　　　 90 000
抵销子公司本期提取的盈余公积：
⑧借：盈余公积　　　　　　　　　　　　　　　 80 000
　　　贷：利润分配——提取盈余公积　　　　　　　　　　　 80 000
抵销相对的长期股权投资与子公司股东权益，并记录期初的少数股东权益：
⑨借：股本　　　　　　　　　　　　　　　　2 000 000
　　　盈余公积　　　　　　　　　　　　　　　400 000
　　　期初未分配利润　　　　　　　　　　　　100 000
　　　贷：长期股权投资　　　　　　　　　　　　　　　　2 250 000
　　　　　少数股东权益　　　　　　　　　　　　　　　　　250 000
确认子公司中属于少数股东权益的净利润以及少数股东的股利分配，此时增加的少数股东权益为0：
⑩借：少数股东损益　　　　　　　　　　　　　 30 000
　　　贷：利润分配——分派现金股利(300 000×10%)　　　 30 000
抵销相对的应收账款和应付账款：

⑪借:应付账款　　　　　　　　　　　　　　　　　300 000
　　贷:应收账款　　　　　　　　　　　　　　　　　　　　　　　300 000

合并报表工作底稿
(20×2年12月31日,20×2年度)

	牡汇公司	紫伸公司	调整、抵销 借方	调整、抵销 贷方	合并数
利润表					
营业收入	3 800 000	2 100 000	②900 000		5 000 000
投资收益——紫伸公司	360 000		⑦360 000		
投资收益——推定损益				⑥60 000	60 000
利息收入	—	120 000	⑥120 000		
营业外收入——出售固定资产利得	300 000	—	④300 000		
营业成本	(1 800 000)	(1 400 000)	③200 000	①100 000 ②900 000	(2 400 000)
折旧费用	(580 000)	(220 000)		⑤30 000	(770 000)
营业费用	(780 000)	(200 000)			(980 000)
利息费用	(200 000)	—		⑥100 000	(100 000)
净利润	1 100 000	400 000			810 000
少数股东损益			⑩30 000		(30 000)
归属于母公司股东的净利润					780 000
利润分配部分					
净利润	1 100 000	400 000			780 000
加:期初未分配利润	250 000	100 000	①90 000 ⑨100 000		160 000
减:提取盈余公积	(220 000)	(80 000)		⑧80 000	(220 000)
分派现金股利	(600 000)	(300 000)		⑦270 000 ⑩30 000	(600 000)
未分配利润	530 000	120 000			120 000
资产负债表					
银行存款	490 000	190 000			680 000
应收账款	1 100 000	600 000		⑪300 000	1 400 000
应收利息	—	50 000		⑥50 000	
存货	900 000	300 000		③200 000	1 000 000
土地	200 000	100 000			300 000

续表

	牡汇公司	紫伸公司	调整、抵销 借方	调整、抵销 贷方	合并数
固定资产(净)	2 970 000	1 800 000	⑤30 000	④300 000	7 500 000
长期股权投资——紫伸公司	2 340 000	—		⑦90 000	
				⑨2 250 000	
持有至到期投资——面值	—	1 000 000		⑥1 000 000	
持有至到期投资——利息调整(折价)	—	(40 000)	⑥40 000		
资产总计	8 000 000	4 000 000			7 880 000
应付账款	1 150 000	1 400 000	⑪300 000		2 250 000
应付利息	100 000	—	⑥50 000		50 000
应付债券——面值	2 000 000	—	⑥1 000 000		1 000 000
负债合计	3 250 000	1 400 000			3 300 000
股本	3 000 000	2 000 000	⑨2 000 000		3 000 000
盈余公积	1 220 000	480 000	⑧80 000		1 220 000
			⑨400 000		
未分配利润	530 000	120 000			120 000
归属于母公司股东权益合计					4 340 000
少数股东权益			①10 000	⑨250 000	240 000
股东权益合计					4 580 000
负债及股东权益总计	8 000 000	4 000 000			7 880 000

3.(单位:元)

(1)合并现金=500 000+150 000=650 000。

(2)合并固定资产净值=固定资产合计数(4 400 000+3 600 000)-累计折旧合计数(2 000 000+1 200 000)-未实现的出售固定资产利得 210 000+分期确认的出售固定资产利得 70 000=4 660 000。

(3)"长期股权投资——紫杉公司"账户不会出现在合并报表中,因为和子公司的股东权益账户抵销了。

(4)合并"应付债券——面值"为合并主体之外所持有的紫杉公司应付债券=2 000 000×1/2=1 000 000。

(5)普通股股本=牡源公司普通股股本=1 000 000。

(6)期初未分配利润=牡源公司期初未分配利润=720 000。

(7)支付的股利=牡源公司支付的股利=800 000。

(8)由于债券购于 20×2 年 12 月 31 日,故不存在债券折价的摊销问题,所以债券回购利得=牡源公司所获紫杉公司债券的账面价值 1 000 000-支付的成本 910 000=90 000。

(9)合并营业成本=营业成本合计数(4 900 000+3 700 000)-本期集团内部销售存货

600 000＋期末存货中的未实现利润 100 000＝8 100 000。

(10)由于紫杉公司支付的利息费用为合并主体之外所持有的紫杉公司债券全年的利息费用,故紫杉公司的利息费用即为合并利息费用 160 000。

(11)合并折旧费用＝折旧费用合计数(250 000＋200 000)－分期确认的出售固定资产利得 70 000[(360 000－150 000)÷3]＝380 000。

第八章 股权变动

案例 宝万之争

2015年7月10日,宝能系掌门人姚振华通过旗下公司前海人寿高调举牌万科A股,买入其5.53亿股股票。此后,宝能系一发不可收拾,多渠道、高杠杆募集资金,多次购买万科A股股票,一年的时间,就收购了万科26.81亿股股票,持股比例达到25.4%,成为万科第一大股东。

一、公司简介

万科集团成立于1984年,1988年进入房地产行业,1991年在深圳证券交易所上市,股票代码为000002.SZ。经过三十余年的发展,成为国内领先的房地产公司,目前主营业务包括房地产开发和物业服务。自1991年上市以来,万科累计实现净利润1 000.4亿元,实施现金分红23次,累计现金分红达189.3亿元。到2015年,万科营业收入达到1 955.49亿元,总资产规模达到6 112.96亿元。万科股权结构高度分散,自2000年以来,第一大股东华润股份有限公司(以下简称"华润")持股比例一直维持在15%~20%。创始人王石及核心团队并未成为万科的控股股东。从2014年开始,万科推出事业合伙人持股制度,包括王石在内的1 320位万科事业合伙人通过一家名为"深圳盈安财务顾问"的有限合伙企业(以下简称"盈安合伙"),持有万科4.17%的股份。

宝能系是以宝能集团为中心的资本集团,深圳市宝能投资集团有限公司是宝能系的核心。宝能集团成立于2000年,注册资本3亿元,姚振华是其唯一的股东。宝能集团旗下包括综合物业开发、金融、现代物流、文化旅游、民生产业五大板块,下辖宝能地产、前海人寿保险股份有限公司(以下简称"前海人寿")、深圳市钜盛华股份有限公司(以下简称"钜盛华")、广东云信资信评估有限公司、粤商小额贷款、深业物流、创邦集团、深圳建业、深圳宝时惠电子商务、深圳民鲜农产品多家子公司。钜盛华成立于2002年1月,法定代表人为叶伟青,注册地址为广东省深圳市罗湖区,根据公开资料显示,其主营业务范围包括商业、物资供销、计算机软件开发、进出口业务,注册资本16 303 542 900.00元。截至2014年末,该公司总资产283亿元,净资产186亿元。前海人寿成立于2012年2月,法定代表人为姚振华,注册地址为广东省深圳市南山区,属于保险业,注册资本4 500 000 000元。截至2015年末,其总资产达560亿元,净资产达59亿元。

二、事件过程

2015年7月10日,万科股权变动公告中称,宝能系通过旗下前海人寿,动用资金约80亿元在二级市场买入5.53亿股万科股票,对万科的持股比例达5%。

2015年7月25日,万科股权变动公告中称,前海人寿在二级市场上增持了1.03亿股万科股票,同时,宝能系旗下另外一家公司钜盛华也开始出手,买入4.4961亿股,其中的2804万股是在二级市场上直接买入,另外4.2161亿股则是通过银河证券、华泰证券按比例配资买入,以"收益互换业务"形式持有股票收益权。此时,前海人寿与钜盛华合计持有11.05亿股万科股票,占万科总股本的10%。

2015年8月26日,万科发布股权变动公告称,前海人寿第三次在二级市场上买入万科约8020万股,占比0.73%,钜盛华通过二级市场以及融资融券买入万科4.31%的股份。此时,宝能旗下的前海人寿、钜盛华两家公司合计持有16.62亿股,持股比例高达15.04%。

2015年11月24~26日,钜盛华先后与南方资本、西部利得基金和泰信基金3家机构签订协议,合作成立"资管计划"用于增持万科股票。

2015年12月4日,钜盛华通过7个"资管计划"买入5.49亿股万科股票。此时,宝能系通过前海人寿、钜盛华合计持有22.11亿股万科股份,以20.008%的持股比例正式取代华润,成为万科第一大股东。

2015年12月7日,钜盛华继续通过"资管计划"增持了4.7亿股万科股票。此时,钜盛华累计持有万科19.455亿股,加上前海人寿所持7.35877亿股,宝能系持有万科26.81亿股,占万科总股本的24.255%,超过第二大股东华润近9%。

2015年12月18日下午1点,万科以"正在筹划股份发行,用于重大资产重组及收购资产"为由发布公告停牌。

2016年3月12日,万科与深圳地铁签署了一份合作备忘录。双方协定,万科拟采取以向深圳地铁新发行股份为主、如有差额以现金补足的方式,收购深圳地铁持有的目标公司全部或部分股权,初步预计交易对价为400亿~600亿元。

2016年3月17日下午,万科在深圳万科中心召开2016年第一次临时股东大会,表决《关于申请万科A股股票继续停牌的议案》,议案获得股东大会高票通过。

2016年6月17日,万科发布公告称,万科将向深圳地铁发行股份购买其土地资产,交易对价为456亿元。该交易对价拟以15.88元/股的价格,折合成28.72亿股股份。若交易完成,深圳地铁将以20.65%的持股比例成为第一大股东;宝能系持股则由24.26%降为19.27%,成为第二大股东;华润的持股比例由15.24%变为12.1%,成为第三大股东。

2016年6月18日,万科公布的董事会表决结果显示:7票同意、3票反对、1票回避表决,议案以10人投票、7人赞成的超过2/3多数获得通过。随即华润宣布:万科在6月17日召开董事会表决发行股份购买深圳地铁资产的决议,11名董事中,3票反对,只有7票赞成,未获2/3多数通过。

2016年6月23日晚间,宝能系旗下公司前海人寿、钜盛华联合发布声明称"反对万科与深圳地铁的资产重组"。随后,华润也在其官方微信号上公开重申反对万科重组。

2016年7月4日,万科复牌。

2016年7月5日及6日,宝能系再次通过旗下公司钜盛华买入万科A股7839万股,其对万科的持股进一步增至25%。

2016年7月18日,万科发布与深圳地铁集团重大资产重组进展公告。公告称,万科正在与相关各方就本次交易方案作进一步的协商、论证与完善。

2016年7月19日,万科发布了一份《关于提请查处钜盛华及其控制的相关资管计划违法违规行为的报告》,向中国证监会、证券投资基金业协会、深交所、证监会深圳监管局提交。

2016年8月4日,据恒大公告,恒大及其董事长许家印购入约5.17亿股万科A股,持股比例4.68%,总代价为91.1亿元。

2016年8月21日晚间,万科A披露半年报,半年报中表明股权之争已影响万科的正常运营。

2016年11月17日,中国恒大集团在港交所披露,在11月10日至17日间继续增持万科企业股份有限公司至9.452%,当时其持有万科A股共计104 337.975 1万股,所有买入股份总计耗资222.6亿元人民币。

2016年11月23日,万科企业于港交所发布公告称,恒大地产集团及其旗下9家公司已持有万科A股1 103 915 326股,占万科总股本的10.00%。

2016年11月29日,中国恒大集团发布公告披露共持有约15.53亿股万科A股票,约占万科已发行股本总额的14.07%。

2016年12月18日,万科A发布公告称,其与深圳地铁集团的重组预案未得到部分主要股东的同意,难以在规定时间内召开股东大会。经董事会同意,公司终止了与深铁集团的重组。

2017年1月12日,万科A发布公告,公司股东华润股份及其全资子公司中润国内贸易有限公司于2017年1月12日与深圳地铁集团签署了《关于万科企业股份有限公司之股份转让协议》,华润股份和中润贸易拟以协议转让的方式将其合计持有的公司1 689 599 817股A股转让给深圳地铁集团。转让完成后,华润股份和中润贸易将不再持有公司股份。

2017年3月16日,恒大集团发布公告称,恒大集团与深圳地铁集团在当日签署战略合作框架协议,恒大将公司下属企业持有的万科股份(约占万科总股本的14.07%)的表决权不可撤销地委托给深圳地铁集团行使,期限1年。

2017年6月9日,万科A发布公告,恒大下属企业将所持有的约15.5亿股万科A以协议转让方式全部转让给地铁集团,约占公司总股本的14.07%,转让价格为18.80元/股,总金额约292亿元。至此,深圳地铁集团持有约32.4亿股,占公司总股本的29.38%,成为万科A的第一大股东。

2017年6月19日,万科A发布公告,收到深圳地铁集团关于万科2016年度股东大会增加临时提案的函,提议增加董事会换届临时提案,拟提名郁亮、林茂德、肖民、陈贤军、孙盛典、王文金、张旭为第十八届董事会非独立董事候选人。

2017年6月21日,万科公告新一届董事会候选名单,王石宣布将接力棒交给郁亮。

2017年6月30日,董事会候选名单获得股东大会通过。

三、来自监管层的声音

2015年12月18日,针对媒体对宝能系杠杆收购万科股权一事的关切,证监会表示,市场主体被收购和收购属于一种市场化行为,在符合法律法规的前提下,监管机构不会去干预。

2016年7月27日,银监会下发《商业银行理财业务监督管理办法(征求意见稿)》:对银行理财业务进行限制性投资,不得直接或间接投资于本行信贷资产及其受(收)益权,不得直接或间接投资于本行发行的理财产品,不得直接或间接投资于除货币市场基金和债券型基金之外的证券投资基金,不得直接或间接投资于境内上市公司公开或非公开发行或交易的股票及其受(收)益权,不得直接或间接投资于非上市企业股权及其受(收)益权。

2016年8月11日,证监会通报处罚名单,其中就包括宝能杠杆收购中的重要角色——民生加银资产管理有限公司。

2016年8月23日,保监会召开座谈会,讨论《关于加强人身保险产品精算管理有关事项的通知(征求意见稿)》和《关于进一步加强人身保险产品监管有关事项的通知(征求意见稿)》。

2016年12月3日,刘士余在中国证券投资基金业协会第二届会员代表大会上发表讲话:别做奢淫无度的土豪和兴风作浪的妖精。

2016年12月5日,保监会对前海人寿采取停止开展万能险新业务的监管措施;同时,针对产品开发管理中存在的问题,责令公司进行整改,并在三个月内禁止申报新的产品;叫停其互联网渠道保险业务。

2016年12月13日,保监会召开专题会议,会议指出:必须全面落实"保险业姓保、保监会姓监"要求,正确把握保险业的定位和发展方向。

2017年2月24日,保监会发出行政处罚决定书:对前海人寿罚款50万元;给予姚振华撤销任职资格并禁入保险业务10年的处罚。

四、股权结构

根据万科2014年年报,在宝能多次买入万科股份之前,万科的第一大股东为华润股份有限公司,直接和间接持股比例为14.97%,股权结构如图1所示:

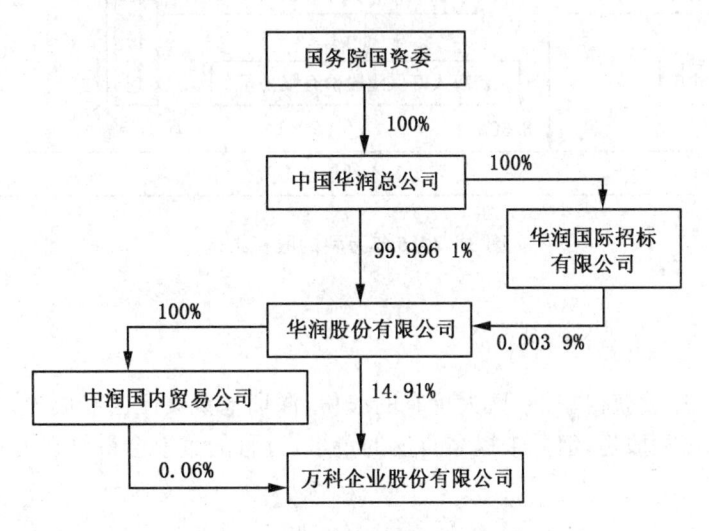

图1 宝能购买万科股份之前万科的股权结构

根据万科2015年年报,在宝能多次购买万科股份之后,万科的股权结构如图2所示。

根据万科2016年年报,宝能系已合计持有万科25.4%的股份,比华润高出近10%;同时,恒大集团及一致行动人合计持有约14.07%的股份,成为第三大股东(见图3)。

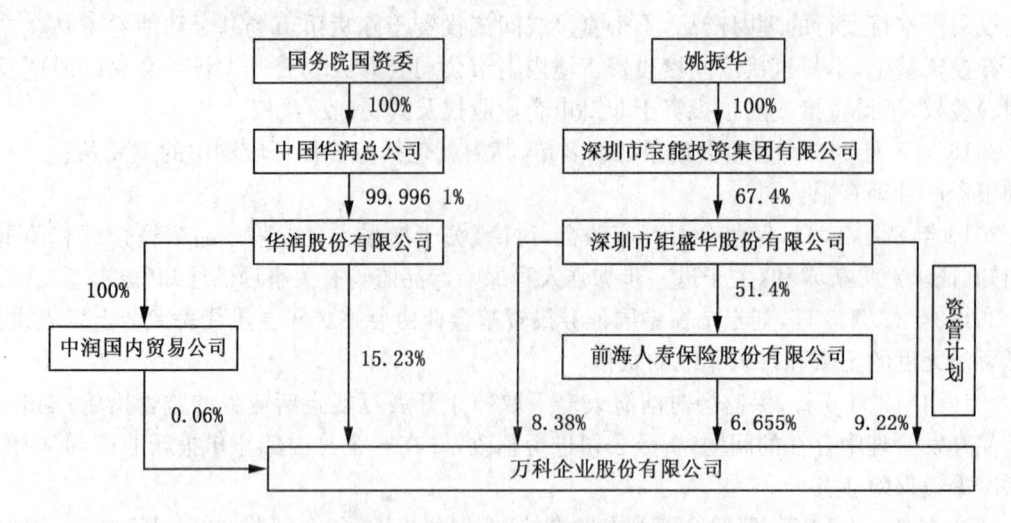

图 2 宝能购买万科股份之后万科的股权结构

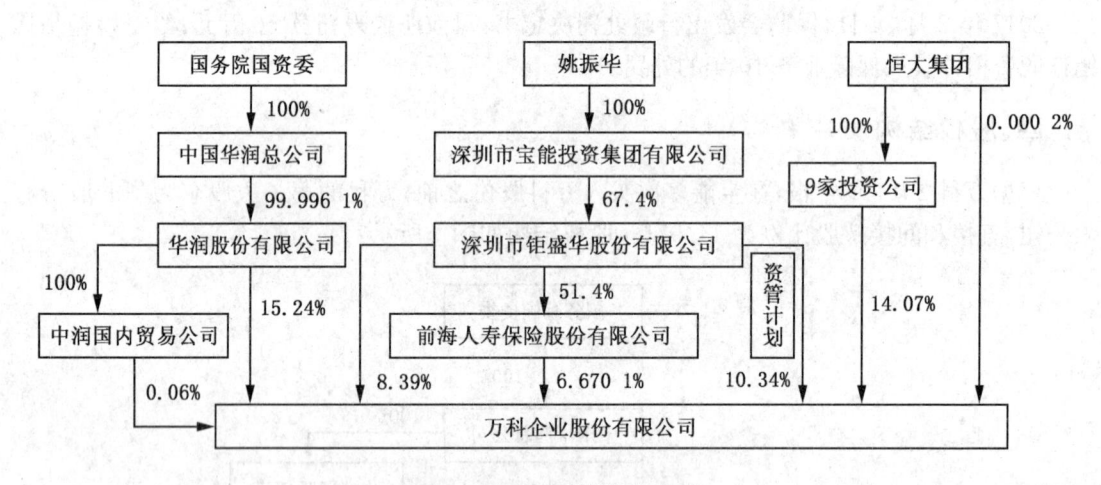

图 3 2016 年万科的股权结构

五、尾声

随着 2017 年连续获得华润、恒大持有的股份,深圳地铁集团已经成为万科第一大股东。虽然宝能持有 25% 的股份,但并未提名自己的董事,万科的董事会最终在万科和深圳地铁集团的意愿下组建。

讨论题

1. 宝能系分次购买万科的股权有何特点?
2. 万科的股权大战不仅是资本市场上精彩的案例,也为上市公司治理研究提供了丰富的素材,结合公司治理的相关文献,谈谈你对宝万之争的看法。

案例分析要点提示

1. 提示:宝能通过自有资金和资管计划购买万科股权,可以比较采用这两种购买方式的风险有什么不同。

2. 提示:公司治理研究的是如何缓解代理问题,这里的代理问题有两方面:第一,管理层与股东之间的代理问题;第二,大股东与中小股东之间的代理问题。可以结合万科股权争夺案,分析万科的代理问题、代理问题引发的经济后果以及如何去解决这些问题。

学习指导

一、本章教学大纲

本章主要内容是讲解母公司期中购并、分次购入或出售子公司股份、相对股权变动的情况下母公司的会计处理。

本章教学大纲

期中购并	期中购并的会计处理	期中购并与期初购并会计处理的区别
		购并前净利润的调整
		购并前股利的调整
		合并报表的编制
	示例	权益法下的会计处理
		成本法下的会计处理
分次购入股权	分次购入股权简介	
	分次购入股权的会计处理	公允价值计量
		公允价值计量转为权益法核算
		权益法核算转为成本法核算
		公允价值计量转为成本法核算
		股东间交易
	示例	通过分次购入股权取得控制权
		取得控制权之后继续购入股份
出售股权	未失去控制权的出售	会计处理
		期初出售股权示例
		期中出售股权示例
	失去控制权的出售	会计处理
		示例
相对股权变动	子公司增发股份	子公司仅对外界增发股份
		子公司只对母公司增发股份
		子公司同时对外界和母公司增发股份
	子公司发放股票股利以及进行股票分割	子公司发放股票股利
		子公司进行股票分割
	子公司回购库存股	子公司回购库存股对母公司的影响
		示例

二、本章重点、难点解析

1. 期中购并

含 义		发生在期中的企业合并
会计处理	(1)与期初购并会计处理的区别	两者的区别主要在于期中购并需要对购并前净利润和购并前股利进行调整。 母公司购并前,子公司当期实现的净利润,即为购并前净利润。
	(2)购并前净利润的调整(两种方法)	第一种方法:只合并购并日后部分,即将子公司被购并前的营业收入、成本、费用从合并营业收入、成本、费用中抵销,只有子公司购并日后的营业收入、成本、费用并入合并利润表中。
		第二种方法:合并全年度利润后再减去购并前净利润,即合并利润表中列示全年的营业收入、成本、费用,但同时将购并前净利润作为减项也列示于合并利润表中。
	(3)购并前股利的调整	在合并工作底稿中直接作为子公司期初留存收益的减少。
	(4)合并报表的编制(在第一种方法下)	①母公司只享有子公司购并日后的净利润以及股利。
		②将子公司被购并前的营业收入、成本、费用从合并营业收入、成本、费用中抵销,即只有子公司购并后的营业收入、成本、费用并入合并利润表中。
		③以后年度的合并工作底稿不再受期中购并的影响。

2. 期中购并情况下,只合并购并日后部分的抵销分录

在编制合并报表时,购并前股利与购并前净利润的抵销是在抵销母公司投资账户期初值和子公司股东权益期初余额的分录中进行。子公司股东权益期初余额经过购并前股利与购并前净利润的调整,会使母公司的投资账户余额按母公司购入子公司股权时的投资成本抵销,而子公司的股东权益账户余额按年初余额抵销。核心抵销分录为:

借:营业收入　　　　　　　　　　　　　　×××
　　股本　　　　　　　　　　　　　　　　×××
　　年初盈余公积　　　　　　　　　　　　×××
　　年初未分配利润　　　　　　　　　　　×××
　　贷:营业成本　　　　　　　　　　　　　　　×××
　　　　购并前股利　　　　　　　　　　　　　×××
　　　　长期股权投资——子公司　　　　　　　×××
　　　　少数股东权益——购并日　　　　　　　×××

3. 分次购入股权

含义	分次购入股权是指企业通过多次交易分步取得另一企业的股权。分次购入股权实现企业合并是指企业通过多次交易最终取得另一企业的控制权。在取得控制权之后,母公司追加投资是指母公司购买子公司少数股权的行为,这种投资行为被视为股东之间的交易。		
会计处理	通过分次购股取得控制权	(1)单体财务报表	①原有股权投资的账面价值与购并日新增股权投资成本之和,作为该项投资的初始投资成本。
^	^	^	②原有股权投资涉及其他综合收益的,与其相关的其他综合收益转入当期投资收益。
^	^	(2)合并财务报表	①对原有股权投资,按照该股权在购并日的公允价值进行计量,公允价值与其账面价值的差额计入当期投资收益。
^	^	^	②合并成本=原有股权投资在购并日的公允价值+新购入股权所支付对价的公允价值
^	^	^	③商誉=合并成本-购并日被购并方可辨认净资产公允价值的份额
^	^	^	④原有股权投资涉及其他综合收益的,与其相关的其他综合收益转入当期投资收益。
^	购买子公司少数股权	(1)单体财务报表	按照所支付对价的公允价值确认购买少数股权的投资成本。
^	^	(2)合并财务报表	购买少数股权的投资成本与按照新增持股比例计算应享有的子公司自购并日开始持续计算的净资产份额之间的差额,应当调整资本公积,资本公积不足冲减的,调整留存收益。

4. 分次购入股权示例

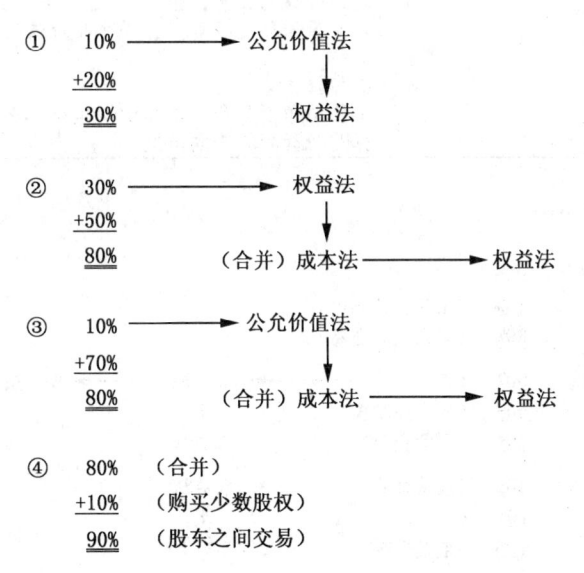

① 10% ⟶ 公允价值法
　+20%　　　　　↓
　30%　　　　权益法

② 30% ⟶ 权益法
　+50%　　　　↓
　80%　　（合并）成本法 ⟶ 权益法

③ 10% ⟶ 公允价值法
　+70%　　　　↓
　80%　　（合并）成本法 ⟶ 权益法

④ 80%　（合并）
　+10%　（购买少数股权）
　90%　（股东之间交易）

5. 出售股权

含义	母公司在持有子公司大量股份后,可能会出售所持有的子公司股份。出售子公司股份包括失去控制权的出售和未失去控制权的出售两种情况。		
会计处理	未失去控制权的出售	(1)单体财务报表	在母公司单体财务报表上,出售的股权作为长期股权投资的出售处理,确认有关出售损益。
^	^	(2)合并财务报表	①在合并财务报表上,不确认出售损益,商誉金额不变。 ②如果在期中出售股权,在合并财务报表上,按权益法调整出售部分对应的股权价值。需要注意的是,无论是期初出售还是期中出售,按权益法调整的长期股权投资账户期末余额都相同。在合并报表上,合并净利润中归属于母公司部分并不相同,差额部分即为出售的股权从期初至出售前实现的净利润。
^	失去控制权的出售	(1)单体财务报表	①在母公司单体财务报表上,对于出售的股权,作为长期股权投资的出售处理,确认有关出售损益。 ②在母公司单体财务报表上,对于剩余股权,若对被投资公司具有重大影响或能共同控制,后续计量则转为权益法;在出售股权当日,还需按权益法调整剩余股权的账面价值。 ③在母公司单体财务报表上,对于剩余股权,若对被投资公司不具有重大影响,应确认为金融资产,出售日剩余股权公允价值与账面价值之间的差额计入当期投资收益。
^	^	(2)合并财务报表	①在合并财务报表上,终止确认商誉、少数股东权益。对于剩余股权,应该按照出售日的公允价值进行重新计量。 ②在合并财务报表上,原有股权投资中涉及的其他综合收益、其他所有者权益变动,应当在失去控制权时转入当期投资收益。 ③合并报表上,出售损益的确认: 支付对价的公允价值　　　　　　　　　××× 剩余股权的公允价值　　　　　　　　　××× 享有原子公司净资产合并账面价值的原有份额　(×××) 商誉　　　　　　　　　　　　　　　(×××) 出售损益　　　　　　　　　　　　　××× 子公司净资产合并账面价值是指子公司自购并日开始持续计算的净资产的账面价值。

6. 出售股权示例

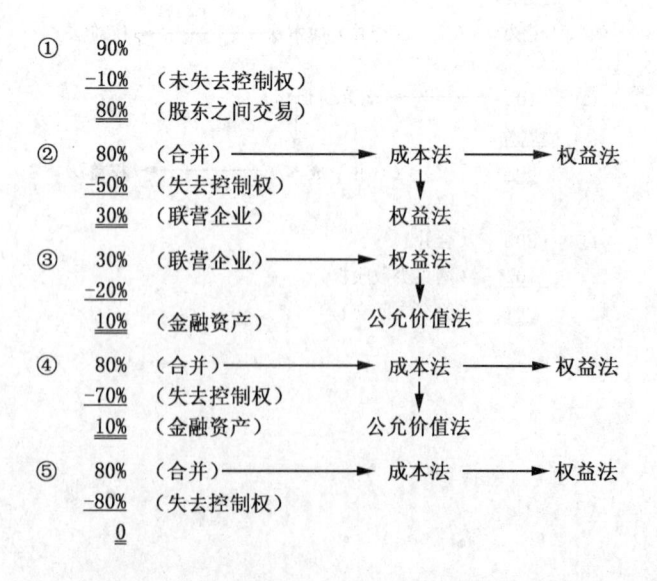

① 　90%
　-10%　(未失去控制权)
　80%　(股东之间交易)

② 　80%　(合并)─────→成本法─────→权益法
　-50%　(失去控制权)　　　　　↓
　30%　(联营企业)　　　　　权益法

③ 　30%　(联营企业)─────→权益法
　-20%
　10%　(金融资产)　　　　公允价值法

④ 　80%　(合并)─────→成本法─────→权益法
　-70%　(失去控制权)
　10%　(金融资产)　　　　公允价值法

⑤ 　80%　(合并)─────→成本法─────→权益法
　-80%　(失去控制权)
　0

7. 相对股权变动

含义	子公司增发股份、发放股票股利、进行股票分割或回购库存股等,母公司在子公司所有者权益中的份额均有可能会发生变化。由这些原因所造成的母公司对子公司持股比例的变化,通常称为相对股权变动。	
类型	(1)子公司增发股份	①仅对外界增发股份	子公司对外界发行股票是资本业务,资本业务所发生的利得、损失不应该计入当期损益。当股票不是以子公司每股账面价值发行时,发行前后母公司所持股份账面价值的差额直接调整母公司的长期股权投资和资本公积账户,母公司对子公司投资未摊销的购买价差保持不变。
		②只对母公司增发股份	子公司仅对母公司新发股票,新发股票的价格等于发放前每股账面价值时,购买价差不变;高于每股账面价值时,产生新的购买价差;低于每股账面价值时,账面价值超过投资成本部分常冲减对同一股票投资所产生的商誉。
		③同时对母公司和外界增发股份	母公司认购新股比例保持不变时,不存在购买价差;高于原持股比例时,同分次购入时的会计处理;认购新股比例低于原持股比例时,类似于子公司仅对外界增发股份。
	(2)子公司发放股票股利	①小额股票股利:股票股利低于20%或25%	按现行股票的公允价值从权益类其他账户转入股本和资本公积。
		②大额股票股利:股票股利高于20%或25%	按所发行股票股利的面值从权益类其他账户转入股本。
	(3)子公司股票分割		母公司的会计处理和合并工作底稿上的抵销分录均无任何变化。子公司进行股票分割或合并,只会影响子公司的股票数量,并不影响子公司权益的总额以及各项权益的余额。
	(4)子公司回购库存股		母公司占子公司的股权比例必然增加,母公司对子公司的权益变化视回购价格而定。 ①若回购价格等于每股的账面价值,则母公司拥有子公司的权益不变; ②若回购价格高于账面价值,则母公司拥有子公司的权益减少; ③若回购价格低于账面价值,则母公司拥有子公司的权益增加; ④库存股交易前后,母公司权益账面价值的变化额在资本公积账户中反映。

三、名词中英文对照

股权变动　　　　　　　　　　　　Changes in Ownership Interests
期中购并　　　　　　　　　　　　Acquisition during a Period
购并前净利润　　　　　　　　　　Preacquisition Income
购并前股利　　　　　　　　　　　Preacquisition Dividend
分次购入　　　　　　　　　　　　Piecemeal Acquisition/Step by Step Purchase
出售股权　　　　　　　　　　　　Sale of Ownership Interests
股票分割　　　　　　　　　　　　Stock Split

练习题

一、思考题

1. 购并前净利润是否属于少数股东损益？如果是，为什么在合并利润表中要将合并前利润和少数股东损益分别列示？
2. 分次购入股权最终实现控制有哪几种情况？它们的会计处理有什么不同？
3. 未失去控制权的出售在单体财务报表和合并财务报表上对于出售的股权的处理有什么不同？
4. 母公司出售子公司股权导致失去控制权的，对于出售的股权，在母公司单体财务报表上和合并财务报表上分别如何确认出售损益？有什么不同？
5. 假设某子公司有流通在外股票 10 000 股，其中母公司持有 7 000 股。若子公司再以账面价值发放 2 000 股给外界，则若母公司采用权益法时，其账上应做何种调整？若以高于账面价值发行，母公司又应如何调整？
6. 子公司发放股票股利或进行股票分割是否会对合并财务报表上的金额产生影响？若会产生影响，指出是何影响？
7. 子公司发放股票股利时如何进行合并报表的抵销，与没有发放股票股利时有什么不同？
8. 子公司进行股票分割时，母公司的会计处理和抵销分录是否会发生变化？为什么？

二、选择题

1. 20×5 年 6 月 30 日，牡丹公司以紫兰公司净资产的公允价值收购了紫兰公司所有流通在外的普通股，并且紫兰公司净资产公允价值和账面价值相等，会计年度以 12 月 31 日为年末，各公司单体经营利润和股利分配如下（单位：元）：

	牡丹公司	紫兰公司
净利润		
20×5 年 1 月 1 日～20×5 年 6 月 30 日	340 000	225 000
20×5 年 7 月 1 日～20×5 年 12 月 31 日	420 000	325 000
支付的股利		
20×5 年 3 月 25 日	500 000	—
20×5 年 11 月 10 日	—	340 000

20×5 年 12 月 31 日，紫兰公司存货中有 20×5 年 12 月 1 日购自牡丹公司的 150 000 元，其中 45 000 元为内部加价。则 20×5 年的合并利润表中的合并净利润为（　　）。

A. 760 000　　　　　　　　　　B. 1 310 000
C. 1 040 000　　　　　　　　　　D. 1 265 000

2. 20×7 年 12 月 31 日，牡丹公司及其拥有 80% 的子公司紫兰公司的股东权益如下（单位：元）：

	牡丹公司	紫兰公司
普通股(面值1元)	10 000 000	6 000 000
未分配利润	4 000 000	3 000 000
股东权益合计	14 000 000	9 000 000

20×7年12月31日,牡丹公司的"长期股权投资——紫兰公司"账户余额等于其所获账面价值。20×8年1月2日,紫兰公司直接向牡丹公司发行600 000股新的普通股,每股价格为2.5元,则20×8年1月2日新的投资入账后,牡丹公司对紫兰公司的长期股权投资账户余额为( )。

    A. 8 700 000   B. 8 100 000
    C. 8 600 000   D. 8 400 000

3. 牡丹公司在20×7年7月1日以675 000元取得紫菱公司90%的股权。20×6年12月31日紫菱公司的股东权益如下(单位:元):

股本	500 000
未分配利润	200 000
合计	700 000

在20×7年、20×8年,紫菱公司列报的净利润及宣告的股利如下(假设利润为全年平均取得,单位:元):

	20×7年	20×8年
净利润	100 000	80 000
股利(12个月)	50 000	30 000

20×8年7月1日,牡丹公司将紫菱公司10%的股权(原股权投资的1/9)以85 000元的价格出售。

    (1)20×7年、20×8年牡丹公司的"投资收益——紫菱公司"的余额为(单位:元)( )。
    A. 50 000、68 000   B. 45 000、68 000
    C. 45 000、72 000   D. 34 000、64 000
    (2)20×8年12月31日长期股权投资账户余额为(单位:元)( )。
    A. 675 000   B. 720 000
    C. 640 000   D. 664 000
    (3)20×8年少数股东损益及少数股东权益为(单位:元)( )。
    A. 100 000、150 000   B. 100 000、160 000
    C. 120 000、150 000   D. 120 000、160 000

4. 20×1年1月1日,牡兰公司以1 600 000元取得紫星公司80%的股权,采用成本法进行后续计量。当日紫星公司股东权益的公允价值等于账面价值,包括股本1 000 000元,留存收益500 000元。20×3年1月1日,紫星公司股东权益包括股本1 000 000元,未分配利润200 000元,盈余公积700 000元。牡兰公司于20×3年4月1日,以1 500 000元出售紫星公司60%的股权,剩余20%的股权在20×3年4月1日的公允价值为508 800元。出售60%股权后,牡兰公司失去对紫星公司的控制权,但是能影响紫星公司的生产经营决策。20×3年,紫星公司净利润为 144 000 元,为全年平均获得,并在期末支付现金股利 80 000 元,提取盈余公积 30 000 元。20×3 年 4 月 1 日,经测试,商誉未发生减值。

根据以上材料回答下列问题(单位:元):

(1)20×1 年 1 月 1 日企业合并产生商誉为(　　)。
A. 400 000　　　　　　　　B. 800 000
C. 600 000　　　　　　　　D. 0

(2)20×3 年 4 月 1 日,出售 60%股权后,牡兰公司对剩下的 20%采用什么方法进行后续计量?(　　)。
A. 成本法　　　　　　　　B. 权益法
C. 公允价值法　　　　　　D. 权益结合法

(3)20×3 年 4 月 1 日,在牡兰公司账上确认的长期股权投资出售损益为(　　)。
A. 1 200 000　　　　　　　B. 300 000
C. 600 000　　　　　　　　D. 0

(4)20×3 年 4 月 1 日,在牡兰公司账上余下的 20%股权的账面价值为(　　)。
A. 400 000　　　　　　　　B. 487 200
C. 508 800　　　　　　　　D. 407 200

(5)20×3 年 12 月 31 日,在牡兰公司账上余下的 20%股权的账面价值为(　　)。
A. 405 600　　　　　　　　B. 421 600
C. 492 800　　　　　　　　D. 514 400

(6)20×3 年 12 月 31 日,合并财务报表上确认的长期股权投资出售损益为(　　)。
A. 120 000　　　　　　　　B. 30 000
C. 60 000　　　　　　　　　D. 0

(7)20×3 年 12 月 31 日,合并财务报表上余下的 20%股权的账面价值为(　　)。
A. 405 600　　　　　　　　B. 421 600
C. 492 800　　　　　　　　D. 514 400

三、业务题

1. 20×6 年 1 月 1 日,牡丹公司以 188 000 元购得紫檀公司 70%权益,当时紫檀公司有股本 200 000 元,未分配利润 40 000 元。购并日紫檀公司的资产负债的公允价值等于账面价值。20×7 年 6 月 30 日,牡丹公司又以 76 000 元购得另外 20%权益。20×7 年 12 月 31 日,牡丹公司与紫檀公司的单体财务报表列示如下:

	牡丹公司	紫檀公司
20×7 年利润表及利润分配部分		
营业收入	800 000	400 000
投资收益——紫檀公司	48 000	—
营业成本	(500 000)	(300 000)
其他费用	(100 000)	(40 000)

续表

	牡丹公司	紫檀公司
净利润	248 000	60 000
加:期初未分配利润	400 000	100 000
减:分配现金股利	(128 000)	(20 000)
期末未分配利润	520 000	140 000
资产负债表		
其他资产	864 000	400 000
长期股权投资——紫檀公司	336 000	—
资产总计	1 200 000	400 000
负债	80 000	60 000
股本	600 000	200 000
未分配利润	520 000	140 000
股东权益合计	1 120 000	340 000
负债和股东权益总计	1 200 000	400 000

要求:

(1)牡丹公司采用什么方法核算对紫檀公司的长期股权投资?请解释。

(2)说明20×7年12月31日牡丹公司的"长期股权投资——紫檀公司"余额336 000元。

(3)计算20×7年12月31日合并资产负债表上商誉金额。

(4)计算20×7年归属于母公司股东的净利润。

(5)计算20×7年12月31日的合并未分配利润。

(6)计算20×7年12月31日的少数股东权益。

2. 牡丹公司20×3年1月1日以现金900 000元购入紫檀公司80%的股权,紫檀公司的股本500 000元、资本公积100 000元、未分配利润400 000元。当日紫檀公司所有资产和负债的公允价值均等于账面价值,牡丹公司采用成本法核算对子公司的长期股权投资。20×3年紫檀公司实现净利润600 000元,发放现金股利100 000元。20×4年1月3日,牡丹公司发行200 000元的票据再次购入紫檀公司10%的股权。20×4年紫檀公司实现净利润500 000元,发放现金股利80 000元。经测试,两年间商誉均没有发生减值。

要求:

(1)计算牡丹公司购并产生的商誉。

(2)为母公司单体账编制20×3年的相关会计分录。

(3)编制20×3年合并报表工作底稿上有关调整抵销分录。

(4)为母公司单体账编制20×4年的相关会计分录。

(5)编制20×4年合并报表工作底稿上有关调整抵销分录。

3. 牡发公司20×5年1月1日以现金400 000元购入紫兴公司20%的股权,能够影响紫兴公司的生产经营决策,当时紫兴公司的股本为1 000 000元、资本公积为500 000元、盈余公积为200 000元、未分配利润为300 000元,并且紫兴公司所有资产和负债的公允价值均等于账面价值。20×5年紫兴公司实现净利润650 000元,发放现金股利50 000元,提取盈余公积200 000元。

20×6年1月3日,牡发公司发行普通股200 000股再次购入紫兴公司60%的股权,股票面值每股1元,市价每股10元。牡发公司采用成本法核算对子公司的长期股权投资。当日紫兴公司净资产的公允价值为3 000 000元,系一固定资产增值400 000元,预计该固定资产剩余使用年限为10年,无残值,采用直线法折旧。20×6年紫兴公司单体净利润800 000元,发放现金股利100 000元,提取盈余公积250 000元。20×6年12月31日,经测试商誉未发生减值。

要求:

(1)为牡发公司编制20×5年的有关会计分录。
(2)为牡发公司编制20×6年1月3日的相关会计分录。
(3)计算购并日的合并成本以及商誉。
(4)编制购并日的调整抵销分录。
(5)计算20×6年牡发公司单体账上的投资收益,并编制相关会计分录。
(6)计算20×6年的少数股东损益。
(7)编制20×6年12月31日合并工作底稿上的调整抵销分录。

4. 20×1年1月1日,牡佑公司以现金1 000 000元购买紫愿公司80%的股权,当时紫愿公司的股本为400 000元,资本公积为200 000元,盈余公积为100 000元,未分配利润为300 000元,并且紫愿公司所有资产和负债的公允价值均等于账面价值。牡佑公司采用成本法核算该长期股权投资。

20×5年1月1日,紫愿公司的股本为400 000元,资本公积为200 000元,盈余公积为300 000元,未分配利润为600 000元。20×5年7月1日,牡佑公司以400 000元出售紫愿公司20%的股权。20×5年紫愿公司单体净利润为200 000元,为全年平均获得,提取盈余公积50 000元,并在12月1日支付股利50 000元。假设商誉一直未发生减值。

要求:

(1)计算母公司单体账上的出售损益并给出相关会计分录。
(2)计算合并报表上的出售损益并给出相关调整抵销分录。
(3)计算权益法下出售股权的价值。
(4)计算权益法下20×5年12月31日长期股权投资账户余额。
(5)给出合并工作底稿上成本法调整为权益法的调整分录。
(6)计算合并报表上20×5年12月31日商誉金额。
(7)计算20×5年少数股东损益。
(8)计算合并报表上20×5年12月31日的少数股东权益。

5. 牡悦公司拥有紫星公司流通在外7 200 000股普通股中的6 000 000股,且其20×5年12月31日的"长期股权投资——紫星公司"账户余额为17 400 000元,等于其对紫星公司股东权益的账面价值。20×5年12月31日紫星公司股东权益汇总如下:

普通股股本,每股面值1元,核准10 000 000股,发行8 000 000股,其中有库存股800 000股	8 000 000
资本公积	5 000 000
盈余公积	6 000 000
未分配利润	5 000 000
	24 000 000
减:库存股(成本)	3 120 000
股东权益合计	20 880 000

因现金短缺,牡悦公司决定将其对紫星公司的持股比例由5/6降至3/4,有如下几个方案:
(1)出售持有的6 000 000股紫星公司股权中的600 000股。
(2)授权紫星公司增发新股800 000股。
(3)授权紫星公司重新发行800 000股库存股。

假设各方案中,均以每股5元的市价出售股份,且不考虑所得税影响。20×5年12月31日,牡悦公司的股东权益包括面值20 000 000元普通股股本、6 000 000元资本公积以及14 000 000元留存收益。

要求:比较各方案中20×6年1月1日的合并股东权益,并编制上述三种方案下的会计分录。

练习题参考答案

二、选择题

1. C

牡丹公司20×5年单体净利润		760 000
+来自紫兰公司投资收益:		
紫兰公司20×5年下半年利润	325 000	
-存货中未实现利润	(45 000)	280 000
合并净利润		1 040 000

2. A

20×7年12月31日长期股权投资余额(9 000 000×80%)		7 200 000
购买新股成本(2.5×600 000)		1 500 000
		8 700 000

3. (1) B

20×7年对子公司投资成本		675 000
-所获净资产账面价值		
20×6年12月31日所有者权益	700 000	
+20×7年上半年利润	50 000	
20×7年7月1日子公司所有者权益	750 000	
	90%	675 000
购买价差		0

投资收益：
20×7年来自子公司投资收益:100 000×1/2×90%   45 000
20×8年来自子公司投资收益:80 000×1/2×90%   36 000
                      80 000×1/2×80%   32 000
                                         68 000

(2) C
20×8年出售股权：
20×6年12月31日子公司所有者权益   700 000
+20×7年利润——20×7年发放股利   50 000
-20×8年上半年利润   40 000
20×8年7月1日子公司所有者权益   790 000
×出售比例   10%
                                              79 000
出售10%股权的收益(85 000-79 000)   6 000

20×7年7月1日对子公司长期股权投资账户   675 000
+20×7年投资收益   45 000
-20×7年收到来自子公司股利(50 000×90%)   (45 000)
20×7年12月31日对子公司长期股权投资余额   675 000
-出售其1/9股权的账面价值   (79 000)
+20×8年投资收益   68 000
-20×8年收到子公司股利   (24 000)
                                             640 000

(3) D
20×7年少数股东损益(100 000×10%)   10 000
20×8年少数股东损益(80 000×1/2×10%+80 000×1/2×20%) 12 000
20×7年12月31日子公司所有者权益   750 000
+20×8年子公司利润——对外发放股利   50 000
20×8年12月31日子公司所有者权益   800 000
少数股权比例   20%
20×8年少数股东权益   160 000

4. (1) A 提示:1 600 000-(1 000 000+500 000)×80%=400 000。

(2) B 提示:出售60%股权后,牡兰公司能影响紫星公司的经营生产决策,所以采用权益法。

(3) B 提示:1 500 000-1 600 000×3/4=300 000。

(4) B 提示:1 600 000×1/4+(700 000+200 000-500 000)×20%+144 000×1/4×20%=487 200。

(5) C 提示:487 200+144 000×3/4×20%-80 000×20%=492 800。

(6) C 提示:1 500 000+508 800-[1 600 000+(700 000+200 000-500 000)×80%+144 000×1/4×80%]=60 000。

(7) D 提示:508 800+144 000×3/4×20%-80 000×20%=514 400。

三、业务题

1.(单位:元)

(1)牡丹公司采用权益法核算对紫檀公司的长期股权投资。如果采用成本法,那么长期股权投资账户余额应该等于初始投资成本。

(2)20×6年1月2日,长期股权投资——紫檀公司　　　　　　　　　　　188 000
享有紫檀公司20×6年未分配利润的增加额(100 000－40 000)×70%　　42 000
20×7年6月30日,第二次购买紫檀公司20%股权　　　　　　　　　　76 000
享有紫檀公司20×7年净利润(60 000×1/2×70%＋60 000×1/2×90%)　48 000
紫檀公司20×7年12月1日分配股利(20 000×90%)　　　　　　　　(18 000)
20×7年12月31日,长期股权投资——紫檀公司　　　　　　　　　　336 000

(3)20×6年1月2日,牡丹公司购买紫檀公司70%股权时,商誉＝188 000－240 000×70%＝20 000。

20×7年6月30日,第二次购买紫檀公司20%股权,此时,相当于购买少数股权,视为股东间交易,所以合并报表上的商誉金额不变,即20×7年12月31日合并资产负债表上商誉金额为20 000元。

(4)因为牡丹公司采用权益法核算对紫檀公司的长期股权投资,20×7年归属于母公司股东的净利润＝母公司净利润＝248 000。

(5)20×7年12月31日合并未分配利润＝母公司未分配利润＝520 000。

(6)20×7年12月31日的少数股东权益＝140 000×10%＝14 000。

2.(单位:元)

(1)20×3年1月1日应确认的商誉＝900 000－(500 000＋100 000＋100 000＋300 000)×80%＝100 000。

20×4年1月3日,牡丹公司再次买入紫檀公司10%的股权,属于股东之间的交易,不影响商誉的金额。

(2)①20×3年1月1日,第一次买入80%股权时,牡丹公司确认长期股权投资:

借:长期股权投资——紫檀公司　　　　　　　　　900 000
　　贷:现金　　　　　　　　　　　　　　　　　　　　　　　900 000

②20×3年子公司发放现金股利时:

借:应收股利　　　　　　　　　　　　　　　　　80 000
　　贷:投资收益——股利收入(100 000×80%)　　　　　　　80 000

(3)20×3年合并工作底稿上调整抵销分录如下:

①将成本法调整为权益法:

借:长期股权投资——紫檀公司　　　　　　　　　400 000
　　贷:投资收益(600 000×80%－80 000)　　　　　　　　　400 000

②抵销母公司确认的投资收益,并将长期股权投资调整至期初数:

借:投资收益——紫檀公司(600 000×80%)　　　　480 000
　　少数股东权益——股利(100 000×20%)　　　　20 000
　　贷:利润分配——分派现金股利　　　　　　　　　　　　100 000
　　　　长期股权投资——紫檀公司　　　　　　　　　　　　400 000

③抵销期初长期股权投资与子公司股东权益账户,并记录期初时的少数股东权益和商誉:

借:股本——紫檀公司 500 000
　　资本公积——紫檀公司 100 000
　　未分配利润——紫檀公司 400 000
　　商誉 100 000
　　贷:长期股权投资——紫檀公司 900 000
　　　　少数股东权益(1 000 000×20%) 200 000

④确认少数股东损益:

借:少数股东损益(600 000×20%) 120 000
　　贷:少数股东权益 120 000

(4)①20×4年1月3日,第二次买入10%股权时,牡丹公司确认长期股权投资:

借:长期股权投资——紫檀公司 200 000
　　贷:应付票据 200 000

②20×4年子公司发放现金股利时:

借:应收股利 72 000
　　贷:投资收益——股利收入(80 000×90%) 72 000

(5)20×4年1月3日,紫檀公司净资产的账面价值等于1 500 000元(购并日的公允价值1 000 000+购并日后的净利润600 000-股利100 000),牡丹公司从紫檀公司少数股东购买紫檀公司10%的股权,使得紫檀公司少数股东权益减少150 000元(1 500 000×10%),这150 000元即为牡丹公司所获得少数股权的价值。由于该项交易属于股东之间的交易,因此母公司的投资成本超过所获得的少数股权的价值部分50 000元应调减母公司的资本公积。

20×4年合并工作底稿上调整抵销分录如下:

①将成本法调整为权益法,本年度应确认为投资收益,以前调整期初未分配利润:

借:长期股权投资——紫檀公司 778 000
　　贷:投资收益(500 000×90%-72 000) 378 000
　　　　期初未分配利润 400 000

②抵销母公司确认的投资收益,并将长期股权投资调整至期初数:

借:投资收益——紫檀公司(500 000×90%) 450 000
　　少数股东权益——股利(80 000×10%) 8 000
　　贷:利润分配——分派现金股利 80 000
　　　　长期股权投资——紫檀公司 378 000

③抵销期初长期股权投资与子公司股东权益账户,母公司第二次购买股权投资成本超过所获净资产价值部分调减母公司资本公积:

借:股本——紫檀公司 500 000
　　资本公积——紫檀公司 100 000
　　未分配利润——紫檀公司 900 000
　　商誉 100 000
　　资本公积——牡丹公司 50 000
　　贷:长期股权投资——紫檀公司(900 000+400 000+200 000) 1 500 000
　　　　少数股东权益(1 500 000×10%) 150 000

④确认少数股东损益：
借：少数股东损益(500 000×10%)　　　　　50 000
　　贷：少数股东权益　　　　　　　　　　　　　　　　50 000

3.(单位:元)

(1)20×5年1月1日,以现金400 000元买入紫兴公司20%的股权:
借：长期股权投资——紫兴公司　　　　　400 000
　　贷：银行存款　　　　　　　　　　　　　　　　　400 000

因为买入股权后能够对其实施重大影响,所以紫兴公司是牡发公司的联营企业,后续计量采用权益法。权益法下,需要确认对子公司净利润的权益：
借：长期股权投资——紫兴公司　　　　　130 000
　　贷：投资收益——紫兴公司(650 000×20%)　　　130 000

子公司发放现金股利时：
借：银行存款(50 000×20%)　　　　　　10 000
　　贷：长期股权投资——紫兴公司　　　　　　　　　10 000

(2)20×6年1月3日,发行200 000股普通股买入紫兴公司60%的股权,按市价确认长期股权投资,相关会计分录如下：
借：长期股权投资——紫兴公司(200 000×10)　　2 000 000
　　贷：股本　　　　　　　　　　　　　　　　　　200 000
　　　　资本公积——股本溢价　　　　　　　　　1 800 000

(3)购并日合并成本＝原持有股权在购并日的公允价值＋购并日新购股权支付对价的公允价值＝3 000 000×20%＋2 000 000＝2 600 000。

购并日商誉＝合并成本－享有紫兴公司可辨认净资产公允价值的份额＝2 600 000－3 000 000×80%＝200 000。

(4)原持有股权在购并日公允价值与账面价值之间的差额应计入合并当期损益。

应计入合并当期损益的金额＝3 000 000×20%－(400 000＋130 000－10 000)＝80 000。

购并日,合并工作底稿分录为：

①调整原持有股权至购并日的公允价值：
借：长期股权投资——紫兴公司　　　　　80 000
　　贷：投资收益　　　　　　　　　　　　　　　　　80 000

②牡发公司长期股权投资与紫兴公司股东权益抵销：
借：股本——紫兴公司　　　　　　　　1 000 000
　　资本公积——紫兴公司　　　　　　　500 000
　　盈余公积——紫兴公司　　　　　　　400 000
　　未分配利润——紫兴公司　　　　　　700 000
　　固定资产　　　　　　　　　　　　　400 000
　　商誉　　　　　　　　　　　　　　　200 000
　　贷：长期股权投资——紫兴公司　　　　　　　　2 600 000
　　　　少数股东权益(3 000 000×20%)　　　　　　600 000

(5)成本法下,子公司发放股利,牡发公司确认投资收益,所以20×6年牡发公司单体账上的投资收益＝100 000×80%＝80 000,相关会计分录如下：

借:银行存款	80 000	
贷:投资收益——股利收入		80 000

(6)少数股东损益计算如下:

子公司列报的净利润	800 000
减:固定资产评估增值部分折旧	(40 000)
	760 000
乘:少数股东持股比例	×20%
少数股东损益	152 000

(7)20×6年12月31日合并工作底稿上的调整抵销分录如下:

①调整原持有股权至购并日的公允价值:

借:长期股权投资——紫兴公司	80 000	
贷:投资收益		80 000

②将成本法下会计处理的结果调整为权益法下会计处理的结果:

借:长期股权投资——紫兴公司	528 000	
贷:投资收益(760 000×80%-80 000)		528 000

③抵销母公司已确认的投资收益,并将长期股权投资账户调整至合并期初数:

借:投资收益——紫兴公司(760 000×80%)	608 000	
少数股东权益——股利(100 000×20%)	20 000	
贷:利润分配——分派现金股利		100 000
长期股权投资——紫兴公司		528 000

④抵销合并期初长期股权投资与子公司股东权益账户,并记录合并期初时的少数股东权益和商誉:

借:股本——紫兴公司	1 000 000	
资本公积——紫兴公司	500 000	
盈余公积——紫兴公司	400 000	
期初未分配利润——紫兴公司	700 000	
固定资产	400 000	
商誉	200 000	
贷:长期股权投资——紫兴公司		2 600 000
少数股东权益(3 000 000×20%)		600 000

⑤评估增值的摊销:

借:管理费用	40 000	
贷:固定资产		40 000

⑥确认少数股东损益:

借:少数股东损益[(50 000-77 000÷10)×20%]	8 460	
贷:少数股东权益		8 460

⑦抵销子公司当年提取的盈余公积250 000元:

借:盈余公积	250 000	
贷:提取盈余公积		250 000

4.(单位:元)

(1)母公司单体账上出售损益的计算

出售收入	400 000
所出售股权的账面价值[1 000 000×(20%/80%)]	(250 000)
出售损益	150 000

相关会计分录如下：

借：银行存款　　　　　　　　　　　　　　　400 000
　　贷：长期股权投资——紫愿公司　　　　　　　　　　　250 000
　　　　投资收益（出售损益）　　　　　　　　　　　　　150 000

(2)因为出售20%股权后，牡佑公司仍能控制紫愿公司，所以这项交易应视为股东之间的权益性交易，相当于子公司的股东权益在母公司和非控制性股东之间重新分配，在合并报表上不确认出售损益。母公司单体报表上确认的出售损益在合并报表上应予以抵销，抵销分录如下：

借：投资收益（出售损益）　　　　　　　　　150 000
　　贷：资本公积　　　　　　　　　　　　　　　　　　150 000

(3)权益法下出售股权的价值计算：

20×1年1月1日，"长期股权投资"账户余额	1 000 000
母公司自20×1年1月1日至20×5年7月1日享有子公司净利润的份额[(300 000+600 000)−(100 000+300 000)+200 000×1/2]×80%	480 000
20×5年7月1日，"长期股权投资"账户余额	1 480 000
出售比率(20%÷80%)	×1/4
20×5年7月1日，按权益法调整的出售的股权价值	370 000

(4)权益法下20×5年12月31日长期股权投资账户余额的计算：

20×5年7月1日，成本法下牡佑公司"长期股权投资"账户余额	1 000 000
权益法下，牡佑公司"长期股权投资"余额调整	480 000
20×5年7月1日，权益法下牡佑公司"长期股权投资"账户余额	1 480 000
20×5年7月1日，牡佑公司出售20%股权	(370 000)
	1 110 000
20×5年7月1日至期末，牡佑公司对紫愿公司的投资收益(200 000×1/2×60%)	60 000
20×5年12月1日，收到股利(50 000×60%)	(30 000)
20×5年12月31日，牡佑公司"长期股权投资"账户余额	1 140 000

(5)合并工作底稿上成本法调整为权益法的调整分录如下：

①按权益法调整出售股权的账面价值，并调整资本公积：

借：资本公积　　　　　　　　　　　　　　　120 000
　　贷：长期股权投资——紫愿公司(370 000−250 000)　　　120 000

②按权益法调整母公司应确认的享有子公司的净利润以及股利：

首先，冲减成本法下已确认的"投资收益——股利收入"。

借：投资收益——股利收入(50 000×60%) 30 000
  贷：长期股权投资——紫愿公司 30 000

然后，按权益法确认对子公司净利润的权益，本年度确认为投资收益，以前年度调整期初未分配利润。

借：长期股权投资——紫愿公司 540 000
  贷：投资收益——紫愿公司(200 000×1/2×80%+200 000×1/2×60%) 140 000
    期初未分配利润(500 000×80%) 400 000

(6)购并日商誉=1 000 000－(400 000+200 000+300 000+100 000)×80%=200 000。因为出售20%股权后,牡佑公司仍然能控制紫愿公司,这项交易视为股东间的交易,所以合并报表上的商誉金额保持不变,仍为200 000元。

(7)20×5年少数股东损益计算如下：

20×5年1月1日至7月1日,少数股东损益(200 000×1/2×20%) 20 000
20×5年7月1日至期末,少数股东损益(200 000×1/2×40%) <u>40 000</u>
20×5年少数股东损益 <u>60 000</u>

(8)20×5年12月31日的少数股东权益：

20×5年1月1日,少数股东权益=期初子公司股东权益1 500 000×20%=300 000。

20×5年7月1日,出售20%股权,少数股东权益增加额=(1 500 000+200 000×1/2)×20%=320 000。

20×5年12月31日,少数股东权益=300 000+320 000+少数股东损益60 000－少数股东股利20 000(50 000×40%)=660 000。

5.(单位：元)

方案一：牡悦公司出售紫星公司股票600 000股。

借：现金(600 000×5) 3 000 000
  贷：长期股权投资 1 740 000
    投资收益 1 260 000

方案二：紫星公司增发新股800 000股。

借：长期股权投资 1 260 000
  贷：资本公积 1 260 000

股东权益调整金额计算如下：

增发800 000股后的母公司持有子公司股权的账面价值 18 660 000
[(20 880 000+800 000×5)×3/4]
增发股票前母公司持有子公司股权的账面价值(20 880 000×5/6) <u>(17 400 000)</u>
公司持有子公司股权的账面价值变化金额 1 260 000

方案三：紫星公司重新发行800 000股的库存股。

借：长期股权投资 1 260 000
  贷：资本公积 1 260 000

合并股东权益
20×6年1月1日

	方案一	方案二	方案三
股本	20 000 000	20 000 000	20 000 000
资本公积	6 000 000	7 260 000	7 260 000
留存收益	15 260 000	14 000 000	14 000 000
少数股东权益	5 220 000	6 220 000	6 220 000
总的股东权益	46 480 000	47 480 000	47 480 000

方案一中少数股东权益=20 880 000×25%=5 220 000。
方案二中少数股东权益=24 880 000×25%=6 220 000。

教材课后习题参考答案

1. (单位:元)
(1) 计算牡晴公司投资于紫顺公司的商誉

投资成本	2 580 000
减:所获得资产账面价值(2 960 000+480 000/12×5−120 000)×70%	2 128 000
商誉	452 000

(2) 20×7年牡晴公司投资紫顺公司的收益=60 000×2×70%=84 000。
(3) 牡晴公司对紫顺公司的长期股权投资账户余额保持不变,即2 580 000。
(4) 合并工作底稿抵销分录(购并前净利润采用第一种方法调整)

借:长期股权投资(480 000/12×7×70%−26 366−84 000)	85 634	
贷:投资收益		85 634
借:投资收益(480 000/12×7×70%−26 366)	169 634	
贷:利润分配——分派现金股利(60 000×2×70%)		84 000
长期股权投资		85 634
借:股本	2 000 000	
盈余公积	630 000	
未分配利润	330 000	
商誉	452 000	
购并前净利润(480 000/12×5)	200 000	
贷:长期股权投资		2 580 000
少数股东权益——合并日(2 960 000+480 000/12×5)×30%		948 000
购并前股利(60 000×2×70%)		84 000
借:资产减值损失	26 366	
贷:商誉		26 366
借:少数股东损益(480 000/12×7×30%)	84 000	
贷:少数股东权益		12 000
利润分配——分派现金股利(60 000×4×30%)		72 000

2.(单位:元)

(1)来自紫翔公司的投资收益

20×9年1月1日至20×9年9月1日,牡仁公司来自紫翔公司的投资收益=480 000×2/3×40%=128 000。

20×9年9月1日至20×9年12月31日,牡仁公司来自紫翔公司的投资收益=120 000×60%=72 000。

所以,20×9年来自紫翔公司的投资收益=128 000+72 000=200 000。

(2)购并前净利润(购并前净利润采用第一种方法调整)=480 000×2/3-480 000×2/3×40%=192 000。

(3)少数股东损益=480 000×1/3×40%=64 000。

3.(单位:元)

(1)牡佑公司出售20%股权的损益

出售价格		260 000
出售股权调整后的账面价值		
期初账面价值	872 000	
+拥有当年子公司出售前净利润的份额	80 000	
(300 000×1/3×80%)		
-出售前商誉减值金额	8 000	
	944 000	
出售股权调整后的账面价值	×25%	236 000
出售损益		24 000

(2)牡佑公司来自紫愿公司的投资收益

1月1日到5月1日	
拥有紫愿公司净利润的份额(300 000×80%×1/3)	80 000
80%投资股权应确认的商誉减值(72 000/3×1/3)	(8 000)
5月1日到12月31日	
拥有紫愿公司净利润的份额(300 000×60%×2/3)	120 000
60%投资股权应确认的商誉减值(72 000/3×3/4×2/3)	(12 000)
投资收益	180 000

(3)"长期股权投资——紫愿公司"账户余额

	期中实际出售
1月1日投资账户余额	872 000
出售股权的账面价值	(236 000)
投资收益	180 000
股利发放	(96 000)
12月31日投资账户余额	720 000

4.(单位:元)

20×5年1月1日,900股的投资成本(90×900)	81 000
所获得资产的账面价值(50 000+30 000)×90%	(72 000)
商誉	9 000

(1)计算20×5年12月31日"长期股权投资——紫艺公司"账户余额

投资初始成本	81 000
＋在20×5年紫艺公司净利润中拥有的份额(5 000×90％)	4 500
－商誉减值(9 000×10％)	(900)
长期股权投资账户余额	84 600

(2)若紫艺公司以每股100元的价格将新发行的500股出售给牡苑公司,此时紫艺公司所有者权益的账面价值为135 000元(85 000＋50 000),牡苑公司对紫艺公司的持股比例增至14/15[(900＋500)/(1 000＋500)]。

牡苑公司的购买成本	50 000
购买后持有子公司股份的账面价值(135 000×14/15)	(126 000)
购买前持有子公司股份的账面价值(85 000×90％)	76 500
增加的股份的账面价值	(49 500)
购买成本超过所获股份账面价值部分即购买价差	500
将购买价差全部分配给商誉	500
20×6年购买的商誉扣除当年减值的余额(500－50)	450
加:20×5年12月31日,合并资产负债表上的商誉值(9 000－900)	8 100
减:商誉20×6年的减值	(900)
20×6年12月31日,合并资产负债表上的商誉值	7 650

(3)①发行后持有子公司股份的账面价值(135 000×900/1 500)   81 000

发行前持有子公司股份的账面价值(85 000×90％)	(76 500)
资本公积	4 500
②20×5年1月1日子公司权益	80 000
20×5年权益增加	5 000
20×6年权益增加	7 000
增发的股票	50 000
20×6年12月31日子公司股东权益	142 000
少数股权持股比例(600/1 500)	40％
20×6年12月31日少数股东权益	56 800

5.(单位:元)

(1)若牡合公司购得发行的600 000股,发行后牡合公司持有紫益公司的股权比例＝4 120 000/5 000 000＝82.4％。

(2)若紫益公司将此600 000股新股出售给公众,发行后牡合公司持有紫益公司的股权比例＝3 520 000/5 000 000＝70.4％。

(3)计算如下:

发行后牡合公司拥有的子公司权益份额	
[(6 400 000＋1 200 000)×70.4％]	5 350 400
发行前牡合公司拥有的子公司权益份额(6 400 000×80％)	(5 120 000)
资本公积调整金额	230 400

相关会计处理为:

借：长期股权投资——紫益公司　　　　　　　　　　　　230 400
　　　贷：资本公积　　　　　　　　　　　　　　　　　　　　　230 400

6.（单位：元）

(1)假设紫未公司新发行的200 000股均由母公司购买：

①增加投资后的股权投资比例＝1 400 000/2 000 000＝70％。

②来自增加投资的商誉：

新股发行后权益的账面价值(5 200 000×70％)	3 640 000
新股发行前权益的账面价值(4 200 000×2/3)	2 800 000
增加的股份的账面价值	(840 000)
投资成本	1 000 000
来自增加投资的商誉	160 000

(2)假设紫未公司新发行的200 000股均由紫艾公司购买：

①少数股东购买新发股票后，母公司持有股权的比例＝1 200 000/2 000 000＝60％。

②牡超公司对紫未公司长期股权投资账户的账面价值的变化金额：

新发行股票后紫未公司的权益	5 200 000
牡超公司持股比例	60％
牡超公司拥有的权益	3 120 000
－新发行股票前的账面价值	2 800 000
账面价值变化值	320 000

③调整分录

借：长期股权投资——紫未公司　　　　　　　　　　　　320 000
　　　贷：资本公积　　　　　　　　　　　　　　　　　　　　　320 000

第九章
复杂控股关系

案例 辽宁成大和广发证券相互持股[①]

一、公司简介

1999年,辽宁成大股份有限公司(以下简称"辽宁成大")与广发证券有限责任公司(以下简称"广发证券")之间善意大比例相互持股在我国尚属首例,这一现象给证券市场以及会计实务界、会计准则制定机构、证券监管部门提出了许多前所未有的问题。

辽宁成大(股票代码600739)是1995年11月由辽宁省针棉毛织品进出口公司、辽宁省对外贸易集团公司和辽宁省丝绸进出口公司联合发起设立;1996年8月19日在上海证券交易所挂牌上市,主要从事棉针织品、毛针织品、家用棉纺织品的进出口业务。

广发证券由广东发展银行创建,是1988年中国人民银行首次批准成立的33家证券公司之一,主要从事证券代理发行,自营代理证券买卖,委托办理证券登记、过户和清算,证券投资咨询和财务顾问,重组、收购与兼并等业务。

二、实现相互持股的过程

1998年10月28日,辽宁省国有资产管理局与广发证券签订股权转让合同,广发证券收购辽宁成大2560万股股份,占辽宁成大总股份的18.61%,收购完成后成为辽宁成大的第二大股东。

1999年1月12日,辽宁成大与辽宁成大集团有限公司签订协议,辽宁成大拟以2.78亿元受让广发证券19 731万股股份,占广发证券总股份的24.66%,收购完成后公司将成为广发证券的第二大股东。

1999年2月3日,辽宁省国有资产管理局将其持有的国家公司股2 854.24万股(占公司总股本的20.75%)转由辽宁成大集团有限公司持有。

1999年3月8日,辽宁成大二届八次董事会决议通过。

1999年3月23日,辽宁成大董事会决定增补广发证券副总裁董正青为公司董事,并获得股东大会通过。

[①] 储一昀、王志伟:《我国第一起交互持股案例引发的思考》,《管理世界》,2001年第5期。

1999年3月31日,辽宁成大支付受让股权款2.255亿元,占受让资金的81.12%。

1999年4月12日,临时股东大会通过董事会收购广发证券股权的决议。

1999年4月29日,辽宁成大讨论并通过选举董正青为公司副董事长。

1999年8月26日,中国证监会批准《关于请求审核批准股权转让的申请公告》(广发证[1999]87号)、《关于广发证券增资改制的申请报告》(广发证[1999]88号)。

1999年8月31日,付完全部受让资金,共计2.78亿元。

1999年11月20日,广发证券增资扩股后,辽宁成大持有广发证券3.2亿股股份,为广发证券的第一大股东。

1999年12月31日,辽宁成大持有广发证券20%股份,广发证券持有辽宁成大18.92%股份,辽宁成大集团有限公司持有辽宁成大26.42%股份。

注:1998年11月3日~1998年12月31日广发证券持有辽宁成大股份比例为18.61%,由于1999年持股数增加416 000股,因此持股比例变为18.92%。1999年2月3日辽宁成大集团有限公司取得辽宁成大20.75%的股份,加上原来的4.56%以及1999年持股数增加29 943 900股,12月31日共持有辽宁成大的股份比例为26.42%。

辽宁成大与广发证券善意大比例相互持股,实现了商业资本与金融资本的结合,对双方以后的盈余都有较大影响。就1999年而言,辽宁成大的业绩得到大幅提升,每股收益(EPS)高达1.06元,EPS指标排名在沪深股市由1998年默默无闻而一跃成为第3名。

三、尾声

我国有关相互持股问题的规定尚不健全,存在如相互持股情况下投资收益的确定、集团内各公司单体财务报表以及合并财务报表关于相互持股财务信息披露方面的要求等问题。随着股市的发展,这些问题都亟须解决。

讨论题

1. 根据库存股法、传统法,在相互持股情况下进行盈余分配各有什么特点?
2. 在我国,在相互持股情况下对盈余采用何种方法进行分配较为合适?
3. 结合案例,试说明上市公司相互持股会有什么经济后果?

案例分析要点提示

1. 提示：库存股法将子公司持有母公司的股份视为企业集团的库存股；传统法最主要的特点是采用数学方法，通过列方程、代入法等求出相互持股公司在合并基础上的净利润。

2. 提示：子公司之间相互持股，但子公司并不持有母公司股份，这种情况只能采用传统法，不能采用库存股法。

3. 提示：上市公司之间互相持股，能够进行盈余管理；当持股比例达到一定程度时，还能影响上市公司的治理结构，从而影响公司的经营决策，所以可以从相互持股与盈余管理、公司治理关系的角度去分析相互持股的经济后果。

学习指导

一、本章教学大纲

本章主要讲述了复杂控股关系下报表的合并。

本章教学大纲

复杂控股关系	复杂控股关系	间接持股
		相互持股
	示例	
间接持股	父子孙结构	合并报表编制的特点
		示例 不完全权益法下的会计处理 成本法下的会计处理
	兄弟联属企业结构	合并报表编制的特点
		示例
相互持股	母子公司之间相互持股	库存股法
		传统法
	子孙公司之间相互持股	传统法

二、本章重点、难点解析

1. 复杂控股关系

含义			在资本结构中,间接持股、相互持股相对于直接持股,又称为复杂控股关系。
类型	间接持股	父子孙结构	母公司持有子公司半数以上股份,子公司又持有其子公司(即孙公司)半数以上股份,从而母公司通过子公司控制孙公司的经营和财务政策。
		兄弟联属结构	母公司直接持有某子公司的股份未达到半数以上,但通过另一子公司持有该子公司的股份,累计达到半数以上,从而对其控股。
	相互持股	母子公司之间相互持股	母子公司相互持有对方的股票。
		子公司之间相互持股	子公司之间相互持股,母公司并不涉入。
		子孙公司之间相互持股	子公司和孙公司之间相互持股。
是否合并报表			在复杂控股关系情况下,是否合并报表,并非看母公司间接持有子公司多少股份,而应看整个企业集团是否持有子公司绝大多数股份从而控制其经营。

控股关系基本示意图如下：

(1)直接持股

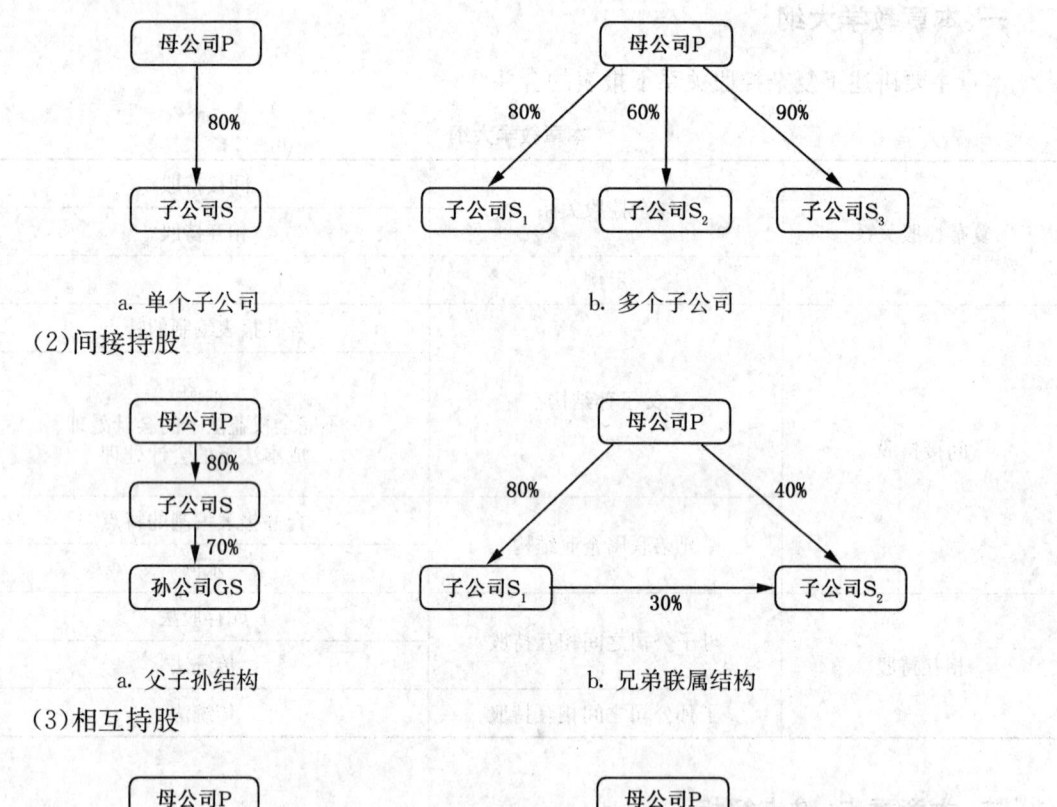

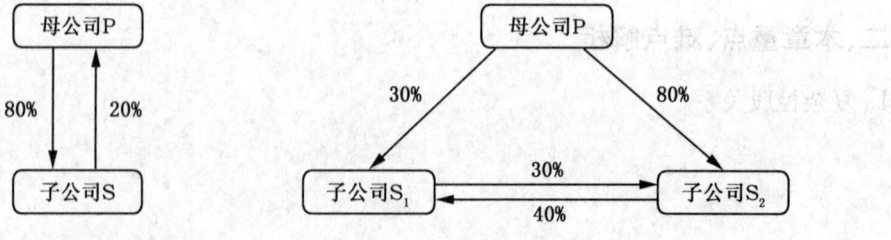

a. 单个子公司　　　　　　　　　b. 多个子公司

(2)间接持股

a. 父子孙结构　　　　　　　　　b. 兄弟联属结构

(3)相互持股

a. 母子公司相互持股　　　　　　b. 子公司之间相互持股

```
母公司P  ──80%──▶  子公司S  ◀──10%── 孙公司GS
                          ──75%──▶
```

c. 子孙公司之间相互持股

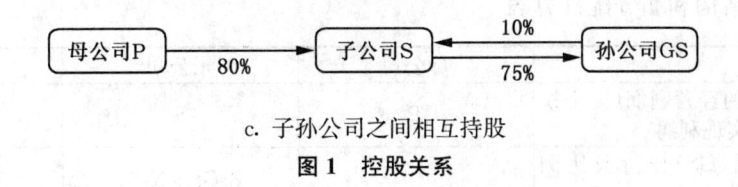

图 1　控股关系

2. 现金流权和控制权

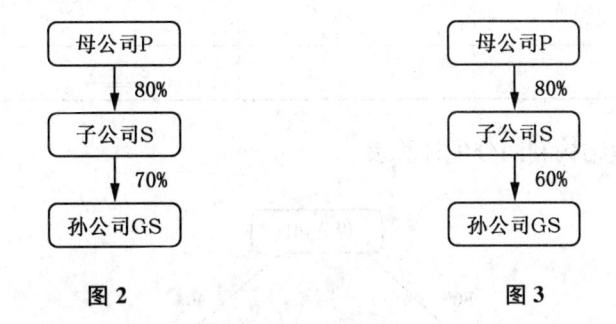

```
    母公司P              母公司P
      │80%               │80%
      ▼                    ▼
    子公司S              子公司S
      │70%               │60%
      ▼                    ▼
    孙公司GS             孙公司GS

     图 2                 图 3
```

图 2 中，母公司直接拥有子公司 S 80%的股份，即母公司直接拥有子公司 S 80%的所有权，间接拥有孙公司 GS 56%(80%×70%)的股份，即 56%的**现金流权**(或称**收益权**)；少数股东拥有孙公司 GS 剩余 44%的股份，其中直接少数股东拥有 30%的股份，子公司 S 的少数股东间接持有 14%(20%×70%)的少数股份。母公司间接持有孙公司 GS 56%的股份，应合并报表。

图 3 中，子公司 S 拥有孙公司 GS 的股份是 60%，母公司只间接持有孙公司 GS 48%的股份，即 48%的**现金流权**，但仍应合并报表，因为母公司虽然只间接持有孙公司 GS 48%的股份，但母公司通过子公司 S 持有孙公司 GS 60%的决策权，仍然控制着孙公司 GS。换言之，**控制权**是根据股权(即所有权)链上最小的持股比例来判断的，只要最小持股比例大于 50%，就需合并报表。所以在图 3 中母公司最终控制了孙公司 GS 60%的股份，故而需合并子公司 GS。

3. 金字塔结构

在父子孙结构中，如果子公司有多个，孙公司有更多个，这种结构称为金字塔结构，如图 4 所示。

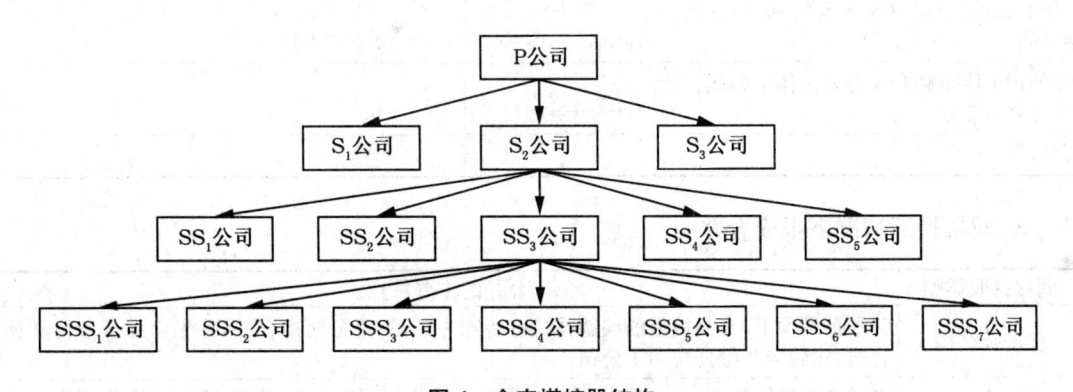

图 4　金字塔控股结构

4. 父子孙结构利润分配计算表

	母公司	子公司	孙公司
不包括投资收益的经营利润（完全权益法下不包含未实现利润）	P	S	GS
孙公司的净利润（GS）按持股比例（$X_1\%$）分配给子公司		$+GS \times X_1\%$	$-GS \times X_1\%$
子公司净利润（$S+GS \times X_1\%$）按持股比例（$X_2\%$）分配给母公司	$+(S+GS \times X_1\%) \times X_2\%$	$-(S+GS \times X_1\%) \times X_2\%$	—
归属于母公司股东的净利润	×××		
少数股东损益		×××	×××

5. 兄弟联属企业结构利润分配计算表

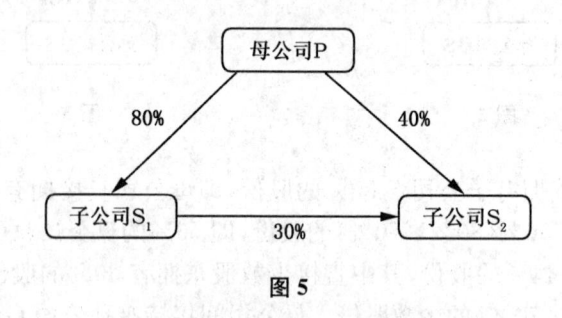

图 5

假设持股结构如图 5 所示，则利润分配计算表如下：

	母公司	子公司 1	子公司 2
不包括投资收益的经营利润（完全权益法下不包含未实现利润）	P	S_1	S_2
分配子公司 S_2 的净利润			
20%给子公司 S_1（$S_2 \times 30\%$）	—	$+S_2 \times 30\%$	$-S_2 \times 30\%$
40%给母公司（$S_2 \times 40\%$）	$+S_2 \times 40\%$	—	$-S_2 \times 40\%$
分配子公司 S_1 的净利润			
80%给母公司[$(S_1+S_2 \times 40\%) \times 80\%$]	$+(S_1+S_2 \times 40\%) \times 80\%$	$-(S_1+S_2 \times 40\%) \times 80\%$	—
母公司单体净利润及合并主体中归属于母公司部分	×××	—	—
少数股东损益		×××	×××

6. 间接持股情况下报表合并

间接持股类型	合并的主要特点
父子孙结构	父子孙结构下，合并报表的编制并没有特殊之处，只是分两次合并，首先合并子公司和孙公司，然后合并母公司和子公司。
兄弟联属结构	在兄弟联属结构中，当抵销与子公司有关的基本相对账户时，首先抵销与 S_2 公司有关的基本相对账户，然后抵销与 S_1 公司有关的基本相对账户。在抵销与 S_2 公司有关的基本相对账户时，从抵销 S_2 公司和 S_1 公司开始，并同时抵销 S_2 公司和母公司。

7. 相互持股情况下报表合并

相互持股类型	适用的合并方法	合并方法的主要特点
母子公司之间相互持股	(1) 库存股法	①库存股法将子公司所持有母公司的股份视为合并主体的库存股。
		②子公司对母公司的长期股权投资通常采用成本法进行会计处理，并在合并资产负债表中，将此库存股按成本作为股东权益的减项。
		③母子公司彼此间的股利，应在工作底稿中予以抵销。
		④当子公司出售持有的母公司股票时，若售价高于子公司取得这部分股票的成本，则将高出的差额计入母公司资本公积账户；若售价低于取得成本，则差额作为母公司资本公积的减项，母公司资本公积不足冲减的，冲减留存收益。
	(2) 传统法（又称交互分配法）	①传统法，即采用数学方法，通过列方程、代入法等求出相互持股公司在合并基础上的净利润。
		②当对子公司所持有母公司股份采用传统法进行会计处理时，母公司合并基础上的净利润为母公司的单体净利润加上来自子公司的投资收益。子公司合并基础上的净利润为子公司的单体净利润加上子公司在母公司单体净利润中的份额。在这种情形下，权益法下母子公司净利润的确定需要采用数学方法，最常用的方法是建立联立方程和代入消除法。
		③传统法下合并净利润中归属于母公司的部分和少数股东损益通常采用两步计算得到： A. 通过列数学方程，求出在母子公司合并基础上包括相互持股收益的净利润。 B. 通过第一步求出的母公司包括投资收益的净利润乘以合并主体外部股东持股比例，得到控股股东净利润；通过第一步求出的净利润乘以子公司少数股东权益比例得到少数股东损益。
		④传统法下子公司对母公司的长期股权投资被视为母公司股票的推定回购。由此，股本、盈余公积等所有者权益项目中属于子公司的部分不在合并报表中列示，合并后财务报表只反映合并主体外多数股东的权益部分。
子孙公司之间相互持股	只能采用传统法	

三、名词中英文对照

控制权	Control Right
所有权	Ownership
收益权	Earnings Right
现金流权	Cash Flow Right
直接持股	Direct Holding
间接持股	Indirect Holding
相互持股	Mutual Holding
交叉持股	Reciprocal Holding
金字塔结构	Pyramid Structure

父子孙结构	Farther-Son-Grandson
兄弟联属结构	Connecting Affiliates
母子公司相互持股	Parent and Subsidiary Mutually Owned
子公司相互持股	Subsidiaries Mutually Owned
库存股法	Treasury Stock Method
传统法	Conventional Approach/Traditional Method
交换分配法	Reciprocal Method

练习题

一、思考题

1. 母公司拥有 A 公司 80％的股权，同时拥有 B 公司 40％的股权。A 公司又拥有 B 公司 11％的股权，则母公司编制合并报表时是否应合并 B 公司？

2. 间接持股包括哪些类型？请说明。

3. 企业间的间接持股结构和相互持股结构有什么区别？

4. 假如母公司拥有子公司 80％的股份，且子公司相对拥有母公司 20％的股份，这是哪种企业结构？试说明。

5. 母公司单体净利润为 100 000 元，且子公司的单体净利润为 40 000 元。母公司拥有子公司 80％的股权，且子公司拥有母公司 10％的股权，归属于母公司股东的净利润为多少？

6. 如何使用库存法抵销相互持股？

二、选择题

1. 牡丹公司拥有紫菱公司 70％的股份，紫菱公司又拥有紫月公司 80％的股份，20×4 年，牡丹公司、紫菱公司、紫月公司单体净利润（不包含对子公司的投资收益）分别为 720 000 元、320 000 元和 200 000 元。

(1) 合并时，对牡丹公司来自紫菱公司的投资收益的计算为（　　）。

A. 320 000×70％

B. (320 000×70％)+(200 000×80％)

C. (320 000×70％)+(200 000×56％)

D. 70％×(320 000+200 000)

(2) 20×4 年牡丹公司及其子公司的少数股东权益为（　　）。

A. 30％×320 000

B. (30％×320 000)+(20％×200 000)

C. (30％×320 000)+(24％×200 000)

D. (30％×320 000)+(44％×200 000)

(3) 对合并净利润中归属于母公司部分的计算为（　　）。

A. 1 240 000−(320 000×30％)

B. 1 240 000−(320 000×30％)−(200 000×20％)

C. 1 240 000−(320 000×30％)−(200 000×20％)−(200 000×30％×90％)

D. 1 240 000－(320 000×30%)－(200 000×44%)

2. 牡丹公司拥有80%的紫菱公司权益及70%的紫月公司权益,紫月公司也拥有10%的紫菱公司权益。这些投资均以账面价值取得(单位:元)。

20×5年联属企业公司的净利润(包含投资收益)如下:

牡丹	240 000
紫菱	80 000
紫月	40 000

20×5年12月31日,牡丹公司的存货中包括在20×5年从紫菱公司购买的商品的10 000元未实现利润,且紫菱公司的土地账户显示存在20×5年从紫月公司购买的土地的15 000元未实现利润。这些未实现利润并未在上述的净利润中予以抵销。除了有关未实现利润的调整外,净利润的数额来自正确的权益基础。

(1) 20×5年牡丹、紫菱及紫月公司的单体净利润(不包含投资收益)为(　　)。
  A. 240 000、80 000、32 000   B. 148 000、80 000、32 000
  C. 148 000、72 000、40 000   D. 240 000、72 000、40 000

(2) 20×5年牡丹、紫菱、紫月公司的单体已实现净利润(不包含投资收益)为(　　)。
  A. 138 000、80 000、25 000   B. 138 000、70 000、25 000
  C. 123 000、80 000、17 000   D. 148 000、70 000、17 000

(3) 20×5年归属于母公司股东的净利润为(　　)。
  A. 220 800   B. 215 900
  C. 214 400   D. 212 400

(4) 20×5年牡丹公司及其子公司的合并利润表中少数股东损益应为(　　)。
  A. 23 600   B. 21 200
  C. 19 100   D. 14 200

3. 牡丹公司以账面价值(等于公允价值)获得并持有紫兰公司90%的股份,且紫兰公司以账面价值获得并持有牡丹公司15%的股份,紫兰公司采用成本法计量对牡丹公司的长期股权投资。2008年各联属企业的单体净利润(不包含投资收益)及股利如下所示:

	单体净利润(不包含投资收益)	股利
牡丹公司	100 000	50 000
紫兰公司	60 000	30 000

若使用库存股法,2008年合并净利润中归属于母公司部分应为(　　)。
  A. 100 000＋(90%×60 000)
  B. 100 000＋(90%×67 500)
  C. 100 000＋(90%×60 000)－(90%×30 000)
  D. 100 000＋60 000－(10%×67 500)

4. 上题中,若使用传统法,在合并基础上,牡丹公司的净利润 P＝100 000＋0.9S,且紫兰公司的净利润 S＝60 000＋0.15P。给定以上等式,合并净利润中归属于母公司部分应为(　　)。
  A. P   B. P－0.1S

C. 0.85P   D. P+S-0.15S

5. 一组相互关联的公司的结构图示如下：

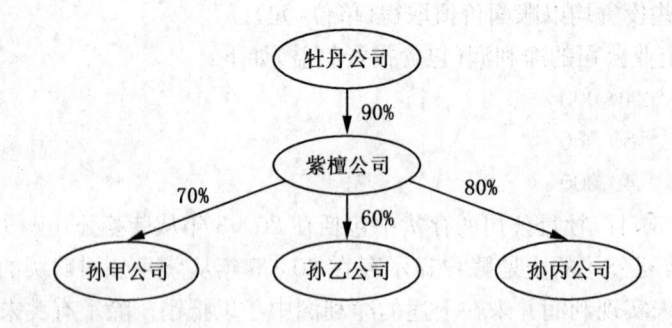

```
         牡丹公司
           ↓ 90%
         紫檀公司
      70% ↓60%  80%
   孙甲公司 孙乙公司 孙丙公司
```

这些公司的投资均系于20×1年按账面价值取得，且无未实现损益或推定损益。20×4年这些公司单体的净利润及股利如下（单位：元）：

	单体净利润（损失）（不包含投资收益）	股利
牡丹公司	620 000	200 000
紫檀公司	175 000	100 000
孙甲公司	200 000	80 000
孙乙公司	(50 000)	无
孙丙公司	120 000	60 000

(1)20×4年孙甲公司的净利润中属于少数股东的部分为（　　）。
A. 60 000   B. 74 000
C. 126 000   D. 140 000

(2)20×4年孙丙公司直接少数股东损益为（　　）。
A. 24 000   B. 48 000
C. 55 200   D. 72 000

(3)20×4年在牡丹公司及其子公司的合并利润表上少数股东损益的总额列示（　　）。
A. 122 100   B. 105 100
C. 102 100   D. 38 100

(4)20×4年归属于母公司股东的净利润为（　　）。
A. 962 900   B. 940 900
C. 620 000   D. 342 900

(5)权益法下，20×4年牡丹公司对紫檀公司的长期股权投资账户净增加额为（　　）。
A. 381 000   B. 342 900
C. 312 900   D. 252 900

6. 牡兰公司拥有80%的紫甲公司股份及70%的紫乙公司股份，紫甲公司拥有15%的紫乙公司股份，紫乙公司拥有25%的牡兰公司股份。这些相互持股情况如下图所示：

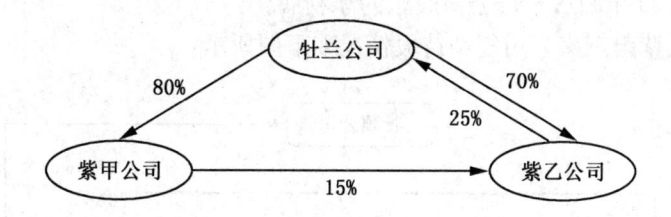

```
              牡兰公司
         80% ↗    ↘ 70%
              25%
        紫甲公司 ——→ 紫乙公司
                15%
```

调整公司相互间净利润前的各公司净利润如下(单位:元):

牡兰公司　　　190 000
紫甲公司　　　170 000
紫乙公司　　　230 000

有关符号表示如下:

X 为牡兰公司在合并基础上的净利润,即其单体净利润加上其在紫甲公司及紫乙公司合并基础上的净利润中占有的份额。

Y 为紫甲公司在合并基础上的净利润,即其单体净利润加上其在紫乙公司合并基础上的净利润中占有的份额。

Z 为紫乙公司在合并基础上的净利润,即其单体净利润加上其在牡兰公司合并基础上的净利润中占有的份额。

根据以上资料回答下列问题(单位:元):

(1)联立方程式中,计算 X 的方程式为(　　)。

A. X=0.75×(190 000+0.8Y+0.7Z)

B. X=190 000+0.8Y+0.7Z

C. X=0.75×190 000+0.8×170 000+0.7×230 000

D. X=0.75×190 000+0.8Y+0.7Z

(2)联立方程式中,计算 Y 的方程式为(　　)。

A. Y=170 000+0.15Z−0.75X

B. Y=170 000+0.15Z

C. Y=0.2×170 000+0.15×230 000

D. Y=0.2×170 000+0.15Z

(3)合并利润总额中,紫乙公司的少数股东权益为(　　)。

A. 0.15×230 000　　　　　　　B. 230 000+0.25X

C. 0.15×230 000+0.25X　　　　D. 0.15Z

(4)合并利润总额中,紫甲公司的少数股东权益为(　　)。

A. 34 316　　　　　　　　　　B. 25 500

C. 45 755　　　　　　　　　　D. 30 675

三、业务题

1. 牡心公司拥有紫唯公司 80% 的股份和紫蔼公司 60% 的股份。紫唯公司拥有紫蔼公司 20% 的股份。20×5 年牡心公司、紫蔼公司单体净利润分别为 800 000 元、300 000 元,紫唯公司单体损失 400 000 元。假设购并时均未产生购买价差,也不存在公司内部交易。

要求:计算 20×5 年归属于母公司股东的净利润。

2. 牡顺、紫兴、紫蔚三家公司复杂持股情况如下图所示：

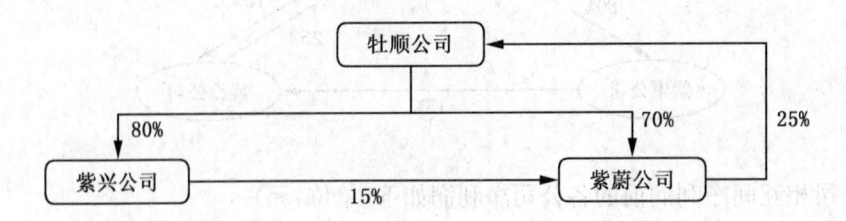

```
            牡顺公司
         80%    70%    ↖25%
        ↓       ↓        │
      紫兴公司 ──15%→ 紫蔚公司
```

三家公司的单体净利润分别为 380 000 元、340 000 元、460 000 元。

要求：
(1) 计算牡顺、紫兴、紫蔚三家公司合并净利润中归属于母公司部分。
(2) 计算合并利润总额中，紫蔚公司、紫兴公司的少数股东损益。

3. 牡润公司及其子公司的相互持股结构如下图所示：

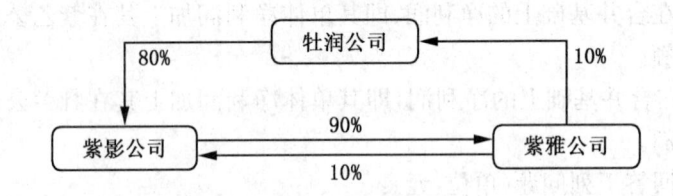

```
            牡润公司
         80%         ↖10%
        ↓             │
      紫影公司 ─90%→ 紫雅公司
             ←─10%─
```

20×6 年三家公司单体净利润及股利发放如下所示：

	单体净利润	股利
牡润公司	100 000	40 000
紫影公司	84 000	20 000
紫雅公司	40 000	—

紫影公司有销售商品给牡润公司,牡润公司期初存货中有未实现利润 6 000 元,且期末存货中包含未实现利润 10 000 元。

要求:计算 20×6 年度牡润公司及其子公司的合并净利润中归属于母公司部分及少数股东损益。

4. 牡恒公司及其集团内部企业之间 20×5 年投资情况如下：

	持有比例
牡恒公司	
对紫吉公司投资	60%
对紫如公司投资	80%
对紫祥公司投资	70%
紫吉公司	
对紫益公司投资	70%
紫如公司	
对紫吉公司投资	20%

	持有比例
对紫荣公司投资	90%
紫荣公司	
对紫祥公司投资	10%

假设购并时均不存在购买价差,且20×5年唯一的联属企业内部未实现利润来自紫吉公司销售设备给紫荣公司,其利得为30 000元,其中已于20×5年计提折旧6 000元。

20×5年牡恒公司及其联属企业按成本法列报的净利润/损失及股利如下:

	净利润/损失	股利
牡恒公司	220 000	100 000
紫吉公司	40 000	20 000
紫如公司	70 000	40 000
紫祥公司	(30 000)	—
紫益公司	(40 000)	10 000
紫荣公司	80 000	30 000

要求:

(1)绘制牡恒公司及其联属企业的结构图。

(2)编表列示牡恒公司及其子公司利润分配情况及各少数股东损益。

5. 牡祥公司和其子公司紫庆公司、紫誉公司的相互持股情况以及单体净利润如下所示(单位:元):

	对紫誉公司的持股比例	对紫庆公司的持股比例	本年单体净利润
牡祥公司	50%	80%	400 000
紫庆公司	20%	—	200 000
紫誉公司	—	10%	100 000

要求:

(1)绘制牡祥公司及其子公司的联属企业结构图。

(2)假设没有购买价差及未实现利润,计算归属于母公司股东的净利润及少数股东损益。

(3)假设紫誉公司出售给紫庆公司的存货有20 000元未实现利润,而且牡祥公司出售土地给紫庆公司有40 000元利得,计算归属于母公司股东的净利润及少数股东损益。

练习题参考答案

二、选择题

1. (1)C;(2)D;(3)D

2. (1)B　提示:牡丹公司单体净利润(不包含投资收益)=240 000−80 000×80%−40 000×70%=148 000,紫菱公司单体净利润(不包含投资收益)=80 000,紫月公司单体净利润(不包含投资收益)=40 000−80 000×10%=32 000。

(2)D　提示:牡丹公司单体已实现净利润(不包含投资收益)=148 000,紫菱公司单体已实现净利润(不包含投资收益)=80 000−10 000=70 000,紫月公司单体已实现净利润(不包含投资收益)＝32 000－15 000＝17 000。

  (3)A 提示：归属于母公司股东的净利润＝母公司在完全权益法下的单体净利润＝148 000＋70 000×80％＋(17＋70×10％)×70％＝220 800。

  (4)D 提示：148 000＋70 000＋17 000－220 800＝14 200。

 3.D 提示：归属于母公司股东的净利润＝100 000＋(60 000＋50 000×15％)×90％－50 000×15％或归属于母公司股东的净利润＝100 000＋60 000－(60 000＋50 000×15％)×10％。

 4.C

 5.(1)B 提示：200 000－200 000×90％×70％＝74 000。

  (2)A 提示：120 000×20％＝24 000。

  (3)C 提示：175 000×10％＋200 000×(1－90％×70％)－50 000×(1－90％×60％)＋120 000×(1－90％×80％)＝102 100。

  (4)A 提示：(620 000＋175 000＋200 000－50 000＋120 000)－102 100＝962 900。

  (5)D 提示：(175 000＋200 000×70％－50 000×60％＋120 000×80％)×90％－股利100 000×90％＝252 900。

 6.(1)B 提示：X＝190 000＋0.8Y＋0.7Z。

  (2)B 提示：Y＝170 000＋0.15Z。

  (3)D 提示：合并利润总额中紫乙公司的少数股东权益＝(1－70％－15％)×Z＝0.15Z。

  (4)C 提示：合并利润总额中紫甲公司的少数股东权益＝(1－80％)×Y＝0.2Y，联立方程 X＝190 000＋0.8Y＋0.7Z、Y＝170 000＋0.15Z、Z＝230 000＋0.25X，可求得 X＝647 296、Y＝228 773、Z＝391 824，所以 0.2Y＝45 755。

三、业务题

1.（单位：元）

	牡心公司	紫唯公司	紫蔼公司
单体净利润/损失	800 000	(400 000)	300 000
分配紫蔼公司净利润			
60％给牡心公司	180 000		(180 000)
20％紫唯公司		60 000	(60 000)
分配紫唯公司净损失			
80％给牡心公司	(272 000)	272 000	
合并净利润中归属于母公司部分	708 000		
少数股东损益		(68 000)	60 000

2.（单位：元）

  (1)设：A 为牡顺公司合并基础上的净利润

    B 为紫兴公司合并基础上的净利润

    C 为紫蔚公司合并基础上的净利润

A＝380 000＋80％×B＋70％×C
B＝340 000＋15％×C
C＝460 000＋25％×A

得：A＝1 294 591.18；B＝783 647.8；C＝457 547.16

(2)归属于母公司股东的净利润(1 294 591.18×75％)		970 943.38
紫兴公司少数股东损益(457 547.16×20％)		91 509.44
紫蔚公司少数股东损益(783 647.8×15％)		117 547.18
合并净利润		1 180 000.00

3.（单位：元）

	牡润公司	紫影公司	紫雅公司
单体净利润	100 000	84 000	40 000
公司间未实现损益	—	6 000 (10 000)	—
单体已实现净利润	100 000	80 000	40 000

设：P 为牡润公司合并基础上的净利润

S 为紫影公司合并基础上的净利润

T 为紫雅公司合并基础上的净利润

P＝100 000＋80％×S

S＝80 000＋90％×T

T＝40 000＋10％×P＋10％×S

得：T＝76 849.64；S＝149 164.68；P＝219 331.74

归属于母公司股东的净利润(219 331.74×90％)	197 398.56
紫影公司少数股东损益(149 164.68×10％)	14 916.48
紫雅公司少数股东损益(76 849.64×10％)	7 684.96
合并净利润	220 000.00

4.（单位：元）

(1)牡恒公司及其联属企业的结构

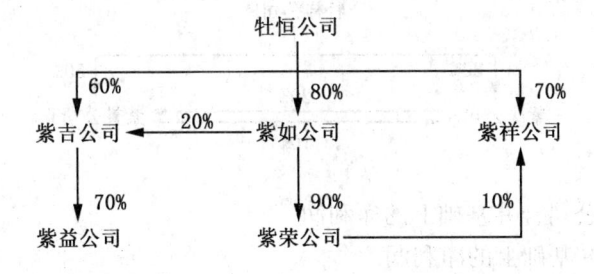

```
              牡恒公司
         60%    80%     70%
          ↓     ↓        ↓
    紫吉公司←20%—紫如公司    紫祥公司
      ↓70%       ↓90%    ↓10%
    紫益公司     紫荣公司
```

(2)牡恒公司及其子公司利润分配情况及各少数股东损益

	牡恒	紫吉	紫如	紫祥	紫益	紫荣	合计
单体净利润	220 000	40 000	70 000	(30 000)	(40 000)	80 000	340 000
股利收入							
来自紫吉	(12 000)		(4 000)				(16 000)
来自紫如	(32 000)						(32 000)
来自紫益		(7 000)					(7 000)
来自紫荣			(27 000)				(27 000)
未实现损益	—	(24 000)	—	—			(24 000)
单体实现净利润	176 000	9 000	39 000	(30 000)	(40 000)	80 000	234 000
分配紫益净利润							
70%给紫吉		(28 000)			28 000		
紫吉净损失		(19 000)					
分配紫吉净利润							
60%给牡恒	(11 400)	11 400					
20%给紫如		3 800	(3 800)				
分配紫祥净利润							
70%给牡恒	(21 000)			21 000			
10%给紫荣				3 000		(3 000)	
紫荣净利润						77 000	
分配紫荣净利润							
90%给紫如			69 300			(69 300)	
紫如净利润			104 500				
分配紫如净利润							
80%给牡恒	83 600		(83 600)				
归属于母公司股东的净利润	227 200						227 200
少数股东损益		(3 800)	(20 900)	(6 000)	(12 000)	(7 700)	(6 800)
							234 000

5.（单位：元）

(1)牡祥公司及其子公司的联属企业结构图

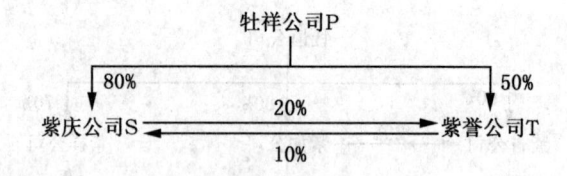

(2)设：P 为牡祥公司合并基础上的净利润

S 为紫庆公司合并基础上的净利润

T 为紫誉公司合并基础上的净利润

$P = 400\,000 + 80\% \times S + 50\% \times T$

$S = 200\,000 + 20\% \times T$

$T = 100\,000 + 10\% \times S$

得：$S = 224\,489.8$；$T = 122\,448.98$；$P = 640\,816.32$

归属于母公司股东的净利润(P)	640 816
紫庆公司少数股东损益(S×10%)	22 449
紫誉公司少数股东损益(T×30%)	36 735
合并净利润	700 000

(3) P、S、T 定义如(2)

$P=(400\,000-40\,000)+80\%\times S+50\%\times T$

$S=200\,000+20\%\times T$

$T=(100\,000-20\,000)+10\%\times S$

得：$P=587\,346.96$；$S=220\,408.16$；$T=102\,040.82$

归属于母公司股东的净利润(P)	587 347
紫庆公司少数股东损益(S×10%)	22 041
紫誉公司少数股东损益(T×30%)	30 612
合并净利润	640 000

教材课后习题参考答案

1. (单位:元)

	牡洪公司	紫程公司	紫大公司
单体净利润	400 000	140 000	160 000
减：出售土地未实现损益	—	—	(40 000)
单体实现净利润	400 000	140 000	120 000
分配紫大公司净利润			
60%给牡洪公司	72 000		(72 000)
20%给紫程公司		24 000	(24 000)
分配紫程公司净利润			
70%给牡洪公司	114 800	(114 800)	
合并净利润中归属于母公司的部分	586 800	—	
少数股东损益		49 200	24 000

2. (单位:元)

(1) 紫月公司单体净利润	400 000
紫月公司单体净利润中包括的合并净利润份额(90%×70%×400 000)	(252 000)
紫月公司的少数股东损益	148 000
(2) 单体净利润	240 000
少数股东持股比例(直接)	20%
紫吉公司的直接少数股东损益	48 000
(3) 单体净利润之和	2 130 000
减：合并净利润中包含的份额	

牡康公司(1 240 000×100%)	1 240 000	
紫键公司(350 000×90%)	315 000	
紫月公司(400 000×90%×70%)	252 000	
紫毅公司(100 000×90%×60%)	(54 000)	
紫吉公司(240 000×90%×80%)	172 800	1 925 800
少数股东损益总额		204 200

(4) 参见(3),即合并净利润中归属于母公司部分为 1 925 800 元。

(5) 紫键公司净利润

单体净利润	350 000
＋紫月公司净利润 400 000 的 70%	280 000
－紫毅公司损失 100 000 的 60%	(60 000)
＋紫吉公司净利润 240 000 的 80%	192 000
紫键公司净利润	762 000
牡康公司持股比例	90%
确认在子公司中享有的权益	685 800
－来自紫键公司的股利收入	(180 000)
长期股权投资净增加额	505 800

3. (单位:元)

	牡金公司	紫富公司	紫浩公司	紫海公司
单体净利润(损失)	1 000 000	600 000	300 000	(40 000)
未实现利润	—	—	(40 000)	—
单体实现净利润	1 000 000	600 000	260 000	(40 000)
分配紫海公司净损失				
70%给紫富		(28 000)		28 000
分配紫浩公司利润				
60%给紫富		156 000	(156 000)	
紫富对紫浩的商誉减值		(28 000)		
		700 000		
分配紫富公司利润				
90%给牡金	630 000	(630 000)		
牡金对紫富的商誉减值	(80 000)			
归属于母公司股东的净利润	1 550 000			
少数股东损益		70 000	104 000	(12 000)

4. (单位:元)

牡贤公司购买紫博公司 90% 股份时,商誉＝710 000－(400 000＋100 000＋200 000)×90%＝80 000。

	牡贤公司未分配利润	长期股权投资	投资收益	牡贤公司发放股利
以前年度商誉减值	(40 000)	(40 000)		
当年商誉减值		(10 000)	(10 000)	
支付给紫博公司的股利			(20 000)	(20 000)
调整总计	(40 000)	(50 000)	(30 000)	(20 000)

合并工作底稿上的抵销分录：

① 借：期初未分配利润　　　　　　　　　　　　40 000
　　　投资收益　　　　　　　　　　　　　　　30 000
　　　贷：长期股权投资　　　　　　　　　　　　　　　　50 000
　　　　　利润分配——分派现金股利　　　　　　　　　　20 000

② 借：投资收益　　　　　　　　　　　　　　　24 000
　　　投资收益——股利收入　　　　　　　　　20 000
　　　少数股东权益　　　　　　　　　　　　　4 000
　　　贷：利润分配——分派现金股利　　　　　　　　　　40 000
　　　　　长期股权投资　　　　　　　　　　　　　　　　8 000

③ 借：股本　　　　　　　　　　　　　　　　　400 000
　　　未分配利润　　　　　　　　　　　　　　200 000
　　　盈余公积　　　　　　　　　　　　　　　200 000
　　　商誉　　　　　　　　　　　　　　　　　40 000
　　　贷：长期股权投资　　　　　　　　　　　　　　　　760 000
　　　　　少数股东权益　　　　　　　　　　　　　　　　80 000

④ 借：资产减值损失　　　　　　　　　　　　　10 000
　　　贷：商誉　　　　　　　　　　　　　　　　　　　　10 000

⑤ 借：库存股　　　　　　　　　　　　　　　　160 000
　　　贷：长期股权投资　　　　　　　　　　　　　　　　160 000

⑥ 借：少数股东损益　　　　　　　　　　　　　6 000
　　　贷：少数股东权益　　　　　　　　　　　　　　　　6 000

合并工作底稿

项目	牡贤公司	紫博公司	调整与抵销 借方	调整与抵销 贷方	合并数
利润表					
营业收入	800 000	200 000			1 000 000
投资收益	54 000			①30 000 ②24 000	
投资收益——股利收入		20 000	②20 000		
营业成本	(400 000)	(100 000)			(500 000)

续表

项　目	牡贤公司	紫博公司	调整与抵销 借方	调整与抵销 贷方	合并数
其他费用	(100 000)	(60 000)			(160 000)
资产减值损失			④10 000		(10 000)
净利润	354 000	60 000			330 000
少数股东损益			⑥6 000		(6 000)
归属于母公司股东的净利润					324 000
利润分配部分					
期初未分配利润	400 000	200 000	①40 000 ③200 000		360 000
加：净利润	354 000	60 000			324 000
减：分派现金股利	(200 000)	(40 000)		①20 000 ②40 000	(180 000)
期末未分配利润	554 000	220 000			504 000
资产负债表					
其他资产	982 000	840 000			1 822 000
长期股权投资——紫博公司	818 000			①50 000 ②8 000 ③760 000	
长期股权投资——牡贤公司		160 000		⑤160 000	
商誉			③40 000	④10 000	30 000
资产总计	1 800 000	1 000 000			1 852 000
负债	246 000	180 000			426 000
股本	800 000	400 000	③400 000		800 000
盈余公积	200 000	200 000	③200 000		200 000
未分配利润	554 000	220 000			504 000
库存股			⑤160 000		(160 000)
归属于母公司股东权益合计					1 344 000
少数股东权益			②4 000	③80 000 ⑥6 000	82 000
股东权益合计	1 554 000	820 000			1 426 000
负债与股东权益总计	1 800 000	1 000 000			1 852 000

5. (单位:元)

牡捷公司单体净利润＝280 000－160 000＝120 000
紫圆公司单体净利润＝200 000－120 000＋6 000＝86 000
P＝调整后牡捷公司利润＋持股比例×S
调整后牡捷公司利润＝120 000＋机器设备递延收入 4 000－减值 8 000
S＝紫圆公司利润＋持股比例×P
P＝116 000＋80％×(86 000＋20％×P)
P＝184 800＋16％×P
P＝220 000
S＝86 000＋20％×220 000＝130 000
归属于母公司股东的净利润＝P×流通在外的持股比例＝176 000
少数股东损益＝S×少数股东持股比例＝26 000
来自紫圆公司的投资收益＝归属于母公司股东的净利润－母公司单体净利润＝176 000－120 000＝56 000

合并工作底稿抵销分录：

① 借:长期股权投资——紫圆　　　　　　　　　　　　4 000
　　贷:营业外收入　　　　　　　　　　　　　　　　　　　　　　4 000
② 借:投资收益——股利收入　　　　　　　　　　　　8 000
　　贷:长期股权投资——紫圆　　　　　　　　　　　　　　　　　8 000
③ 借:投资收益——紫圆　　　　　　　　　　　　　　56 000
　　少数股东权益　　　　　　　　　　　　　　　　　8 000
　　贷:利润分配——分派现金股利　　　　　　　　　　　　　　40 000
　　　　长期股权投资——紫圆　　　　　　　　　　　　　　　　24 000
④ 借:长期股权投资——紫圆　　　　　　　　　　　　200 000
　　贷:长期股权投资——牡捷　　　　　　　　　　　　　　　　200 000
⑤ 借:股本——紫圆　　　　　　　　　　　　　　　　100 000
　　未分配利润　　　　　　　　　　　　　　　　　　196 000
　　盈余公积　　　　　　　　　　　　　　　　　　　164 000
　　商誉　　　　　　　　　　　　　　　　　　　　　32 000
　　贷:长期股权投资——紫圆　　　　　　　　　　　　　　　　391 420
　　　　少数股东权益　　　　　　　　　　　　　　　　　　　　100 580
⑥ 借:资产减值损失　　　　　　　　　　　　　　　　8 000
　　贷:商誉　　　　　　　　　　　　　　　　　　　　　　　　　8 000
⑦ 借:少数股东损益　　　　　　　　　　　　　　　　26 000
　　贷:少数股东权益　　　　　　　　　　　　　　　　　　　　　26 000

合并工作底稿

项　　目	牡捷公司	紫圆公司	调整与抵销 借　方	调整与抵销 贷　方	合并数
利润表					
营业收入	280 000	200 000			480 000

续表

项目	牡捷公司	紫圆公司	调整与抵销 借方	调整与抵销 贷方	合并数
投资收益	56 000		③56 000		
投资收益——股利收入		8 000	②8 000		
营业外收入		6 000		①4 000	10 000
营业成本	(160 000)	(120 000)			(280 000)
资产减值损失			⑥8 000		(8 000)
净利润	176 000	94 000			202 000
少数股东损益			⑦26 000		(26 000)
归属于母公司股东的净利润					176 000
利润分配部分					
期初未分配利润	210 420	196 000	⑤196 000		210 420
加:净利润	176 000	94 000			176 000
减:分派现金股利	(32 000)	(40 000)		③40 000	(32 000)
期末未分配利润	354 420	250 000			354 420
资产负债表					
其他资产	896 000	314 000			1 210 000
长期股权投资——紫圆	219 420		①4 000	②8 000	
			④200 000	③24 000	
				⑤391 420	
长期股权投资——牡捷		200 000		④200 000	
商誉			⑤32 000	⑥8 000	24 000
资产合计	1 115 420	514 000			1 234 000
股本	160 000	100 000	⑤100 000		160 000
盈余公积	601 000	164 000	⑤164 000		601 000
未分配利润	354 420	250 000			354 420
归属于母公司股东权益合计					1 115 420
少数股东权益			③8 000	⑤100 580	118 580
				⑦26 000	
股东权益合计	1 115 420	514 000			1 234 000

第十章
合并现金流量表与合并每股收益

案例 中国南车和中国北车合并

2014年10月30日晚间,中国南车股份有限公司和中国北车股份有限公司双双发布公告称,双方将按照"对等合并、着眼未来"的原则,技术上采取中国南车吸收合并中国北车的方式进行合并。合并后的新公司更名为"中国中车股份有限公司"(以下简称"中国中车")。至此,喧嚣3月有余的南北车重组合并正式尘埃落定。

一、公司简介

2007年12月28日,中国南车集团公司联合北京铁工经贸公司共同出资70亿元设立中国南车股份有限公司(以下简称"中国南车"),其中南车集团持股98.57%,北京铁工经贸公司持股1.43%;2008年8月实现A+H股上市(A股代码601766,H股代码01766)。其中,发行A股300 000万股,发行H股184 000万股(含行使超额配售选择权发行的24 000万股)。A+H境内外首次公开发行完成后,中国南车的股份总数增加至1 184 000万股。中国南车主要经营铁路机车车辆、动车组、城市轨道交通车辆、工程机械、各类机电设备、电子设备及零部件、电子电器及环保设备产品的研发、设计、制造、修理、销售、租赁与技术服务,主要产品有高速动车组、大功率机车、城轨地铁车辆、铁路重载货车、高档客车。产品现已出口全球各大洲近百个国家和地区,并逐步从产品出口向技术输出、资本输出和全球化经营转变。截至2014年底,中国南车旗下拥有22家全资及控股一级子公司,分布在中国内地10个省(直辖市)和香港特别行政区,员工近9万人,资产总额达人民币1 506亿元。2014年公司实现营业收入1 197.24亿元,同比增长20.48%;归属于母公司净利润53.15亿元,同比增长27.61%。

中国北车股份有限公司(以下简称"中国北车")是经国资委批准,由中国北方机车车辆工业集团公司(北车集团)联合大同前进投资有限责任公司、中国诚通控股集团有限责任公司和中国华融资产管理公司,于2008年6月26日共同发起设立的股份有限公司,注册资本为58亿元,总股本为58亿股,其中北车集团持股91.23%,大同前进投资有限责任公司持股7.78%,中国诚通控股集团有限公司持股0.58%,中国华融资产管理公司持股0.41%。中国北车于2009年12月18日首次公开发行A股250 000万股。2009年12月29日,中国北车在上交所挂牌上市交易,股票代码为601299。首次公开发行完成后,中国北车的股份总数增加至830 000万股。公司的主营业务为铁路机车车辆(含动车组)、城市轨道车辆、工程机械、机电设备、环保设备、相关部件等产品的研发、制造、修理及技术服务、设备租赁等。截至2014年底,中国北车资产总额1 492亿元。2014年实现营业收入1 042.9亿元,较上年增加70.5亿元,增幅为7.3%;实现利润总额66.1亿元,较上年增加15.1亿元,增幅为29.7%;实现归属于母公司股东的净利润54.9亿元,同比增长33.0%。

二、合并过程

2014年10月27日,中国南车和中国北车均发布公告称,公司拟筹划重大事项,公司股票自2014年10月27日起停牌。

2014年12月30日,中国南车和中国北车一起发布《中国南车股份有限公司、中国北车股份有限公司合并预案》。根据《合并预案》,按照对等合并的原则,中国南车采取换股合并的方式吸收合并中国北车,即中国南车向中国北车全体A股换股股东发行中国南车A股股票,向中国北车全体H股换股股东发行中国南车H股股票,中国北车的A股股票和H股股票相应予以注销。合并后新公司同时承继及承接中国南车与中国北车的全部资产、负债、业务、人员、合同、资质及其他一切权利与义务。合并后新公司将采用新的公司名称和组织机构代码、股票简称和代码、法人治理结构、战略定位、组织架构、管理体系、公司品牌等(其中,股票简称和代码的变更取决于对可操作性的进一步论证),从而实现双方的对等合并。

2015年3月6日,国务院国资委同意中国南车和中国北车进行合并。

2015年4月4日,商务部反垄断局、证监会并购委员会同意此次合并。

2015年4月27日,证监会核准中国南车新增11 138 692 293股股份吸收合并中国北车。

2015年5月8日,中国北车向上海证券交易所提交股票终止上市的申请。中国北车终止上市后,中国南车开始实施换股,中国北车将在换股实施完成后办理工商注销手续,不再具有独立主体资格。

2015年5月20日,上海证券交易所对中国北车A股股票予以摘牌,中国北车股票终止上市。本次合并的换股实施股权登记日为2015年5月20日,换股实施股权登记日收市后中国北车A股股东持有的中国北车A股股票已按照1∶1.10的比例转换为中国南车A股股票。

2015年5月26日,中国南车新增发行H股股份2 347 066 040股换取中国北车全部H股;2015年5月28日,中国南车新增发行A股股份11 138 692 293股换取中国北车全部A股。

2015年6月8日,合并后新公司名称变更为"中国中车股份有限公司",股票简称变更为"中国中车",公司股票代码为601766.SH。

2015年8月5日,中国中车原第一大股东南车集团和原第二大股东北车集团签署了《中国北车机车车辆工业集团公司与中国南车集团公司合并协议》。根据该合并协议,北车集团吸收合并南车集团,南车集团注销,北车集团更名为"中国中车集团公司",南车集团的全部资产、负债、业务、人员、合同、资质及其他一切权利与义务均由合并后企业承继。

2015年9月25日,北车集团完成工商变更登记,更名为"中国中车集团公司"。

三、合并方案

本次合并的具体换股比例为1∶1.10,即每1股中国北车A股股票可以换取1.10股中国南车将发行的中国南车A股股票,每1股中国北车H股股票可以换取1.10股中国南车将发行的中国南车H股股票。上述换股比例系由合并双方在以相关股票于首次董事会决议公告日前20个交易日的交易均价作为市场参考价的基础上,综合考虑历史股价、经营业绩、市值规模等因素,经公平协商而定。具体而言,中国南车A股和H股的市场参考价分别为5.63元/股和7.32港元/股;中国北车A股和H股的市场参考价分别为5.92元/股和7.21港元/股。根据该参考价并结合前述换股比例,中国南车的A股股票换股价格和H股股票换股价格分别确定为5.63元/股和7.32港元/股,中国北车的A股股票换股价格和H股股票换股价格分别确定为6.19元/股和8.05港元/股。

四、合并之后的股权关系

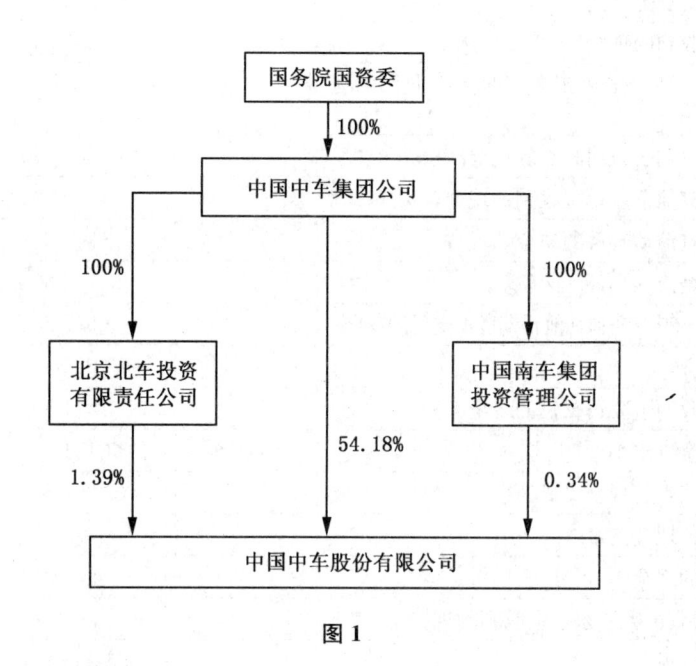

图1

五、合并之后的合并现金流量表

2015年,中国中车的合并现金流量表如下。

合并现金流量表[①]

2015年1～12月　　　　　　　　　　单位:千元;币种:人民币

项　目	附　注	本年发生额	上年发生额
一、经营活动产生的现金流量			
销售商品、提供劳务收到的现金		258 387 878	279 849 868
收到的税费返还		1 314 673	1 107 685
收到其他与经营活动有关的现金		4 445 614	1 581 431
经营活动现金流入小计		264 148 165	282 538 984
购买商品、接受劳务支付的现金		192 881 919	203 045 207
支付给职工以及为职工支付的现金		25 713 796	22 869 744

---

① 选自上海证券交易所网站(http://www.sse.cn)中国中车(601766)2015年年报。

续表

项　目	附　注	本年发生额	上年发生额
支付的各项税费		15 087 875	14 142 883
支付其他与经营活动有关的现金		15 483 065	14 043 695
经营活动现金流出小计		249 166 655	254 101 529
经营活动产生的现金流量净额		14 981 510	28 437 455
二、投资活动产生的现金流量			
收回投资收到的现金		25 077 574	7 322 531
取得投资收益收到的现金		554 845	523 236
处置固定资产、无形资产和其他长期资产收回的现金净额		222 339	341 746
非同一控制下收购子公司收到的现金净额		587 330	—
处置子公司及其他营业单位收到的现金净额		40 900	6 773
收到其他与投资活动有关的现金		1 305 632	66 833
投资活动现金流入小计		27 788 620	8 261 119
购建固定资产、无形资产和其他长期资产支付的现金		9 077 282	9 863 240
投资支付的现金		23 028 401	16 585 727
非同一控制下收购子公司支付的现金净额		1 074 807	1 596 982
投资活动现金流出小计		33 180 490	28 045 949
投资活动产生的现金流量净额		(5 391 870)	(19 784 830)
三、筹资活动产生的现金流量			
吸收投资收到的现金		501 370	8 252 878
其中：子公司吸收少数股东投资收到的现金		501 370	430 598
取得借款收到的现金		75 555 241	111 947 806
发行债券收到的现金		18 000 000	34 688 000
收到其他与筹资活动有关的现金		110 658	12 723
筹资活动现金流入小计		94 167 269	154 901 407
偿还债务支付的现金		104 838 735	141 488 016
分配股利、利润或偿付利息支付的现金		5 821 602	5 764 927
其中：子公司支付给少数股东的股利、利润		822 424	388 547
购买子公司少数股东权益支付的现金		106 978	141 055
同一控制下收购子公司		—	105 897
支付其他与筹资活动有关的现金		87 375	129 049
筹资活动现金流出小计		110 854 690	147 628 944
筹资活动产生的现金流量净额		(16 687 421)	7 272 463
四、汇率变动对现金及现金等价物的影响		7 816	(83 135)
五、现金及现金等价物净增加额		(7 089 965)	15 841 953
加：年初现金及现金等价物余额		37 034 186	21 192 233
六、年末现金及现金等价物余额		29 944 221	37 034 186

六、尾声

此次合并之前,中国南车和中国北车是国内最大的两家轨道交通设备制造企业;合并之后,双方能在研发、生产、采购、销售等领域发挥协同效应和规模效应。同时在海外竞争方面,也能避免因相互压价而过度竞争。另外,合并之后,中国中车成为一家巨无霸央企,在公司治理方面带有很强的行政色彩,在某种程度上也会对企业的经营效率造成一定的损失。

讨论题

1. 2014年12月30日,中国南车(2015年6月8日,名称变更为"中国中车")股票复牌,二级市场走势如图2所示,结合二级市场的反应,试说明资本市场如何看待这次合并。

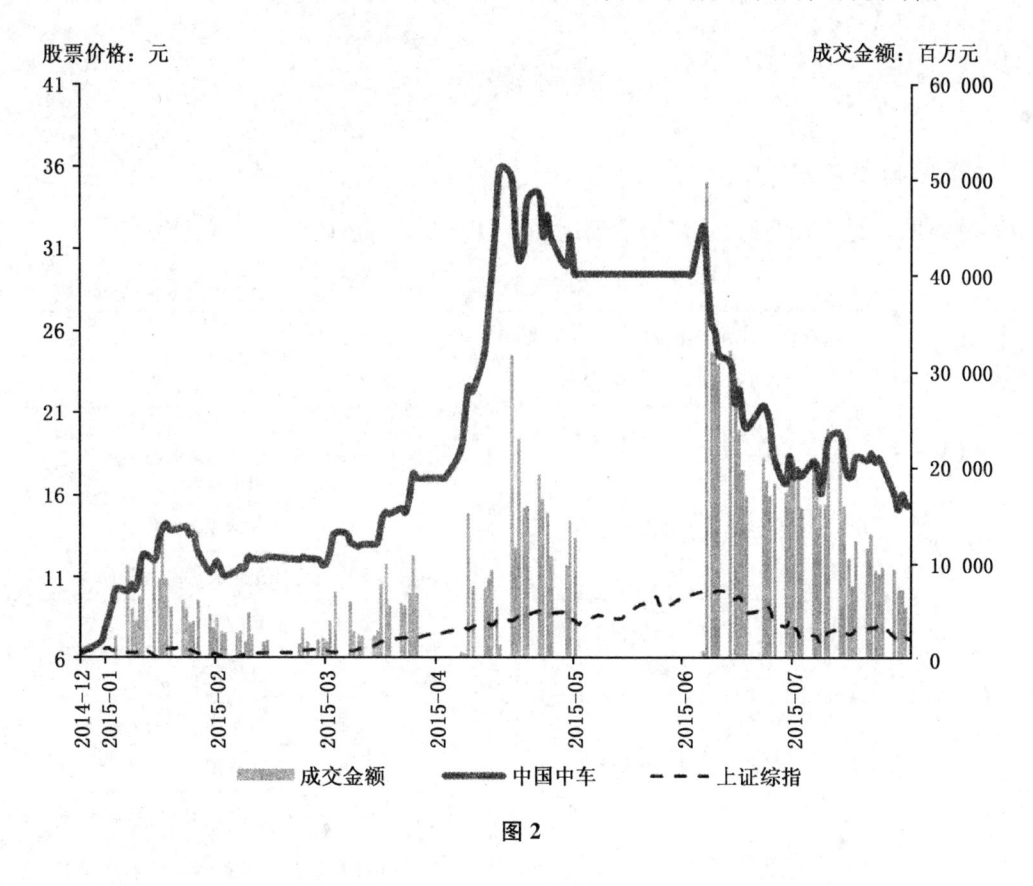

图 2

2. 目前我国《企业会计准则》对编制合并现金流量表有何要求?试说明提出该项要求的可能理由。

案例分析要点提示

1. 提示：从二级市场走势来看，在中国南车宣布与中国北车合并后，投资者是看好这次重组合并的，因为从宣布合并预案开始至证监会同意合并这段时间，公司股票从6元左右一路上涨至37元左右，涨幅远远高于同期的上证指数。重组全面实施之后，股价又重新回落至11元左右。可从央企服务国家战略以及中国中车的经营业绩的角度去解释投资者看好这次重组的内在逻辑。

2. 提示：对于合并现金流量表的编制，我国《企业会计准则第33号——合并财务报表》中规定："合并现金流量应当以母公司和子公司的现金流量表为基础，在抵消母公司与子公司、子公司相互之间发生的内部交易对合并现金流量表的影响后，由母公司合并编制"；"合并现金流量表及其补充资料也可以根据合并资产负债表和合并利润表进行编制"。

学习指导

一、本章教学大纲

本章主要讲述了合并现金流量表的编制办法以及合并每股收益的计算方法。

本章教学大纲

现金流量表概述	编制现金流量表的目的及编制基础	
	现金流量表公式的推导	
	现金流量的分类	
	现金流量表的编制方法	间接法
		直接法
		间接法与直接法的比较
合并现金流量表	以合并资产负债表和合并利润表为编制基础	间接法
		直接法
	以母子公司单体现金流量表为编制基础	间接法
		直接法
合并每股收益	合并每股收益的一般计算程序	子公司没有潜在稀释证券
		子公司的稀释证券可转换成子公司普通股
		子公司的稀释证券可转换成母公司普通股
	子公司拥有可转换优先股时合并每股收益的计算	子公司优先股可转换成子公司普通股
		子公司优先股可转换成母公司普通股
	子公司拥有认股权及可转换公司债券时合并每股收益的计算	可转换成子公司普通股的认股权及公司债券
		可转换成母公司普通股的认股权及公司债券

二、本章重点、难点解析

1. 现金流量表的编制方法

	间接法	直接法
主要特点	将利润表中"净利润"调整为经营活动现金流量。调整一般通过流动性项目和非现金收入费用进行,主要包括:(1)没有收到现金的收益;(2)没有支付现金的费用;(3)不属于经营活动的损益;(4)属于经营活动的应收应付等流动性项目。	直接根据利润表中各项收入和费用将权责发生制(应计制)转换成收付实现制(现金制),列示各项经营活动现金流入的来源及现金流出的去向。通常以利润表各项目为基础,调整资产负债表中与之相关的资产负债,然后计算出经营活动现金流量。
优缺点	优点是易于使报表使用者了解本期净利润与现金流量是否存在重大差异,以及产生差异的原因。缺点是无法获得现金流入的来源及现金流出的去向,而且计算中本期净利润加回折旧等费用容易让人产生折旧会产生现金流入的错觉。	优点是详细列示了现金流入来源及流出的去向,有助于报表使用者预测未来现金流量,并掌握由经营活动产生的现金偿还债务、扩大规模以及支付股利的能力。缺点是容易造成对经营活动产生的现金流量与净利润间关系的误解。

2. 直接法(现金制)和间接法(应计制)之间的勾稽关系(应收应付等流动性项目)

∵应收账款期初余额+本期应收账款增加数(本期营业收入)-本期应收账款减少数(本期销售商品收到的现金)=应收账款期末余额

∴本期销售商品收到的现金=应收账款期初余额-应收账款期末余额+本期营业收入

∵存货期初余额+本期购货-存货期末余额=本期营业成本

应付账款期初余额+本期应付账款增加数(本期购货)-本期应付账款减少数(本期购买商品支付的现金)=应付账款期末余额

∴本期购买商品支付的现金=(应付账款期初余额-应付账款期末余额)+(存货期末余额-存货期初余额)+本期营业成本

3. 合并现金流量表

含义	合并现金流量表是综合反映集团整体在特定时期内现金流入、流出及其增减变动情况的合并报表。	
编制方法	(1)以合并资产负债表和合并利润表为基础,采用与单体现金流量表相同的方法编制合并现金流量表	①对合并现金流量表中经营活动的现金流量有直接法和间接法两种编制方法。 ②合并现金流量表的编制涉及子公司与其少数股东权益之间的现金流入和流出。 A. 少数股东损益列为经营活动现金流量的增加。 B. 支付给少数股东的股利与支付给多数股东的股利一样,列为筹资活动现金流量的减少。 ③间接法下: A. 以本期归属母公司股东的净利润为起点,如果净利润中扣除了一些不减少现金的费用和支出,如资产减值损失、折旧费用、无形资产的摊销等,则转换为现金制时应予以加回;同理,如果净利润中包括了不增加现金的收入,则转换为现金制时应予以扣除。 B. 处置固定资产、无形资产和其他长期资产属于投资活动的范畴,所以在间接法下计算经营活动现金流时,应加上处置固定资产、无形资产和其他长期资产的损失(如果是利得,则从净利润中扣除)。按照我国会计准则,为偿付利息支付的现金属于筹资活动的范畴,在间接法下将净利润调整为经营活动现金流量时,应加上财务费用(如果是利息收入,则予以扣除)。

编制方法	(1)以合并资产负债表和合并利润表为基础,采用与单体现金流量表相同的方法编制合并现金流量表	C. 间接法下将净利润调整为经营活动现金流量时,还需要调整属于经营活动的应收应付等流动性项目,这是因为净利润是按应计制予以确认的,而经营活动现金流量的计算是以现金制为基础的。
		④直接法下: 首先分析利润表收入、费用项目,调整资产负债表中非现金的流动资产与流动负债,涉及现金的,按照现金流量表分类标准,分别归入工作底稿中经营活动、投资活动和筹资活动产生的现金流量中;不涉及现金的,则与该项目有关的科目进行抵销。 然后分析资产负债表中除非现金流动资产与非流动负债以外的项目,根据其增减变动情况编制调整分录,涉及现金的,按照现金流量表分类标准,分别归入工作底稿中投资活动和筹资活动产生的现金流量中;不涉及现金的,则与该项目有关的科目进行抵销。
	(2)以母子公司单体现金流量表为基础,通过抵销分录,将联属企业之间发生的经济业务进行抵销,编制合并现金流量表	①间接法下,应予以抵销的项目: A. 当期子公司的净利润和少数股东损益与母公司所享有的部分应当抵销。 B. 母公司与子公司、子公司相互之间以现金结算债权与债务所产生的经营性现金流量应当抵销。 C. 期初期末存在母公司与子公司、子公司相互之间销售商品形成存货的情况下,存货中所包含的未实现内部销售损益应当抵销。 D. 母公司与子公司、子公司相互之间当期销售商品形成的固定资产所包含的未实现内部销售损益及当期多计提或少计提的折旧额应当抵销。 E. 母公司与子公司、子公司相互之间当期处置固定资产价差及当期多计提或少计提的折旧额应当抵销。 F. 母公司与子公司、子公司相互之间当期销售商品形成的无形资产所包含的未实现内部销售损益及当期多摊销或少摊销的费用应当抵销。 G. 母公司与子公司、子公司相互之间销售商品形成的存货、固定资产、在建工程、工程物资、无形资产中多计提或少计提的跌价准备和减值准备应当抵销。 H. 母公司与子公司、子公司相互之间当期发生的其他交易所产生的现金流量应当抵销。 I. 不涉及现金收支的投资和筹资活动项目中重复的部分应予以消除。
		②直接法下,应予以抵销的项目: A. 母公司与子公司、子公司相互之间当期以现金投资或收购股权方式增加方式投资所产生的现金流量应当抵销。 B. 母公司与子公司、子公司相互之间当期取得投资收益所收到的现金,应当与分配股利、利润或偿付利息所支付的现金相互抵销。 C. 母公司与子公司、子公司相互之间以现金结算债权与债务所产生的现金流量应当抵销。 D. 母公司与子公司、子公司相互之间当期销售商品所产生的现金流量应当抵销。 E. 母公司与子公司、子公司相互之间因处置固定资产、无形资产和其他长期资产收回的现金净额,应当与购建固定资产、无形资产和其他长期资产所支付的现金相互抵销。 F. 母公司与子公司、子公司相互之间当期发生的其他交易所产生的现金流量应当抵销。

4. 合并每股收益的计算

(1)当母公司和子公司都没有潜在稀释证券时：

$$合并每股收益 = \frac{合并净利润(归属于母公司)}{合并普通股(母公司普通股)}$$

(2)当母公司或子公司存在潜在稀释证券时：

$$合并每股收益 = \frac{合并稀释净利润(归属于母公司)}{合并约当普通股(母公司约当普通股)}$$

	子公司没有潜在的稀释证券流通在外	子公司有潜在的可转换成子公司普通股的稀释证券	子公司有潜在的可转换成母公司普通股的稀释证券
分子(X)			
母公司普通股股东的净利润	XXX	XXX	XXX
减:投资成本与账面价值差额的摊销及减值	−X	−X	−X
减:公司间未实现的损益	−X	−X	−X
合并普通股股东的净利润	XXX	XXX	XXX
加:母公司稀释证券的调整	+X	+X	+X
加:子公司潜在稀释证券可转换成母公司股票的调整	NA	NA	+X
替换计算(必会造成净减少)			
减:母公司对子公司已实现净利润的权益	NA	−X	NA
加:母公司对子公司稀释净利润的权益	NA	+X	NA
合并稀释净利润=a	XXX	XXX	XXX
分母(Y)			
母公司流通在外的普通股股数	YYY	YYY	YYY
加:母公司潜在稀释证券代表的股数	+Y	+Y	+Y
加:子公司潜在的可转换成母公司普通股的稀释证券代表的股数	NA	NA	+Y
母公司普通股及约当普通股=b	YYY	YYY	YYY
合并每股收益	a/b	a/b	a/b

注:NA 表示不适用。

三、名词中英文对照

合并现金流量表	Consolidated Statement of Cash Flows
经营活动产生的现金流量	Cash Flows from Operating Activities(CFO)
投资活动产生的现金流量	Cash Flows from Investing Activities (CFI)
筹资活动产生的现金流量	Cash Flows from Financing Activities (CFF)
间接法	Indirect Method

直接法	Direct Method
每股收益	Earnings per Share (EPS)
合并每股收益	Consolidated Earnings per Share
稀释每股收益	Diluted Earnings per Share
假设转换法	If-converted Method
库存股法	Treasury Stock Method

练习题

一、思考题

1. 现金流量表的编制方法有间接法和直接法，它们有什么区别？
2. 编制合并现金流量表的方法有哪些？它们有什么区别？
3. 试解释合并每股收益与母公司每股收益的差异。
4. 在何种情况下，计算母公司每股收益所使用的方法会与计算无权益投资公司每股收益时的方法相同？
5. 在计算母公司稀释净利润时，需要将母公司对子公司已实现收益的权益替换成母公司对子公司稀释净利润的权益。此替换是否牵涉商誉减值及包含于母公司来自子公司投资收益中的未实现利润？

二、选择题

1. 一母公司和其100%持股子公司仅有流通在外普通股(母公司10 000股，子公司3 000股)，两公司都不存在潜在稀释证券，计算母子公司合并每股收益的公式为(　　)。

    A. (母公司净利润+子公司净利润)/13 000 股

    B. (母公司净利润+子公司净利润)/10 000 股

    C. 母公司净利润/13 000 股

    D. 母公司净利润/10 000 股

2. 母公司拥有子公司90%的股份，后者无潜在的稀释证券流通在外，在计算合并每股收益时(　　)。

    A. 子公司的普通股加上母公司的普通股及约当普通股

    B. 加总子公司及母公司的每股收益

    C. 无须计算子公司的每股收益

    D. 需要计算子公司的每股收益

3. 在计算母公司的稀释每股收益时，可能需要减去母公司在子公司已实现利润中的权益，并代之以母公司在子公司稀释净利润中的权益。替换计算中的这一减项受以下(　　)影响。

    A. 购买母公司债券的推定利得

    B. 投资子公司产生商誉的当年减值数

    C. 顺销产生的未实现利润

    D. 逆销产生的未实现利润

4. 牡丹公司20×6年的净利润为316 000元,其中的160 000元是来自紫菱公司的投资收益,牡丹公司持有紫菱公司80%的股权。来自紫菱公司的投资收益为176 000元的利润享有权减去16 000元的商誉减值。20×6年,牡丹公司有面值10元的普通股300 000股流通在外,紫菱公司有面值10元的普通股50 000股流通在外。另外,紫菱公司有10 000份流通在外的认股权证,可以每股10元的价格认购10 000股紫菱公司普通股。20×6年,紫菱公司的普通股平均市价为20元。

根据上述条件:

(1)为计算合并稀释每股收益,紫菱公司的稀释净利润为(　　)。
A. 220 000元　　　　　　　　B. 200 000元
C. 176 000元　　　　　　　　D. 160 000元

(2)为计算合并稀释每股收益,紫菱公司流通在外普通股及约当普通股为(　　)。
A. 60 000股　　　　　　　　B. 56 000股
C. 55 000股　　　　　　　　D. 50 000股

(3)为计算合并稀释每股收益,假设紫菱公司的稀释每股收益为4元,则合并稀释净利润为(　　)。
A. 316 000元　　　　　　　　B. 300 000元
C. 156 000元　　　　　　　　D. 140 000元

(4)若20×6年紫菱公司的稀释每股收益为4元,则合并稀释每股收益为(　　)。
A. 1.64元　　　　　　　　　B. 1.59元
C. 1.04元　　　　　　　　　D. 1.00元

三、业务题

1. 在20×2年编制牡丹公司合并现金流量表时,"经营活动产生的现金流量"部分所需要的资料如下:

销售商品、提供劳务收到的现金	3 000 000
购买商品、接受劳务支付的现金	1 800 000
支付给员工以及为员工支付的现金	300 000
支付的各项税费	100 000
支付其他与经营活动有关的现金	200 000
支付利息费用的现金	120 000
出售无形资产的现金收入	600 000
牡丹公司发放的现金股利	50 000
少数股东股利	100 000
收到联营企业发放的现金股利	70 000

要求:以直接法编制牡丹公司合并现金流量表中"经营活动产生的现金流量"部分。

2. 牡兴公司及其子公司 20×8 年合并利润表如下所示：

20×8 年合并利润表

营业收入		2 000 000
减：营业成本	600 000	
折旧费用	200 000	
工资费用	100 000	
其他营业支出	50 000	
财务费用	40 000	
资产减值损失	10 000	(1 000 000)
加：公允价值变动损益		100 000
投资收益——联营企业		400 000
营业利润		1 500 000
加：营业外收入——无形资产出售利得		100 000
利润总额		1 600 000
减：所得税费用		200 000
净利润		1 400 000
少数股东损益		300 000
归属于母公司股东的净利润		1 100 000

牡兴公司及其子公司 20×8 年 12 月 31 日合并资产负债表上的相关资料如下：
(1) 存货较期初减少 100 000 元。
(2) 应收账款较期初增加 50 000 元，应付账款较期初增加 80 000 元。
(3) 递延所得税资产较期初减少 55 000 元，递延所得税负债较期初增加 65 000 元。

要求：根据以上资料，以间接法编制牡兴公司合并现金流量表中"经营活动产生的现金流量"部分。

3. 牡丹公司及其拥有 80% 股份的子公司紫檀公司 20×6 年、20×7 年的比较合并资产负债表如下所示：

牡丹公司与紫檀公司 12 月 31 日的比较合并资产负债表

	20×7 年	20×6 年	年内增(减)变动数
现金	1 020 000	720 000	300 000
应收账款——净额	1 500 000	1 080 000	420 000
存货	1 000 000	820 000	180 000
长期股权投资——联营企业	400 000	380 000	20 000
土地	320 000	400 000	(80 000)
固定资产——净额	4 000 000	3 280 000	720 000
商誉	360 000	400 000	(40 000)

续表

	20×7年	20×6年	年内增(减)变动数
资产总计	8 600 000	7 080 000	1 520 000
应付账款	1 000 000	1 080 000	(80 000)
应付股利	80 000	80 000	—
应付票据	1 200 000	—	1 200 000
负债合计	2 280 000	1 160 000	1 120 000
股本	2 000 000	2 000 000	
资本公积	1 200 000	1 200 000	
盈余公积	2 120 000	2 000 000	120 000
未分配利润	560 000	400 000	160 000
归属于母公司股东权益合计	5 880 000	5 600 000	280 000
少数股东权益(20%)	440 000	320 000	120 000
股东权益合计	6 320 000	5 920 000	400 000
负债及股东权益总计	8 600 000	7 080 000	1 520 000

牡丹公司编制合并现金流量表的其他相关资料如下：

(1)20×7年1月3日，牡丹公司签发1 200 000元的3年期票据，购置了一台机器设备，假设固定资产变动数是由购买和计提折旧引起的。

(2)20×7年来自联营企业的投资收益与股利分别为60 000元和40 000元。

(3)20×7年度，购并产生的商誉减值40 000元。

(4)20×7年紫檀公司向集团外的企业出售成本为80 000元的土地，获现金40 000元。

(5)20×7年紫檀公司的净利润为1 000 000元，发放的现金股利为400 000元。

(6)20×7年牡丹公司发放现金股利320 000元。

(7)20×7年合并营业收入为3 000 000元，合并营业成本为1 200 000元。

(8)20×7年集团层面的工资费用为216 000元，财务费用为96 000元，其他营业费用为188 000元。

(9)除了牡丹公司收到紫檀公司的股利外，无公司间内部交易。

(10)假设不考虑相关税费。

要求：

(1)计算合并财务报表中的折旧费用以及出售土地损益。

(2)计算20×7年合并净利润、归属于母公司股东的净利润以及少数股东损益。

(3)编制间接法下20×7年合并现金流量表的工作底稿。

(4)编制直接法下20×7年合并现金流量表的工作底稿。

(5)根据(3)、(4)编制20×7年合并现金流量表及其补充资料。

4. 牡丹公司于20×1年1月1日以1 312 000元现金购买紫檀公司90%的流通在外有表决权的普通股。购买当天，紫檀公司净资产的公允价值等于其账面价值。两家公司的股东权益如下：

	牡丹公司	紫檀公司
普通股股本		
(每股面值10元,发行且流通在外400 000股)	4 000 000	
普通股股本		
(每股面值20元,发行且流通在外40 000股)		800 000
可转换优先股		
(按10%累计,每股面值200元,流通在外2 000股)		400 000
盈余公积	1 600 000	400 000
未分配利润	400 000	80 000
所有者权益合计	6 000 000	1 680 000

20×1年,紫檀公司列报了200 000元的净利润并支付100 000元的股利,其中40 000元给优先股,60 000元给普通股。牡丹公司自身经营所得净利润600 000元,集团内部不存在公司间交易,且购并产生的商誉当年减值16 000元。

要求:

(1)计算权益法下牡丹公司的净利润。

(2)假设紫檀公司的优先股可转换成24 000股的紫檀公司普通股,且牡丹公司及紫檀公司没有其他潜在稀释证券流通在外,求紫檀公司稀释每股收益以及合并稀释每股收益。

(3)假设紫檀公司的优先股可转换成48 000股的牡丹公司普通股,而且牡丹公司及紫檀公司没有其他潜在稀释证券流通在外,求紫檀公司稀释每股收益以及合并稀释每股收益。

练习题参考答案

二、选择题

1. D
2. C
3. D
4. (1) A　提示:176 000÷80%=220 000(元)。
   (2) C　提示:50 000+10×10 000÷20=55 000(股)。
   (3) B　提示:316 000-16 000=300 000(元)。
   (4) D　提示:300 000÷300 000=1(元)。

三、业务题

1. (单位:元)

支付利息费用的现金属于筹资活动现金流出,出售无形资产的现金收入属于投资活动现金流入,牡丹公司发放的现金股利以及少数股东股利属于筹资活动现金流出,收到来自联营企业的股利属于投资活动现金流入。所以在直接法下,合并现金流量表中"经营活动产生的现金流量"部分如下表所示:

20×2 年 12 月 31 日牡丹公司及其子公司合并现金流量表

经营活动产生的现金流量		
销售商品、提供劳务收到的现金		3 000 000
减:购买商品、接受劳务支付的现金	1 800 000	
支付给员工以及为员工支付的现金	300 000	
支付的各项税费	100 000	
支付其他与经营活动有关的现金	200 000	(2 400 000)
经营活动产生的净现金流量		<u>600 000</u>

2.（单位:元）

20×8 年度牡兴公司及其子公司合并现金流量表——间接法

经营活动产生的现金流量:		
归属于母公司股东的净利润		1 100 000
调整项目:		
少数股东损益	300 000	
资产减值损失	10 000	
固定资产折旧	200 000	
处置固定资产、无形资产和其他长期资产的损失（收益）	(100 000)	
公允价值变动损失（收益）	(100 000)	
财务费用（收益）	40 000	
投资损失（收益）	(400 000)	
递延所得税资产减少（增加）	55 000	
递延所得税负债增加（减少）	65 000	
存货的减少（增加）	100 000	
经营性应收项目的减少（增加）	(50 000)	
经营性应付账款的增加（减少）	80 000	200 000
经营活动产生的现金流量净额		<u>1 300 000</u>

3.（单位:元）

(1)折旧费用＝新购买的固定资产 1 200 000－本年度固定资产净值增加数 720 000＝480 000

出售土地损失＝80 000－40 000＝40 000

(2)20×7 年合并净利润＝合并营业收入 3 000 000－合并营业成本 1 200 000－合并折旧费用 480 000－合并工资费用 216 000－合并其他营业费用 188 000－合并财务费用 96 000－商誉减值 40 000＋来自联营企业的投资收益 60 000－出售土地损失 40 000＝800 000

少数股东损益＝子公司净利润 1 000 000×20％＝200 000

归属于母公司股东的净利润＝合并净利润 800 000－少数股东损益 200 000＝600 000

(3)间接法下 20×7 年合并现金流量表的工作底稿

科　目	科目余额（期初数）20×6年12月31日	变动原因分析 借方	变动原因分析 贷方	科目余额（期末数）20×7年12月31日
资产负债表				
现金	720 000	⑯300 000		1 020 000
应收账款——净额	1 080 000	⑧420 000		1 500 000
存货	820 000	⑨180 000		1 000 000
长期股权投资	380 000	⑦20 000		400 000
土地	400 000		③80 000	320 000
固定资产——净额	3 280 000	⑬1 200 000	④480 000	4 000 000
商誉	400 000		⑤40 000	360 000
资产总计	<u>7 080 000</u>			<u>8 600 000</u>
应付账款	1 080 000	⑩80 000		1 000 000
应付股利	80 000			80 000
应付票据	—		⑭1 200 000	1 200 000
普通股股本	2 000 000			2 000 000
资本公积	1 200 000			1 200 000
盈余公积	2 000 000		⑮120 000	2 120 000
未分配利润	400 000	⑪320 000 ⑮120 000	①600 000	560 000
少数股东权益(20%)	320 000	⑫80 000	②200 000	440 000
负债及股东权益总计	<u>7 080 000</u>			<u>8 600 000</u>
现金流量表				
一、经营活动产生的现金流量				
归属于母公司股东的净利润		①600 000		
加:少数股东损益		②200 000		
出售土地损失		③40 000		
固定资产折旧		④480 000		
商誉减值		⑤40 000		
财务费用		⑥96 000		
减:投资收益			⑦60 000	
应收账款增加			⑧420 000	
存货增加			⑨180 000	

续表

科　目	科目余额（期初数）20×6年12月31日	变动原因分析 借方	变动原因分析 贷方	科目余额（期末数）20×7年12月31日
应付账款减少			⑩80 000	
二、投资活动产生的现金流量				
出售土地收入		⑧40 000		
收到来自联营企业的股利		⑦40 000		
三、筹资活动产生的现金流量				
支付现金股利——多数股东权益			⑪320 000	
支付现金股利——少数股东权益			⑫80 000	
偿付利息支付的现金			⑥96 000	
四、不影响现金的投资及筹资活动				
签发应付票据采购设备		⑭1 200 000	⑬1 200 000	
五、本期现金增加数			⑯300 000	

(4) 直接法下 20×7 年合并现金流量表的工作底稿

科　目	科目余额（期初数）20×6年12月31日	变动原因分析 借方	变动原因分析 贷方	科目余额（期末数）20×7年12月31日
资产负债表				
现金	720 000	⑯300 000		1 020 000
应收账款——净额	1 080 000	①420 000		1 500 000
存货	820 000	③180 000		1 000 000
长期股权投资——联营企业	380 000	②20 000		400 000
土地	400 000		⑨80 000	320 000
固定资产——净额	3 280 000	⑬1 200 000	④480 000	4 000 000
商誉	400 000		⑤40 000	360 000
资产总计	7 080 000			8 600 000
应付账款	1 080 000	⑩80 000		1 000 000
应付股利	80 000			80 000
应付票据	—		⑭1 200 000	1 200 000
普通股股本	2 000 000			2 000 000
资本公积	1 200 000			1 200 000
盈余公积	2 000 000		⑮120 000	2 120 000
未分配利润	400 000	⑫320 000 ⑮120 000	⑪600 000	560 000

续表

科 目	科目余额（期初数）20×6年12月31日	变动原因分析 借方	变动原因分析 贷方	科目余额（期末数）20×7年12月31日
少数股东权益(20%)	320 000		⑩120 000	440 000
负债及股东权益总计	7 080 000			8 600 000
利润表				
营业收入			①3 000 000	3 000 000
减：营业成本		③1 200 000		(1 200 000)
折旧费用		④480 000		(480 000)
商誉减值		⑤40 000		(40 000)
工资费用		⑥216 000		(216 000)
其他营业支出		⑦188 000		(188 000)
财务费用		⑧96 000		(96 000)
加：投资收益			②60 000	60 000
减：营业外支出——出售土地损失		⑨40 000		(40 000)
净利润				800 000
少数股东损益		⑩200 000		(200 000)
归属于母公司股东的净利润		⑪600 000		600 000
现金流量表				
一、经营活动产生的现金流量				
销售商品收到的现金		①2 580 000		
购买商品支付的现金			③1 460 000	
支付给职工的现金			⑥216 000	
支付其他与经营活动有关的现金			⑦188 000	
二、投资活动产生的现金流量				
收到来自联营企业的股利		②40 000		
出售土地收入		⑨40 000		
三、筹资活动产生的现金流量				
支付现金股利——多数股东权益			⑫320 000	
支付现金股利——少数股东权益			⑩80 000	
偿付利息支付的现金			⑧96 000	
四、不影响现金的投资及筹资活动				
签发应付票据采购设备		⑭1 200 000	⑬1 200 000	
五、本期现金增加数			⑯300 000	

(5)根据间接法和直接法的工作底稿编制合并现金流量表及其补充资料如下表所示（单位：元）。

20×7年度牡丹公司与紫檀公司合并现金流量表

一、经营活动产生的现金流量		
销售商品收到的现金	2 580 000	
购买商品支付的现金	(1 460 000)	
支付给职工的现金	(216 000)	
支付其他与经营活动有关的现金	(188 000)	
经营活动产生的现金流量净额		716 000
二、投资活动产生的现金流量		
收到来自联营企业的股利	40 000	
出售土地收入	40 000	
投资活动产生的现金流量净额		80 000
三、筹资活动产生的现金流量		
支付现金股利——多数股东权益	(320 000)	
支付现金股利——少数股东权益	(80 000)	
偿付利息支付的现金	(96 000)	
筹资活动产生的现金流量净额		(496 000)
四、本期现金增加数		300 000
加：期初现金余额		720 000
五、期末现金余额		1 020 000
现金流量表补充资料		
本期净利润及经营活动产生的现金流量的调节：		
归属于母公司股东的净利润		600 000
调整项目：		
少数股东损益	200 000	
出售土地损失	40 000	
固定资产折旧	480 000	
商誉减值	40 000	
财务费用	96 000	
投资收益	(60 000)	
应收账款增加	(420 000)	
存货增加	(180 000)	
应付账款减少	(80 000)	
调整项目合计		116 000
经营活动产生的现金流量净额		716 000
不影响现金的投资及筹资活动：		
签发应付票据采购设备		1 200 000

4. (单位:元)

(1) 权益法下牡丹公司 20×1 年的净利润为 728 000 元,其计算如下:

牡丹公司自身经营所得净利润	600 000
来自紫檀公司的投资收益(净利润 200 000－优先股利 40 000)×90%	144 000
	744 000
商誉减值	(16 000)
牡丹公司净利润	728 000

(2) 紫檀公司的稀释每股收益为 3.125 元[净利润 200 000 元/(普通股 40 000 股＋稀释普通股 24 000 股)]。

合并稀释每股收益为 1.74 元,其计算如下:

牡丹公司净利润(等于普通股净利润)	744 000
减:商誉的减值	(16 000)
归属于母公司股东的净利润	728 000
减:牡丹公司对紫檀公司已实现净利润的权益[(200 000－40 000)×90%]	(144 000)
加:牡丹公司对紫檀公司稀释净利润的权益[紫檀公司 40 000 股×90%×紫檀公司的稀释每股收益 3.125 元]	112 500
合并稀释净利润＝a	696 500
牡丹公司流通在外股数＝b	400 000
合并稀释每股收益＝a/b	1.74

(3) 在此假设下,优先股不再是紫檀公司的稀释证券,因此紫檀公司的稀释每股收益为 4 元(普通股净利润 160 000 元/流通在外普通股 40 000 股)。

合并稀释每股收益为 1.715 元,其计算如下:

牡丹公司净利润(等于普通股净利润)	744 000
减:商誉的减值	(16 000)
归属于母公司股东的净利润	728 000
加:假设转换的紫檀公司优先股股东享有的股利	40 000
合并稀释净利润＝a	768 000
牡丹公司流通在外股数	400 000
加:紫檀公司的优先股假设转换数	48 000
牡丹公司普通股及约当普通股＝b	448 000
合并稀释每股收益＝a/b	1.715

教材课后习题参考答案

1. (单位:元)

支付利息费用的现金属于筹资活动现金流出,出售土地的现金收入属于投资活动现金流入,少数股东股利属于筹资活动现金流出,收到来自联营企业的股利属于投资活动现金流入。所以在直接法下,合并现金流量表中"经营活动产生的现金流量"部分如下表所示:

20×2 年 12 月 31 日牡仁公司及其子公司合并现金流量表

经营活动产生的现金流量		
收到来自客户的现金		3 225 000
减:支付给供应商的现金	1 825 000	
支付给员工的现金	270 000	
为其他经营项目支付的现金	235 000	(2 330 000)
经营活动产生的净现金流量		<u>895 000</u>

2.(单位:元)

(1)少数股东损益=子公司净利润 1 100 000×30%=330 000

少数股东股利=子公司分配的现金股利 500 000×30%=150 000

(2)折旧费用=累计折旧增加额 540 000+出售设备的累计折旧额(620 000-340 000)=820 000

(3)发行普通股购买土地的会计分录为:

 借:土地   2 150 000

  贷:股本   1 000 000

    资本公积——股本溢价   1 150 000

(4)重新发行库存股的会计分录为:

 借:现金   440 000

  贷:库存股——成本   360 000

    资本公积——股本溢价   80 000

(5)出售固定资产的会计分录为:

 借:固定资产清理   340 000

   累计折旧   280 000

  贷:固定资产   620 000

 借:现金   400 000

  贷:固定资产清理   340 000

    营业外收入   60 000

编制合并现金流量表的工作底稿如下:

牡江公司及其子公司合并现金流量表工作底稿——间接法

科 目	科目余额 20×5 年 12 月 31 日	变动原因分析 借 方	变动原因分析 贷 方	科目余额 20×6 年 12 月 31 日
资产负债表				
现金	1 950 000	⑰1 180 000		3 130 000
短期投资	1 510 000	⑩110 000		1 620 000
应收账款——净额	4 400 000		⑤220 000	4 180 000
存货	5 250 000	⑦700 000		5 950 000

续表

科 目	科目余额 20×5年 12月31日	变动原因分析 借 方	变动原因分析 贷 方	科目余额 20×6年 12月31日
土地	1 700 000	⑮2 150 000		3 850 000
固定资产	6 900 000	⑨1 270 000	⑪620 000	7 550 000
累计折旧	(1 450 000)	⑪280 000	③820 000	(1 990 000)
商誉——净额	600 000		④30 000	570 000
资产总计	20 860 000			24 860 000
应付票据	1 500 000			1 500 000
应付账款	9 240 000	⑧290 000		8 950 000
递延所得税负债	320 000		⑥120 000	440 000
负债合计	11 060 000			10 890 000
普通股股本	4 800 000		⑯1 000 000	5 800 000
资本公积	1 800 000		⑫280 000	3 030 000
			⑯1 150 000	
盈余公积	950 000		⑱400 000	1 350 000
未分配利润	1 000 000	⑬580 000	①1 980 000	2 000 000
		⑱400 000		
库存股——成本	(360 000)		⑫360 000	0
归属于母公司股东权益合计	8 190 000			12 180 000
少数股东权益	1 610 000	⑭150 000	②330 000	1 790 000
股东权益合计	9 800 000			13 970 000
负债和股东权益总计	20 860 000			24 860 000
现金流量表				
一、经营活动产生的现金流量				
归属于母公司股东的净利润		①1 980 000		
加:少数股东损益		②330 000		
折旧费用		③820 000		
商誉减值		④30 000		
应收账款减少		⑤220 000		
递延所得税增加		⑥120 000		
减:存货增加			⑦700 000	
应付账款减少			⑧290 000	
出售设备获得的利得			⑪60 000	

续表

科 目	科目余额 20×5年12月31日	变动原因分析 借方	变动原因分析 贷方	科目余额 20×6年12月31日
二、投资活动产生的现金流量				
购买设备所支付的现金			⑨1 270 000	
购买短期投资所支付的现金			⑩110 000	
出售设备收入		⑪400 000		
三、筹资活动产生的现金流量				
出售库存股所获得的现金		⑫440 000		
支付现金股利——多数股东权益			⑬580 000	
支付现金股利——少数股东权益			⑭150 000	
支付票据				
四、不影响现金的投资及筹资活动				
牡江公司发行普通股换取公允价值为2 150 000元的土地		⑯2 150 000	⑮2 150 000	
本期现金增加数			⑰1 180 000	
		13 200 000	13 200 000	

根据以上工作底稿编制的合并现金流量表如下：

20×6年度牡江公司及其子公司合并现金流量表——间接法

一、经营活动产生的现金流量		
归属于母公司股东的净利润		1 980 000
调整项目：		
少数股东损益	330 000	
折旧费用	820 000	
商誉减值	30 000	
应收账款减少	220 000	
递延所得税负债增加	120 000	
存货增加	(700 000)	
应付账款减少	(290 000)	
出售设备获得的利得	(60 000)	
调整项目合计		470 000
经营活动产生的现金流量净额		2 450 000
二、投资活动产生的现金流量		
购买设备所支付的现金	(1 270 000)	

续表

购买短期投资所支付的现金	(110 000)	
出售设备收入	400 000	
投资经营活动产生的现金流量净额		(980 000)
三、筹资活动产生的现金流量		
出售库存股所获得的现金	440 000	
支付现金股利——多数股东权益	(580 000)	
支付现金股利——少数股东权益	(150 000)	
筹资活动产生的现金流量净额		(290 000)
四、本期现金增加数		1 180 000
加:期初现金余额		1 950 000
五、期末现金余额		3 130 000
六、不影响现金的投资及筹资活动		
牡江公司发行普通股换取土地		2 150 000

3.(单位:元)

注意:本题合并利润中,其他营业费用包含商誉减值损失。

少数股东损益＝子公司净利润 2 000 000×20％＝400 000

少数股东股利＝子公司分配的现金股利 1 000 000×20％＝200 000

牡电公司及其子公司合并现金流量表工作底稿——间接法

科　目	科目余额 20×6年 12月31日	变动原因分析 借　方	变动原因分析 贷　方	科目余额 20×7年 12月31日
资产负债表				
现金	3 600 000	⑪700 000		4 300 000
应收账款——净额	5 400 000	⑦2 100 000		7 500 000
存货	7 000 000			7 000 000
固定资产——净额	15 000 000	⑨5 000 000	③2 000 000	18 000 000
长期股权投资	4 000 000	⑥300 000		4 300 000
商誉	2 000 000		④100 000	1 900 000
资产总计	37 000 000			43 000 000
应付账款	8 750 000		⑤2 170 000	10 920 000
应付股利	250 000		⑧130 000	380 000
负债合计	9 000 000			11 300 000
股本	10 000 000			10 000 000

续表

科 目	科目余额 20×6年12月31日	变动原因分析 借方	变动原因分析 贷方	科目余额 20×7年12月31日
资本公积	6 000 000			6 000 000
盈余公积	6 800 000		⑫1 200 000	8 000 000
未分配利润	3 200 000	⑧1 500 000 ⑫1 200 000	①5 000 000	5 500 000
归属于母公司股东权益合计	26 000 000			29 500 000
少数股东权益(20%)	2 000 000	⑩200 000	②400 000	2 200 000
股东权益合计	28 000 000			31 700 000
负债及股东权益总计	37 000 000			43 000 000
现金流量表				
一、经营活动产生的现金流量				
归属于母公司股东的净利润		①5 000 000		
加:少数股东损益		②400 000		
固定资产折旧		③2 000 000		
商誉减值		④100 000		
应付账款增加		⑤2 170 000		
减:投资收益			⑥600 000	
应收账款增加			⑦2 100 000	
二、投资活动产生的现金流量				
收到联营企业的股利		⑥300 000		
购买设备支付的现金			⑨5 000 000	
三、筹资活动产生的现金流量				
支付现金股利——多数股东权益			⑧1 370 000	
支付现金股利——少数股东权益			⑩200 000	
四、本期现金增加数			⑪700 000	
		<u>20 470 000</u>	<u>20 470 000</u>	

牡电公司及其子公司合并现金流量表工作底稿——直接法

科 目	科目余额 20×6年12月31日	变动原因分析 借方	变动原因分析 贷方	科目余额 20×7年12月31日
资产负债表				
现金	3 600 000	⑪700 000		4 300 000

续表

科 目	科目余额 20×6年12月31日	变动原因分析 借方	变动原因分析 贷方	科目余额 20×7年12月31日
应收账款——净额	5 400 000	①2 100 000		7 500 000
存货	7 000 000			7 000 000
固定资产——净额	15 000 000	⑨5 000 000	④2 000 000	18 000 000
长期股权投资	4 000 000	②300 000		4 300 000
商誉	2 000 000		⑤100 000	1 900 000
资产总计	37 000 000			43 000 000
应付账款	8 750 000		③2 170 000	10 920 000
应付股利	250 000		⑧130 000	380 000
负债合计	9 000 000			11 300 000
股本	10 000 000			10 000 000
资本公积	6 000 000			6 000 000
盈余公积	6 800 000		⑫1 200 000	8 000 000
未分配利润	3 200 000	⑧1 500 000 ⑫1 200 000	⑦5 000 000	5 500 000
归属于母公司股东权益合计	26 000 000			29 500 000
少数股东权益（20%）	2 000 000	⑩200 000	⑥400 000	2 200 000
股东权益合计	28 000 000			31 700 000
负债及股东权益总计	37 000 000			43 000 000
利润表				
营业收入			①26 000 000	26 000 000
营业成本		③14 500 000		(14 500 000)
折旧费用		④2 000 000		(2 000 000)
其他营业费用		⑤4 700 000		(4 700 000)
投资收益——联营企业			②600 000	600 000
净利润				5 400 000
少数股东损益		⑥400 000		(400 000)
归属于母公司股东的净利润		⑦5 000 000		5 000 000
现金流量表				
一、经营活动产生的现金流量				
销售商品收到的现金		①23 900 000		
购买商品支付的现金			③12 330 000	

续表

科 目	科目余额 20×6年 12月31日	变动原因分析 借方	变动原因分析 贷方	科目余额 20×7年 12月31日
支付其他与经营活动有关的现金			⑤4 600 000	
二、投资活动产生的现金流量				
收到联营企业的股利		②300 000		
购买设备支付的现金			⑨5 000 000	
三、筹资活动产生的现金流量				
支付现金股利——多数股东权益			⑧1 370 000	
支付现金股利——少数股东权益			⑩200 000	
本期现金增加数			⑪700 000	
		61 600 000	61 600 000	

根据以上工作底稿编制合并现金流量表及其补充资料如下：

20×7年度牡电公司及其子公司合并现金流量表

一、经营活动产生的现金流量		
销售商品收到的现金	23 900 000	
购买商品支付的现金	(12 330 000)	
支付其他与经营活动有关的现金	(4 600 000)	
经营活动产生的现金流量净额		6 970 000
二、投资活动产生的现金流量		
收到联营企业的股利	300 000	
购买设备支付的现金	(5 000 000)	
投资活动产生的现金流量净额		(4 700 000)
三、筹资活动产生的现金流量		
支付现金股利——多数股东权益	(1 370 000)	
支付现金股利——少数股东权益	(200 000)	
筹资活动产生的现金流量净额		(1 570 000)
四、本期现金增加数		700 000
加：期初现金余额		3 600 000
五、期末现金余额		4 300 000
现金流量表补充资料		
本期净利润及经营活动产生的现金流量的调节：		
归属于母公司股东的净利润		5 000 000

续表

调整项目：		
少数股东损益	400 000	
固定资产折旧	2 000 000	
商誉减值	100 000	
应付账款增加	2 170 000	
投资收益	(600 000)	
应收账款增加	(2 100 000)	
调整项目合计		1 970 000
经营活动产生的现金流量净额		6 970 000

4.（单位：元）

	问题(1) 稀释每股收益	问题(2) 稀释每股收益
紫产公司每股收益		
紫产公司净利润（等于普通股股东的净利润）	600 000	600 000
加：可转换债券的税后利息	60 000	NA
紫产公司稀释净利润＝a	660 000	600 000
紫产公司流通在外的普通股股份	500 000	500 000
加：假设紫产公司可转换债券转换为紫产公司普通股产生的股份	100 000	NA
普通股及约当普通股＝b	600 000	500 000
紫产公司每股收益＝a/b	<u>1.100</u>	<u>1.200</u>

	问题(1) 稀释每股收益	问题(2) 稀释每股收益
牡丰公司每股收益		
牡丰公司净利润（等于普通股股东的净利润）	1 500 000	1 500 000
加：紫产公司可转换债券的税后利息		60 000
减：牡丰公司对紫产公司已实现净利润的权益	(420 000)	(420 000)
加：牡丰公司对紫产公司稀释净利润的权益	385 000 (350 000×1.1)	420 000* (350 000×1.2)
合并稀释净利润＝a	1 465 000	1 560 000
牡丰公司流通在外的普通股股份	1 000 000	1 000 000
加：假设紫产公司可转换债券转换为牡丰公司普通股产生的股份	NA	100 000
普通股及约当普通股＝b	1 000 000	1 100 000
合并每股收益＝a/b	<u>1.465</u>	<u>1.418</u>

* 当子公司的可转换债券可转换成母公司普通股时，并不需要将"母公司对子公司已实现净利润的权益"替换为"母公司对子公司稀释净利润的权益"。计算中的替换只是为了说明此种替换对于计算结果并不会产生影响。

5.（单位：元）

紫台公司每股收益	基本每股收益	稀释每股收益
紫台公司普通股股东的净利润	450 000	450 000
加：假设转换的紫台公司优先股股东享有的股利		100 000
紫台公司稀释净利润＝a	450 000	550 000
紫台公司流通在外的普通股股份	100 000	100 000
加：假设紫台公司优先股转换为普通股产生的股份	NA	30 000
加：行使认股权增加的股数 (20 000－300 000÷平均市价 30)	NA	10 000
普通股及约当普通股＝b	100 000	140 000
紫台公司每股收益＝a/b	<u>4.500</u>	<u>3.929</u>

牡林公司每股收益	基本每股收益	稀释每股收益
牡林公司普通股股东的净利润	1 560 000	1 560 000
减：商誉减值	(60 000)	(60 000)
合并普通股股东的净利润	1 500 000	1 500 000
减：牡林公司对紫台公司已实现净利润的权益	(360 000)	(360 000)
加：牡林公司对紫台公司稀释净利润的权益	360 000*	314 320
	(80 000×4.5)	(80 000×3.929)
合并稀释净利润＝a	1 500 000	1 454 320
牡林公司流通在外的普通股股份	200 000	200 000
普通股及约当普通股＝b	200 000	200 000
合并每股收益＝a/b	<u>7.500</u>	<u>7.272</u>

* 当计算基本每股收益时，并不需要将"母公司对子公司已实现净利润的权益"替换为"母公司对子公司稀释净利润的权益"。计算中的替换只是为了说明此种替换对于基本每股收益的计算结果并不会产生影响。

第十一章
外币交易会计

案例　紫金矿业的外币业务[①]

一、公司简介

紫金矿业集团股份有限公司(以下简称"紫金矿业")的前身是成立于1986年的上杭县矿业公司,公司从福建省紫金山金矿起步,经过多年发展,成为一家以黄金及金属矿产资源勘探和开发为主的大型矿业集团。紫金矿业2003年12月23日在香港联交所上市,股票代码为2899.HK,并且于2008年4月25日在上海证券交易所挂牌上市,股票代码为601899.SH。紫金矿业位居2016年《福布斯》全球2 000强企业第1 175位、全球有色金属企业第13位、全球黄金企业第3位,2016年《财富》中国企业500强第78位。

公司目前形成了以金为主,兼营铜、铅锌、钨、铁等基本金属的产品格局,在国内20多个省份和澳大利亚、塔吉克斯坦、俄罗斯、吉尔吉斯斯坦、秘鲁、刚果、南非等多个国家有投资项目,是中国大型黄金生产企业之一。根据公司2015年合并报表的数据,2015年末集团总资产839亿元,同比增长11.65%,其中归属于母公司股东权益为275亿元。2015年公司实现主营业务收入743亿元,同比增长26.34%;实现净利润13.43亿元,同比下跌49%。

2015年公司境外资产为179.95亿元,占总资产的比例为21.44%。据2015年年报显示,公司境外资产主要为澳大利亚诺顿金矿、吉尔吉斯斯坦奥同克金矿、塔吉克斯坦ZGC金矿、秘鲁白河铜矿、刚果科卢韦奇铜矿、俄罗斯图瓦铅锌矿,以及2015年新收购的巴新波格拉金矿、刚果卡莫阿铜矿及南非NKWE铂矿等。

二、公司2015年的外币业务

(一)境外股权投资业务:收购南非的一家矿业公司NKWE

2015年7月20日,紫金矿业全资子公司金江矿业有限公司(以下简称"金江矿业")与Genorah Resources (Pty) Limited(以下简称"Genorah",南非的一家矿产公司)、Genorah Resources Australia Proprietary Limited(以下简称"Genorah Australia",成立于澳大利亚,为Genorah的全资子公司)、NKWE Platinum Limited(以下简称"NKWE",成立于南非,NKWE

[①] 资料来源:上海证券交易所(http://www.sse.com.cn)公示的紫金矿业(601899.SH)2015年年报。

在南非拥有多个铂族金属矿权,为"Genorah Australia"的子公司)签署股份销售协议。根据协议,金江矿业同意用现金以 0.10 澳元/股的价格收购 Genorah 及 Genorah Australia 持有的 305 833 120 股 NKWE 普通股,总金额为 30 583 312 澳元(折合人民币约 137 782 245 元)。该收购的股权转让手续于 2015 年 10 月 7 日完成,至此,紫金矿业集团合计持有 NKWE 541 985 880 股普通股,占 NKWE 普通股的 60.47%。NKWE 董事会由 6 名董事构成,紫金矿业委派 4 名董事,董事长由紫金矿业委派的董事担任,该任命于 2015 年 10 月 7 日开始生效。至此,紫金矿业实现对 NKWE 的控制。

对 NKWE 的收购属于通过多次交易分步实现的企业合并,前期和本期取得股权的信息如表1所示:

表1

股权取得时点	普通股股数	股权取得比例	初始取得成本(元)	取得方式
2011 年 3 月 31 日	9 685 883	1.08%	20 626 317	收购
2012 年 10 月 31 日	890 877	0.10%	513 114	收购
2013 年 12 月 31 日	19 000 000	2.12%	10 317 190	收购
2014 年 5 月 5 日	202 576 000	22.60%	123 260 082	收购
2014 年 5 月 27 日	4 000 000	0.45%	2 304 120	收购
2015 年 10 月 7 日	305 833 120	34.12%	137 782 245	收购
合　计	541 985 880	60.47%	294 803 068	

购并日之前原持有的 236 152 760 股普通股在购并日的账面价值为人民币 116 473 950 元。根据 NKWE 普通股于购并日的平均市价(0.09 澳元/股)与本集团所持普通股股数加权计算,该股权于购并日的公允价值为 21 253 748 澳元(当日汇率为 1 澳元=4.459 1 元,折合人民币约 94 772 589 元),按照公允价值重新计量所产生的损失为人民币 21 701 361 元。

NKWE 的可辨认资产和负债于购并日的公允价值和账面价值如表 2 所示(单位:澳元):

表2

项　目	2015 年 10 月 7 日公允价值	2015 年 10 月 7 日账面价值
货币资金	260 530	260 530
应收账款	9 024 518	9 024 518
预付账款	55 937	55 937
其他流动资产	536 025	536 025
固定资产	56 637	56 637
无形资产	101 704 567	132 911 418
其他非流动资产	511 021	511 021
其他应付款	(1 124 404)	(1 124 404)
净资产	111 024 832	142 231 683
减:少数股东权益	43 888 116	80 370 191
取得的净资产	67 136 716	61 861 492

（二）境外矿业项目：2015 年紫金矿业在境外的矿业项目如表 3 所示

表 3

项目名称	项目金额（亿元）	项目进度	2015 年投入金额（亿元）	累计实际投入金额（亿元）	项目收益情况
俄罗斯图瓦克孜尔—塔什特克多金属矿	35	2015 年 7 月 1 日正式投产。	0.134	33.12	规划产能为年产锌约 8 万吨。
吉尔吉斯斯坦金矿项目	14.89	公司已于 2015 年 7 月 29 日投产，目前处于尾矿库整改验收阶段，预计 2016 年 6 月正式生产。	1.16	15.14	规划产能为黄金产量约 3.7 吨。
塔吉克斯坦 ZGC 金矿技术改造	19.16	吉劳、塔罗露天基建剥离已完成，吉劳万吨选厂已完成，目前单线运行。	0.75	14.78	技术改造完成后每年新增黄金产量为 3.5 吨。
刚果科卢韦齐铜矿项目	35.29	配电室施工完成（临电已接入使用）；水池、排水沟、宿舍楼、办公楼等部分基建施工完成。项目进展顺利，预计 2017 年上半年将投产。	1.247	1.247	规划产能为每年生产硫化铜精矿 712 吨（含铜 60%），粗铜 43 616 吨（含铜 90%），电解铜 8 203 吨。

三、尾声

由于矿产行业的特殊性，紫金矿业每年都有大量的外币业务，主要是通过投资境外子公司以及境外项目，获得相应的矿产开采权以及使用权，从而满足公司自身的矿原料需求。2015 年，紫金矿业取得南非的 NKWE 公司的控制权时，在购并日应当按照即期汇率对 NKWE 的资产、负债进行折算，从而编制购并日的合并报表。

讨论题

试计算紫金矿业 2015 年 10 月 7 日取得 NKWE 控制权时，取得的 NKWE 净资产超过合并成本计入当期损益的部分。

案例分析要点提示

提示:2015年10月7日,应该根据即期汇率对NKWE的资产、负债进行折算,进而求出以人民币标价的净资产的公允价值。计算过程如下表所示:

	澳元		汇率	人民币	
	2015年10月7日公允价值	2015年10月7日账面价值	2015年10月7日	2015年10月7日公允价值	2015年10月7日账面价值
货币资金	260 530	260 530	4.459 1	1 161 729	1 161 729
应收账款	9 024 518	9 024 518	4.459 1	40 241 230	40 241 230
预付账款	55 937	55 937	4.459 1	249 429	249 429
其他流动资产	536 025	536 025	4.459 1	2 390 189	2 390 189
固定资产	56 637	56 637	4.459 1	252 551	252 551
无形资产	101 704 567	132 911 418	4.459 1	453 510 836	592 665 305
其他非流动资产	511 021	511 021	4.459 1	2 278 695	2 278 695
其他应付款	(1 124 404)	(1 124 404)	4.459 1	(5 013 829)	(5 013 829)
净资产	111 024 832	142 231 683	—	495 070 830	634 225 299
减:少数股东权益	43 888 116	80 370 191	4.459 1	195 701 499	358 378 720
取得的净资产	67 136 716	61 861 492	—	299 369 331	275 846 579
合并成本:					
初始取得成本			137 782 245		
原持有股权在购并日的公允价值			94 772 589		
合并成本合计			232 554 834		
取得的净资产在购并日的公允价值			299 369 331		
取得的净资产超出合并成本计入当期损益部分			66 814 497		

学习指导

一、本章教学大纲

本章主要讲解外币交易的会计处理。

本章教学大纲

功能性货币、外币及汇率	功能性货币	
	外币及汇率	
	外汇的兑换和折算	
外币记账方法	成本法	
	标准汇率法	
外币交易及其会计处理	外币交易	
	外币交易会计的两种观点	一笔交易观
		两笔交易观
		一笔交易观和两笔交易观的比较
未实现汇兑损益的确认问题	当期确认法和递延法之争	当期确认法
		递延法
		其他观点
	长期外币借款未实现汇兑损益的处理问题	
	我国汇兑损益的核算原则	

二、本章重点、难点解析

1. 基本概念

功能性货币	这是企业经营所处的主要经济环境中的货币。主要经营环境,一般是指企业主要产生和支出现金的环境,使用该环境中的货币最能反映企业主要交易的经济结果。需要注意的是,在我国会计准则中,记账本位币的概念等同于功能性货币的概念。
报告货币	编制合并报表所用的货币,即母公司的货币。
当地货币	企业所在国家的货币。
第三国货币	母子公司以外的货币。
会计记录所使用的货币	企业记账所采用的货币。
外币	企业功能性货币以外的货币。

2. 功能性货币的确定

一般而言,功能性货币是企业从客户那里收到的和用来偿还债务的货币。但是在确定境外企业的功能性货币时,也要综合考虑其他一些因素,具体如下:

(1)现金流量	如果与境外企业单独资产及负债有关的现金流量主要表现为当地货币,且对母公司现金流量无直接影响,则以当地货币作为境外企业的功能性货币。
	如果与境外企业单独资产及负债有关的现金流量直接影响母公司当期现金流量,并可随时汇回母公司,则以母公司的报告货币作为境外企业的功能性货币。
(2)销售价格	如果境外企业的产品或劳务销售价格主要受当地竞争情况及政府法令规定的影响,而不受短期汇率变动的影响,那么以当地货币作为功能性货币。
(3)销售市场	如果境外企业的销售市场主要在母公司所在国家或销售合同通常以母公司货币签订,那么以母公司的报告货币作为功能性货币。
	如果境外企业的销售市场主要在第三国,那么以第三国货币作为境外企业的功能性货币。

续表

(4)成本	如果境外企业产品或劳务的原材料、人工及其他成本主要在当地发生,那么以当地货币作为功能性货币。
	如果境外企业产品或劳务的原材料、人工及其他成本主要发生在第三国,那么以第三国货币作为境外企业的功能性货币。
(5)融资活动	如果境外企业的融资活动主要以当地货币进行,且其由经营活动产生的资金足以支付已存在的债务以及预期的债务,那么以当地货币作为功能性货币。
(6)内部交易	如果境外企业与母公司之间存在大量的内部交易及协议,那么以母公司的报告货币作为功能性货币。

3. 汇率

含义		汇率是指以一国货币表示的另一国货币的价格,即一单位的某国货币折算成另一国货币的比率。汇率表现为外汇买卖时的价格,因此,汇率有时也称为汇价。
种类	直接汇率、间接汇率	直接汇率即为直接标价法下形成的汇率,直接标价是指每单位外币可兑换的本国货币金额。
		间接汇率即为间接标价法下形成的汇率,间接标价则是指每单位本国货币可兑换的外币金额。
	浮动汇率、固定汇率	浮动汇率也称市场汇率,是指随市场供求关系而变动的汇率。
		固定汇率是指国家制定公布的外汇牌价。
	即期汇率、远期汇率	即期汇率也称现汇汇率,是指现汇交易中即期交割的汇率。
		远期汇率也称期汇汇率,即为由经纪人和客户事先约定的将在未来一定时日据以交割的期汇交易的汇率。
	现行汇率、历史汇率、平均汇率	现行汇率是指资产负债表编制日一单位本国货币兑换成外币(和一单位外国货币兑换成本国货币)的比率。
		历史汇率是指在具体事件和交易实际发生当天的即期汇率。
		平均汇率则是会计上为了处理的简便,而将现行汇率和历史汇率进行了简单或者加权平均后的汇率。

4. 升水与贴水

	直接标价法下	间接标价法下
远期汇率(FR)>即期汇率(SR)	升水(Premium)	贴水(Discount)
远期汇率(FR)<即期汇率(SR)	贴水(Discount)	升水(Premium)

5. 外币兑换和外币折算

外币兑换	外币折算
外币兑换是指将外币换成本国货币,或将本国货币换成外币,或将不同外币进行互换。外币兑换是不同货币之间的实际交换。	外币折算是指将用外币计量的会计要素换成用本国货币(或特定外币)计量,它是会计上对原有外币金额的重新表述,即将一种货币计量单位重新表述为另一种货币计量单位。

6. 汇兑损益

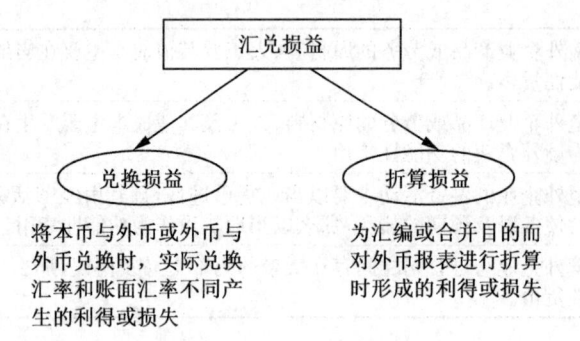

```
                        汇兑损益
                       ╱        ╲
                  兑换损益        折算损益
            将本币与外币或外币与    为汇编或合并目的而
            外币兑换时,实际兑换    对外币报表进行折算
            汇率和账面汇率不同产   时形成的利得或损失
            生的利得或损失
```

7. 外币记账方法

成本法	成本法也称逐日折算法,是指按交易发生时的即期汇率将外币折算为本国货币金额入账的一种方法。 在复币记账方法下,要求在每期期末对外币性资产和负债进行调整,以使本国货币与外币现行价值相一致,差异调整数计入汇兑损益或其他项目。
标准汇率法	标准汇率法也称月终调整法,是指外币在入账时均按标准汇率记录,外币业务发生时,除外币兑换业务外,借贷双方均采用月内同一汇率记账,平时不确认汇兑损益,到期末(一般是月末)将所有外币存款账户和所有外币债权、债务账户按期末现行汇率调整,一并倒轧确认其全月的汇兑损益。此方法主要适用于外币业务较多的企业。 标准汇率通常取有代表意义的平均汇率,我国多数企业通常取当月 1 日的汇率作为标准汇率。

8. 外币交易

常见的外币交易有:(1)企业购买或销售以外币计价的商品和劳务;(2)企业借入或借出其应付或应收金额以外币计算的资金;(3)企业为国外实体净投资进行套期保值;(4)远期外汇合约。

9. 外币交易的会计处理

外币交易的会计处理是指如何处理外币交易过程中(事项的发生日、报表编报日、结算日)所产生的汇兑损益,目前主要有两种观点:一笔交易观和两笔交易观。

	一笔交易观	两笔交易观
内容	(1)一笔交易观认为,以外币结算的购买和销售交易,必须在账款结算之日才算完成。 (2)商品和劳务的购买和销售只是交易的第一阶段,按交易日的汇率折算并记录的销售收入和购买成本只是一个暂记数。 (3)交易发生日至结算日,由于汇率波动而出现的汇兑损益,应作为对已入账的营业收入(销售收入)或营业成本(购货成本)的调整。	(1)两笔交易观认为,以外币结算的购买和销售交易,交易的发生和结算应该视为两项独立的交易来处理。 (2)外币交易的购买成本和销售收入在转换为等值的记账本位币时,应以交易发生日的汇率计算。 (3)发生日至结算日之间发生的汇率波动,属于财务风险,应反映为企业的财务损失,并与外币兑换交易所产生的损益合在一起,反映在"汇兑损益"账户中,而不需调整购买成本或销售收入。
处理方法	结算时所产生的汇兑损益应调整原购销业务涉及的营业收入(销售收入)或营业成本(购货成本)等账户,而不予以单独确认。	汇率波动的影响将以独立的项目反映在损益表中。如果外币交易的发生日和结算日跨越两个不同的会计期间,则"汇兑损益"也将分别属于两个会计期间。

续表

	一笔交易观	两笔交易观
会计分录	(1)外币购货交易 ①交易发生日,按当日汇率折算入账 　借:库存商品 　　贷:应付账款(外币) ②资产负债表日,根据当日汇率调整购货成本 　借:库存商品 　　贷:应付账款(外币)(期末汇率变动) 或做相反分录。 ③结算日,根据当日汇率确认清付的款项 　借:应付账款(外币) 　　贷:库存商品(即期汇率变动,或在借方) 　　　银行存款(即期汇率) (2)外币销货交易 ①交易发生日,按当日汇率折算入账 　借:应收账款(外币) 　　贷:主营业务收入 ②资产负债表日,根据当日汇率调整营业收入 　借:应收账款(外币)(期末汇率变动) 　　贷:主营业务收入 或做相反分录。 ③结算日,根据当日汇率确认收到的款项 　借:未分配利润(即期汇率变动,或在贷方) 　　　银行存款(即期汇率) 　　贷:应收账款(外币)	(1)外币购货交易 ①交易发生日,按当日汇率折算入账 　借:库存商品 　　贷:应付账款(外币) ②资产负债表日,根据当日汇率折算,差额计入当期损益 　借:汇兑损益 　　贷:应付账款(外币)(期末汇率变动) 或做相反分录。 ③结算日,根据当日汇率确认清付的款项 　借:应付账款(外币) 　　贷:汇兑损益(即期汇率变动,或在借方) 　　　银行存款(即期汇率) (2)外币销货交易 ①交易发生日,按当日汇率折算入账 　借:应收账款(外币) 　　贷:主营业务收入 ②资产负债表日,根据当日汇率折算,差额计入当期损益 　借:应收账款(外币)(期末汇率变动) 　　贷:汇兑损益 或做相反分录。 ③结算日,根据当日汇率确认收到的款项 　借:未分配利润(即期汇率变动,或在贷方) 　　　银行存款(即期汇率) 　　贷:应收账款(外币)

10. 未实现汇兑损益

含　义	"未实现汇兑损益"是指产生汇兑损益的外币业务尚未完成,如应收的债权尚未收回,应付的债务尚未偿付。	
确认方法	当期确认法	将"未实现的汇兑损益"计入当期损益。 采用该方法的理论依据是:按照权责发生制原则,在持续经营条件下,企业必须分期确定损益。
	递延法	递延法,即将"未实现汇兑损益"计入"递延汇兑损益"账户,递延到以后各期,待外币交易结算时,再将递延汇兑损益转入当期。

11. 我国汇兑损益的核算原则

交易发生日:		
外币交易应当在初始确认时,采用交易发生日的即期汇率将外币金额折算为记账本位币金额;也可以采用按照系统合理的方法确定的、与交易发生日即期汇率近似的汇率折算。		
资产负债表日及结算日:		
外币货币性项目	采用当日的即期汇率,折算差额计入当期损益。	
非货币性项目	以历史成本计量	采用交易发生日的即期汇率。
	以公允价值计量	采用公允价值确定日的即期汇率,折算差额计入当期损益。

三、名词中英文对照

功能性货币	Functional Currency
当地货币	Local Currency
报告货币	Reporting Currency
即期汇率	Spot Rate
远期汇率	Forward Rate
升水	Premium
贴水	Discount
外币	Foreign Currency
兑换	Conversion
折算	Translation

练习题

一、思考题

1. 什么是直接标价法和间接标价法？
2. 外币统账制下，企业的外币记账方法有哪些？
3. 假设某中国公司从美国进口电子设备，标价为人民币。此项交易是外币交易吗？是对外交易吗？试解释之。
4. 一中国公司从美国公司进口商品，价格1 000美元，当时即期汇率为$1＝¥6.45，而公布财务报表时现行汇率为$1＝¥6.47，并于即期汇率为$1＝¥6.46时支付此笔货款。在购货期及结算期的中国公司利润表中，汇兑利得或损失为多少？
5. 根据我国《企业会计准则第19号——外币折算》的有关规定，汇兑损益的核算原则有哪些？我国外币交易的会计处理采用的是一笔交易观还是两笔交易观？对未实现汇兑损益的处理采用的是当期确认法还是递延法？

二、选择题

1. 下列何种情况表明国外子公司的功能性货币为母公司的货币？（　　）
   A. 子公司经营时在当地融资
   B. 有大量的公司内部交易
   C. 费用主要为当地成本
   D. 子公司主体产品的销售价格主要受当地竞争情况及政府法令规定的影响
2. 某中国母公司拥有一美国子公司，此子公司的功能性货币为美元。则从子公司的角度来看，人民币是（　　）。
   A. 当地货币　　　　　　　　B. 记账货币
   C. 外币　　　　　　　　　　D. 第三国货币
3. 某企业采用人民币作为功能性货币。下列项目中，不属于该企业外币业务的是（　　）。

A. 与外国企业发生的以人民币计价结算的购货业务
B. 与国内企业发生的以美元计价的销售业务
C. 与外国企业发生的以美元计价结算的购货业务
D. 与中国银行发生的美元与人民币的兑换业务

4. 下列各项中,属于外币兑换业务的是(　　)。
A. 从银行取得外币借款
B. 进口材料发生的外币应付账款
C. 归还外币借款
D. 从银行购入外汇

5. 两笔交易观下,以外币标价的应收款项和应付款项账户的汇兑损益应(　　)。
A. 累计至结算日进行报告
B. 进行递延并作为交易价格的调整
C. 列报为折算的权益调整
D. 在汇率变化的当期确认

6. 某股份有限公司对外币业务采用业务发生日的市场汇率进行折算,按月计算汇兑损益。20×5年6月20日从境外购买产品一批,货款总额为500万美元,货款尚未支付,当日的市场汇率为$1=￥8.21。6月30日的市场汇率为$1=￥8.22。7月31日的市场汇率为$1=￥8.23。该外币应付款项7月份所发生的汇兑损失为(　　)。
A. －10万元人民币　　　　　　B. －5万元人民币
C. 5万元人民币　　　　　　　　D. 10万元人民币

7. 20×7年9月4日,牡丹公司收到国外客户的设备订货单,价格为300 000单位的当地货币(LCU),当时折算成人民币为￥96 000。牡丹公司于20×7年10月15日将设备运出,开具账单300 000LCU,当时折算成人民币为￥100 000。20×7年11月16日,牡丹公司收到客户全额汇单,并将300 000LCU兑换为￥105 000。在其20×7年的利润表中,牡丹公司应列报的汇兑利得为(　　)。
A. 0　　　　　　　　　　　　　B. ￥4 000
C. ￥5 000　　　　　　　　　　D. ￥9 000

8. 20×4年8月22日,牡兴公司自国外一非联属公司购得商品,价格为10 000单位的当地货币(LCU),当天即期汇率为1LCU=￥6.55。牡兴公司于20×5年3月20日支付全额货款,当时的即期汇率为1LCU=￥6.65。到20×4年12月31日,即期汇率为1LCU=￥6.70。牡兴公司在其20×4年的利润表中应列报外币交易损失(　　)。
A. 0　　　　　　　　　　　　　B. ￥500
C. ￥1 000　　　　　　　　　　D. ￥1 500

9. 牡娟公司在20×5年7月1日向国外债权人借入1 000 000单位的当地货币(LCU),交付一张附息并于20×6年7月1日到期的票据给此国外债权人,此应付票据以债权人的货币标价。票据本金折算成人民币的金额如下:

　　　　日期　　　　　　　　折算成人民币金额
　　20×5年7月1日　　借款日　　￥410 000
　　20×5年12月31日　年末　　　￥440 000
　　20×6年7月1日　　偿还日　　￥480 000

在牡娟公司20×6年度的利润表中,将列示的汇兑利得或损失为( )。

A. ¥70 000 利得　　　　　　　　B. ¥70 000 损失

C. ¥40 000 利得　　　　　　　　D. ¥40 000 损失

10. 紫檀公司于20×1年7月1日提供贷款¥120 000给美国供应商,收到一张附息且于20×2年7月1日到期的票据。该票据以美元标价,且在贷款日汇率为$1=¥8。在紫檀公司20×1年12月31日的资产负债表中,票据的本金以¥140 000列于应收款项下。该票据于20×2年7月1日清偿时,汇率为$1=¥7。在紫檀公司20×2年的利润表中,应列示的外币交易利得或损失为( )。

A. 0　　　　　　　　　　　　　B. ¥15 000 损失

C. ¥15 000 利得　　　　　　　　D. ¥35 000 损失

三、业务题

1. 中国企业牡丹公司从美国公司进口商品,也向美国其他公司出口商品。20×3年12月份,牡丹公司的外币交易如下:

(1)12月2日,从美国Forest公司购货200 000美元,款项并未支付,预计于20×4年1月30日支付。

(2)12月16日,牡丹公司销售150 000美元的商品给美国Carver公司,当时款项并未收到,预计于20×4年1月16日收到货款。

汇率的相关数据如下:

20×3年12月2日　　　　$1=¥6.8
20×3年12月16日　　　 $1=¥6.0
20×3年12月31日　　　 $1=¥6.5
20×4年1月16日　　　　$1=¥6.7
20×4年1月30日　　　　$1=¥7.0

要求:

(1)计算牡丹公司20×3年利润表中的汇兑损益。

(2)计算牡丹公司20×4年利润表中的汇兑损益。

2. 假设20×5年12月21日,中国某出口商向英国出口赊销一批商品,款项约定用英镑核算计100 000英镑。当日汇率为£1=¥10.50,款项结算期为30天。20×5年12月31日的汇率为£1=¥10.40。到20×6年1月21日,结算汇率为£1=¥10.60,该出口商收到英镑货款并存入银行。

要求:

(1)分别采用一笔交易观和两笔交易观编制该笔业务的会计处理分录。

(2)对一笔交易观和两笔交易观的会计处理进行比较。

3. 中国某电子企业牡丹公司在20×1年12月有两笔外币交易:

(1)12月12日,从日本的东京公司购入电子零件,发票价格为10 000 000日元,当时日元的即期汇率为1日元=0.075 0元人民币,将于20×2年1月11日付款。

(2)12月15日,销售电视机给英国产品公司,价格为100 000英镑,当时英镑的即期汇率为1英镑=8.65元人民币。此项发票以英镑标价,并于20×2年1月14日到期。

要求:

(1)编制12月份发生的外币交易的会计分录。

(2)20×1年12月31日,日元及英镑的即期汇率分别为1日元=0.076 0元人民币、1英镑=8.60元人民币,编制期末汇兑损益的会计分录。

(3)编制分录以记录20×2年1月11日对东京公司的付款,当时日元的即期汇率为1日元=0.076 5元人民币。

(4)编制分录记录20×2年1月14日从英国产品公司收款,当时英镑的即期汇率为1英镑=8.63元人民币。

4. 牡兰公司为一中国公司,20×1年12月31日在确认外币汇兑损益之前,账户显示有¥310 000的应收账款及¥330 000的应付账款。分析余额后得到下列资料:

应收账款:

应收账款(人民币)	¥100 000
应收账款(20 000 美元)	¥124 000
应收账款(10 000 英镑)	¥86 000
应收账款合计	¥310 000

应付账款:

应付账款(人民币)	¥200 000
应付账款(10 000 欧元)	¥75 000
应付账款(10 000 加元)	¥55 000
应付账款合计	¥330 000

20×1年12月31日,美元、英镑、欧元及加元的现行汇率分别为¥6.4、¥8.5、¥7.2、¥5.7。

要求:

(1)计算20×1年期末汇兑损益的金额。

(2)计算20×1年12月31日牡兰公司资产负债表上应列示的应收账款及应付账款金额。

(3)编制分录以记录20×2年应收账款的收现,假设当时美元及英镑的即期汇率分别为¥6.6、¥8.6。

(4)编制分录以记录20×2年应付账款的偿还,当时欧元及加元的即期汇率分别为¥7.5、¥5.6。

练习题参考答案

二、选择题

1. B
2. C
3. A
4. D
5. D
6. C 提示:500×(¥8.23-¥8.22)=¥5。
7. C 提示:¥105 000-¥100 000=¥5 000。
8. D 提示:10 000×(¥6.70-¥6.55)=¥1 500。

9. D 提示:20×5年12月31日记录的外币应付账款为￥440 000,20×6年7月1日(偿还日)记录的外币应付账款为￥480 000,所以20×6年确认￥40 000(￥480 000－￥440 000)的汇兑损失。

10. D 提示:贷款日提供的贷款为$15 000(￥120 000÷8),20×2年7月1日美国供应商偿付票据时,紫檀公司收到￥105 000($15 000×7),紫檀公司20×1年12月31日的资产负债表中票据为￥140 000,所以20×2年应确认汇兑损失为￥35 000(￥140 000－￥105 000)。

三、业务题

1. (单位:元)

(1) 20×3年12月31日,应付账款(美元)的汇兑利得＝200 000×(6.8－6.5)＝60 000。
20×3年12月31日,应收账款(美元)的汇兑利得＝150 000×(6.5－6.0)＝75 000。
所以,20×3年利润表中应确认的汇兑利得＝75 000＋60 000＝135 000。

(2) 20×4年1月15日,应收账款(美元)的汇兑利得＝(6.7－6.5)×150 000＝30 000。
20×4年1月30日,应付账款(美元)的汇兑损失＝(7.0－6.5)×200 000＝100 000。
所以,20×4年利润表中应确认的汇兑损失＝100 000－30 000＝70 000。

2. (单位:元)

(1) 一笔交易观:

20×5年12月21日,交易发生日,按当日汇率折算入账。

借:应收账款(£100 000)　　　￥1 050 000(＝100 000×10.50)
　　贷:主营业务收入　　　　　　　　　　　　　　　　1 050 000

20×5年12月31日,报表编报日,根据当日汇率调整外币交易的销售收入。

借:主营业务收入　　　　￥10 000[＝100 000×(10.50－10.40)]
　　贷:应收账款　　　　　　　　　　　　　　　　　　　10 000

20×6年1月21日,结算日,先要根据当日汇率调整外币交易的销售收入。由于这笔交易的销售收入已结转上年度收益并最终结转留存收益,因而应调整本年初的留存收益,然后再编制相应的收款分录。

借:银行存款　　　　￥1 060 000(＝100 000×10.60)
　　贷:应收账款(£100 000)　　　　　　　　　　　1 040 000
　　　　未分配利润　　　　　　　　　　　　　　　　　20 000

两笔交易观:

20×5年12月21日,交易发生日,按当日汇率折算入账。

借:应收账款(£100 000)　　　￥1 050 000(＝100 000×10.50)
　　贷:主营业务收入　　　　　　　　　　　　　　　　1 050 000

20×5年12月31日,报表编报日,根据当日汇率折算,折算差额记入"汇兑损益"账户。

借:汇兑损益　　　　￥10 000[＝100 000×(10.50－10.40)]
　　贷:应收账款　　　　　　　　　　　　　　　　　　　10 000

20×6年1月21日,结算日,先要根据当日汇率折算,折算差额记入"汇兑损益"账户,然后编制相应的收款分录。

借:银行存款　　　　￥1 060 000(＝100 000×10.60)
　　贷:应收账款(£100 000)　　　　　　　　　　　1 040 000
　　　　汇兑损益　　　　　　　　　　　　　　　　　　20 000

(2)从上述会计处理的分录可以看出,两种交易观在销售成立时确认收入的实现,符合公认会计原则;同时,将折算差额记入"汇兑损益"账户,并计入当期损益,反映了汇率变动带来的财务风险。

3.(单位:元)

(1)借:库存商品　　　　　　　　　　　　　　　　750 000
　　　贷:应付账款(日元)　　　　　　　　　　　　　　　　　　　750 000
　　借:应收账款(英镑)　　　　　　　　　　　　　865 000
　　　贷:主营业务收入　　　　　　　　　　　　　　　　　　　　865 000

(2)20×1年12月31日

应付账款(日元)的汇兑损益=(0.076 0-0.075 0)×10 000 000=10 000。

应收账款(英镑)的汇兑损益=(8.60-8.65)×100 000=-5 000。

借:汇兑损益　　　　　　　　　　　　　　　　　10 000
　　贷:应付账款(日元)　　　　　　　　　　　　　　　　　　　　10 000
借:汇兑损益　　　　　　　　　　　　　　　　　5 000
　　贷:应收账款(英镑)　　　　　　　　　　　　　　　　　　　　5 000

(3)20×2年1月11日对东京公司付款

应付账款(日元)的汇兑损益=-(0.076 5-0.076 0)×10 000 000=-5 000。

借:汇兑损益　　　　　　　　　　　　　　　　　5 000
　　应付账款(日元)　　　　　　　　　　　　　760 000
　　　贷:银行存款　　　　　　　　　　　　　　　　　　　　　　765 000

(4)20×2年1月14日,收到英国公司的付款

应收账款(英镑)的汇兑损益=(8.63-8.60)×100 000=3 000。

借:银行存款　　　　　　　　　　　　　　　　　863 000
　　贷:汇兑损益　　　　　　　　　　　　　　　　　　　　　　　3 000
　　　应收账款(英镑)　　　　　　　　　　　　　　　　　　　　860 000

4.(单位:元)

(1)20×1年12月31日

应收账款(美元)汇兑损益=6.4×20 000-124 000=4 000。

应收账款(英镑)汇兑损益=8.5×10 000-86 000=-1 000。

应付账款(欧元)汇兑损益=-(7.2×10 000-75 000)=3 000。

应付账款(加元)汇兑损益=-(5.7×10 000-55 000)=-2 000。

所以,期末汇兑损益=4 000-1 000+3 000-2 000=4 000。

(2)20×1年12月31日,应收账款余额=310 000+(4 000-1 000)=313 000。

应付账款余额=330 000+(2 000-3 000)=329 000。

(3)20×2年应收账款的收现

借:银行存款　　　　　　　　　　　　　　　　　318 000
　　贷:应收账款　　　　　　　　　　　　　　　　　　　　　　　100 000
　　　应收账款(美元)　　　　　　　　　　　　　　　　　　　　128 000
　　　应收账款(英镑)　　　　　　　　　　　　　　　　　　　　85 000
　　　汇兑损益　　　　　　　　　　　　　　　　　　　　　　　5 000

(4) 20×2 年应付账款的清偿

借：应付账款　　　　　　　　　　　　200 000
　　应付账款（欧元）　　　　　　　　 72 000
　　应付账款（加元）　　　　　　　　 57 000
　　汇兑损益　　　　　　　　　　　　 2 000
　　贷：银行存款　　　　　　　　　　　　　　　　　　331 000

教材课后习题参考答案

1. (单位：元)
(1) 一笔交易观
20×0 年 9 月 20 日，交易发生日，按当日汇率折算入账：
借：应收账款（$10 000）　　　￥65 000(=10 000×6.50)
　　贷：主营业务收入　　　　　　　　　　　　　　　　　65 000
20×0 年 11 月 20 日，结算日，根据当日汇率调整外币交易的销售收入：
借：银行存款　　　　　　　　￥64 000
　　主营业务收入　　　　　　1 000[=10 000×(6.50−6.40)]
　　贷：应收账款　　　　　　　　　　　　　　　　　　　65 000

(2) 两笔交易观
20×0 年 9 月 20 日，交易发生日，按当日汇率折算入账：
借：应收账款（$10 000）　　　￥65 000(=10 000×6.50)
　　贷：主营业务收入　　　　　　　　　　　　　　　　　65 000
20×0 年 11 月 20 日，结算日，先要根据当日汇率折算，折算差额记入"汇兑损益"账户，然后编制相应的收款分录：
借：银行存款　　　　　　　　￥64 000(=10 000×6.40)
　　汇兑损益　　　　　　　　　1 000
　　贷：应收账款（$10 000）　　　　　　　　　　　　　65 000

2. (单位：元)
(1) 一笔交易观：
20×0 年 12 月 20 日，交易发生日，按当日汇率折算入账：
借：应收账款（$50 000）　　　￥325 000(=50 000×6.50)
　　贷：主营业务收入　　　　　　　　　　　　　　　　325 000
20×0 年 12 月 31 日，编报日，根据当日汇率调整外币交易的销售收入：
借：主营业务收入　　　　　　￥5 000[=50 000×(6.50−6.40)]
　　贷：应收账款　　　　　　　　　　　　　　　　　　5 000
20×1 年 1 月 20 日，结算日，先要根据当日汇率调整外币交易的销售收入。由于这笔交易的销售收入已结转上年度收益并最终结转留存收益，因而应调整本年年初的留存收益，然后再编制相应的收款分录：
借：银行存款　　　　　　　　￥330 000(=50 000×6.60)
　　贷：应收账款（$50 000）　　　　　　　　　　　　320 000
　　　　未分配利润　　　　　　　　　　　　　　　　 10 000

两笔交易观：

20×0年12月20日，交易发生日，按当日汇率折算入账：

借：应收账款（$50 000）　　　　　¥325 000（=50 000×6.50）
　　贷：主营业务收入　　　　　　　　　　　　　　　　　325 000

20×0年12月31日，编报日，根据当日汇率折算，折算差额记入"汇兑损益"账户：

借：汇兑损益　　　　　　　　　　¥5 000［=50 000×（6.50－6.40）］
　　贷：应收账款　　　　　　　　　　　　　　　　　　　5 000

20×1年1月20日，结算日，先要根据当日汇率折算，折算差额记入"汇兑损益"账户，然后编制相应的收款分录：

借：银行存款　　　　　　　　　　¥330 000（=50 000×6.60）
　　贷：应收账款（$50 000）　　　　　　　　　　　　　320 000
　　　　汇兑损益　　　　　　　　　　　　　　　　　　 10 000

(2) 从上述会计处理的分录可以看出，两种交易观在销售成立时确认收入的实现，符合公认会计原则；同时，将折算差额记入"汇兑损益"账户，并计入当期损益，反映了汇率变动带来的财务风险。

3. (单位：元)

(1) 20×1年1月份会计分录如下：

①借：银行存款（美元）　　　　　　¥186 000
　　贷：应收账款（外币$30 000）　　　　　　186 000（30 000×6.20）

②借：银行存款　　　　　　　　　　¥61 000
　　　汇兑损益　　　　　　　　　　　1 000
　　贷：银行存款（美元）　　　　　　　　　　62 000（10 000×6.20）

③借：应付账款（美元）　　　　　　¥62 000
　　贷：银行存款（外币$10 000）　　　　　　62 000（10 000×6.20）

④借：长期借款（美元）　　　　　　¥63 000
　　贷：银行存款（外币$10 000）　　　　　　63 000（10 000×6.30）

(2) 银行存款总分类账：

银行存款（美元）

20×1年		摘要	借方			贷方			余额		
月	日		美元	汇率	人民币	美元	汇率	人民币	美元	汇率	人民币
1	1	余额	10 000	6.00	60 000				10 000	6.00	60 000
			30 000	6.20	186 000				40 000		246 000
						10 000	6.2	62 000	30 000		184 000
						10 000	6.2	62 000	20 000		122 000
						10 000	6.3	63 000	10 000		59 000
		调整数			4 500						4 500
1	31	余额	40 000	—		30 000			10 000	6.35	63 500

编制调整分录如下:
借:银行存款　　　　　　　　　　　　　　　¥4 500
　　贷:汇兑损益　　　　　　　　　　　　　　　　　　　　4 500
应收账款期末汇兑损益:
(50 000−30 000)×6.35−(300 000−186 000)=13 000
借:应收账款　　　　　　　　　　　　　　　¥13 000
　　贷:汇兑损益　　　　　　　　　　　　　　　　　　　　13 000
应付账款期末汇兑损益:
(20 000−10 000)×6.35−(120 000−62 000)=5 500
借:汇兑损益　　　　　　　　　　　　　　　¥5 500
　　贷:应付账款　　　　　　　　　　　　　　　　　　　　5 500
长期借款期末汇兑损益:
10 000×(6.30−6.00)=3 000
借:在建工程——汇兑损益　　　　　　　　　¥3 000
　　贷:长期借款　　　　　　　　　　　　　　　　　　　　3 000
(3)1月份汇兑损益:
(13 000+4 500)−(1 000+5 500+3 000)=8 000
计入当期损益的汇兑损益:
(13 000+4 500)−(1 000+5 500)=11 000
4.(单位:万元)
(1)20×2年7月15日:
借:银行存款(美元)　　　　　　　　　　　¥312(50×6.24)
　　贷:实收资本　　　　　　　　　　　　　　　　　　　　312
20×2年7月18日:
借:在建工程　　　　　　　　　　　　　　　¥249.2(40×6.23)
　　贷:应付账款(美元)　　　　　　　　　　　　　　　　　249.2
20×2年7月20日:
借:应收账款(美元)　　　　　　　　　　　¥124.4(20×6.22)
　　贷:主营业务收入　　　　　　　　　　　　　　　　　　124.4
20×2年7月28日:
借:应付账款(美元)　　　　　　　　　　　¥124.2(20×6.21)
　　贷:银行存款　　　　　　　　　　　　　　　　　　　　124.2
20×2年7月31日:
借:银行存款　　　　　　　　　　　　　　　¥186.3(30×6.21)
　　贷:应收账款(美元)　　　　　　　　　　　　　　　　　186.3
(2)银行存款账户7月份汇兑损益:
(10+50+30−20)×6.21−(10×6.25+50×6.24+30×6.21−20×6.21)=−1.9
应收账款账户7月份汇兑损益:
20×(6.21−6.22)+[(50−30)×6.21−(50×6.25−30×6.21)]=−2.2
应付账款账户7月份汇兑损益:

$(20\times6.21-20\times6.25)+(40\times6.21-40\times6.23)=-1.6$

(3)会计分录如下：

借:汇兑损益　　　　　　　　　　　　　　¥1.9
　　贷:银行存款　　　　　　　　　　　　　　　　　　1.9
借:汇兑损益　　　　　　　　　　　　　　¥2.2
　　贷:应收账款　　　　　　　　　　　　　　　　　　2.2
借:应付账款　　　　　　　　　　　　　　¥1.6
　　贷:汇兑损益　　　　　　　　　　　　　　　　　　1.6

第十二章
外币报表折算

案例 紫金矿业境外子公司外币报表折算

一、公司简介

紫金矿业集团股份有限公司(以下简称"紫金矿业")是一家以黄金及金属矿产资源勘探和开发为主业的大型矿业集团。紫金矿业2003年12月23日在香港联交所上市,股票代码为2899.HK,并且于2008年4月25日在上海证券交易所挂牌上市,股票代码为601899.SH。紫金矿业位居2016年《福布斯》全球2 000强企业第1 175位、全球有色金属企业第13位、全球黄金企业第3位,2016年《财富》中国企业500强第78位。公司主要从事黄金、铜、铅锌及其他矿产资源的勘探、开采、冶炼加工及相关产品销售业务,在国内20多个省份和澳大利亚、塔吉克斯坦、俄罗斯、吉尔吉斯斯坦、秘鲁、刚果、南非等多个国家有投资项目。2015年紫金矿业境外资产为179.95亿元,占总资产的比例为21.44%。根据2015年年报,公司境外资产主要为澳大利亚诺顿金矿、吉尔吉斯斯坦奥同克金矿、塔吉克斯坦ZGC金矿、秘鲁白河铜矿、刚果科卢韦奇铜矿、俄罗斯图瓦铅锌矿,以及2015年新收购的巴新波格拉金矿、刚果卡莫阿铜矿及南非NKWE铂矿等。

NKWE是一家位于南非的矿产公司,其在南非拥有多个铂族金属矿权。紫金矿业从2011年开始陆续购买NKWE股权,并于2015年10月7日取得NKWE 60.47%的股权,实现了对NKWE的控制。在成为紫金矿业子公司之前,NKWE是一家澳大利亚公司的子公司。2015年末,NKWE公司总资产为595 937 729元人民币。2015年10月8日至12月31日,NKWE公司净亏损为1 599 629元人民币。

二、外币报表折算主要过程

假设NKWE以澳元作为记账本位币,2016年年初市场汇率为1澳元=4.20元人民币,年末市场汇率为1澳元=4.40元人民币;2016年平均汇率为1澳元=4.30元人民币。NKWE成为紫金矿业子公司时的市场汇率为1澳元=4.00元人民币,资本公积均为接受投资时的资本溢价;上期折算后的财务报表中"未分配利润"的金额为600万元人民币,"盈余公积"的金额为168万元人民币。

假设2016年NKWE以澳元表示的财务报表如下(单位:万澳元):

利润表及利润分配部分

项 目	金额(万澳元)
营业收入	4 800
减:营业成本	2 400
营业税金及附加	240
销售费用	120
管理费用	90
财务费用	150
加:投资收益	0
营业利润	1 800
加:营业外收入	120
减:营业外支出	60
利润总额	1 860
减:所得税	660
净利润	1 200
加:期初未分配利润	150
可供分配的利润	1 350
减:提取盈余公积	240
分配现金股利	210
期末未分配利润	900

资产负债表

项 目	金额(万澳元)	项 目	金额(万澳元)
银行存款	300	短期借款	840
应收账款	720	应付账款	600
存货	1 380	长期负债	1 800
长期投资	900	负债合计	3 240
固定资产	2 400	实收资本	1 200
无形资产	240	资本公积	360
其他长期资产	60	盈余公积	300
		未分配利润	900
		所有者权益合计	2 760
资产总计	6 000	负债和所有者权益总计	6 000

根据我国《企业会计准则第19号——外币折算》的规定,企业将境外经营的财务报表并入本企业财务报表时,应当按照下列规定进行折算:

(1)资产负债表中的资产和负债项目,采用资产负债表日的即期汇率折算,所有者权益项目除"未分配利润"项目外,其他项目采用发生时的即期汇率折算。

(2)利润表中的收入和费用项目,采用交易发生日的即期汇率折算;也可以采用按照系统合理的方法确定的、与交易发生日即期汇率近似的汇率折算。

(3)按照上述(1)(2)折算产生的外币财务报表折算差额,在合并后的资产负债表中所有者权益项目下单独列示,其中属于少数股东权益的部分,并入少数股东权益项目。

按照我国的会计准则规定,将 NKWE 的外币财务报表折算为以人民币表示的财务报表,折算结果如下。

已折算的利润表及利润分配部分

项 目	澳元金额(万澳元)	折算汇率	人民币金额(万元)
营业收入	4 800	4.30	20 640
减:营业成本	2 400	4.30	10 320
营业税金及附加	240	4.30	1 032
销售费用	120	4.30	516
管理费用	90	4.30	387
财务费用	150	4.30	645
加:投资收益	0	4.30	0
营业利润	1 800	—	7 740
加:营业外收入	120	4.30	516
减:营业外支出	0	4.30	0
利润总额	1 860	—	8 256
减:所得税	660	4.30	2 838
净利润	1 200	—	5 418
加:期初未分配利润	150	—	600*
可供分配的利润	1 350	—	6 018
减:提取盈余公积	240	4.30	1 032
分配现金股利	210	4.30	903
期末未分配利润	900	—	4 083

注:* 上期折算后的期末未分配利润。

已折算的资产负债表

项 目	澳元金额(万澳元)	汇 率	人民币金额(万元)
资产:			
银行存款	300	4.40	1 320
应收账款	720	4.40	3 168
存货	1 380	4.40	6 072

续表

项　　目	澳元金额(万澳元)	汇　率	人民币金额(万元)
长期投资	900	4.40	3 960
固定资产	2 400	4.40	10 560
无形资产	240	4.40	1 056
其他长期资产	60	4.40	264
资产总计	6 000	—	26 400
负债和所有者权益:			
短期借款	840	4.40	3 696
应付账款	600	4.40	2 640
长期负债	1 800	4.40	7 920
负债合计	3 240	—	14 256
实收资本	1 200	4.00	4 800
资本公积	360	4.00	1 440
盈余公积	300	—	1 200*
未分配利润	900	—	4 083**
其他综合收益(外币报表折算差额)	—	—	621***
负债和所有者权益总计	6 000	—	26 400

注：* 期初盈余公积与本期提取盈余公积之和，即 1 200＝168＋1 032。

** 折算后的利润表中期末未分配利润。

*** 轧差平衡数，即 621＝26 400－14 256－4 800－1 440－1 200－4 083。

三、尾声

在将 NKWE 以澳元表示的财务报表折算为以人民币表示的财务报表后，若紫金矿业和 NKWE 之间当年未发生内部交易，即可直接编制合并财务报表；若紫金矿业和 NKWE 之间当年曾发生过内部交易，则还需编制母子公司抵销分录，然后再编制合并财务报表。

讨论题

根据我国现行会计准则制度，我国外币报表折算具体采用的是何种折算方法？

案例分析要点提示

提示：外币报表折算一般有四种方法，即流动—非流动法、货币—非货币性法、时态法、现行汇率法，我国外币报表折算采取的是现行汇率法。

学习指导

一、本章教学大纲

本章主要介绍了外币报表折算的四种方法以及我国外币报表折算的处理。

本章教学大纲

外币报表折算概述	母子公司所采用的会计准则不一致	美国模式(U.S. GAAP)
		大陆模式
		南美模式
		国际会计准则(IFRS/IAS)
	外币报表折算的会计处理	外币报表折算的含义
		外币报表折算方法： (1)流动—非流动法 (2)货币—非货币性法 (3)时态法 (4)现行汇率法
外币报表的折算与合并	外币报表折算或重新计量的程序示例	
我国外币报表折算的处理	我国外币报表折算方法的选择	
	外币报表折算的信息披露	

二、本章重点、难点解析

1. 外币报表折算

含义		是指为了特定的目的，将以外币表示的报表折算为以记账本位币(功能性货币)或另一特定货币表示的财务报表的会计处理程序。其实质是对报表的重新表述，以满足报表特殊使用者的要求。
方法	流动—非流动法	将资产负债表的项目按其流动性质，划分为流动性项目和非流动性项目两大类，按照各项目的流动性与非流动性分别采用不同的汇率进行折算。
	货币—非货币性法	将资产和负债项目区分为货币性项目和非货币性项目，对货币性项目和非货币性项目采用不同的汇率进行折算。
	时态法	要求将现金、应收及应付项目(包括流动和非流动)按照资产负债表日的现行汇率折算，其他的资产和负债根据其独特的计量属性，按照其发生日的历史汇率或现行汇率进行折算。
	现行汇率法	要求对外币报表中除实收资本(股本)以外所有的资产和负债项目，采用资产负债表日的汇率进行折算；对实收资本(股本)采用历史汇率进行折算；对收入、费用、利得和损失项目，采用要素确认时的现行汇率进行折算。

2. 四种折算方法的比较

折算方法	折算汇率的选择	资产负债表项目	利润表项目	折算差额的处理
流动—非流动法	根据资产、负债的流动性来选择折算汇率。	流动资产和流动负债采用现行汇率折算;非流动资产、非流动负债、所有者权益项目采用历史汇率折算。	收入、费用、营业成本采用平均汇率折算;折旧费用及摊销费用采用历史汇率折算。	计入当期损益
货币—非货币性法	根据货币性项目和非货币性项目来选择折算汇率。	货币性资产和负债采用现行汇率折算;非货币性资产、负债以及所有者权益项目采用历史汇率折算。	收入、费用、营业成本采用平均汇率折算;折旧费用及摊销费用采用历史汇率折算。	计入当期损益
时态法	根据资产、负债的计量属性来选择折算汇率。	以现行成本(或公允价值)计量的项目采用现行汇率折算;以历史成本计量的项目采用历史汇率折算。	收入、费用采用平均汇率折算;营业成本采用存货适用汇率折算;折旧费用及摊销费用采用历史汇率折算。	计入当期损益
现行汇率法	除实收资本(股本)以外,所有的资产和负债项目采用资产负债表日的现行汇率折算。	资产、负债项目采用现行汇率折算;所有者权益项目采用历史汇率折算。	收入、费用、营业成本、折旧费用及摊销费用均采用平均汇率折算。	计入所有者权益

3. 时态法下,存货适用汇率

采用存货适用汇率折算营业成本是指销货成本要在对年初存货、本年购货和年末存货按不同的适用汇率折算后进行计算。计算过程如下:

	外币报表金额 (记账货币)	折算汇率	折算金额(报告货币) (外币报表金额×折算汇率)
期初存货	×××	期初的即期汇率	×××
本期购货	×××	本期平均汇率	×××
合计	<u>×××</u>	—	<u>×××</u>
期末存货	(×××)	期末的即期汇率	(×××)
营业成本	<u>×××</u>	—	<u>×××</u>

4. 我国外币报表折算

项目			会计处理
资产负债表	资产负债项目		采用资产负债表日即期汇率折算
	所有者权益项目	实收资本（股本）	采用交易发生日的即期汇率折算
		资本公积	采用交易发生日的即期汇率折算
		盈余公积	期末盈余公积＝期初盈余公积＋本期提取的盈余公积
		未分配利润	期末未分配利润＝上期折算后的期末未分配利润＋（本期利润表折算净利润－本期提取的盈余公积－本期应付股利）
利润表及利润分配部分	收入、费用类项目		采用交易发生日的即期汇率或即期汇率的近似汇率折算（对于业务量很大的企业，可以采用当期加权平均汇率进行折算）
	利润分配项目		本期提取的盈余公积以及应付股利采用当期加权平均汇率折算
折算差额＝记账本位币反映的净资产－记账本位币反映的实收资本（股本）、留存收益（盈余公积、未分配利润）			记入所有者权益项目下的"其他综合收益"项目

5. 现行汇率法下的折算程序

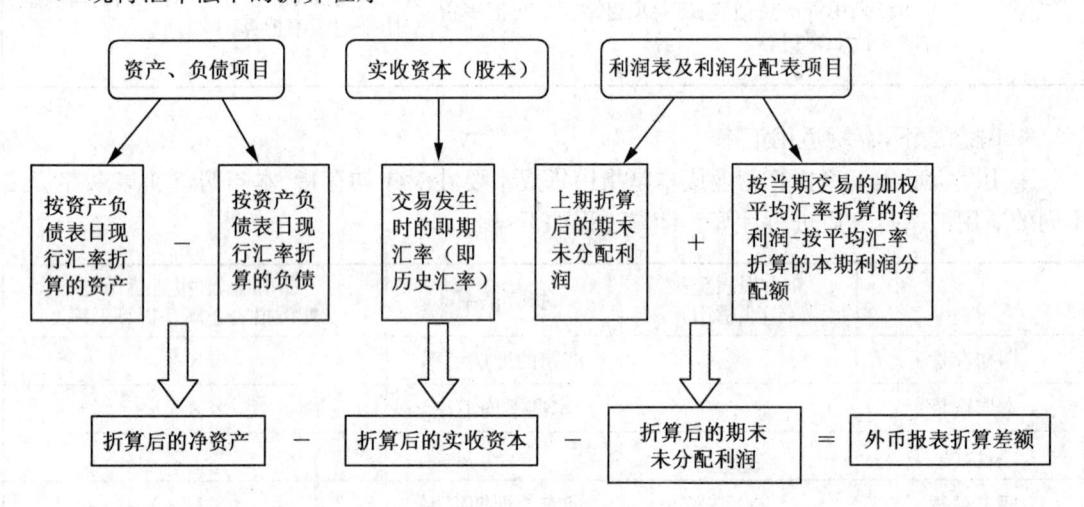

（按资产负债表日现行汇率折算的资产 － 按资产负债表日现行汇率折算的负债）→ 折算后的净资产

实收资本（股本）按交易发生时的即期汇率（即历史汇率）→ 折算后的实收资本

利润表及利润分配表项目：上期折算后的期末未分配利润 ＋ 按当期交易的加权平均汇率折算的净利润 － 按平均汇率折算的本期利润分配额 → 折算后的期末未分配利润

折算后的净资产 － 折算后的实收资本 － 折算后的期末未分配利润 ＝ 外币报表折算差额

三、名词中英文对照

外币报表折算	Foreign Currency Statement Translation
流动—非流动法	Current-noncurrent Method
货币—非货币性法	Monetary-nonmonetary Method
时态法	Temporal Method
现行汇率法	Current Rate Method
期末汇率法	Closing Rate Method
重新计量	Remeasurement

练习题

一、思考题

1. 外币报表折算的含义是什么？
2. 解释时态法和现行汇率法，并比较它们的异同点。
3. 阐述外币报表折算或重新计量的一般程序。
4. 根据我国《企业会计准则》的规定，企业如何合并境外子公司财务报表？

二、选择题

1. 假设一家中国公司牡丹公司在德国设立一家子公司紫薇公司，在对紫薇公司的外币报表进行折算时，不管采用折算程序还是重新计量程序，紫薇公司的下列哪一个账户折算后金额相同？（　　）
   A. 应收账款　　　　　　　　　　B. 存货
   C. 固定资产——机器设备　　　　D. 无形资产——商标权

2. 根据我国现行《企业会计准则》的规定，外币报表折算为人民币报表时，利润分配部分的"未分配利润"项目应当（　　）。
   A. 按平均汇率折算
   B. 按历史汇率折算
   C. 根据折算后利润分配部分其他项目的数额计算确定
   D. 按现行汇率折算

3. 根据我国现行《企业会计准则》的规定，外币报表折算差额在会计报表中应（　　）。
   A. 在所有者权益项目下其他综合收益中列示
   B. 在长期投资项目下列示
   C. 作为管理费用列示
   D. 作为长期负债列示

4. 一中国公司对一国外子公司有 10 000 000 元的投资，相对于国外子公司的当地货币，人民币贬值。基于以上信息，可以预期合并财务报表存在（　　）。
   A. 折算利得　　　　　　　　　　B. 折算损失
   C. 其他综合收益增加　　　　　　D. 其他综合收益减少

5. 对于外币折算过程中形成的折算差额（损益），计入当期损益时采用的是（　　）。
   A. 时态法　　　　　　　　　　　B. 现行汇率法
   C. 货币—非货币性法　　　　　　D. 流动—非流动法

6. 美国的母公司甲企业拥有设在德国的子公司乙企业 100% 股权，乙企业以欧元记账。因为乙企业所有的分支机构都设在英国，所以该公司的功能性货币为英镑。对乙企业 20×4 年财务报表的重新计量产生了 100 000 欧元的利得，对其报表的折算产生了 200 000 欧元的利得。在 20×4 年的甲企业利润表中，其列报的汇兑利得为（单位：欧元）（　　）。
   A. 0　　　　　　　　　　　　　 B. 100 000
   C. 200 000　　　　　　　　　　 D. 300 000

三、业务题

1. 牡丹公司拥有一境外子公司,其编制报表所采用的货币为欧元,为了编制合并报表,牡丹公司需要将子公司外币表示的报表折算为人民币表示的报表。20×6年1月1日,汇率为€1=¥9.20,20×6年12月31日汇率为€1=¥9.40,本期平均汇率为€1=¥9.30,牡丹公司对子公司投资时的汇率为€1=¥9.10,子公司20×6年1月1日留存收益为3 200欧元,上期利润分配部分折算后的留存收益人民币数额为27 600元,应付股利为3 200欧元,实际支付股利时的汇率为€1=¥9.35。子公司期末存货历史汇率为€1=¥9.38,长期负债的历史汇率均为€1=¥9.45,存货的期初汇率为€1=¥9.20,且期初存货为48 000欧元,本期购进存货为144 000欧元,存货计价采用先进先出法。固定资产和无形资产取得时的汇率均为€1=¥9.15。子公司外币报表如下所示(单位:欧元):

利润表及利润分配部分
20×6年1~12月

营业收入	236 800
减:营业成本	160 000
营业税金及附加	4 800
销售费用	32 000
管理费用	15 200
折旧费用	800
财务费用	12 000
加:投资收益	6 400
营业利润	18 400
加:营业外收入	1 200
减:营业外支出	7 600
利润总额	12 000
减:所得税	4 000
净利润	8 000
加:期初留存收益	3 200
可供分配的利润	11 200
减:分配现金股利	3 200
期末留存收益	8 000

资产负债表
20×6 年 12 月 31 日

资产	欧元	负债和所有者权益	欧元
银行存款	12 400	应付账款	14 000
应收账款	19 600	短期借款	10 000
存货	32 000	长期借款	32 000
长期投资	16 000	实收资本	32 000
固定资产	12 000	留存收益	8 000
无形资产	4 000		
资产合计	96 000	负债和所有者权益合计	96 000

要求：分别采用流动—非流动法、货币—非货币性法、时态法和现行汇率法对子公司的外币报表进行折算。

2. 中国企业牡兴公司持有美国企业紫美公司 90% 的股份。牡兴公司取得紫美公司控制权时的汇率为 $1=¥6.3。紫美公司的功能性货币为美元，记账货币也为美元。20×1 年年末汇率为 $1=¥6.5，年平均汇率为 $1=¥6.8。20×1 年 9 月 15 日，紫美公司从牡兴公司预收一笔金额为 660 000 元人民币的货款，当日汇率是 $1=¥6.6。

要求：
(1) 牡兴公司应采用什么方法合并紫美公司的外币报表？为什么？
(2) 期末，紫美公司账上是否需要调整该笔预收账款的金额？如需调整，做出相应的会计分录；如果不需要调整，请说明理由。
(3) 如果紫美公司的功能性货币为人民币，(1)(2)问的结论是否不同？

3. 20×7 年 1 月 1 日，中国企业牡发公司以 3 000 000 元(461 538.5 美元)购买了美国 Shall 公司所有流通在外的股票，当时的汇率为 $1=¥6.5。当天，除了公允价值为 200 000 美元的土地及公允价值为 100 000 美元的设备以外，Shall 公司资产和负债的账面价值等于其公允价值。假定 Shall 公司的功能性货币为美元。

企业合并前，牡发公司(以人民币表示)以及 Shall 公司(以美元表示)的简要资产负债表信息如下：

简要资产负债表

	牡发公司(¥)	Shall 公司($)
流动资产	6 000 000	100 000
土地	800 000	100 000
建筑物——净额	1 200 000	250 000
设备——净额	1 000 000	50 000
资产合计	9 000 000	500 000
流动负债	600 000	50 000
应付票据	1 000 000	150 000

续表

	牡发公司(¥)	Shall公司($)
股本	6 000 000	200 000
留存收益	1 400 000	100 000
负债及所有者权益合计	9 000 000	500 000

要求：
(1)计算企业合并产生的商誉。
(2)编制合并日的合并资产负债表。
(3)假设20×7年商誉减值1 000美元，20×7年期末汇率为$1=¥6.7，年平均汇率为$1=¥6.6，计算期末合并报表上商誉的折算调整数，并编制相关调整分录。

4.牡丹集团持有美国子公司Star 100%股权。20×1年1月1日市场汇率为$1=¥6.20，20×1年12月31日市场汇率为$1=¥6.40；20×1年平均汇率为$1=¥6.30。牡丹公司购买Star 100%股权时，市场汇率为$1=¥6.00，资本公积全部为购买股权时的资本溢价；上期折算后的财务报表中"未分配利润"的数额为300万元人民币，"盈余公积"的数额为126万元人民币。

该子公司以美元表示的财务报表如下(单位：万美元)：

利润表及利润分配部分
20×1年1～12月

营业收入	1 600
减：营业成本	800
营业税金及附加	80
销售费用	40
管理费用	30
财务费用	50
营业利润	600
加：营业外收入	40
减：营业外支出	20
利润总额	620
减：所得税	220
净利润	400
加：期初未分配利润	50
可供分配的利润	450
减：提取盈余公积	80
分配现金股利	70
未分配利润	300

资产负债表
20×1年12月31日

项　目	万美元	项　目	万美元
银行存款	100	短期借款	280
应收账款	240	应付账款	200
存货	460	长期负债	600
长期投资	300	负债合计	1 080
固定资产	800	实收资本	400
无形资产	80	资本公积	120
其他长期资产	20	盈余公积	100
		未分配利润	300
		所有者权益合计	920
资产总计	2 000	负债及所有者权益总计	2 000

要求：按我国财务报表折算的现行规定将上述外币报表折算为以人民币表示的财务报表。

练习题参考答案

二、选择题

1. A
2. C
3. A
4. C
5. A
6. B　提示：重新计量的折算损益计入汇兑损益，外币报表的折算损益计入其他综合收益。

三、业务题

1.（单位：元）

（1）流动—非流动法

已折算的资产负债表

资产	欧元	汇率	人民币	负债和所有者权益	欧元	汇率	人民币
银行存款	12 400	9.4	116 560	应付账款	14 000	9.4	131 600
应收账款	19 600	9.4	184 240	短期借款	10 000	9.4	94 000
存货	32 000	9.4	300 800	长期借款	32 000	9.45	302 400
长期投资	16 000	9.1	145 600	负债合计	56 000	—	528 000

续表

资产	欧元	汇率	人民币	负债和所有者权益	欧元	汇率	人民币
固定资产	12 000	9.15	109 800	实收资本	32 000	9.1	291 200
无形资产	4 000	9.15	36 600	留存收益	8 000	—	74 400*
资产总计	96 000	—	893 600	负债和所有者权益总计	96 000	—	893 600

注：* 期末留存收益为轧差平衡数。

已折算的利润表

项 目	金额(€)	折算汇率	金额(¥)
营业收入	236 800	9.30	2 202 240
减：营业成本	160 000	9.30	1 488 000
营业税金及附加	4 800	9.30	44 640
销售费用	32 000	9.30	297 600
管理费用	15 200	9.30	141 360
折旧费用	800	9.15	7 320
财务费用	12 000	9.30	111 600
加：投资收益	6 400	9.30	59 520
营业利润	18 400	—	171 240
加：营业外收入	1 200	9.30	11 160
减：营业外支出	7 600	9.30	70 680
利润总额	12 000	—	111 720
减：所得税	4 000	9.30	37 200
净利润	8 000	—	74 520
加：期初留存收益	3 200	—	27 600*
可供分配的利润	11 200	—	102 120
减：分配现金股利	3 200	9.35	29 920
调整前期末留存收益			72 200
加：汇兑损益			2 200
调整后期末留存收益	8 000	—	74 400**

注：* 期初留存收益为上期期末留存收益的折算轧平数。

** 资产负债表中折算后余额。

(2) 货币—非货币性法

已折算的资产负债表

资产	欧元	汇率	人民币	负债和所有者权益	欧元	汇率	人民币
银行存款	12 400	9.4	116 560	应付账款	14 000	9.4	131 600

续表

资产	欧元	汇率	人民币	负债和所有者权益	欧元	汇率	人民币
应收账款	19 600	9.4	184 240	短期借款	10 000	9.4	94 000
存货	32 000	9.38	300 160	长期借款	32 000	9.4	300 800
长期投资	16 000	9.1	145 600	负债合计	56 000	—	526 400
固定资产	12 000	9.15	109 800	实收资本	32 000	9.1	291 200
无形资产	4 000	9.15	36 600	留存收益	8 000		75 360*
资产总计	96 000	—	892 960	负债和所有者权益总计	96 000	—	892 960

注：*期末留存收益为轧差平衡数。

已折算的利润表

项　目	金额(€)	折算汇率	金额(¥)
营业收入	236 800	9.30	2 202 240
减：营业成本	160 000	9.30	1 488 000
营业税金及附加	4 800	9.30	44 640
销售费用	32 000	9.30	297 600
管理费用	15 200	9.30	141 360
折旧费用	800	9.15	7 320
财务费用	12 000	9.30	111 600
加：投资收益	6 400	9.30	59 520
营业利润	18 400	—	171 240
加：营业外收入	1 200	9.30	11 160
减：营业外支出	7 600	9.30	70 680
利润总额	12 000	—	111 720
减：所得税	4 000	9.30	37 200
净利润	8 000	—	74 520
加：期初留存收益	3 200	—	27 600*
可供分配的利润	11 200	—	102 120
减：分配现金股利	3 200	9.35	29 920
调整前期末留存收益			72 200
加：汇兑损益			3 400
调整后期末留存收益	8 000	—	75 360**

注：*期初留存收益为上期期末留存收益的折算轧平数。
　　**资产负债表中折算后余额。

(3) 时态法

已折算的资产负债表

资产	欧元	汇率	人民币	负债和所有者权益	欧元	汇率	人民币
银行存款	12 400	9.4	116 560	应付账款	14 000	9.4	131 600
应收账款	19 600	9.4	184 240	短期借款	10 000	9.4	94 000
存货	32 000	9.38	300 160	长期借款	32 000	9.4	300 800
长期投资	16 000	9.1	145 600	负债合计	56 000	—	526 400
固定资产	12 000	9.15	109 800	实收资本	32 000	9.1	291 200
无形资产	4 000	9.15	36 600	留存收益	8 000		75 360*
资产总计	96 000	—	892 960	负债和所有者权益总计	96 000	—	892 960

注：* 期末留存收益为轧差平衡数。

已折算的利润表

项 目	金额(€)	折算汇率	金额(¥)
营业收入	236 800	9.30	2 202 240
减：营业成本	160 000	存货适用汇率	1 480 640
营业税金及附加	4 800	9.30	44 640
销售费用	32 000	9.30	297 600
管理费用	15 200	9.30	141 360
折旧费用	800	9.15	7 320
财务费用	12 000	9.30	111 600
加：投资收益	6 400	9.30	59 520
营业利润	12 000	—	178 600
加：营业外收入	1 200	9.30	11 160
减：营业外支出	7 600	9.30	70 680
利润总额	12 000	—	119 080
减：所得税	4 000	9.30	37 200
净利润	8 000	—	81 880
加：期初留存收益	3 200	—	27 600*
可供分配的利润	11 200	—	109 480
减：分配现金股利	3 200	9.35	29 920
调整前期末留存收益			79 560
减：汇兑损益			4 200
调整后期末留存收益	8 000	—	75 360**

注：* 期初留存收益为上期期末留存收益的折算轧平数。
** 资产负债表中折算后余额。

营业成本的折算(时态法)

项目	金额(€)	折算汇率	金额(¥)
期初存货	48 000	9.20	441 600
购货	144 000	9.30	1 339 200
合计	192 000		1 780 800
期末存货	32 000	9.38	300 160
营业成本	160 000		1 480 640

(4)现行汇率法

已折算的资产负债表

资产	欧元	汇率	人民币	负债和所有者权益	欧元	汇率	人民币
银行存款	12 400	9.4	116 560	应付账款	14 000	9.4	131 600
应收账款	19 600	9.4	184 240	短期借款	10 000	9.4	94 000
存货	32 000	9.4	300 800	长期借款	32 000	9.4	300 800
				负债合计	56 000	—	526 400
长期投资	16 000	9.4	150 400	实收资本	32 000	9.1	291 200
固定资产	12 000	9.4	112 800	留存收益	8 000		72 080*
无形资产	4 000	9.4	37 600	其他综合收益(折算调整数)			12 720**
资产总计	96 000	—	902 400	负债和所有者权益总计	96 000	—	902 400

注:* 根据已折算的利润表中留存收益折算数填列。
** 轧差平衡数。

已折算的利润表

项目	金额(€)	折算汇率	金额(¥)
营业收入	236 800	9.30	2 202 240
减:营业成本	160 000	9.30	1 488 000
营业税金及附加	4 800	9.30	44 640
销售费用	32 000	9.30	297 600
管理费用	15 200	9.30	141 360
折旧费用	800	9.30	7 440
财务费用	12 000	9.30	111 600
加:投资收益	6 400	9.30	59 520
营业利润	12 000	—	171 120
加:营业外收入	1 200	9.30	11 160
减:营业外支出	7 600	9.30	70 680

续表

项　　目	金额(€)	折算汇率	金额(¥)
利润总额	12 000	—	111 600
减:所得税	4 000	9.30	37 200
净利润	8 000	—	74 400
加:期初留存收益	3 200	—	27 600*
可供分配的利润	11 200	—	102 000
减:分配现金股利	3 200	9.35	29 920
期末留存收益	8 000	—	72 080

注:* 期初留存收益为上期期末留存收益的折算轧平数。

2.(1)因为紫美公司的功能性货币以及记账货币都是当地货币,所以牡兴公司应该采用现行汇率法对紫美公司的外币报表进行折算。

(2)因为紫美公司的功能性货币为美元,所以以人民币表示的预收账款就是外币,期末紫美公司账上应按现行汇率调整该笔预收账款,其折算差额应计入当期损益。相应的调整分录为:

借:汇兑损益　　　　　　　　　　　　　　　　　　　　　　　$1 538
　　贷:预收账款——人民币(660 000/6.5－660 000/6.6)　　　　　$1 538

(3)如果紫美公司以人民币为功能性货币,那么牡兴公司应该采用时态法重新计量子公司的外币报表。此时,期末紫美公司账面上的预收账款不需要调整,因为该预收款项是以人民币表示的,所以这项业务对母子公司而言都不是外币交易。

3.(1)企业合并产生的商誉＝初始投资成本－所获净资产公允价值的份额＝461 538.5 美元－450 000 美元＝11 538.5 美元＝75 000 元。

(2)先将 Shall 公司的资产负债表折算为以美元表示:

Shall 公司资产负债表(折算后以美元表示)

项　　目	金额($)	汇率($1=)	金额(¥)
流动资产	100 000	¥6.5	650 000
土地	200 000	¥6.5	1 300 000
建筑物——净额	250 000	¥6.5	1 625 000
设备——净额	100 000	¥6.5	650 000
资产合计	650 000	—	4 225 000
流动负债	50 000	¥6.5	325 000
应付票据	150 000	¥6.5	975 000
股本	200 000	¥6.5	1 300 000
留存收益	100 000	¥6.5	650 000
资本公积(资产评估增值部分)	150 000	¥6.5	975 000
负债及所有者权益合计	650 000	—	4 225 000

两公司合并资产负债表如下：

牡发公司和 Shall 公司合并资产负债表

20×7年1月1日

	P公司(¥)	S公司($)	抵销与调整	合并报表(¥)
流动资产	3 000 000	650 000		3 650 000
土地	800 000	1 300 000		2 100 000
建筑物——净额	1 200 000	1 625 000		2 825 000
设备——净额	1 000 000	650 000		1 650 000
长期股权投资	3 000 000		3 000 000	—
商誉			75 000	75 000
资产合计	<u>6 000 000</u>	<u>4 225 000</u>		<u>10 300 000</u>
流动负债	600 000	325 000		925 000
应付票据	1 000 000	975 000		1 975 000
股本	6 000 000	1 300 000	1 300 000	6 000 000
留存收益	1 400 000	650 000	650 000	1 400 000
资本公积(资产评估增值部分)		975 000	975 000	
负债及所有者权益合计	<u>6 000 000</u>	<u>4 225 000</u>		<u>10 300 000</u>

(3) 因为国外子公司采用当地货币美元作为功能性货币，所以应该采用现行汇率法进行折算。在现行汇率法下，商誉减值损失按平均汇率折算，期末商誉按资产负债表日的现行汇率折算，这样一来，折算后的商誉期末余额减去折算后的商誉期初余额就不等于计提的商誉减值损失金额，差额部分也应作为折算调整数调整"外币报表折算差额"，具体的折算过程如下：

	金额($)	折算汇率	折算金额(¥)
期初商誉	11 538.5	¥6.5	75 000
本期减值额	1 000	¥6.6	6 600
外币报表折算差额(商誉减值)	—	—	(2 208)
期末商誉	10 538.5	¥6.7	70 608

相应的调整分录如下：
借：资产减值损失　　　　　　　　　　　　¥6 600
　　贷：商誉　　　　　　　　　　　　　　　　　　4 392
　　　　外币报表折算差额　　　　　　　　　　　　2 208

4.（单位：元）

已折算的利润表及利润分配部分

项　目	美元金额	折算汇率	人民币金额
营业收入	1 600	6.30	10 080
减：营业成本	800	6.30	5 040
营业税金及附加	80	6.30	504
销售费用	40	6.30	252
管理费用	30	6.30	189
财务费用	50	6.30	315
营业利润	600	—	3 780
加：营业外收入	40	6.30	252
减：营业外支出	20	6.30	126
利润总额	620	—	3 906
减：所得税	220	6.30	1 386
净利润	400	—	2 520
加：期初未分配利润	50	—	300*
可供分配的利润	450	—	2 820
减：提取盈余公积	80	6.30	504
分配现金股利	70	6.30	441
未分配利润	300	—	1 875

注：* 上期期末折算后的未分配利润。

已折算的资产负债表（折算后以人民币表示）

项　目	万美元	汇率	人民币金额（万元）
资产：			
银行存款	100	6.40	640
应收账款	240	6.40	1 536
存货	460	6.40	2 944
长期投资	300	6.40	1 920
固定资产	800	6.40	5 120
无形资产	80	6.40	512
其他长期资产	20	6.40	128
资产总计	2 000	—	12 800
负债及所有者权益：			
短期借款	280	6.40	1 792

续表

项目	万美元	汇率	人民币金额(万元)
应付账款	200	6.40	1 280
长期负债	600	6.40	3 840
实收资本	400	6.00	2 400
资本公积	120	6.00	720
盈余公积	100	—	630*
未分配利润	300	—	1 875
其他综合收益(外币报表折算差额)			263**
负债及所有者权益总计	2 000		12 800

注:* 期初盈余公积与本期提取盈余公积之和(126+504)。

** 轧差平衡数。

教材课后习题参考答案

1.(单位:元)

(1)流动—非流动法

已折算的资产负债表

资产	美元	汇率	人民币	负债及所有者权益	美元	汇率	人民币
银行存款	6 200	8.40	52 080	应付账款	7 000	8.40	58 800
应收账款	9 800	8.40	82 320	短期借款	5 000	8.40	42 000
存货	16 000	8.40*	134 400	长期借款	16 000	8.45	135 200
长期投资	8 000	8.10	64 800	负债合计	28 000	—	236 000
固定资产	6 000	8.15	48 900	实收资本	16 000	8.10	129 600
无形资产	2 000	8.15	16 300	留存收益	4 000		33 200**
资产总计	48 000	—	398 800	负债和所有者权益总计	48 000	—	398 800

注:* 期末现行汇率。

** 期末留存收益为轧差平衡数,即 33 200=398 800−236 000−129 600。

已折算的利润表

项目	金额($)	折算汇率	金额(¥)
营业收入	118 400	8.30	982 720
减:营业成本	80 000	8.30	664 000
营业税金及附加	2 400	8.30	19 920
销售费用	16 000	8.30	132 800

续表

项　目	金额($)	折算汇率	金额(¥)
管理费用	7 600	8.30	63 080
折旧费用	400	8.15	1 620
财务费用	6 000	8.30	49 800
加:投资收益	3 200	8.30	26 560
营业利润	9 200	—	78 060
加:营业外收入	600	8.30	4 980
减:营业外支出	3 800	8.30	31 540
利润总额	6 000	—	51 500
减:所得税	2 000	8.30	16 600
净利润	4 000	—	34 900
加:期初留存收益	1 600	—	13 800*
可供分配的利润	5 600	—	48 700
减:分配现金股利	1 600	8.35	13 360
调整前期末留存收益			35 340
减:汇兑损益			2 140***
调整后期末留存收益	4 000	—	33 200**

注:* 期初留存收益为上期期末留存收益的折算轧平数(题目中已知)。

** 从折算后的资产负债表中得出。

*** 轧差平衡数,即 2 140=35 340－33 200。

(2)货币—非货币性法

已折算的资产负债表

资产	美元	汇率	人民币	负债和所有者权益	美元	汇率	人民币
银行存款	6 200	8.40	52 080	应付账款	7 000	8.40	58 800
应收账款	9 800	8.40	82 320	短期借款	5 000	8.40	42 000
存货	16 000	8.40*	134 400	长期借款	16 000	8.40	134 400
长期投资	8 000	8.10	64 800	负债合计	28 000	—	235 200
固定资产	6 000	8.15	48 900	实收资本	16 000	8.10	129 600
无形资产	2 000	8.15	16 300	留存收益	4 000		34 000**
资产总计	48 000	—	398 800	负债和所有者权益总计	48 000	—	398 800

注:* 先进先出法下期末存货的历史汇率。

** 期末留存收益为轧差平衡数,即 34 000=398 800－235 200－129 600。

已折算的利润表

项　目	金额($)	折算汇率	金额(¥)
营业收入	118 400	8.30	982 720
减：营业成本	80 000	8.30	664 000
营业税金及附加	2 400	8.30	19 920
销售费用	16 000	8.30	132 800
管理费用	7 600	8.30	63 080
折旧费用	400	8.15	1 620
财务费用	6 000	8.30	49 800
加：投资收益	3 200	8.30	26 560
营业利润	9 200	—	78 060
加：营业外收入	600	8.30	4 980
减：营业外支出	3 800	8.30	31 540
利润总额	6 000	—	51 500
减：所得税	2 000	8.30	16 600
净利润	4 000	—	34 900
加：期初留存收益	1 600	—	13 800*
可供分配的利润	5 600	—	48 700
减：分配现金股利	1 600	8.35	13 360
调整前期末留存收益			35 340
减：汇兑损益			1 340***
调整后期末留存收益	4 000	—	34 000**

注：* 期初留存收益为上期期末留存收益的折算轧平数（题目中已知）。

** 从折算后的资产负债表中得出。

*** 轧差平衡数，即 1 340＝35 340－34 000。

(3)时态法

已折算的资产负债表

资产	美元	汇率	人民币	负债和所有者权益	美元	汇率	人民币
银行存款	6 200	8.40	52 080	应付账款	7 000	8.40	58 800
应收账款	9 800	8.40	82 320	短期借款	5 000	8.40	42 000
存货	16 000	8.40*	134 400	长期借款	16 000	8.40	134 400
长期投资	8 000	8.10	64 800	负债合计	28 000	—	235 200
固定资产	6 000	8.15	48 900	实收资本	16 000	8.10	129 600
无形资产	2 000	8.15	16 300	留存收益	4 000		34 000**
资产总计	48 000	—	398 800	负债和所有者权益总计	48 000	—	398 800

注：* 先进先出法下期末存货的历史汇率。

** 期末留存收益为轧差平衡数，即 34 000＝398 800－235 200－129 600。

已折算的利润表

项　目	金额($)	折算汇率	金额(¥)
营业收入	118 400	8.30	982 720
减:营业成本	80 000	存货适用汇率	660 000
营业税金及附加	2 400	8.30	19 920
销售费用	16 000	8.30	132 800
管理费用	7 600	8.30	63 080
折旧费用	400	8.15	1 620
财务费用	6 000	8.30	49 800
加:投资收益	3 200	8.30	26 560
营业利润	9 200	—	82 060
加:营业外收入	600	8.30	4 980
减:营业外支出	3 800	8.30	31 540
四、利润总额	6 000	—	55 500
减:所得税	2 000	8.30	16 600
五、净利润	4 000	—	38 900
加:期初留存收益	1 600	—	13 800*
六、可供分配的利润	5 600	—	52 700
减:分配现金股利	1 600	8.35	13 360
七、调整前期末留存收益			39 340
减:汇兑损益			5 340***
八、调整后期末留存收益	4 000	—	34 000**

注:* 期初留存收益为上期期末留存收益的折算轧平数(题目中已知)。

** 从折算后的资产负债表中得出。

*** 轧差平衡数,即 5 340＝39 340－34 000。

营业成本的折算(时态法)

项　目	金额($)	折算汇率	金额(¥)
期初存货	24 000	8.20(HR)	196 800
购货	72 000	8.30(AR)	597 600
合计	96 000		794 400
期末存货	16 000	8.40(HR)	134 400
营业成本	80 000		660 000

(4)现行汇率法

已折算的资产负债表

资产	美元	汇率	人民币	负债和所有者权益	美元	汇率	人民币
银行存款	6 200	8.40	52 080	应付账款	7 000	8.40	58 800
应收账款	9 800	8.40	82 320	短期借款	5 000	8.40	42 000
存货	16 000	8.40*	134 400	长期借款	16 000	8.40	134 400
长期投资	8 000	8.40*	67 200	负债合计	28 000	—	235 200
固定资产	6 000	8.40	50 400	实收资本	16 000	8.10	129 600
无形资产	2 000	8.40	16 800	留存收益	4 000		33 640**
				其他综合收益（折算调整数）			4 760***
资产总计	48 000	—	403 200	负债和所有者权益总计	48 000	—	403 200

注：* 期末现行汇率。
** 根据已折算的利润表中期末留存收益折算数填列。
*** 轧差平衡数，即 4 760＝403 200－235 200－129 600－33 640。

已折算的利润表

项 目	金额（$）	折算汇率	金额（¥）
营业收入	118 400	8.30	982 720
减：营业成本	80 000	8.30	664 000
营业税金及附加	2 400	8.30	19 920
销售费用	16 000	8.30	132 800
管理费用	7 600	8.30	63 080
折旧费用	400	8.30	3 320
财务费用	6 000	8.30	49 800
加：投资收益	3 200	8.30	26 560
营业利润	9 200	—	76 360
加：营业外收入	600	8.30	4 980
减：营业外支出	3 800	8.30	31 540
利润总额	6 000	—	49 800
减：所得税	2 000	8.30	16 600
净利润	4 000	—	33 200
加：期初留存收益	1 600	—	13 800*
可供分配的利润	5 600	—	47 000
减：分配现金股利	1 600	8.35	13 360
期末留存收益	4 000	—	33 640

注：* 期初留存收益为上期期末留存收益的折算轧平数（题目中已知）。

2.(单位:美元)

由于荷兰S公司所选择的功能性货币为美元,即母公司的报告货币,但是其记账使用的货币为欧元,因此应采用时态法将外币报表重新以美元计量。

(1)存货采用成本与市价孰低法,因此,外币报表中期末存货的金额应为9 000欧元。

(2)由于对存货采用重置成本计价,在重新计量法下,应按现行汇率进行折算,因此,重新计量的报表中存货的金额=9 000×$1.60=$14 400。

3. 先将S公司的资产负债表折算为以美元表示:

S公司资产负债表(折算后以美元表示)

项 目	金额(£)	汇率(£1=)	金额($)
流动资产	100 000	$1.65	165 000
土地	200 000	$1.65	330 000
建筑物——净额	250 000	$1.65	412 500
设备——净额	100 000	$1.65	165 000
资产合计	650 000		1 072 500
流动负债	50 000	$1.65	82 500
应付票据	150 000	$1.65	247 500
股本	200 000	$1.65	330 000
留存收益	100 000	$1.65	165 000
资本公积(资产评估增值)	150 000	$1.65	247 500
负债和所有者权益合计	650 000		1 072 500

两公司合并资产负债表如下:

P和S公司合并资产负债表
20×8年1月1日

	P公司	S公司($)	抵销与调整	合并报表($)
流动资产	2 010 000	165 000		2 175 000
土地	800 000	330 000		1 130 000
建筑物——净额	1 200 000	412 500		1 612 500
设备——净额	1 000 000	165 000		1 165 000
长期股权投资	990 000		990 000	—
商誉			247 500	247 500
资产合计	6 000 000	1 072 500		6 330 000
流动负债	600 000	82 500		682 500
应付票据	1 000 000	247 500		1 247 500
股本	3 000 000	330 000	330 000	3 000 000
留存收益	1 400 000	165 000	165 000	1 400 000
资本公积(资产评估增值)		247 500	247 500	
负债和所有者权益合计	6 000 000	1 072 500		6 330 000

4.（单位：元）

折算程序下采用现行汇率法进行折算如下：

分支机构试算表折算工作底稿

20×6年12月31日

科目名称	余额(LCU)	折算汇率	折算后余额(¥)
借方科目			
现金	50 000	$0.085(C)	4 250
应收账款	500 000	$0.085(C)	42 500
营业用品	800 000	$0.085(C)	68 000
设备	6 000 000	$0.085(C)	510 000
销售费用	5 000 000	$0.087(A)	28 000
折旧费用	600 000	$0.087(A)	435 000
折算调整数			81 000
借方科目合计	12 950 000		1 168 750
贷方科目			
累计折旧	1 100 000	$0.085(C)	93 500
应付账款	50 000	$0.085(C)	4 250
总部往来	3 800 000	R	375 000
营业收入	8 000 000	$0.087(A)	696 000
贷方科目合计	12 950 000		1 168 750

5.（单位：万元）

已折算的利润表及利润分配部分

项　目	美元金额	折算汇率	人民币金额
营业收入	800	8.30	6 640
减：营业成本	400	8.30	3 320
营业税金及附加	40	8.30	332
营业费用	20	8.30	166
管理费用	15	8.30	124.5
财务费用	25	8.30	207.5
加：投资收益	0	8.30	0
营业利润	300	—	2 490
加：营业外收入	20	8.30	166
减：营业外支出	10	8.30	83
利润总额	310	—	2 573

续表

项 目	美元金额	折算汇率	人民币金额
减：所得税	110	8.30	913
净利润	200	—	1 660
加：期初未分配利润	25	—	200*
可供分配的利润	225	—	1 860
减：提取盈余公积	40	8.30	332
分配现金股利	35	8.30(RR)	290.5
期末未分配利润	150	—	1 237.5

注：* 上期期末折算后余额。

已折算的资产负债表（折算后以人民币表示）

项 目	美元金额	汇 率	人民币金额
资产			
银行存款	50	8.40	420
应收账款	120	8.40	1 008
存货	230	8.40	1 932
长期投资	150	8.40	1 260
固定资产	400	8.40	3 360
无形资产	40	8.40	336
其他长期资产	10	8.40	84
资产总计	1 000	—	8 400
负债和所有者权益			
短期借款	140	8.40	1 176
应付账款	100	8.40	840
长期负债	300	8.40	2 520
负债合计	540	—	4 536
实收资本	200	8.00	1 600
资本公积	60	8.00	480
盈余公积	50	—	415*
未分配利润	150	—	1 237.5**
其他综合收益（外币报表折算差额）			131.5***
负债和所有者权益总计	1 000		8 400

注：* 期初盈余公积与本期提取盈余公积之和，即 415＝83＋332。

** 由折算后的利润表得出。

*** 轧差平衡数，即 131.5＝8 400－4 536－1 600－480－415－1 237.5。

第十三章
衍生金融工具会计

案例　中信泰富事件

2008年10月20日,中信泰富(00267.HK)停牌发布公告称,因澳元大幅贬值,公司在外汇市场上投资的衍生金融工具——澳元累计目标可赎回远期合约——使得公司浮动亏损达到155亿港元,其中8亿港元已经实现亏损,147亿港元为估计亏损,而且亏损有可能继续扩大。为此,中信泰富两名高管立即辞职,包括集团财务董事和财务总监。次日,中信泰富股票复牌,开盘价9.00港元,较前一个交易日下跌38.02%,当日收盘价7.14港元,较前一个交易日下跌50.83%。此后,中信泰富的股价一路下跌,2008年10月27日收盘时达到最低点3.27港元。

一、公司介绍

中信泰富有限公司为香港上市公司,并且是恒生指数中最大的成分股公司之一。2014年8月,中信泰富完成收购中信集团的绝大部分资产,并将公司更名为中国中信股份有限公司。公司的实际控制人为中华人民共和国财政部。

中信泰富前身为于1985年成立的泰富发展(集团)有限公司(下称"泰富发展"),并于1986年2月26日在香港联交所上市,股票代码为0267.HK。1990年在时任中国国际信托(香港集团)(以下简称"中信香港")有限公司副董事长兼总经理荣智健[①]的运筹下,中信香港收购了泰富发展49%的股权,并注入了包括港龙航空有限公司38.3%的权益和两座工业大厦在内的若干资产,从此泰富发展成为中信集团控制下的公司,荣智健也由此成为泰富发展的董事。1991年,泰富发展更名为中信泰富有限公司。同年,中信泰富向中信香港购买了国泰航空有限公司12.5%的股权及澳门电讯有限公司20%的股权。中信泰富还在1991年收购了大昌贸易行有限公司(以下简称"大昌行")36%的股权,并于1992年向大昌行的其他股东收购股权将大昌行变成中信泰富的全资子公司。此后,中信泰富又陆续收购了香港通讯、化学废料处理中心、香港西区隧道有限公司、Manhattan Card Co. Limited。在中国内地,中信泰富也购买了电厂、水厂、隧道、公路等基础设施行业的股权。根据中信泰富2007年年报,中信泰富的主营业务有三块:特钢制造、矿石开采、物业开发。公司2007年实现销售收入449.33亿港元,实

[①] 荣智健是著名红色资本家荣毅仁的儿子。

现净利润115.67亿港元,每股盈余4.91港元。截至2007年12月31日,公司总资产1 068.35亿港元,负债421.36亿港元,权益总额为646.99亿港元。

二、案例背景

2006年,中信泰富在澳大利亚有一个铁矿石项目,项目总投资达42亿美元,该项目必须以澳元和欧元支付从澳大利亚和欧洲购买的设备和原材料,而且预期该项目到2010年才会结束,因此中信泰富对澳元的需求很大。在外汇市场上,2006年至2008年,澳元一直走强,持续升值。2008年7月初,澳元兑美元的价格稳定在0.9左右,即1澳元能兑换0.9美元,当时外汇市场上有很强的预期澳元能冲击到平价美元的地位。为了降低澳元继续升值的风险,2008年7月16日,中信泰富和银行签订了3份杠杆式外汇远期合约:澳元累计目标可赎回远期合约、每日累计澳元远期合约和双货币累计目标可赎回远期合约。同时,为了降低公司投资项目所面对的人民币波动带来的货币风险,中信泰富还和银行签订了一份人民币累计目标可赎回远期合约。杠杆式外汇远期合约实质是一种累计期权,其原理是设定一个汇率,当市场高于此汇率时,投资者可以该设定汇率水平每天(或每月)买入1个单位的外汇,这样投资者成本将低于市场成本。但当市场价格低于设定价格时,则投资者必须每天(或每月)以该设定价买入2个单位的外汇。

具体来说,澳元累计目标可赎回远期合约规定,中信泰富每月需按固定汇率用美元兑换澳元,合约2010年10月期满。双方约定的汇率是1澳元兑0.87美元。如果澳元的市场汇率高于0.87美元,中信泰富可以用0.87美元买入1澳元,这样当澳元上涨时,中信泰富可赚取该固定汇率和市场汇率之间的差价;同时,合约规定汇率上涨到一定幅度时,合约自动终止,此时,中信泰富可以最大限度获利5 150万美元。如果澳元的市场汇率低于0.87美元,则中信泰富必须以0.87美元/澳元的汇率购买双倍数量的澳元,直到2010年10月。合约规定最多需买入90.5亿澳元。

每日累计澳元远期合约规定,中信泰富每日须按固定汇率用美元换澳元,合约到2009年9月期满。双方约定的汇率是澳元兑美元1∶0.87。如果澳元上涨,中信泰富可赚取该固定汇率和市场汇率之间的差价;如果澳元下跌,中信泰富要加倍买入澳元直到合约期满,最多需要购买1.033亿澳元。

双货币累计目标可赎回远期合约规定,中信泰富将从合约签订日起,每月以固定汇率购买澳元或欧元,具体购买澳元还是欧元要视购买日澳元和欧元的汇率较美元孰弱。若澳元较弱,则购买澳元;若欧元较弱,则购买欧元。固定汇率为澳元兑美元1∶0.87,欧元兑美元1∶1.44。如果澳元或欧元兑美元的汇率上涨,中信泰富将从汇率上涨中获利,但合约将在汇率上涨到一定程度时自动终止,中信泰富从中可能赚取的最大利润为200万美元。但如果澳元兑美元的汇率下跌,由于合约没有止损机制,则中信泰富必须每月接受澳元或欧元中较美元汇率较弱的一种,直到2009年9月,最多需接受2.907亿澳元或1.604亿欧元。

人民币累计目标可赎回远期合约规定,中信泰富和签约银行之间每月以人民币兑美元的实际汇率比照签约时固定汇率计算盈亏,按汇率差额进行交割,最大交割金额为人民币104亿元,时间为2010年7月。固定汇率为美元兑人民币1∶6.59。如果美元兑人民币汇率跌破1∶6.59,则合约自行终止,中信泰富的最大获利为720万元人民币,但美元兑人民币汇率上涨则没有止损限制。

表1　　　　　　　　　　　中信泰富所投资的4个杠杆式外汇合约

投资产品	须接受的最高金额	固定汇率	合约签订日	合约截止期	中信泰富最大盈利
澳元累计目标可赎回远期合约	90.50亿澳元	1∶0.87	2008年7月16日	2010年10月	5 150万美元
每日累计澳元远期合约	1.033亿澳元	1∶0.87	2008年7月16日	2009年9月	
双货币累计目标可赎回远期合约	2.907亿澳元（如澳元弱）	1∶0.87	2008年7月16日	2010年7月	200万美元
	1.604亿欧元（如欧元弱）	1∶1.44	2008年7月16日		
人民币累计目标可赎回远期合约	104亿元人民币	1∶6.59	2008年7月16日	2010年7月	730万元人民币

如果澳元继续走强,那么中信泰富运用这些外汇远期合约能够抵消澳元升值对铁矿石项目的影响。如果澳元走低,对铁矿石项目属于利好消息,但是由于这些合约没有止损机制,所以合约带来的亏损会远远大于铁矿石项目带来的收益。因此一旦澳元跌得很厉害,那么会给公司带来巨大亏损。

2008年7月16日,中信泰富签订这些合约时,澳元兑美元的汇率为1∶0.973 4,3个月之后,10月20日中信泰富发布巨亏公告时,澳元兑美元的汇率为1∶0.695 5,下跌幅度达到28.55%。根据合约,中信泰富不得不按1∶0.87的汇率购买已经大幅贬值的澳元,所以出现了前面提到的155亿港元亏损。至此,外汇远期合约给中信泰富带来的损失可由图1说明：

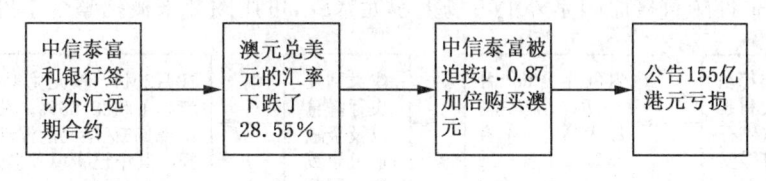

中信泰富和银行签订外汇远期合约 → 澳元兑美元的汇率下跌了28.55% → 中信泰富被迫按1∶0.87加倍购买澳元 → 公告155亿港元亏损

图1

公告还披露截至10月20日,因杠杆式外汇合约已经实现的亏损达8.077亿港元。亏损由四部分组成：

(1)公司自2008年9月7日以来,察觉到杠杆式外汇合约的风险,终止了部分当时仍在生效的杠杆式外汇合约,损失6.266亿港元；

(2)买卖澳元远期以调控澳元风险损失1.286亿港元,但中信香港同意分担一半的亏损,所以实际损失0.643亿港元；

(3)从2008年7月1日到最后实际执行日期,公司实际已接收3.087亿澳元和0.423亿欧元,按人民币目标可赎回远期合约做了每月净结算,实际亏损1.108亿港元；

(4)中信泰富卖出0.945亿澳元,实际亏损0.06亿港元。

表2　　　　　　　　　　　中信泰富已实现损失情况汇总

截至2008年10月20日已实现的损失	金　额
终止部分杠杆式合约引起的损失	6.266亿港元
买卖澳元远期以调控风险引起的损失	0.643亿港元

续表

截至 2008 年 10 月 20 日已实现的损失	金　额
按合约接收澳元或欧元并做净结算引起的损失	1.108 亿港元
卖出接收的澳元引起的损失	0.06 亿港元
合　计	8.077 亿港元

2008 年 10 月 21 日,中信泰富复牌,当日收盘价较前一日收盘价暴跌 50.83%。

2008 年 11 月 12 日,中信泰富的第一大股东中信集团购买中信泰富 116.25 亿元可转换债券,并接手一批潜在亏损的外汇远期合约。

2008 年 12 月 24 日,中信集团行使可转换债券的转换权,其持有的中信泰富股权从 57.56%增加至 70.46%。

2009 年 1 月 2 日,中信泰富发布公告称,董事局主席荣智健、董事总经理范鸿龄等 17 名董事受到证监会调查。

2009 年 3 月 25 日,中信泰富公布 2008 年度业绩,全年亏损 126.62 亿港元,其中澳元外汇远期合约亏损 146.32 亿港元。

2009 年 4 月 3 日,香港警方对中信泰富总部进行取证调查,中信泰富事件升级。

2009 年 4 月 8 日,荣智健正式辞去中信泰富董事及主席职务。

三、事件发生的原因及分析

中信泰富事件的直接原因是外汇市场上澳元暴跌,可用图 2 来概括整个事件经过:

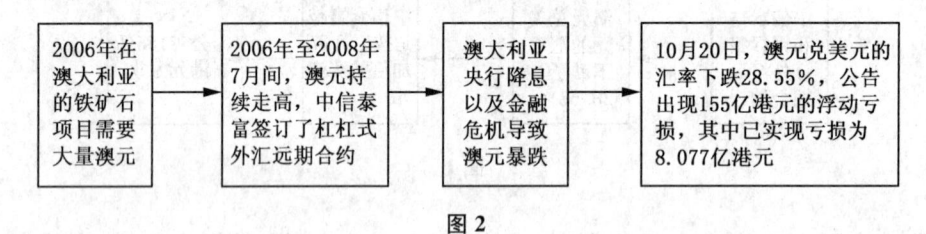

```
┌──────────┐   ┌──────────┐   ┌──────────┐   ┌──────────────┐
│2006年在  │   │2006年至  │   │澳大利亚  │   │10月20日,澳元 │
│澳大利亚  │   │2008年7月 │   │央行降息  │   │兑美元的汇率  │
│的铁矿石  │→ │间,澳元持 │→ │以及金融  │→ │下跌28.55%,公 │
│项目需要  │   │续走高,中 │   │危机导致  │   │告出现155亿港 │
│大量澳元  │   │信泰富签订│   │澳元暴跌  │   │元的浮动亏损,│
│          │   │了杠杆式  │   │          │   │其中已实现亏损│
│          │   │外汇远期合│   │          │   │为8.077亿港元 │
│          │   │约        │   │          │   │              │
└──────────┘   └──────────┘   └──────────┘   └──────────────┘
```

图 2

为了降低铁矿石项目所面临的汇率风险,中信泰富运用累计期权这种衍生金融工具进行套期保值,但为什么最终会使公司面临巨额亏损呢？衍生金融工具本身的风险又该如何度量？衍生金融工具是从传统金融工具衍生而来的新型金融工具,是为了防止在正常商品交易过程中出现风险而进行的防护措施。但是,如果衍生金融工具被误用,就可能反过来提高企业的风险。

从表 1 中可以看出,中信泰富投资的杠杆式远期外汇合约如果成功,即澳元兑美元汇率上涨,超过和银行约定的澳元兑美元 1∶0.87 的固定汇率,中信泰富将获得固定汇率和市场汇率之间的差价收益,但按约定,汇率上涨到一定程度合约将自动终止。如果投资失败,即澳元兑美元汇率下跌,低于和银行约定的固定汇率,那么中信泰富不但要承担固定汇率和市场汇率之间的差价损失,而且还要加倍买入澳元。

所以根据合约,如果汇率上涨,中信泰富的收益最多为 5 350 万美元;而如果汇率下跌,中信泰富最多需要购买 94.4 亿澳元,理论上汇率有可能无限下跌,因此与收益相比,潜在的损失是无限的。由于潜在的损失和收益之间巨大的不对等性,使得该合约的签订给企业带来了非常大的风险。另外,中信泰富的铁矿石项目对澳元的需求量约为 30 亿,如果澳元上涨,公司对澳元的需求大约为 36 亿,但是如果澳元下跌,公司必须购入 94.4 亿澳元,这种巨大的差额不符合套期保值的相关要求,而国际会计准则以及我国会计准则关于衍生金融工具的会计处理都有明确规定。根据荣智健关于此事"事前毫不知情"的表态,可以推断公司管理层当初签订这些合约的目的带有很强的投机性,由于对澳元的走势把握不准,这种投机性最终给公司带来巨额亏损。

四、尾声

那么,为什么公司管理层会出现这种投机性?公司内部以及外部市场的监督机制去哪儿了?要回答这个问题,需要从公司本身的治理结构、内控制度以及公司关于衍生工具的信息披露的角度去分析。

讨论题

1. 结合本章有关衍生金融工具的会计处理等内容,你认为中信泰富的杠杆式外汇远期合约是否可以被视为套期工具?
2. 会计上可以如何处理中信泰富 155 亿港元的亏损?
3. 试从衍生金融工具信息披露的角度去分析发生中信泰富事件的原因。

案例分析要点提示

1. 提示：根据套期保值条件，中信泰富的杠杆式外汇远期合约不能高度有效地抵消铁矿石项目的公允价值变动或现金流量变动，所以中信泰富的杠杆式外汇远期合约不能被视为套期工具，应该作为交易性金融资产或可供出售金融资产入账。

2. 提示：对于已实现的 8 亿港元的亏损，应该在当期损益中确认；对于浮动损失，如果外汇合约是按交易性金融资产入账，那么外汇合约的公允价值变动计入当期损益；如果外汇合约是按可供出售金融资产入账，那么外汇合约的公允价值变动计入其他综合收益。

3. 提示：应当及时披露衍生金融工具的性质、合约金额，从而为外部投资者以及监管者提供评估衍生金融工具风险的依据。

学习指导

一、本章教学大纲

本章主要讲解衍生金融工具的定义、分类以及套期保值的定义、经济后果和会计处理。

本章教学大纲

衍生金融工具	衍生金融工具的定义	
	衍生金融工具的分类	远期合约
		期货合约
		期权合约
		互换合约 (1) 利率互换 (2) 货币互换
	衍生金融工具的会计问题	衍生金融工具对传统会计的影响
		衍生金融工具的确认
		衍生金融工具的计量
	嵌入式衍生金融工具的确认与计量	嵌入式衍生金融工具的定义
		应与主合约分离的嵌入式衍生金融工具
		嵌入式衍生金融工具的计量
		可转换债券投资
	衍生金融工具的披露	
套期保值会计	套期保值的定义	
	套期关系	被套期项目
		套期工具
	套期关系评估	套期有效性的评估 (1) 主要条款比较法 (2) 简单情景分析法 (3) 回归分析法
		套期关系的再平衡
		套期关系的终止

续表

套期保值会计	套期保值的分类	公允价值套期
		现金流量套期
		境外经营净投资套期
	套期会计方法	公允价值套期会计 (1)可供出售金融资产(被套期项目)与看跌期权(套期工具) (2)确定承诺(被套期项目)与远期期货合约(套期工具)
		现金流量套期 (1)预期交易(被套期项目)与远期期货合约(套期工具) (2)预期外币购货(被套期项目)与远期外汇合约(套期工具)
		境外经营净投资套期
外币交易的套期保值会计	外币资产或负债的套期保值	套期工具:远期合约 (1)假设采用现金流量套期 (2)假设采用公允价值套期
		套期工具:外币期权 (1)假设采用现金流量套期 (2)假设采用公允价值套期
	外币承诺的套期保值	套期工具:远期合约
		套期工具:外币期权
	以外币标价的预期交易的套期保值	套期工具:远期合约
		套期工具:外币期权
利率互换的套期保值	现金流量套期	运用利率互换对浮动利率的长期借款进行套期保值
	公允价值套期	运用利率互换对固定利率的长期借款进行套期保值

二、本章重点、难点解析

1. 衍生金融工具

定 义		衍生金融工具是指同时具备以下特征的金融合约: (1)其价值取决于一种或多种基础资产或指数,如利率、汇率、证券价格、商品价格、信用等级、价格指数或类似变量; (2)不要求初始投资,或相对于对市场情况变动有类似反应的其他类型的合约,其所要求的初始投资要少; (3)在将来某个日期交割。
典型产品	远期合约	远期合约是在未来某一时刻按照事先约定价格买入或卖出某种资产的合约,远期合约一般在场外交易,而且远期在利率市场和外汇市场中最为流行。
	期货合约	期货合约是指买卖双方在有组织的交易所内以公开竞价方式达成的、在未来某一时间交割标准数量的特定金融工具的合约。 具体形式包括利率期货、外汇期货、股票指数期货等。
	期权合约	期权合约是一种法律合约,它赋予购买者在特定期间或时间点,以事先约定的价格购买(看涨期权)或出售(看跌期权)一定数量特定金融工具、商品或外币的权利,但非义务。这种权利购买者可以不行权,但一旦行权,则出售者必须履行合约。 根据期权合约标的物的不同,可分为股票期权、利率期权、外汇期权、股票指数期权等。
	互换合约	互换合约是指两个或两个以上的当事人按共同约定的条件,在特定时间内交换一定支付款项的合约。 互换合约的形式有很多,其中最基本的互换类型是利率互换和货币互换。利率互换是指同种债务货币以不同的利率进行调换的一种金融交易;货币互换是指在相同的利率水平上,以不同货币的债务进行调换的一种金融交易。

2. 远期合约

远期合约是指交易双方为购买或售出一定数量的金融工具、商品或外币，以事先确定的价格在未来某个特定日期交割或结算的合约。到期日的结算可根据合约中规定的条款进行实物交割，也可进行净现金结算（净额结算）。

外汇远期合约示例：

开始日	20×6年1月1日
合约方	牡丹公司和中国工商银行
到期日	20×7年1月1日
牡丹公司买入货币额	1 000 000美元
牡丹公司卖出货币额	6 662 200元人民币
远期汇率	6.662 2
结算方式	净额结算

3. 期货合约

期货合约是指买卖双方在有组织的交易所内以公开竞价方式达成的、在未来某一时间交割标准数量的特定金融工具的合约。具体形式包括利率期货（Interest Rate Futures）、外汇期货（Foreign Currency Futures）、股票指数期货（Stock Index Futures）等。

利率期货	以利率为标的的期货合约
外汇期货	以汇率为标的的期货合约
股指期货	以股票指数为标的的期货合约

股指期货示例：

沪深300指数期货合约

合约标的	沪深300指数
合约乘数	每点300元
报价单位	指数点
最小变动价位	0.2点
合约月份	当月、下月及随后两个季月
交易时间	9:30—11:30,13:00—15:00
每日价格最大波动限制	上一个交易日结算价的±10%
最低交易保证金	合约价值的8%
最后交易日	合约到期月份的第三个周五，遇国家法定假日顺延
交割日期	同最后交易日
交割方式	现金交割
交易代码	IF
上市交易所	中国金融期货交易所

4. 期权合约

含 义	期权合约是一种法律合约,它赋予购买者在特定期间或时间点,以事先约定的价格购买或出售一定数量特定金融工具、商品或外币的权利,但非义务。这种权利购买者可以不行使,但一旦行使,则出售者必须履行合约。	
分 类	根据期权合约标的进行分类	股票期权
		利率期权
		外汇期权
		股票指数期权
	根据期权的可执行时间分类	欧式期权:只在合约到期日当天才可执行
		美式期权:在合约到期日前的任何工作时间都可以行使

外汇期权示例:

人民币看涨期权/美元看跌期权

买方	中国企业牡丹公司
期权种类	人民币看涨期权/美元看跌期权
到期	1年
名义金额	100 000 000 美元
执行价	6.16
结算	现金结算
期权费	开始日后两个工作日支付 6 600 000 美元

5. 利率互换、货币互换

利率互换是指同种债务货币以不同的利率进行调换的一种金融交易。货币互换是指在相同的利率水平上,以不同货币的债务进行调换的一种金融交易。

利率互换合约示例:

开始日	20×5 年 1 月 15 日
交易双方	牡丹公司和平安银行
到期日	3 年(20×8 年 1 月 15 日)
合约名义金额	1 亿元
牡丹公司支付	每年年末按 8% 的固定利率向平安银行支付利息
牡丹公司收到	每年年末按银行间拆借利率+2% 从平安银行收取利息
结算方式	净额结算

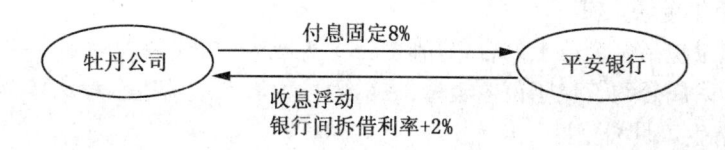

牡丹公司 —— 付息固定8% ——> 平安银行
         <—— 收息浮动 ——
          银行间拆借利率+2%

货币互换合约示例：

开始日	20×5年1月15日
交易双方	牡丹公司和平安银行
到期日	3年(20×8年1月15日)
合约名义金额	12亿元人民币本金,2亿美元本金
初始互换	在20×5年1月15日,牡丹公司收到2亿美元,并支付12亿元人民币
牡丹公司支付	每年向平安银行支付12亿元人民币,并按8%的利率支付利息
牡丹公司收到	每年从平安银行收到2亿美元,并收到7%的年利息
最后互换	在20×8年1月15日,牡丹公司收到12亿元人民币,并支付2亿美元

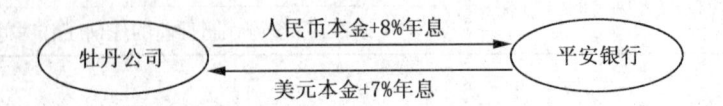

```
             人民币本金+8%年息
  牡丹公司 ──────────────────→ 平安银行
          ←──────────────────
             美元本金+7%年息
```

6. 衍生金融工具的会计处理

衍生金融工具的确认:	
初始确认	(1)企业一旦成为金融合约的一方,就应将衍生金融工具确认为一项资产或负债。 (2)衍生金融工具在初始确认时,企业应以公允价值进行计量。
减值确认	(1)企业应在每一个资产负债表日进行减值测试。 (2)减值数额的计算,要按照资产的名义金额和以资产初始有效利率贴现的估计现金流量的现值两者之间的差额来计量。 (3)如果在随后期间,在减值开始确认后发生的事件使得以摊余成本方式记录的该金融资产减值数额得以恢复,则以前确认的减值损失要通过利润和损失的方式予以转回。
终止确认	对衍生金融资产的终止确认可通过三个不同层次的判断来进行: (1)该资产的现金流量权是否到期,如果到期则终止确认。 (2)如果该资产现金流量权没有到期,则进一步确定是否已经实质上转移了该资产的所有风险和产权利益;如果实质上所有风险和利益已经转移,则终止确认。 (3)如果该资产现金流量权没有到期,而且企业没有实质转移该资产的所有风险和利益,那么企业需要评估是否放弃了对该资产的控制权。如果企业不能控制该资产,则终止确认;如果企业一直保留对资产的控制权,则继续确认。
衍生金融工具的计量:	
初始计量	(1)衍生金融工具在初始计量时,企业应以公允价值进行计量。 (2)如果企业是为投机目的而使用衍生金融工具,则在取得或形成衍生金融工具时,按其公允价值,借记或贷记"衍生工具"。 (3)如果企业是为套期保值目的而使用衍生金融工具,则在取得或形成衍生金融工具时,应当按其公允价值,借记或贷记"套期工具"。
后续计量	(1)对衍生工具进行后续计量时,应当采用公允价值。 (2)对于衍生金融工具的公允价值变动,应区分其是否被指定为套期工具分别进行处理: ①如果衍生金融工具没有被指定为套期工具,则其公允价值变动应计入变动当期损益。 ②如果衍生金融工具被指定为套期工具,则公允价值变动的处理按照套期保值会计处理。

7. 嵌入式衍生金融工具

金融工具如果包括两个以上的合约,其中一个为主合约,其余为附属合约,此种金融工具称为混合工具。附属合约若属于衍生金融工具,则称为嵌入式衍生金融工具。

8. 嵌入式衍生工具的分拆

嵌入式衍生工具的分拆是指将附属合约与主合约分离,当且仅当以下条件全部成立时,嵌入式衍生金融工具才应当与主合约分离:

(1)嵌入式衍生金融工具的经济特性及风险与主合约的经济特性及风险并非紧密关联;
(2)与嵌入式衍生金融工具相同条件的个别工具符合衍生金融工具的定义;
(3)混合工具不是按照公允价值来确认的。

9. 可转换债券权益部分公允价值

可转换债券是一种混合金融工具,是由公司债券与认购权证所构成。其中,认购权证(转换权)是一种衍生金融工具,它嵌入在公司债券中,因而属于嵌入式衍生金融工具。其中,转换权的公允价值=发行债券收入-负债部分公允价值;负债部分公允价值=债券本金现值+债券利息现值。

10. 套期保值

含　义	套期保值是指企业为管理外汇风险、利率风险、价格风险、信用风险等特定风险引起的风险敞口,指定金融工具为套期工具,以使套期工具的公允价值或现金流量变动预期抵销被套期项目全部或部分公允价值或现金流量变动的风险管理活动。
经济后果	衍生金融工具的价值变动对冲了避险资产或负债的价值变动,从而能够对价格、利率或汇率进行保护,降低标的资产或负债价值发生负面变动所带来的损失。

11. 套期关系:被套期项目与套期工具

套期关系是指套期工具和被套期项目之间的关系。运用套期工具对被套期项目进行套期保值,这样才能构成一个完整的套期关系。

被套期项目	定义	被套期项目是指使企业面临公允价值或现金流量变动风险,且被指定为被套期对象、能够可靠计量的项目。企业可以将下列单个项目、项目组合或其组成部分指定为被套期项目: (1)已确认资产或负债。 (2)尚未确认的确定承诺。确定承诺是指在未来某特定日期或期间,以约定价格交换特定数量资源、具有法律约束力的协议。 (3)极有可能发生的预期交易。预期交易是指尚未承诺但预期会发生的交易。 (4)境外经营净投资。
	特征	(1)会使企业面临公允价值或现金流量变动风险(即被套期风险),在本期或未来期间会影响企业的损益。 (2)与之相关的被套期风险,通常包括外汇风险、利率风险、商品价格风险、股票价格风险、信用风险等。
套期工具	定义	套期工具是指企业为进行套期而指定的、其公允价值或现金流量变动预期可抵销被套期项目的公允价值或现金流量变动的金融工具。符合条件的套期工具包括: (1)以公允价值计量且其变动计入当期损益的衍生工具,但签出期权除外。企业只有在对购入期权(包括嵌入在混合合约中的购入期权)进行套期时,签出期权才可以作为套期工具。嵌入在混合合约中但未分拆的衍生工具不能作为单独的套期工具。 (2)以公允价值计量且其变动计入当期损益的非衍生金融资产或非衍生金融负债,但指定为以公允价值计量且其变动计入当期损益,且其自身信用风险变动引起的公允价值变动计入其他综合收益的金融负债除外。需要注意的是,企业自身权益工具不属于企业的金融资产或金融负债,因此不能作为套期工具。
	特征	(1)衍生金融工具通常可以作为套期工具。 (2)非衍生金融资产或非衍生金融负债通常不能作为套期工具,但被套期风险为外汇风险时,某些非衍生金融资产或非衍生金融负债可以作为套期工具。 (3)无论是衍生金融工具还是某些非衍生金融资产或非衍生金融负债,其作为套期工具的基本条件就是其公允价值应当能够可靠计量。

12. 套期有效性

含义	套期保值的有效性是指套期工具的公允价值或现金流量变动能够抵销被套期风险引起的被套期项目公允价值或现金流量变动的程度。 套期工具的公允价值或现金流量变动大于或小于被套期项目的公允价值或现金流量变动的部分为套期无效部分。 套期同时满足下列条件的,企业应当认定套期关系符合套期有效性要求： (1)被套期项目和套期工具之间存在经济关系。该经济关系使得套期工具和被套期项目的价值因面临相同的被套期风险而发生方向相反的变动。例如,利用外汇期货合约对外币交易面临的外汇风险敞口进行套期。 (2)在被套期项目和套期工具经济关系产生的价值变动中,信用风险的影响不占主导地位。信用风险主导套期关系的常见例子有：企业使用无担保的衍生工具对商品价格风险敞口进行套期。如果该衍生工具交易对手方的信用状况严重恶化,则与商品价格的变动相比,该交易对手方信用状况的变化对套期工具公允价值所产生的影响可能更大,而被套期项目的价值变动则主要取决于商品价格的变动。 (3)套期关系的套期比率,应当等于企业实际套期的项目数量与对其进行套期的套期工具实际数量之比,但不应当反映被套期项目和套期工具相对权重的失衡,因为这种失衡会导致套期无效,并可能产生与套期会计目标不一致的会计结果。例如,企业确定拟采用的套期比率是为了避免确认现金流量套期的无效部分,或是为了创造更多的被套期项目进行公允价值调整以达到增加使用公允价值会计的目的,可能会产生与套期会计目标不一致的会计结果。
套期有效性的评估	评估原则：前瞻性评估,即在套期开始日及以后期间持续地对套期关系是否符合套期有效性要求进行评估,尤其应当分析在套期剩余期限内预期将影响套期关系的套期无效部分产生的原因。
	评估方法：(1)主要条款比较法,是指通过比较套期工具和被套期项目的主要条款,以确定套期是否有效的方法。 套期工具和被套期项目的"主要条款"包括：名义金额或本金、到期期限、内含变量、定价日期、商品数量、货币单位等。如果套期工具和被套期项目的所有主要条款均能准确地匹配,便可认定因被套期风险引起的套期工具和被套期项目公允价值或现金流量变动可以相互抵销。 (2)简单情景分析法,这是最简单的定量分析方法,主要是评估被套期项目和套期工具之间的经济关系,即在特定的情景下,分析被套期项目和套期工具的公允价值变动情况。 情景分析法通常会模拟一些情景(例如,模拟三个情景),而每一个情景都假设被套期风险在某一段时间会以特定的方式发生变动。它的主要缺点是在选择情景时存在较大的主观性,而且所选择的情景也不一定与真实情况相吻合。采用这种方法的前提是主要条款比较法不适用,并且预期被套期项目和套期工具的价值变动能相互抵销。 (3)回归分析法,这是在掌握一定量观察数据的基础上,利用数理统计方法建立自变量和因变量之间回归关系函数的方法。运用回归分析法,自变量反映被套期项目公允价值变动或预计未来现金流量现值变动,而因变量反映套期工具公允价值变动。 如果套期工具的价值变动与被套期项目价值变动高度相关,则可以认定套期是高度有效的。

13. 套期关系的再平衡

含义	套期关系的再平衡是指对已经存在的套期关系中被套期项目或套期工具的数量进行调整,以使套期比率重新符合套期有效性要求。基于其他目的对被套期项目或套期工具的指定数量进行调整,不构成套期关系的再平衡。	
再平衡的方式	增加被套期项目的权重 (同时减少套期工具的权重)	(1)增加被套期项目的数量 (2)减少套期工具的数量
	增加套期工具的权重 (同时减少被套期项目的权重)	(1)增加套期工具的数量 (2)减少被套期项目的数量

14. 套期关系的终止

可用以下决策模型来表示套期关系的终止。

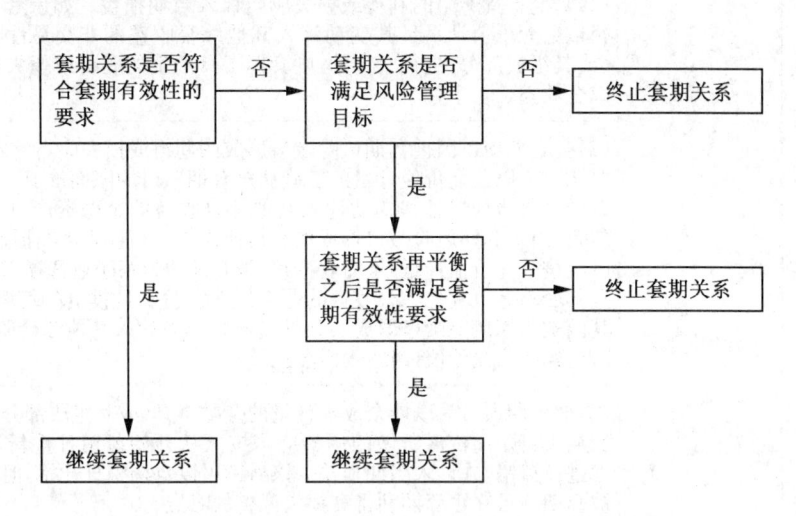

```
套期关系是否符合套期有效性的要求 --否--> 套期关系是否满足风险管理目标 --否--> 终止套期关系
        |                                    |
        是                                    是
        |                                    ↓
        ↓                          套期关系再平衡之后是否满足套期有效性要求 --否--> 终止套期关系
   继续套期关系                               |
                                             是
                                             ↓
                                        继续套期关系
```

15. 套期保值的类型

公允价值套期	公允价值套期是指对已确认资产或负债、尚未确认的确定承诺(或资产、负债,或确定承诺中可辨认的一部分)的公允价值变动风险进行的套期,该类价值变动源于某种特定风险,且将影响企业的损益或其他综合收益。 常见的公允价值套期有: (1)可供出售金融资产(被套期项目)与股票认沽权证(套期工具)。 (2)确定承诺(被套期项目)与远期合约(套期工具)。 (3)固定利率的长期借款(被套期项目)与利率互换(套期工具)。
现金流量套期	现金流量套期是指对现金流量变动风险敞口进行的套期。该现金流量变动源于与已确认资产或负债、极有可能发生的预期交易或上述项目组成部分有关的特定风险,且将影响企业的损益。 常见的现金流量套期有: (1)预期交易(被套期项目)与远期合约(套期工具)。 (2)浮动利率的长期借款(被套期项目)与利率互换(套期工具)。
境外经营净投资套期	境外经营净投资套期是指对境外经营净投资外汇风险的套期。境外经营净投资是指企业在境外经营净资产中的权益份额。该种套期主要考虑对境外净投资可能因汇率变动而给企业带来的风险。 常见的境外经营净投资套期有境外的子公司(被套期项目)与外汇远期合约(套期工具)。

16. 套期会计方法

公允价值套期会计	处理原则	(1)套期工具产生的利得或损失应当计入当期损益。如果套期工具是对选择以公允价值计量且其变动计入其他综合收益的非交易性权益工具投资(或其组成部分)进行套期的,则套期工具产生的利得或损失应当计入其他综合收益。 (2)被套期项目因被套期风险敞口形成的利得或损失应当计入当期损益,同时调整未以公允价值计量的已确认被套期项目的账面价值。被套期项目为以公允价值计量且其变动计入其他综合收益的金融资产(或其组成部分)的,其因被套期风险敞口形成的利得或损失应当计入当期损益,其账面价值已经按公允价值计量,不需要调整;被套期项目为企业选择以公允价值计量且其变动计入其他综合收益的非交易性权益工具投资(或其组成部分)的,其因被套期风险敞口形成的利得或损失应当计入其他综合收益,其账面价值已经按公允价值计量,不需要调整。 (3)被套期项目为以摊余成本计量的金融工具(或其组成部分)的,企业对被套期项目账面价值所做的调整应当按照从开始摊销日重新计算的实际利率进行摊销,并计入当期损益。该摊销可以自调整日开始,但不应当晚于对被套期项目终止套期利得和损失调整的时点。 (4)被套期项目为尚未确认的确定承诺(或其组成部分)的,其在套期关系指定后因被套期风险引起的公允价值累计变动额应当确认为一项资产或负债,相关的利得或损失应当计入各相关期间损益。当履行确定承诺而取得资产或承担负债时,应当调整该资产或负债的初始确认金额,以包括已确认的被套期项目的公允价值累计变动额。

	相关会计分录	(1)套期开始日,将相关资产(如存货、应收账款等)或负债(如应付债券等)转入被套期项目
		借:被套期项目——应收账款
		    贷:应收账款
		如果被套期项目是确定承诺,则并不需要做会计分录,只做账簿登记。
		
		(2)报告日,确认公允价值变动
		①确认套期工具的公允价值变动
		借:套期工具
		    贷:套期损益
		或做相反分录。
		②确认被套期项目的公允价值变动
		借:套期损益(或汇兑损益)
		    贷:被套期工具——应收账款
		或做相反分录。
		
		(3)套期终止日(结算日),终止套期关系
		①被套期项目的处理
		借:应收账款
		    贷:被套期项目——应收账款
		        套期损益(或汇兑损益)(或在借方)
		借:银行存款
		    贷:应收账款
		②同时,对套期工具进行结算
		借:银行存款
		    贷:套期损益(或在借方)
		        套期工具

续表

现金流量套期会计	处理原则	(1)套期工具产生的利得或损失中属于套期有效的部分,作为现金流量套期储备,应当计入其他综合收益。现金流量套期储备的金额,应当按照下列两项的绝对额中较低者确定: ①套期工具自套期开始的累计利得或损失; ②被套期项目自套期开始的预计未来现金流量现值的累计变动额。 每期计入其他综合收益的现金流量套期储备的金额应当为当期现金流量套期储备的变动额。
		(2)套期工具利得或损失中属于无效套期的部分(即扣除直接确认为其他综合收益后的其他利得或损失),应当计入当期损益。
		(3)被套期项目为预期交易,且该预期交易使企业随后确认一项非金融资产或非金融负债的(例如,预期购买原材料或存货),或者非金融资产或非金融负债的预期交易形成一项适用于公允价值套期会计的确定承诺时,企业应当将原在其他综合收益中确认的现金流量套期储备金额转出,计入该资产或负债的初始确认金额。
		(4)对于不属于上述(3)所涉及的现金流量套期,企业应当在被套期的预期现金流量影响损益的同一期间,将原在其他综合收益中确认的现金流量套期储备金额转出,计入当期损益。
		(5)当企业对现金流量套期终止运用套期会计时,在其他综合收益中确认的累计现金流量套期储备金额应当按照下列规定进行处理: ①被套期的未来现金流量预期仍然会发生的,累计现金流量套期储备的金额应当予以保留,并按照上述规定进行会计处理。 ②被套期的未来现金流量预期不再发生的,累计现金流量套期储备的金额应当从其他综合收益中转出,计入当期损益。被套期的未来现金流量预期不再极有可能发生但仍可能会发生的,在预期仍然会发生的情况下,累计现金流量套期储备的金额应当予以保留,并按照上述规定进行会计处理。
	相关会计分录	被套期项目在套期期间一般不入账,但如果是外币资产或负债的现金流量套期,被套期项目要根据即期汇率调整为公允价值。
		(1)套期开始日,并不需要做会计分录,只做账簿登记。

		(2)报告日,确认套期工具的公允价值变动
		借:套期工具
		  贷:其他综合收益(有效部分)
		      公允价值变动损益(无效部分)

		(3)套期终止日(结算日)
		确认从上一个报告日开始至结算日,套期工具的公允价值变动
		借:套期工具
		  贷:其他综合收益(有效部分)
		      公允价值变动损益(无效部分)
		结算套期工具
		借:银行存款
		  贷:套期工具
		预期交易发生
		借:固定资产(或存货等)
		  贷:银行存款
		同时,将套期有效部分从其他综合收益中转出
		借:其他综合收益
		  贷:固定资产(或主营业务成本)

		续表
境外经营净投资会计	处理原则	(1)对境外经营净投资的套期,应当按类似于现金流量套期会计处理原则进行处理。 (2)套期工具应以现时汇率(公允价值)计量,对汇率变动的差额处理,如果属于有效套期部分应确认为其他综合收益,并在处置境外经营净投资时转入损益,属于套期无效部分则应直接列入当期损益。 (3)境外经营净投资也要按现时汇率进行计量,汇率变动产生的损益(折算调整数)列入股东权益,并于处置时转入损益。
	相关会计分录	(1)将境外经营净投资转入被套期项目 借:被套期项目——境外经营净投资 　贷:长期股权投资 (2)确认公允价值变动 ①确认套期工具的公允价值变动 借:套期工具 　贷:其他综合收益(有效部分) 　　公允价值变动损益(无效部分) 或做相反分录。 ②确认被套期项目的公允价值变动(汇兑损益) 借:其他综合收益 　贷:被套期项目——境外经营净投资 或做相反分录。 (3)处置净投资时,结算套期工具,并将计入其他综合收益部分转入当期损益 借:套期工具 　贷:其他综合收益(有效部分) 　　公允价值变动损益(无效部分) 借:银行存款 　贷:被套期项目——境外经营净投资 借:其他综合收益 　贷:套期损益 或做相反分录。

17. 外币资产或负债的套期保值

外币应收账款、外币应付账款都有可能面临汇率风险,企业为了规避这种汇率风险,通常会采用外汇远期合约或者是外币期权进行套期保值。对于这些外币资产、负债的套期保值,既可以采用现金流量套期,也可以采用公允价值套期,但是一旦确定了某种套期就不得随意变更。

对于外币资产或负债的套期保值会计方法,有如下特征:

如果采用现金流量套期,在每个资产负债表日	(1)被套期资产和负债根据即期汇率的变动调整为公允价值,同时在净利润中确认汇兑损益。 (2)套期工具也要调整为公允价值(反映在资产负债表上列示的资产或负债项目上),公允价值的变动确认为其他综合收益。 (3)按照被套期资产或负债的汇兑损益金额,将套期工具的公允价值变动从其他综合收益转到净利润账户(科目为套期损益),用来冲销被套期资产和负债的损益。 (4)其余的部分从其他综合收益中转出,在净利润中确认费用,用来反映远期合约损益的摊销(假设远期合约为套期工具)或期权时间价值的变动(假设期权为套期工具)。

续表

如果采用公允价值套期，在每个资产负债表日	(1)被套期的资产和负债根据即期汇率的变动调整为公允价值，同时在净利润中确认汇兑损益。
	(2)套期工具也要调整为公允价值(反映在资产负债表上列示的资产或负债项目中)，而公允价值的变动确认为净利润。

18. 外币承诺的套期保值

外币承诺是指在未来某个特定日期或期间，以外币标价交换特定数量资源、具有法律约束力的协议。对于外币承诺的套期保值，一般采用公允价值套期，其会计处理有以下特点：

(1)套期工具的损益即时确认在净利润中；

(2)与被套期风险相对应的外币承诺的公允价值变动也确认在净利润中。

19. 外币预期交易的套期保值

外币预期交易是指以外币标价、尚未承诺但预期会发生的交易。

以外币标价的预期交易也会面临风险敞口，需要进行套期保值。为了使套期保值有效，必须保证以外币标价的预期交易很有可能发生，同时，套期工具必须能有效规避由汇率风险引起的现金流波动。对于预期交易的套期保值，一般是采用现金流套期方法。

外币标价预期交易的套期保值与外币承诺的套期保值有以下两点不同：

(1)不确认预期交易以及预期交易的利得或损失；

(2)将套期工具公允价值的变动确认为其他综合收益，当预期交易实现时，才从其他综合收益转到净利润。

20. 利率互换的套期保值

利率互换的套期保值是指采用利率互换合约(套期工具)对公司的长期借款或公司债券(被套期项目)进行套期保值。

(1)对浮动利率的长期借款进行套期保值

套期类型	现金流量套期
会计处理方法	每期期末，套期工具的公允价值变动计入所有者权益
核心会计分录	借：其他综合收益 　　贷：套期工具——利率互换 或做相反分录。

(2)对固定利率的长期借款进行套期保值

套期类型	公允价值套期
会计处理方法	每期期末，长期借款和利率互换合约都需要调整为公允价值
核心会计分录	借：被套期项目——长期借款 　　贷：套期工具——利率互换 或做相反分录。

三、名词中英文对照

衍生金融工具　　　　　　　　　　Derivative
嵌入式衍生金融工具　　　　　　　Embedded Derivative
远期合约　　　　　　　　　　　　Forward Contract

看涨期权（认购期权）	Call Option
看跌期权（认沽期权）	Put Option
认购（沽）权证	Call(Put) Warrants
利率互换	Interest Swap
权利金	Premium
内在价值	Intrinsic Value
价内（外、平）	In (Out of、At) the Money
可转换公司债券	Convertible Bonds
混合工具	Hybrid or Combined Instrument
确定承诺	Firm Commitment
公允价值套期	Fair Value Hedge
现金流量套期	Cash Flow Hedge
境外经营净投资套期	Hedges of a Net Investment in a Foreign Operation
套期保值会计	Hedge Accounting

练习题

一、思考题

1. 认购期权和认沽期权有何区别，它们的价值是如何确定的？
2. 什么是嵌入式衍生金融工具？如何确认嵌入式衍生金融工具？
3. 如何确认可转换债券权益部分的价值？
4. 对套期关系的定义如何理解？
5. 套期有效性的评估方法有哪些？
6. 在现金流量套期的会计处理中，资产负债表日套期工具及被套期项目如果发生公允价值变动，应如何处理？
7. 外币资产或负债的套期保值会计方法，通常有哪些特征？
8. 什么是境外经营净投资套期？其会计处理原则有哪些？
9. 利率互换的公允价值套期和现金流量套期有什么不同？
10. 资本市场中对衍生金融工具投机失败的例子有很多，你认为在国际金融市场中进行投资最需要注意什么？

二、选择题

1. 下列对金融期权的说法中错误的一项是（　　）。
   A. 金融期权的时间价值是指认购（沽）权证在发行流通期间，标的股票的市价可能上涨（或下跌）而产生的价内价值
   B. 对认购权证来说，当标的股票的市价高于履约价格时，内含价值为正
   C. 金融期权的内含价值是指权证发行期间在某一时点股票的市价与执行价格的差额
   D. 对于认沽权证来说，当执行价格低于市价时，称为价内

2. 下列对公允价值套期保值会计的说法中不正确的是(　　)。
A. 套期工具为衍生金融工具的,套期工具公允价值变动形成的利得或损失应当计入当期损益
B. 被套期项目因被套期风险形成的利得或损失应当计入当期损益,并同时调整被套期项目的账面价值
C. 在购买资产或承担负债的确定承诺的公允价值套期中,确定承诺因被套期风险引起的公允价值变动累计额,应当计入当期损益
D. 当被套期项目为尚未确认的确定承诺时,该确定承诺因被套期风险引起的公允价值变动累计额应当确认为一项资产或负债,相关的利得或损失应当计入当期损益

3. 下列方法中,不属于套期有效性评价方法的是(　　)。
A. 加权平均法　　　　　　　　B. 主要条款比较法
C. 回归分析法　　　　　　　　D. 简单情景分析法

4. 下列对现金流量套期保值会计的说法中正确的是(　　)。
A. 套期工具为衍生金融工具的,套期工具公允价值变动形成的利得或损失应当计入当期损益
B. 套期工具为衍生金融工具的,套期工具公允价值变动形成的利得或损失应当计入其他综合收益
C. 套期工具为衍生金融工具的,套期工具利得或损失中属于有效套期的部分,应当确认为其他综合收益的变动
D. 套期工具为衍生金融工具的,套期工具利得或损失中属于有效套期的部分,应当计入当期损益

5. 下列关于套期工具说法中正确的是(　　)。
A. 套期工具一定是衍生金融工具
B. 衍生金融工具一定是套期工具
C. 非衍生金融工具也可以是套期工具
D. 非衍生金融工具一定不是套期工具

6. 下列关于境外经营投资套期的说法中正确的是(　　)。
A. 对境外经营净投资的套期,应当按类似于公允价值套期会计处理原则进行处理
B. 套期工具应以现时汇率(公允价值)计量,对汇率变动形成的利得或损失,属于无效套期部分应计入当期损益
C. 套期工具应以现时汇率(公允价值)计量,对汇率变动形成的利得或损失,属于有效套期部分应计入当期损益
D. 境外经营净投资按现时汇率进行计量,汇率变动产生的损益(折算调整数)计入当期损益

7. 下列不属于公允价值套期的是(　　)。
A. 运用远期合约对外币承诺进行套期
B. 运用外币期权对外币承诺进行套期
C. 运用利率互换对浮动利率的长期借款进行套期
D. 运用利率互换对固定利率的长期借款进行套期

8. 下列不属于现金流量套期的是(　　)。

A. 运用远期合约对预期交易进行套期
B. 运用外币期权对预期交易进行套期
C. 运用利率互换对浮动利率的长期借款进行套期
D. 运用利率互换对固定利率的长期借款进行套期

三、业务题

1. 牡丹公司20×7年1月1日按每份面值1 000元发行了2 000份可转换债券,取得总收入2 000 000元。该债券期限为3年,票面年利息为6%,年末支付利息。牡丹公司发行该债券时,二级市场上与之类似但没有转股权的债券的市场利率为9%。假定不考虑其他相关因素,牡丹公司将发行的债券归为以摊余成本计量的金融负债。

要求:
(1)计算该可转换债券权益部分的公允价值。
(2)为牡丹公司编制20×7年的相关会计分录。

2. 牡发公司于20×6年2月1日向紫檀公司发行以自身普通股为标的的看涨期权。根据该期权合约,如果紫檀公司行权(行权价为102元),紫檀公司有权以每股102元的价格从牡发公司购入普通股1 000股。

其他有关资料如下:
(1)合约签订日　　　　　　　　　　　　20×6年2月1日
(2)行权日(欧式期权)　　　　　　　　　20×7年1月31日
(3)20×6年2月1日每股市价　　　　　　100元
(4)20×6年12月31日每股市价　　　　　104元
(5)20×7年1月31日每股市价　　　　　　104元
(6)20×7年1月31日应支付的固定行权价格　102元
(7)期权合约中的普通股数量　　　　　　1 000股
(8)20×6年2月1日期权的公允价值　　　 5 000元
(9)20×6年12月31日期权的公允价值　　 3 000元
(10)20×7年1月31日期权的公允价值　　 2 000元

要求:
(1)如果期权以现金净额结算,编制牡发公司的相关会计分录。
(2)如果期权以普通股净额结算(股票交付须为整数,余下部分用现金方式支付),编制牡发公司的相关会计分录。

3. 20×5年10月1日,牡丹公司(功能性货币为人民币)有一项境外净投资价值10 000万英镑。为规避境外经营净投资外汇风险,牡丹公司与某境外金融机构签订了一份外汇远期合约,约定于20×6年4月1日卖出10 000万英镑,约定汇率为£1=¥10.70。牡丹公司每季度会对境外净投资余额进行检查,且依据检查结果调整对净投资价值的套期。即期汇率及远期合约公允价值的有关资料如下:

日　　期	即期汇率 （英镑/人民币）	远期合约的 公允价值
20×5 年 10 月 1 日	10.71	0
20×5 年 12 月 31 日	10.64	6 500 000 元
20×6 年 3 月 31 日	10.62	10 000 000 元

假定牡丹公司的上述套期满足运用套期会计方法的所有条件，并且牡丹公司以即期汇率计算被套期项目的公允价值。

要求：

(1)计算 20×5 年 10 月 1 日有效套期部分。

(2)计算 20×5 年 12 月 31 日有效套期部分。

(3)为牡丹公司编制相关会计分录。

4. 20×7 年 10 月 1 日，牡丹公司的存货中有 10 000 吨铁矿。这些铁矿是牡丹公司 1 个月前按每吨 100 元的价格购入的。牡丹公司于 20×7 年 10 月 1 日签订了一份远期合约，约定在 20×8 年 1 月 31 日以每吨 200 元的价格出售这些铁矿，以便对铁矿的公允价值进行套期保值，该远期合约以净额结算。假设市场年折现率为 12%。

要求：编制在以下情况下，公司对现行资产进行套期保值的会计分录。

(1) 20×7 年 10 月 1 日，假设铁矿的销售单价为 150 元。

(2) 20×7 年 12 月 31 日，假设铁矿的销售单价为 250 元。

(3) 20×8 年 1 月 31 日，假设铁矿的销售单价为 230 元。

5. 牡兰公司为中国一进出口贸易公司。20×9 年 6 月 1 日，牡兰公司销售商品给美国企业 Sun 公司，价格为 100 000 美元，当时美元兑人民币的即期汇率为 \$1＝￥6.5。牡兰公司对 Sun 公司的应收账款于 7 月 31 日到期。同时在 6 月 1 日，牡兰公司签订了一份为期 2 个月的远期合约，该合约规定牡兰公司按 \$1＝￥6.4 的远期汇率兑换 100 000 美元，以实现对其外币资产的套期保值，合约允许净额结算。6 月 1 日，外汇市场上，2 个月的远期汇率为 \$1＝￥6.4。7 月 31 日的即期汇率为 \$1＝￥6.2。牡兰公司采用现金流量套期方法处理该外币应收账款的套期保值。

要求：

(1)编制 6 月 1 日由于销售产生的应收账款以及远期合约的会计分录。

(2)编制 7 月 31 日收到应收账款及结算远期合约的会计分录。

6. 20×8 年 1 月 1 日，牡华公司从平安银行借款 400 000 元，期限为 5 年。该借款为浮动利率借款，且 20×8 年的利率为 8%，等于 20×8 年 1 月 1 日上海银行间拆放利率 6% 加上 2%。以后各年的利率按同样的方法计算，即按每年年初的上海银行间拆放利率加上 2%。牡华公司每年年末付利息。同时，20×8 年 1 月 1 日，牡华公司决定与杭州公司签订一份为期 4 年付息固定、收息浮动的利率互换协议。协议规定：互换合约金额为 400 000 元，牡华公司按 8% 的年利率付息给杭州公司，并按银行间拆放利率加上 2% 的利率从杭州公司收取利息，允许净额结算。假设 20×8 年 12 月 31 日上海银行间拆放利率为 5%。

要求：

(1)该套期保值是现金流量套期还是公允价值套期？为什么？

(2)你认为这一套期保值是有效的吗？符合套期保值会计的要求吗？

(3)计算该利率互换合约在20×8年12月31日的公允价值,并为牡华公司编制20×8年相关会计分录。

(4)假设20×9年12月31日上海银行间拆放利率为5.5%,为牡华公司编制20×9年相关会计分录。

练习题参考答案

二、选择题

1. D
2. C
3. A
4. C
5. C
6. B
7. C
8. D

三、业务题

1.(单位:元)

(1)先对负债部分进行计量,债券发行收入与负债部分的公允价值之间的差额为权益部分公允价值。负债部分的现值按9%的折现率计算:

本金的现值: 第3年年末应付本金2 000 000元(复利现值系数为0.772 183 5)	1 544 367
利息的现值: 3年内每年应付利息120 000元(年金现值系数为2.531 291 7)	303 755
负债部分公允价值	1 848 122
权益部分公允价值	151 878
债券发行总收入	2 000 000

(2)牡丹公司的会计处理

20×7年1月1日,发行可转换债券:

借:银行存款	2 000 000	
应付债券——利息调整	151 878	
贷:应付债券——面值		2 000 000
其他权益工具——转换权		151 878

20×7年12月31日,计提和实际支付利息:

计提债券利息时:

借:财务费用(1 848 122×9%)	166 331	
贷:应付利息		120 000
应付债券——利息调整		46 331

实际支付利息时：

借：应付利息 120 000
　　贷：银行存款 120 000

2. (单位：元)

(1) 期权将以现金净额结算

①20×6年2月1日，确认发行的看涨期权

借：银行存款 5 000
　　贷：衍生工具——看涨期权 5 000

②20×6年12月31日，确认期权公允价值减少

借：衍生工具——看涨期权 2 000
　　贷：公允价值变动损益 2 000

③20×7年1月31日，确认期权公允价值减少

借：衍生工具——看涨期权 1 000
　　贷：公允价值变动损益 1 000

在同一天，紫檀公司行使了该看涨期权，合约以现金净额方式进行结算。牡发公司有义务向紫檀公司支付104 000元(104×1 000)，并从紫檀公司收取102 000元(102×1 000)，牡发公司实际支付净额为2 000元。反映看涨期权结算的账务处理如下：

借：衍生工具——看涨期权 2 000
　　贷：银行存款 2 000

(2) 期权以普通股净额结算

牡发公司实际向紫檀公司交付的普通股数量约为19.2股(2 000÷104)，因交付的普通股数量必须为整数，实际交付19股，余下的金额24元将以现金方式支付。

①20×6年2月1日，确认发行的看涨期权

借：银行存款 5 000
　　贷：衍生工具——看涨期权 5 000

②20×6年12月31日，确认期权公允价值减少

借：衍生工具——看涨期权 2 000
　　贷：公允价值变动损益 2 000

③20×7年1月31日，确认期权公允价值减少

借：衍生工具——看涨期权 1 000
　　贷：公允价值变动损益 1 000

借：衍生工具——看涨期权 2 000
　　贷：股本 19
　　　　资本公积 1 957
　　　　银行存款 24

3. (单位：元)

牡丹公司以即期汇率计算"被套期项目——境外经营净投资"的公允价值，结果如下表所示。

日期	即期汇率（英镑/人民币）	境外经营净投资的公允价值（¥）	境外经营净投资公允价值变动（¥）
20×5年10月1日	10.71	1 071 000 000	—
20×5年12月31日	10.64	1 064 000 000	(7 000 000)
20×6年3月31日	10.62	1 062 000 000	(2 000 000)

根据境外经营净投资套期会计方法，套期工具公允价值变动中有效部分及无效部分的计算如下表所示。

	20×5年12月31日	20×6年3月31日
套期工具自套期开始日起累计公允价值变动绝对额（¥）	6 500 000	10 000 000
被套期项目自套期开始日起累计公允价值变动绝对额（¥）	7 000 000	9 000 000
两者中较低者（¥）	6 500 000	9 000 000
前期累计确认的有效套期部分（¥）	—	6 500 000
本期应确认的有效套期部分（¥）	6 500 000	2 500 000
套期工具公允价值变动（¥）	6 500 000	3 500 000
本期应确认的无效套期部分（¥）	0	1 000 000

牡丹公司的账务处理如下：

(1)20×5年10月1日，以即期汇率10.71确认被套期项目。

借：被套期项目——境外经营净投资　　1 071 000 000
　　贷：长期股权投资　　　　　　　　　　　　　　1 071 000 000

外汇远期合约的公允价值为零，不做账务处理。

(2)20×5年12月31日，套期工具产生利得¥6 500 000，此时该套期是完全有效套期，所以套期工具产生的利得全部计入其他综合收益；同时，"被套期项目——境外经营净投资"的公允价值变动（汇率差异）计入其他综合收益。

①确认远期合约的公允价值变动

借：套期工具——外汇远期合约　　6 500 000
　　贷：其他综合收益　　　　　　　　　　6 500 000

②确认对子公司净投资的汇兑损益

借：其他综合收益　　7 000 000
　　贷：被套期项目——境外经营净投资　　7 000 000

(3)20×6年3月31日，套期工具产生利得¥3 500 000，其中套期有效部分为¥2 500 000，计入其他综合收益；套期无效部分为¥1 000 000，计入当期损益。

①确认远期合约的公允价值变动

借：套期工具——外汇远期合约　　3 500 000
　　贷：其他综合收益　　　　　　　　　　2 500 000
　　　　公允价值变动损益　　　　　　　　1 000 000

②确认对子公司净投资的汇兑损益

借:其他综合收益	2 000 000	
贷:被套期项目——境外经营净投资		2 000 000

③同时结算外汇远期合约

借:银行存款	10 000 000	
贷:套期工具——外汇远期合约		10 000 000

在处置境外经营净投资时,套期工具的有效套期部分应从"其他综合收益"转入当期损益,并且境外经营净投资的累计公允价值变动也要从"其他综合收益"转入当期损益。

4.(单位:元)

本题是对已有存货的价格波动风险进行套期,所以属于公允价值套期。

(1)20×7年10月1日,远期合约约定的价格为每吨200元,大于当日铁矿的销售单价150元,所以远期合约应确认为资产,远期合约公允价值=(200-150)×10 000/(1+12%×4/12)=480 769(元)。相关会计分录为:

①指定该铁矿存货为被套期项目,并确认被套期项目的公允价值变动

借:被套期项目——存货	1 000 000	
贷:存货		1 000 000
借:被套期项目——存货	500 000	
贷:套期损益		500 000

②确认远期合约的公允价值

借:套期工具——远期合约	480 769	
贷:套期损益		480 769

(2)20×7年12月31日,铁矿销售单价为250元,大于远期合约约定价格,远期合约应确认为负债,远期合约公允价值=(250-200)×10 000/(1+12%×1/12)=495 049(元),远期合约的公允价值变动=480 769-(-495 049)=975 818(元)。

①确认远期合约的公允价值变动

借:套期损益	975 818	
贷:套期工具——远期合约		975 818

②确认被套期项目的公允价值变动

借:被套期项目——存货	1 000 000	
贷:套期损益		1 000 000

(3)20×8年1月31日,当日铁矿单价为230元,按净额结算远期合约时,牡丹公司将支付300 000元。

①确认被套期项目的公允价值变动

借:套期损益	200 000	
贷:被套期项目——存货		200 000

②结算远期合约

借:套期工具——远期合约	495 049	
贷:银行存款		300 000
套期损益		195 049

③被套期项目转回

借:存货	230 000	
贷:被套期项目——存货		230 000

5.(单位:元)

(1)以即期汇率$1=￥6.5确认营业收入和应收账款,并指定该应收账款为被套期项目。

借:应收账款(美元)	650 000	
贷:营业收入		650 000
借:被套期项目——应收账款(美元)	650 000	
贷:应收账款(美元)		650 000

签订合约时,外汇市场上的远期汇率等于合约上的远期汇率,所以签订日的远期合约公允价值为零,无需做会计分录,只做账簿登记。

(2)7月31日:

①根据新的即期汇率调整"被套期项目——应收账款(美元)"的价值

借:汇兑损益	30 000	
贷:被套期项目——应收账款(美元)		30 000

②远期合约公允价值=(6.4-6.2)×100 000=20 000

借:套期工具——远期合约	20 000	
贷:其他综合收益		20 000

③7月31日,按公允价值计量应收账款,在账上确认了30 000元的汇兑损失。相关的远期合约同样以市场价值计量,其产生的利得计入其他综合收益中。此时,应编制一笔分录来抵销被套期项目的汇兑损失,从而对这一现金流量套期做出准确的会计处理。

借:其他综合收益	30 000	
贷:套期损益——远期合约利得		30 000

④牡兰公司通过签订远期合约将汇率锁定在$1=￥6.4,这笔交易是有成本的。6月1日的即期汇率为$1=￥6.5,公司收到的金额会比初始记录的650 000元少10 000元。这一成本必须确认为当期损益,反映为摊销远期合约的贴水。

借:贴水摊销费用	10 000	
贷:其他综合收益		10 000

⑤转回被套期项目——应收账款(美元),并确认从美国客户收到的美元

借:应收账款(美元)	620 000	
贷:被套期项目——应收账款(美元)		620 000
借:银行存款——美元	620 000	
贷:应收账款(美元)		620 000

⑥结算远期合约

借:银行存款	640 000	
贷:银行存款——美元		620 000
套期工具——远期合约		20 000

6.(单位:元)

(1)牡华公司与杭州公司签订利率互换合约之后,牡华公司支付的利息会被锁定,即用利率互换合约来抵销与长期借款相关的现金流量的变动,所以该套期保值是现金流量套期。

(2)这一套期保值是有效的,因为利率互换合约的条款与"被套期项目——长期借款"的利

率支付条款完全匹配:二者的名义金额都是400 000元,套期期限与借款付息时间一致,并且该套期保值的初始公允价值为零(套期保值开始日即20×8年1月1日,8%的固定利率等于银行间拆放利率6%加上2%)。

(3)20×8年12月31日的上海银行间拆放利率为5%,所以20×9年的利率为7%。根据互换合约,20×9年年末牡华公司支付给杭州公司的利息=400 000×(8%-7%)=4 000(元)。因为该合约是4年期,且期末支付利息,所以该利率互换合约在20×8年12月31日的公允价值=$4\,000\times[1/(1.07)+1/(1.07)^2+1/(1.07)^3+1/(1.07)^4]=13\,547$(元),且应该确认为负债。

相关会计分录为:

① 20×8年1月1日,收到平安银行的长期借款

借:银行存款　　　　　　　　　　　　　　　400 000
　　贷:长期借款　　　　　　　　　　　　　　　　　　400 000

② 20×8年12月31日

A. 向平安银行支付利息

借:利息费用　　　　　　　　　　　　　　　32 000
　　贷:银行存款　　　　　　　　　　　　　　　　　　32 000

B. 确认互换合约的公允价值变动

借:其他综合收益　　　　　　　　　　　　　13 547
　　贷:套期工具——利率互换　　　　　　　　　　　13 547

(4)20×9年12月31日互换合约的公允价值=$2\,000\times[1/(1.075)+1/(1.075)^2+1/(1.075)^3]=5\,200$(元),所以公允价值变动=13 547-5 200=8 347(元)。

相关会计分录为:

① 向平安银行支付的利息

借:利息费用　　　　　　　　　　　　　　　28 000
　　贷:银行存款　　　　　　　　　　　　　　　　　　28 000

② 净额结算利率互换合约,给杭州公司支付利息

借:利息费用　　　　　　　　　　　　　　　4 000
　　贷:银行存款　　　　　　　　　　　　　　　　　　4 000

③ 确认利率互换合约的公允价值变动

借:套期工具——利率互换　　　　　　　　　8 347
　　贷:其他综合收益　　　　　　　　　　　　　　　　8 347

教材课后习题参考答案

1. (单位:元)

有关铁矿石即期、远期价格及确定的合约损益如下表所示:

铁矿石价格及合约损益

日 期	铁矿石即期价格	20×6年4月1日到期的远期价格	确定承诺公允价值	远期合约公允价值
20×5年4月1日	4 180	4 200	0	0
20×5年12月31日	4 230	4 253	52 217	(52 217)*
20×6年4月1日	4 263	—	63 000	(63 000)**

注：* (4 253－4 200)×1 000/(1+6‰×3/12)＝52 217

** (4 263－4 200)×1 000＝63 000

会计处理如下：

(1) 20×5年1月1日，由于确定承诺及远期合约公允价值均为零，故无需做会计分录，只做账簿登记。

(2) 20×5年12月31日，确定远期合约及确定承诺公允价值变动，由于现货价格上升，"被套期项目——确定承诺"发生利得52 217元，同时，作为套期工具的远期合约出现损失52 217元，会计分录如下：

借：被套期项目——确定承诺　　　　　　　　　　　　52 217
　　贷：套期损益——确定承诺利得　　　　　　　　　　　　　　52 217

同时，

借：套期损益——远期合约损失　　　　　　　　　　　52 217
　　贷：套期工具——远期合约　　　　　　　　　　　　　　　　52 217

(3) ① 20×6年4月1日，确定远期合约及确定承诺公允价值变动。由于铁矿石价格持续上升，"被套期项目——确定承诺"利得＝63 000－52 217＝10 783(元)。同样，远期合约的损失为10 783元。

借：被套期项目——确定承诺　　　　　　　　　　　　10 783
　　贷：套期损益——确定承诺利得　　　　　　　　　　　　　　10 783

同时，

借：套期损益——远期合约损失　　　　　　　　　　　10 783
　　贷：套期工具——远期合约　　　　　　　　　　　　　　　　10 783

② 远期合约的交割处理

借：套期工具——远期合约　　　　　　　　　　　　　63 000
　　贷：银行存款　　　　　　　　　　　　　　　　　　　　　　63 000

③ 从乙公司那里购买铁矿石，按约定价4 200 000元(4 200×1 000)支付款项。

借：存货　　　　　　　　　　　　　　　　　　　　4 263 000
　　贷：银行存款　　　　　　　　　　　　　　　　　　　　　4 200 000
　　　　被套期项目——确定承诺　　　　　　　　　　　　　　　63 000

2. 远期合约的公允价值计算如下。

日 期	即期汇率	远期汇率 (20×8年3月31日到期)	远期合约的公允价值(¥)	远期合约公允价值变动(¥)
20×7年10月1日	$1＝¥5.71	$1＝¥5.70	0	—

续表

日　期	即期汇率	远期汇率 （20×8年3月31日到期）	远期合约的 公允价值(￥)	远期合约公允 价值变动(￥)
20×7年12月31日	$1=￥5.64	$1=￥5.63	341 463*	341 463
20×8年3月31日	$1=￥5.62	$1=￥5.62	400 000**	58 537***

注：* 341 463＝(5.70－5.63)×5 000 000/(1＋10%×3/12)

** 400 000＝(5.70－5.62)×5 000 000

*** 58 537＝400 000－341 463

甲公司以即期汇率计算"被套期项目——境外经营净投资"的公允价值，结果如下表所示。

日　期	即期汇率	境外经营净投资的 公允价值(￥)	境外经营净投资 公允价值变动(￥)
20×7年10月1日	$1=￥5.71	28 550 000	—
20×7年12月31日	$1=￥5.64	28 200 000	(350 000)
20×8年3月31日	$1=￥5.62	28 100 000	(100 000)

根据境外经营净投资套期会计方法，套期工具公允价值变动中有效部分及无效部分计算如下表所示。

	20×7年12月31日	20×8年3月31日
套期工具自套期开始日起累计公允价值变动绝对额(￥)	341 463	400 000
被套期项目自套期开始日起累计公允价值变动绝对额(￥)	350 000	450 000
两者中较低者(￥)	341 463	400 000
前期累计确认的有效套期部分(￥)	—	341 463
本期应确认的有效套期部分(￥)	341 463	58 537
套期工具公允价值变动(￥)	341 463	58 537
本期应确认的无效套期部分(￥)	0	0

甲公司的账务处理如下：

(1)20×7年10月1日，套期开始日，将境外经营净投资指定为被套期项目。

借：被套期项目——境外经营净投资　　　　　　￥28 550 000

　　贷：长期股权投资——子公司(5.71×5 000 000)　　￥28 550 000

外汇远期合约的公允价值为零，不做账务处理，只做账簿记录。

(2)20×7年12月31日，资产负债表日，套期工具产生利得￥341 463，此时，该套期是完全有效套期，所以套期工具产生的利得全部计入其他综合收益；同时，"被套期项目——境外经营净投资"的公允价值变动(汇率差异)计入其他综合收益，相关会计处理如下：

借：套期工具——外汇远期合约　　　　　　￥341 463

　　贷：其他综合收益(341 463－0)　　　　　　￥341 463

借：其他综合收益[5 000 000×(5.64－5.71)]　　￥350 000

　　贷：被套期项目——境外经营净投资　　　　￥350 000

(3)20×8年3月31日,结算日,套期工具产生利得￥58 537,此时,该套期是完全有效套期,所以套期工具产生的利得全部计入其他综合收益;同时,"被套期项目——境外经营净投资"的公允价值变动(汇率差异)计入其他综合收益,相关会计处理如下:

借:套期工具——外汇远期合约　　　　　　　　　　￥58 537
　　贷:其他综合收益(400 000－341 463)　　　　　　　　　　￥58 537
借:其他综合收益[5 000 000×(5.62－5.64)]　　　￥100 000
　　贷:被套期项目——境外经营净投资　　　　　　　　　　￥100 000

同时,结算外汇远期合约:
借:银行存款　　　　　　　　　　　　　　　　　￥400 000
　　贷:套期工具——外汇远期合约　　　　　　　　　　　　￥400 000

3.(单位:元)
(1)20×8年2月1日,确认发行的看跌期权
借:银行存款　　　　　　　　　　　　　　　　　5 000
　　贷:衍生金融工具——看跌期权　　　　　　　　　　　　5 000
(2)20×8年12月31日,反映期权公允价值减少
借:衍生金融工具——看跌期权　　　　　　　　　1 000
　　贷:公允价值变动损益　　　　　　　　　　　　　　　　1 000
(3)20×9年1月31日,反映期权公允价值减少
借:衍生金融工具——看跌期权　　　　　　　　　1 000
　　贷:公允价值变动损益　　　　　　　　　　　　　　　　1 000

在同一天,乙公司行使了该看跌期权,合约以现金净额方式进行结算。甲公司有义务向乙公司交付98 000元(98×1 000),并从乙公司收取95 000元(95×1 000),甲公司实际支付净额为3 000元。反映看跌期权结算的账务处理如下:

借:衍生金融工具——看跌期权　　　　　　　　　3 000
　　贷:银行存款　　　　　　　　　　　　　　　　　　　　3 000

并将之前累计的公允价值损益转入当期投资收益:
借:公允价值变动损益　　　　　　　　　　　　　2 000
　　贷:投资收益　　　　　　　　　　　　　　　　　　　　2 000

4.(单位:元)
(1)20×1年1月1日,确认购买紫田公司股票
借:可供出售金融资产　　　　　　　　　　　　　1 000 000
　　贷:银行存款　　　　　　　　　　　　　　　　　　　　1 000 000
(2)20×1年12月31日
①确认紫田公司股票价格上涨
借:可供出售金融资产　　　　　　　　　　　　　300 000
　　贷:其他综合收益　　　　　　　　　　　　　　　　　　300 000
②指定可供出售金融资产为被套期项目
借:被套期项目——可供出售金融资产　　　　　　1 300 000
　　贷:可供出售金融资产　　　　　　　　　　　　　　　　1 300 000
③购入看跌期权并指定为套期工具

| 借:套期工具——看跌期权 | 120 000 | |
| 贷:银行存款 | | 120 000 |

(3) 20×2年12月31日,因为评估套期有效性时不考虑期权的时间价值,所以此时该套期完全有效,套期工具利得刚好抵销了被套期项目的损失。

①确认看跌期权内在价值变动

| 借:套期工具——看跌期权 | 100 000 | |
| 贷:套期损益 | | 100 000 |

②确认被套期项目公允价值变动

| 借:套期损益 | 100 000 | |
| 贷:被套期项目——可供出售金融资产 | | 100 000 |

③确认看跌期权的时间价值变动

| 借:其他综合收益 | 50 000 | |
| 贷:套期工具——看跌期权 | | 50 000 |

(4) 20×3年12月31日,因为评估套期有效性时不考虑期权的时间价值,所以此时该套期完全有效,套期工具利得刚好抵销了被套期项目的损失。

①确认看跌期权内在价值变动

| 借:套期工具——看跌期权 | 60 000 | |
| 贷:套期损益 | | 60 000 |

②确认被套期项目公允价值变动

| 借:套期损益 | 60 000 | |
| 贷:被套期项目——可供出售金融资产 | | 60 000 |

③确认看跌期权的时间价值变动

| 借:其他综合收益 | 70 000 | |
| 贷:套期工具——看跌期权 | | 70 000 |

④行使看跌期权时,结算看跌期权,并将看跌期权累计的时间价值变动转入当期损益

借:银行存款	160 000	
贷:套期工具——看跌期权		160 000
借:投资收益	120 000	
贷:其他综合收益		120 000

⑤将"被套期项目——可供出售金融资产"转回,终止套期关系

| 借:可供出售金融资产 | 1 140 000 | |
| 贷:被套期项目——可供出售金融资产 | | 1 140 000 |

⑥如果此时牡华公司卖出紫田公司股票

| 借:银行存款 | 1 140 000 | |
| 贷:可供出售金融资产 | | 1 140 000 |

⑦同时,将计入其他综合收益的可供出售金融资产价值变动转出,计入当期损益

| 借:其他综合收益 | 300 000 | |
| 贷:投资收益 | | 300 000 |

5.(单位:元)

本题中,牡煌公司运用利率互换对固定利率应付债券进行套期保值,所以应该采用公允价

值套期方法。

在牡煌公司与银行签订利率互换协议后,牡煌公司的现金流包括:每半年从银行收到按固定利率3.5%(7%/2)计算的利息350 000元(10 000 000×3.5%);同时,按照每年期初的LIBOR付给银行利息,因而每个付息期,牡煌公司的净利息收入=10 000 000×(3.5%-年LIBOR/2)。

(1)20×5年1月1日,牡煌公司发行公司债券并与某银行签订利率互换协议。利率互换合约在签订日的公允价值为零,账户中可不予反映,只做备查记录。应付公司债券的公允价值则为1 000 000元,并指定该应付债券为被套期项目。

  借:银行存款   1 000 000
    贷:应付债券   1 000 000
  借:应付债券   1 000 000
    贷:被套期项目——应付债券   1 000 000

(2)20×5年6月30日,支付公司债券利息时

  借:财务费用   350 000
    贷:银行存款   350 000

同时,利率互换的公允价值仍然保持不变。净额结算利率互换合约,牡煌公司的净利息收入=10 000 000×(3.5%-6.8%/2)=10 000(元)。

  借:银行存款   10 000
    贷:财务费用   10 000

(3)20×5年12月31日

①支付公司债券利息及利率互换净额结算时

  借:财务费用   350 000
    贷:银行存款   350 000
  借:银行存款   10 000
    贷:财务费用   10 000

②将利率互换合约调整至公允价值

在利息支付以后,由于当日4年期(牡煌公司债券的剩余年限)的市场固定利率为8%,而通过牡煌公司的利率互换合约只能收到7%,每年都损失1%,剩余4年,复利8期,所以每期损失金额为10 000 000×(8%-7%)×1/2=50 000(元)。按市场利率4%贴现8期的年金现值为50 000×(P/A,8,4%)=50 000×6.732 7=336 635(元),此为利率互换合约的公允价值,公司应确认为负债。

  借:被套期项目——应付债券   336 635
    贷:套期工具——利率互换   336 635

(4)20×6年6月30日,支付公司债券利息时

  借:财务费用   350 000
    贷:银行存款   350 000

同时,利率互换的公允价值仍然保持不变。净额结算利率互换合约,牡煌公司的净利息收入=10 000 000×(3.5%-7.6%/2)=-30 000(元)。

  借:财务费用   30 000
    贷:银行存款   30 000

(5)20×6年12月31日

①支付公司债券利息及利率互换净额结算时

借:财务费用　　　　　　　　　　　　　　　350 000
　　贷:银行存款　　　　　　　　　　　　　　　　　　350 000
借:财务费用　　　　　　　　　　　　　　　 30 000
　　贷:银行存款　　　　　　　　　　　　　　　　　　 30 000

②将利率互换合约调整至公允价值

到20×6年12月31日,因3年期(公司债券剩余年限)市场固定利率降到6%,故应重新评估利率互换合约的公允价值。利率互换每期出现损益为10 000 000×(7%−6%)×1/2＝50 000元(收益),剩余6期,按市场利率3%贴现的年金现值为50 000×(P/A,6,3%)＝50 000×5.417 2＝270 860(元),此为利率互换合约的公允价值。

由于利率互换在20×5年12月31日的公允价值为336 635元(损失),故利率互换合约的公允价值的变动金额＝270 860−(−336 635)＝607 495(元)。

借:套期工具——利率互换　　　　　　　　　607 495
　　贷:被套期项目——应付债券　　　　　　　　　　　607 495

6.(单位:元)

本题为预期交易的套期保值,应该采用现金流量套期会计方法。

(1)20×5年4月30日,不需要做会计分录,只做账簿记录。大豆远期合约公允价值为零。

(2)20×5年10月30日

①确认远期合约的公允价值＝(8 300−8 000)×1 000＝300 000(元),并净额结算远期合约。

借:套期工具——远期合约　　　　　　　　　300 000
　　贷:其他综合收益　　　　　　　　　　　　　　　　300 000
借:银行存款　　　　　　　　　　　　　　　300 000
　　贷:套期工具——远期合约　　　　　　　　　　　　300 000

②在现货市场上购进1 000吨大豆,共需8 300×1 000＝8 300 000(元)。

借:存货　　　　　　　　　　　　　　　　 8 300 000
　　贷:银行存款　　　　　　　　　　　　　　　　　 8 300 000

③20×6年第一季度末,植物油销售后结转存货成本,同时将"套期工具——远期合约"公允价值变动确认为"其他综合收益"部分转入当期损益。

借:主营业务成本　　　　　　　　　　　　 8 300 000
　　贷:存货　　　　　　　　　　　　　　　　　　　 8 300 000
借:其他综合收益　　　　　　　　　　　　　 300 000
　　贷:主营业务成本　　　　　　　　　　　　　　　　300 000

7.(单位:元)

(1)20×5年12月1日,牡兴公司没有支付任何款项就签订了远期合约,所以签订日的远期合约公允价值为零。

20×5年12月31日,远期合约公允价值＝(10 305 000−10 316 000)/(1+12%×2/12)＝−10 783(元),应确认为一项负债。

20×6年3月1日,远期合约公允价值＝10 305 000－10 300 000＝5 000(元),应确认为一项资产。

(2)假设采用公允价值套期

①20×5年12月1日,以即期汇率£1＝¥10.32确认营业收入和应收账款,并指定该应收账款为被套期项目

借:应收账款(英镑) 10 320 000
　　贷:营业收入 10 320 000
借:被套期项目——应收账款(英镑) 10 320 000
　　贷:应收账款(英镑) 10 320 000

②20×5年12月31日

A. 依据即期汇率变动(从£1＝¥10.32变到£1＝¥10.33)调整应收账款的公允价值

借:被套期项目——应收账款(英镑) 10 000
　　贷:汇兑损益 10 000

B. 根据远期合约的公允价值确认负债

借:套期损益——远期合约损失 10 783
　　贷:套期工具——远期合约 10 783

③20×6年3月1日

A. 根据新的即期汇率调整应收账款的价值

借:汇兑损益 30 000
　　贷:被套期项目——应收账款(英镑) 30 000

B. 将远期合约调整至公允价值

借:套期工具——远期合约 15 783
　　贷:套期损益——远期合约利得 15 783

C. 确认从美国客户收到的应收账款(英镑)

借:应收账款(英镑) 10 300 000
　　贷:被套期项目——应收账款(英镑) 10 300 000
借:银行存款(英镑) 10 300 000
　　贷:应收账款(英镑) 10 300 000

D. 确认远期合约的到期清算,用£1 000 000换得¥10 305 000

借:银行存款 10 305 000
　　贷:银行存款(英镑) 10 300 000
　　　　套期工具——远期合约 5 000

(3)假设采用现金流量套期

①20×5年12月1日,以即期汇率£1＝¥10.32确认营业收入和应收账款,并指定该应收账款为被套期项目

借:应收账款(英镑) 10 320 000
　　贷:营业收入 10 320 000
借:被套期项目——应收账款(英镑) 10 320 000
　　贷:应收账款(英镑) 10 320 000

②20×5年12月31日

A. 依据即期汇率变动(从£1＝￥10.32变到£1＝￥10.33)调整应收账款的公允价值

借：被套期项目——应收账款(英镑)　　　　　　10 000
　　贷：汇兑损益　　　　　　　　　　　　　　　　　　　　10 000

B. 根据远期合约的公允价值确认负债

借：其他综合收益　　　　　　　　　　　　　　10 783
　　贷：套期工具——远期合约　　　　　　　　　　　　　　10 783

C. 以远期合约的损失抵销"被套期项目——应收账款"的利得

借：套期损益——远期合约损失　　　　　　　　10 000
　　贷：其他综合收益　　　　　　　　　　　　　　　　　　10 000

D. 合约期内摊销的贴水费用＝10 320 000×[1－(10 305 000/10 320 000)$^{1/3}$]＝5 002(元)

借：贴水摊销费用　　　　　　　　　　　　　　5 002
　　贷：其他综合收益　　　　　　　　　　　　　　　　　　5 002

③20×6年3月1日

A. 根据新的即期汇率调整应收账款的价值

借：汇兑损益　　　　　　　　　　　　　　　　30 000
　　贷：被套期项目——应收账款(英镑)　　　　　　　　　　30 000

B. 将远期合约调整至公允价值

借：套期工具——远期合约　　　　　　　　　　15 783
　　贷：其他综合收益　　　　　　　　　　　　　　　　　　15 783

C. 用远期合约利得抵销被套期项目——应收账款的损失

借：其他综合收益　　　　　　　　　　　　　　30 000
　　贷：套期工具——远期合约利得　　　　　　　　　　　　30 000

D. 将贴水在会计年度内摊销

借：贴水摊销费用　　　　　　　　　　　　　　9 998
　　贷：其他综合收益　　　　　　　　　　　　　　　　　　9 998

E. 确认从美国客户收到的应收账款(英镑)

借：应收账款(英镑)　　　　　　　　　　　　　10 300 000
　　贷：被套期项目——应收账款(英镑)　　　　　　　　　　10 300 000

借：银行存款(英镑)　　　　　　　　　　　　　10 300 000
　　贷：应收账款(英镑)　　　　　　　　　　　　　　　　　10 300 000

F. 确认远期合约的到期清算，用£1 000 000换得￥10 305 000

借：银行存款　　　　　　　　　　　　　　　　10 305 000
　　贷：银行存款(英镑)　　　　　　　　　　　　　　　　　10 300 000
　　　　套期工具——远期合约　　　　　　　　　　　　　　5 000

(4) 公允价值套期和现金流量套期的比较

① 公允价值套期

对20×5年利润表影响如下：

营业收入		￥10 320 000
汇兑损益	￥10 000	
远期合约损失	(10 783)	
净损益		(783)
对净利润的影响		￥10 319 217

对20×5年资产负债表影响如下：

资　产		负债和所有者权益	
被套期项目——应收账款(英镑)	￥10 330 000	套期工具——远期合约	￥10 783
		留存收益	10 319 217
		合　计	￥10 330 000

对20×6年利润表影响如下：

汇兑损益	￥(30 000)
远期合约利得	15 783
对净利润影响	￥(14 217)

对两年资产负债表的影响：现金增加￥10 305 000；同时，所有者权益增加￥10 305 000（￥10 319 217－￥14 217）。

②现金流量套期

对20×5年利润表影响如下：

营业收入		￥10 320 000
汇兑损益	￥10 000	
远期合约损失	(10 000)	
贴水摊销费用		(5 002)
对净利润的影响		￥10 314 998

对20×5年资产负债表影响如下：

资　产		负债和所有者权益	
被套期项目——应收账款	￥10 330 000	套期工具——远期合约	￥10 783
		留存收益	10 314 998
		其他综合收益	4 219
		合　计	￥10 330 000

对20×6年利润表影响如下：

汇兑损益	￥(30 000)
远期合约利得	30 000
贴水摊销费用	(9 998)
对净利润影响	￥(9 998)

对两年资产负债表的影响：现金增加￥10 305 000；同时，所有者权益增加￥10 305 000

(￥10 314 998－￥9 998)。累计确认的贴水摊销为￥15 000。另外,签订远期合约的净利得是￥5 000,即远期合约累计利得￥20 000(￥30 000－￥10 000)和贴水摊销费用￥15 000 的差额。

③两种套期方法的比较

在公允价值套期保值中,公司并没有在合约期内采用实际利率法摊销合约的贴水部分,而是将贴水部分确认到利润表中,作为被套期项目——应收账款的汇兑利得(损失)和远期合约利得(损失)的差额,即 20×5 年￥(783)、20×6 年￥(14 217),对净利润的影响总计为￥(15 000)[￥(783)＋￥(14 217)],反映了客户延期付款权利的成本。同时,远期合约净利得￥5 000 是进行套期保值后的净利得。

无论选择哪种套期保值会计处理方法,对净利润的影响总额都一样。不同的是,在现金流量套期情况下,对净利润的影响为远期合约贴水(升水)在该年度的摊销;而在公允价值套期情况下,对净利润的影响为被套期项目公允价值变动和套期工具公允价值变动之和。

第十四章
分部报告与中期报告

案例 华闻传媒的分部报告与中期报告

一、公司简介

华闻传媒投资集团股份有限公司(以下简称"华闻传媒")是于 1992 年经海南省政府批准,以定向募集方式设立的股份公司。华闻传媒前身是海南石化煤气公司,设立时注册资本为 36 674 257 元。1997 年 7 月,经中国证监会批准,公司向社会公开发行 5 000 万股 A 股股票,并于 7 月 29 日在深圳证券交易所上市,股票代码为 000793.SZ,首次公开发行后注册资本为 127 005 129 元。截至 2015 年 12 月 31 日,公司累计发行股票 20 亿股,公司注册资本为 2 051 228 683 元。

华闻传媒的母公司为国广环球资产管理有限公司(原名为上海渝富资产管理有限公司),实际控制人为国广环球传媒控股有限公司,最终控制人为中国国际广播电台和无锡市滨湖区区有资产管理委员会。公司的经营范围为:传播与文化产业的投资、开发、管理及咨询服务;信息集成、多媒体内容制作与经营;广告策划、制作和经营;多媒体技术开发与投资;燃气开发、经营、管理及燃气设备销售;高科技风险投资;贸易及贸易代理。2015 年年末,公司总资产为 12 818 257 103 元,同比增长 18.28%,归属于上市公司股东净资产为 8 841 668 521 元,同比增长 27.91%。2015 年实现营业收入 4 335 548 540 元,同比增长 9.68%,实现归属于上市公司股东的净利润为 837 851 745 元,同比亏损 14.81%。

二、华闻传媒 2015 年分部报告披露的主要内容

华闻传媒在 2015 年年报中披露的有关分部报告的资料由两部分组成:一部分是按行业、产品、地区分析营业收入的构成;另一部分是分析占公司营业收入或营业利润 10% 以上的行业、产品或地区情况。具体披露摘录如下。

(一)营业收入构成

表 1　　　　　　　　　　　　　　　　　　　　　　　　　　　　　　　　　　单位:元

	2015 年 金额	2015 年 占营业收入比重	2014 年 金额	2014 年 占营业收入比重	同比增减
营业收入合计	4 335 548 540.72	100%	3 952 851 471.75	100%	9.68%
分行业					
传播与文化产业	3 008 179 429.62	69.38%	3 005 594 361.11	76.04%	0.09%
燃气生产和供应业	603 550 888.91	13.92%	622 274 055.43	15.74%	−3.01%
数字内容服务业	239 064 018.18	5.51%	223 938 907.90	5.67%	6.75%
网络与信息安全服务业	130 756 057.56	3.02%	37 656 300.49	0.95%	247.24%
动漫产品及动漫服务业	152 480 302.73	3.52%	24 186 867.98	0.61%	530.43%
房地产销售	169 955 327.99	3.92%			
其他业务收入	31 562 515.73	0.73%	39 200 978.84	0.99%	−19.49%
分产品					
信息传播服务业	2 063 713 844.73	47.60%	1 942 358 267.96	49.14%	6.25%
印刷	188 306 381.58	4.34%	231 825 362.09	5.86%	−18.77%
商品销售及配送	473 466 298.86	10.92%	448 537 991.28	11.35%	5.56%
其他代理业务	131 000 700.96	3.02%	231 915 382.70	5.87%	−43.51%
出国留学咨询及相关业务	151 692 203.49	3.50%	150 957 357.08	3.82%	0.49%
管道天然气	380 559 948.01	8.78%	358 403 326.99	9.07%	6.18%
燃气用具	36 580 625.05	0.84%	52 326 720.26	1.32%	−30.09%
液化气	25 214 431.67	0.58%	49 609 346.16	1.26%	−49.17%
燃气管网施工及安装	161 195 884.18	3.72%	161 934 662.02	4.10%	−0.46%
视频信息服务	239 064 018.18	5.51%	223 938 907.90	5.67%	6.75%
销售硬件、软件及提供服务	130 756 057.56	3.02%	37 656 300.49	0.95%	247.24%
漫画、图书、期刊及周边产品	94 312 465.11	2.18%	12 107 118.56	0.31%	678.98%
动漫类服务	58 167 837.62	1.34%	12 079 749.42	0.31%	381.53%
房地产销售	169 955 327.99	3.92%			
其他业务收入	31 562 515.73	0.73%	39 200 978.84	0.99%	−19.49%
分地区					
华南地区	1 374 060 633.63	31.69%	809 989 509.86	20.49%	69.64%
华东地区	420 692 376.71	9.70%	350 635 952.73	8.87%	19.98%
华中地区	46 450 719.44	1.07%	36 441 835.37	0.92%	27.47%
西北地区	1 079 606 658.60	24.90%	1 555 730 217.08	39.36%	−30.60%
东北地区	376 034 926.98	8.67%	339 090 140.36	8.58%	10.90%
华北地区	474 536 449.98	10.95%	544 711 928.49	13.78%	−12.88%
西南及其他地区	532 604 259.65	12.28%	277 050 909.02	7.01%	92.24%
其他业务收入	31 562 515.73	0.73%	39 200 978.84	0.99%	−19.49%

(二) 占公司营业收入或营业利润 10% 以上的行业、产品或地区情况

表 2

单位:元

	营业收入	营业成本	毛利率	营业收入比上年同期增减	营业成本比上年同期增减	毛利率比上年同期增减
分行业						
传播与文化产业	3 008 179 429.62	1 684 416 020.97	44.01%	0.09%	15.73%	减少 7.56 个百分点
燃气生产和供应业	603 550 888.91	449 110 392.52	25.59%	−3.01%	−12.90%	增加 8.45 个百分点
数字内容服务业	239 064 018.18	54 810 263.60	77.07%	6.75%	−64.45%	增加 45.93 个百分点
网络与信息安全服务业	130 756 057.56	11 192 491.95	91.44%	247.24%	40.76%	增加 12.56 个百分点
动漫产品及动漫服务业	152 480 302.73	82 648 844.56	45.80%	530.43%	558.18%	减少 2.28 个百分点
房地产销售	169 955 327.99	129 058 932.12	24.06%			
其他业务收入	31 562 515.73	20 303 511.21	35.67%	−19.49%	11.37%	减少 17.82 个百分点
分产品						
信息传播服务业	2 063 713 844.73	991 442 836.58	51.96%	6.25%	27.36%	减少 7.96 个百分点
印刷	188 306 381.58	159 677 603.18	15.20%	−18.77%	−4.57%	减少 12.62 个百分点
商品销售及配送	473 466 298.86	410 061 337.79	13.39%	5.56%	14.23%	减少 6.58 个百分点
其他代理业务	131 000 700.96	74 643 008.02	43.02%	−43.51%	−28.37%	减少 12.05 个百分点
出国留学咨询及相关业务	151 692 203.49	48 591 235.40	67.97%	0.49%	4.46%	减少 1.21 个百分点
管道天然气	380 559 948.01	299 630 092.24	21.27%	6.18%	−1.78%	增加 6.39 个百分点
燃气用具	36 580 625.05	23 208 196.51	36.56%	−30.09%	−36.33%	增加 6.22 个百分点
液化气	25 214 431.67	23 690 584.59	6.04%	−49.17%	−51.10%	增加 3.70 个百分点
燃气管网施工及安装	161 195 884.18	102 581 519.18	36.36%	−0.46%	−18.37%	增加 13.96 个百分点
视频信息服务	239 064 018.18	54 810 263.60	77.07%	6.75%	−64.45%	增加 45.93 个百分点
销售硬件、软件及提供服务	130 756 057.56	11 192 491.95	91.44%	247.24%	40.76%	增加 12.56 个百分点
漫画、图书、期刊及周边产品	94 312 465.11	59 776 677.45	36.62%	678.98%	543.48%	增加 13.35 个百分点
动漫类服务	58 167 837.62	22 872 167.11	60.68%	381.53%	599.97%	减少 12.27 个百分点
房地产销售	169 955 327.99	129 058 932.12	24.06%			
其他业务收入	31 562 515.73	20 303 511.21	35.67%	−19.49%	11.37%	减少 17.82 个百分点
分地区						
华南地区	1 374 060 633.63	788 627 550.63	42.61%	69.64%	33.91%	增加 15.32 个百分点
华东地区	420 692 376.71	107 404 963.19	74.47%	19.98%	108.49%	减少 10.84 个百分点
华中地区	46 450 719.44	25 756 731.43	44.55%	27.47%	17.23%	增加 4.84 个百分点
西北地区	1 079 606 658.60	768 060 984.27	28.86%	−30.60%	−7.81%	减少 17.59 个百分点
东北地区	376 034 926.98	236 988 855.87	36.98%	10.90%	26.23%	减少 7.65 个百分点
华北地区	474 536 449.98	209 272 908.91	55.90%	−12.88%	−37.43%	增加 17.31 个百分点
西南及其他地区	532 604 259.65	275 124 951.42	48.34%	92.24%	114.89%	减少 5.45 个百分点
其他业务收入	31 562 515.73	20 303 511.21	35.67%	−19.49%	11.37%	减少 17.82 个百分点

变动原因说明:

(1) 数字内容服务业营业成本比上年同期减少 64.45%,主要是本期国视上海数字内容成本减少所致。

(2) 网络与信息安全服务业营业收入比上年同期增加 247.24%,营业成本比上年同期增

加 40.76%,主要是 2014 年并购重组标的资产邦富软件上年同期只合并 11、12 月数据而本期全年纳入合并所致。

(3)动漫产品及动漫服务业营业收入比上年同期增加 530.43%,营业成本比上年同期增加 558.18%,主要是 2014 年并购重组标的资产漫友文化上年同期只合并 11、12 月数据而本期全年纳入合并所致。

(4)信息传播服务业营业成本比上年同期增加 27.36%,主要是 2014 年并购重组标的资产精视文化上年同期只合并 11、12 月数据而本期全年纳入合并所致。

(5)其他代理业务营业收入比上年同期减少 43.51%,营业成本比上年同期减少 28.37%,主要是本期澄怀科技其他代理业务减少所致。

(6)燃气用具营业收入比上年同期减少 30.09%,营业成本比上年同期减少 36.33%,主要是本期民生燃气的燃气用具销售量减少所致。

(7)液化气营业收入比上年同期减少 49.17%,营业成本减少 51.10%,主要是民生燃气液化气销售量减少所致。

(8)华南地区营业收入比上年同期增加 69.64%,营业成本比上年同期增加 33.91%,主要是 2014 年并购重组标的资产邦富软件、漫友文化在华南地区业务上年同期只合并 11、12 月数据而本期全年纳入合并,本期椰得利确认收入和成本以及时报传媒华南地区营业收入和成本增加所致。

(9)华东地区营业成本比上年同期增加 108.49%,主要是 2014 年并购重组标的资产精视文化、漫友文化在华东地区业务上年同期只合并 11、12 月数据而本期全年纳入合并,本期时报传媒华东地区营业成本增加所致。

(10)西南地区及其他地区营业收入比上年同期增加 92.24%,营业成本比上年同期增加 114.89%,主要是 2014 年并购重组标的资产精视文化在西南地区及其他地区业务上年同期只合并 11、12 月数据而本期全年纳入合并,以及本期时报传媒、华商传媒在西南地区及其他地区收入和成本增加所致。

三、华闻传媒 2016 年中期报告披露的主要内容

广义的中期报告指覆盖一个中期的一套完整的会计报表的财务报告,而狭义的中期报告仅指半年度报告。本案例摘录和概括了华闻传媒 2016 年第一季度报告和 2016 年半年度报告的内容,以观察季度报告和半年度报告有什么差异。

(一)华闻传媒 2016 年第一季度报告披露的内容

华闻传媒 2016 年第一季度报告披露的内容主要包括 4 个部分:重要提示、主要财务数据及股东变化、重要事项、财务报表。

1. 在"重要提示部分"披露的内容

(1)公司董事会及其董事保证本报告所载资料不存在任何虚假记载、误导性陈述或者重大遗漏,并对其内容的真实性、准确性和完整性负个别及连带责任。

(2)披露了没有出席审议本次季报的董事会会议的董事名单并说明了未亲自出席的原因。

(3)公司负责人汪方怀、主管会计工作负责人张小勇及会计机构负责人(会计主管人员)刘秀菊声明,保证季度报告中财务报表的真实、准确、完整。

2. 在"主要财务数据及股东变化部分"披露的内容

(1)主要会计数据和财务指标,披露的会计数据及财务指标(本期以及上年同期)有营业收

入、归属于上市公司股东的净利润、归属于上市公司股东的扣除非经常性损益的净利润、经营活动产生的现金流量净额、基本每股收益、稀释每股收益、加权平均净资产收益率、总资产、归属于上市公司股东的净资产。

(2)非经常损益项目及金额。

(3)报告期末股东总数及前10名股东持股情况表:普通股股东和表决权恢复的优先股股东数量及前10名股东持股情况表;公司优先股股东总数及前10名优先股股东持股情况表。

3. 在"重要事项部分"主要披露的内容

(1)公布报告期主要会计报表项目、财务指标发生变动的情况及原因说明。

(2)重要事项进展情况及其影响和解决方案的分析说明。

(3)公司、股东、实际控制人、收购人、董事、监事、高级管理人员或其他关联方在报告期内履行完毕及截至报告期末尚未履行完毕的承诺事项。

(4)对2016年1~6月经营业绩的预计。

(5)证券投资情况。

(6)衍生品投资情况。

(7)报告期内接待调研、沟通、采访等活动登记表。

(8)违规对外担保情况。

(9)控股股东及其关联方对上市公司的非经营性占用资金情况。

4. 在"财务报表部分"披露的内容

(1)财务报告:合并资产负债表、母公司资产负债表;合并利润表、母公司利润表;合并现金流量表、母公司现金流量表。

(2)审计报告:公司第一季度报告未经审计。

(二)华闻传媒2016年半年度报告披露的内容

华闻传媒2016年半年度报告披露的内容包括10个部分:重要提示;公司简介;会计数据和财务指标摘要;董事会报告;重要事项;股份变动及股东情况;优先股相关情况;董事、监事、高级管理人员情况;财务报告;备查文件目录。

1. 在"重要提示部分"披露的内容

(1)公司董事会及董事保证本报告所载资料不存在虚假记载、误导性陈述或者重大遗漏,并对其内容的真实性、准确性和完整性承担个别及连带责任。

(2)披露了没有出席审议本次半年度报告的董事会会议的董事名单并说明了未亲自出席的原因。

(3)公司计划不派发现金红利,不送红股,不以公积金转增股本。

(4)公司负责人汪方怀、主管会计工作负责人张小勇及会计机构负责人(会计主管人员)刘秀菊声明,保证半年度报告中财务报告的真实、准确、完整。

2. 在"公司简介部分"披露的内容

(1)公司简介。

(2)联系人和联系方式。

(3)其他情况:公司联系方式、信息披露及备置地点、注册变更情况。

3. 在"会计数据和财务指标摘要部分"披露的内容

(1)主要会计数据和财务指标,披露的会计数据及财务指标(本期以及上年同期)有营业收入、归属于上市公司股东的净利润、归属于上市公司股东的扣除非经常性损益的净利润、经营活动产生的现金流量净额、基本每股收益、稀释每股收益、加权平均净资产收益率、总资产、归属于上市公司股东的净资产。

(2)境内外会计准则下会计数据的差异。

(3)非经常损益项目及金额。

4. 在"董事会报告部分"披露的内容

(1)概述:主要介绍公司的经营范围、历史发展以及未来的战略规划。

(2)主营业务分析:主要财务数据同比变动情况;公司报告期利润构成或利润来源发生的重大变动;公司招股说明书、募集说明书和资产重组报告书等公开披露文件中披露的未来发展与规划延续至报告期的情况;公司回顾总结前期披露的经营计划在报告期内的进展情况。

(3)主营业务构成情况:营业收入、营业成本以及毛利率分行业、分产品、分地区的构成情况以及同比情况;变动原因说明。

(4)核心竞争力分析。

(5)投资状况分析:对外股权投资情况;委托理财、衍生品投资和委托贷款情况;募集资金使用情况;主要子公司、参股公司分析;非募集资金投资的重大项目情况。

(6)对2016年1～9月经营业绩的预计。

(7)董事会、监事会对会计师事务所本报告期"非标准审计报告"的说明。

(8)董事会对上年度"非标准审计报告"相关情况的说明。

(9)公司报告期利润分配实施情况。

(10)本报告期利润分配及资本公积金转增股本预案。

(11)报告期内接待调研、沟通、采访等活动登记表。

5. 在"重要事项部分"披露的内容

(1)公司治理情况。

(2)诉讼事项。

(3)媒体质疑情况。

(4)破产重整相关事项。

(5)资产交易事项:收购资产情况,出售资产情况,企业合并情况。

(6)公司股权激励的实施情况及其影响。

(7)重大关联交易:与日常经营相关的关联交易;资产收购、出售发生的关联交易;共同对外投资的关联交易;关联债权债务往来;其他关联交易。

(8)控股股东及其关联方对上市公司的非经营性占用资金情况。

(9)重大合同及其履行情况。

(10)公司或持股5％以上股东在报告期内发生或以前期间发生但持续到报告期的承诺事项。

(11)聘任、解聘会计师事务所情况。

(12)处罚及整改情况。

(13)违法违规退市风险揭示。

(14)其他重大事项的说明。

(15)公司债相关情况。

6. 在"股份变动及股东情况部分"披露的内容

(1)报告期内股份变动情况。

(2)公司股东数量及持股情况。
(3)控股股东或实际控制人变更情况。
(4)公司股东及其一致行动人在报告期提出或实施股份增持计划的情况。

7. 在"优先股相关情况部分"披露的内容

公司不存在优先股。

8. 在"董事、监事、高级管理人员情况部分"披露的内容

(1)董事、监事和高级管理人员持股变动。
(2)公司董事、监事、高级管理人员变动情况。

9. 在"财务报告部分"披露的内容

(1)审计报告:公司半年度财务报告未经审计。
(2)财务报表:合并资产负债表、母公司资产负债表;合并利润表、母公司利润表;合并现金流量表、母公司现金流量表;合并所有者权益变动表、母公司所有者权益变动表。
(3)公司基本情况:公司的发展历史及股本变更情况。
(4)财务报表的编制基础。
(5)重要会计政策及会计估计。
(6)税项:主要税种及税率;税收优惠;增值税、营业税、城市维护建设税、教育附加税、文化事业建设费情况。
(7)合并财务报表项目注释。
(8)合并范围的变更。
(9)在其他主体中的权益:在子公司中的权益;在合营安排或联营企业中的权益。
(10)与金融工具相关的风险:信用风险、市场风险、流动性风险。
(11)公允价值的披露。
(12)关联方及关联交易:本企业的母公司情况;本企业的子公司情况;本企业合营和联营企业情况;其他关联方情况;关联交易情况;关联方应收应付款项。
(13)承诺及或有事项。
(14)资产负债表日后事项。
(15)其他重要事项:分部信息;其他重要事项。
(16)母公司财务报表主要项目注释。
(17)补充资料:当期非经常性损益明细表;净资产收益率及每股收益。

10. 在"备查文件目录部分"披露的内容

(1)备查文件的内容。
(2)备查文件原件的备置地点。

讨论题

1. 分部报告对财务报表使用者能提供什么信息?
2. 季报与半年度报告在披露的格式和内容上有何差异?

案例分析要点提示

1. 提示：分部报告能够使财务报告使用者从行业、产品以及地区的角度去分析公司的主营业务构成。
2. 提示：半年报在披露形式和内容上与年报更接近，季报的披露则相对简单。

学习指导

一、本章教学大纲

本章主要讲解分部报告、中期报告的含义以及它们的披露形式。

本章教学大纲

我国上市公司的信息披露体系	信息披露的重要性及其基本原则	
	我国证券市场信息披露的形式	首次报告 (1)招股说明书 (2)募集说明书 (3)上市公告书
		定期报告 (1)季度报告 (2)半年度报告 (3)年度报告
		临时报告
分部报告	分部报告披露的产生和发展	
	经营分部的确定	经营分部的概念
		经营分部的划分
		分部报告的目的
	报告分部的确定标准	10%或者以上重要性标准
		低于10%重要性标准的选择
		报告分部75%的标准
	分部报告的披露	报告分部信息的组成部分
		分部报告组成部分之外的信息
		分部报告信息披露的格式
中期报告	中期报告的概念和编制目的	
	中期报告的主要问题及理论基础	
	中期会计政策变更的报告	
	中期报告的编制原则	
	中期报告披露的内容	
	中期报告披露示例	

二、本章重点、难点解析

1. 我国上市公司的信息披露体系

披露形式		主要内容
首次报告	招股说明书	招股说明书是公司向社会发出招股要约的法律文件,公司对招股说明书叙述的内容要承担保证真实、准确和完整的责任。 招股说明书的有效期为六个月,自招股说明书签署之日起计算。
	募集说明书	为规范公开发行公司债券的信息披露行为,保护投资者合法权益,中国证监会根据相关法律法规颁布了《公开发行公司债券募集说明书》。
	上市公告书	股份公司股票获准在证券交易所交易后,上市公司应当编制上市公告书,并且将有关文件公开。
定期报告	季度报告	从2002年起,所有上市公司必须编制并且披露季度报告。公司应在会计年度前三个月、九个月结束后的三十日内编制季度报告,并将季度报告正文刊载于中国证监会指定的报纸上。
	半年度报告	半年度报告,即狭义的中期报告。公司应当在每个会计年度上半年度结束之日起两个月内将半年度报告全文刊登在中国证监会指定网站上。
	年度报告	主板(含中小企业板)上市公司应当自每个会计年度结束之日起四个月内将年度报告全文刊登在中国证监会指定网站上。
临时报告		发生可能对上市公司股票交易价格产生较大影响而投资者尚未得知的重大事件时,上市公司应当立即将有关该重大事件的情况向国务院证券监督管理机构和证券交易所提交临时报告,说明事件的实质,并在国务院证券监督管理机构指定的报刊上公布。

2. 经营分部

概念	经营分部是指企业内同时满足下列条件的组成部分:(1)该组成部分能够在日常活动中产生收入、发生费用;(2)企业管理层能够定期评价该组成部分的经营成果,以决定向其配置资源、评价其业绩;(3)企业能够取得该组成部分的财务状况、经营成果和现金流量等有关会计信息。
特征	(1)并不是企业的每个组成部分都必须是经营分部或经营分部的一个组成部分。例如,企业的管理总部或某些职能部门可能不赚取收入,或对于企业而言,其赚取的收入仅仅是偶发性的,在这种情况下,这些部门就不是经营分部或经营分部的一个组成部分。 (2)经营分部概念中,"企业管理层"强调的是一种职能,而不必是具有特定头衔的某一具体管理人员。该职能主要是向企业的经营分部配置资源并评价其业绩。 (3)根据经营分部的概念,多数企业可以清楚地确定经营分部。但是,企业也可能将其经营活动以各种不同的方式在财务报告中予以披露。

经营分部的合并:具有相似经济特征的两个或多个经营分部同时满足下列条件的,可以合并为一个经营分部。

(1)各单项产品或劳务的性质相同或相似。

(2)生产过程的性质相同或相似。

(3)产品或劳务的客户类型相同或相似。

(4)销售产品或提供劳务的方式相同或相似。

(5)生产产品或提供劳务受法律、行政法规的影响相同或相似。

3. 报告分部

含义	报告分部是以经营分部为基础来确定的,其确定标准应当考虑重要性原则,符合重要性标准的经营分部才能确定为报告分部。	
确定标准	(1)10%或者以上的重要性标准 经营分部满足下列三个条件之一的,应当将其确定为报告分部,这三个条件包括: ①收入的10%或者以上; ②利润(亏损)的10%或者以上; ③资产的10%或者以上。	
	收入的10%或者以上	收入的10%或者以上是指该经营分部的收入占所有分部收入合计的10%或者以上。
	利润(亏损)的10%或者以上	利润(亏损)的10%或者以上是指该经营分部的分部利润(亏损)的绝对额,占所有盈利分部利润合计额或者所有亏损分部亏损合计额的绝对值两者中较大者的10%或者以上。
	资产的10%或者以上	资产的10%或者以上是指该经营分部的资产占所有分部资产合计额的10%或者以上。
	(2)低于10%重要性标准的选择 经营分部未满足上述10%重要性标准的,可以按照下列规定确定报告分部: ①企业管理层如果认为披露该经营分部信息对会计信息使用者有用,那么可以将其确定为报告分部。 ②将该经营分部与一个或一个以上具有相似经济特征、满足经营分部合并条件的其他经营分部合并,作为一个报告分部。 ③如果①②都不满足,那么企业在披露分部信息时,应当将该经营分部的信息与其他组成部分的信息合并,作为其他项目单独披露。	
	(3)报告分部75%的标准 ①企业的经营分部达到规定的10%重要性标准确认为报告分部后,确定为报告分部的经营分部的对外交易收入合计额占合并总收入或企业总收入的比重应当达到75%。 ②如果未达到75%的标准,企业必须增加报告分部的数量,将其他未作为报告分部的经营分部纳入报告分部的范围,直到该比重达到75%。	

4. 我国公司分部报告披露的基本格式

分部报告信息披露的基本格式如下。

主营业务分行业情况　　　　　　　　　　　　　　单位:元;币种:人民币

分行业	营业收入	营业成本	毛利率(%)	营业收入比上年增减(%)	营业成本比上年增减(%)	毛利率比上年增减(%)
××行业						增加(减少)×百分点
××行业						增加(减少)×百分点
××行业						增加(减少)×百分点
合　计						增加(减少)×百分点

主营业务分产品情况　　　　　　　　　　　　　　单位:元;币种:人民币

分产品	营业收入	营业成本	毛利率(%)	营业收入比上年增减(%)	营业成本比上年增减(%)	毛利率比上年增减(%)
××产品						增加(减少)×百分点

续表

分产品	营业收入	营业成本	毛利率(%)	营业收入比上年增减(%)	营业成本比上年增减(%)	毛利率比上年增减(%)
××产品						增加(减少)×百分点
××产品						增加(减少)×百分点
合　计						增加(减少)×百分点

主营业务分地区情况

单位:元;币种:人民币

地　区	营业收入	营业收入比上年增减(%)
华东		
华北		
××		
××		
合　计		

5. 编制中期报告的理论基础

独立论	(1)独立论认为每一个中期报告期间是与年度期间相对独立的基本会计期间,因而编制每一个期间的中期报告时,将此期间视为一个会计年度期间而采用相同的会计政策与会计方法,其会计估计、成本分配、各个应计项目的处理与年终编制报表的政策方法一致。 (2)独立论的优点在于中期报告所反映的经营业绩和财务状况比较可靠,不容易被操纵。 (3)独立论的缺点在于可能会导致各中期收入与费用的不合理配比和各中期收益的非正常波动,影响对企业业绩的正常评价与预测。
整体论	(1)整体论认为中期不是独立的,只是整个会计年度的一部分,因此每一个中期会计估计、成本分配、各应计项目的处理都必须考虑到全年将要发生的情况,受对年度经营成果判断的影响。中期报告期内某一事项如果影响整个年度,则要根据一定的分配基础进行估计,并在各中期报告期间分配。 (2)整体论的优点在于可以避免因人为割裂会计期间而导致的各期间收益的非正常波动,从而有利于对年度收益的预测,提高中期报告信息的有用性。 (3)整体论的缺点是可能导致年度内各中期收益的平滑,公司管理层容易操控收益,影响收益信息的可靠性。

三、名词中英文对照

分部报告	Segment Report
中期报告	Interim Report
主要客户	Major Customers
业务分部	Business Segment
地区分部	Geographical Segment
行业分部	Industry Segment
经营分部	Operating Segment
管理法	Management Approach

中期	Interim Period
独立论	Discrete Theory
整体论	Integral Theory
中期财务报告	Interim Financial Reporting
实际所得税率	Effective Income Tax Rate

练习题

一、思考题

1. 信息披露的基本原则有哪些?
2. 上市公司信息披露体系中,定期报告包括哪些?
3. 什么是经营分部？什么情况下可以将多个经营分部合并披露?
4. 经营分部满足哪些条件可以确定为报告分部?
5. 经营分部的分部收入通常不包括哪些?
6. 为什么要编制分部报告?
7. 根据我国《企业会计准则》的要求,如何披露报告分部的信息?
8. 牡丹公司的营业收入信息如下(单位:元):

合并营业收入(利润表中)	500 000
分部间营业收入	400 000
所有行业分部的营业收入合计数	900 000

在对纳入报告分部的 10% 的营业收入的判定中,应使用 400 000 元的 10% 还是 900 000 元的 10%?

二、选择题

1. 下列不属于上市公司披露信息的内容是(　　)。
   A. 上市公告书　　　　　　　　B. 招股说明书
   C. 年度报告　　　　　　　　　D. 公司生产管理制度
2. 披露上市公司会计信息时,应当加以选择而不能事无巨细,这是遵循了会计的(　　)。
   A. 重要性原则　　　　　　　　B. 谨慎性原则
   C. 收支配比原则　　　　　　　D. 权责发生制原则
3. 下列不属于可确定为报告分部的条件是(　　)。
   A. 一个分部的营业收入达到各分部营业收入总额的 10% 或以上
   B. 一个分部的营业利润达到各分部营业利润总额或营业亏损总额两者绝对值中较大者的 10% 或以上
   C. 一个分部资产总额达到所有分部资产总额合计的 10% 或以上
   D. 一个分部负债总额占所有分部负债总额的 10% 或以上
4. 下列有关分部报告的表述中,符合现行会计制度规定的有(　　)。
   A. 分部报告应当披露每个报告分部的净利润
   B. 分部收入应当分别对外交易收入和对其他分部收入予以披露

C. 在分部报告中应将递延所得税资产作为分部资产单独予以披露
D. 应根据企业风险和报酬的主要来源和性质确定分部的主要报告形式
E. 在编制合并会计报表的情况下应当以合并会计报表为基础披露分部信息

5. 下列有关中期财务报告的表述中,符合现行会计制度规定的有(　　)。
A. 中期会计报表应当采用与年度会计报表相一致的会计政策
B. 中期会计报表附注应当以从会计年度年初至本中期末为基础编制
C. 对中期会计报表项目重要性程度的判断应当以预计的年度财务数据为基础
D. 对于会计年度内不均匀取得的收入,在中期会计报表中不能采用预计方法处理
E. 对于会计年度内不均匀取得的费用,在中期会计报表中不能采用预提方法处理

6. 牡兴公司及其行业分部20×8年营业收入和营业利润的信息如下表所示:

行　业	营业收入总额	营业利润	资产(20×8/12/31)
A	10 000 000	1 750 000	20 000 000
B	8 000 000	1 400 000	17 500 000
C	6 000 000	1 200 000	12 500 000
D	3 000 000	550 000	7 500 000
E	4 250 000	675 000	7 000 000
F	1 500 000	225 000	3 000 000
合　计	32 750 000	5 800 000	67 500 000

在其20×8年的分部信息中,牡兴公司有(　　)个报告分部。
A. 3　　　　　B. 4　　　　　C. 5　　　　　D. 6

7. 牡兰公司20×9年的营业收入情况如下所示(单位:元):

利润表中的合并营业收入　　　　　　　　　　　　　1 200 000
分部之间营业收入　　　　　　　　　　　　　　　　　180 000
分部之间调拨　　　　　　　　　　　　　　　　　　　 60 000
所有分部营业收入合计数　　　　　　　　　　　　　1 440 000

牡兰公司经营分部的营业收入超过(　　)时,可确定为报告分部。
A. 6 000　　　　　　　　　　　B. 24 000
C. 120 000　　　　　　　　　　D. 144 000

8. 以下为牡鹃公司及其分部20×7年的相关资料:

对外部客户的营业收入　　　　　　　　　　　　　　2 000 000
分部之间销售与非关联客户相似产品的营业收入　　　 600 000
贷款给其他行业分部获得的利息收入　　　　　　　　　40 000

分部之间的利息收入在分部向主要经营管理者报送的内部报表中并未披露。牡鹃公司经营分部的营业收入超过(　　)时,可确定为报告分部。
A. 264 000　　　　　　　　　　B. 260 000
C. 204 000　　　　　　　　　　D. 200 000

三、业务题

1. 某集团公司有关分部信息资料如下表所示(单位:万元):

项　目	食品分部	化工分部	纺织分部	家具分部	饮料分部
营业收入					
其中:对外营业收入	164 000	882 000	600 000	98 000	182 000
分部间营业收入	700 000	160 000	540 000		
可辨认资产	96 000	380 000	316 000	54 000	78 000
营业利润	300 000	396 000	374 000	18 000	40 000

要求:确定上述哪些分部是报告分部。

2. 牡丹公司为集团公司,内部报告以经营地区划分为基础。牡丹公司20×8年按要求所需披露的分部信息如下表所示(单位:万元):

	华东	华西	华南	华北	华中	合计
对外营业收入	13 000	20 000	22 000	15 000	120 000	190 000
分部间营业收入	11 000	0	0	10 000	29 000	50 000
营业收入总额	24 000	20 000	22 000	25 000	149 000	240 000
营业利润	6 000	8 000	5 000	7 000	24 000	50 000
可辨认资产	30 000	19 000	20 000	31 000	150 000	250 000

要求:确定上述哪些分部是报告分部。

3. 牡华公司税前利润为100 000元以下时,税率为20%;应税所得为大于100 000元时,税率为30%。牡华公司20×9年估计的各季度税前利润如下所示(单位:元):

季　度	估计的税前利润
第一季度	40 000
第二季度	60 000
第三季度	120 000
第四季度	100 000
总　计	320 000

当年,其他项目均未发生变化,但第四季度的税前利润包括收到的40 000元来自子公司的股利,该股利符合80%免税规定。

要求:计算20×9年牡华公司估计的年度所得税税率。

练习题参考答案

二、选择题

1. D
2. A
3. D
4. BDE

5. AB

6. C 提示：根据收入的10%或以上标准，A、B、C、E能作为报告分部；根据利润的10%或以上标准，A、B、C、E能作为报告分部；根据资产的10%或以上标准，A、B、C、D、E能作为报告分部；根据10%或以上的重要性标准，经营分部只要满足三个条件之一就能确定为报告分部，所以20×8年有5个报告分部。

7. D 提示：1 440 000×10%＝144 000。

8. B 提示：收入的10%或以上的标准不包括利息收入。(2 000 000＋600 000)×10%＝260 000。

三、业务题

1.（单位：万元）

(1)营业收入确定法，见下表

分 部	经营分部收入	比较符号	判定值	是否应该纳入报告分部
食品分部	864 000	≥	332 600	是
化工分部	1 042 000	≥	332 600	是
纺织分部	1 140 000	≥	332 600	是
家具分部	98 000	≤	332 600	否
饮料分部	192 000	≤	332 600	否
合 计	3 326 000			

(2)资产确定法，见下表

分 部	经营分部可辨认资产	比较符号	判定值	是否应该纳入报告分部
食品分部	96 000	≥	90 400	是
化工分部	360 000	≥	90 400	是
纺织分部	316 000	≥	90 400	是
家具分部	54 000	≤	90 400	否
饮料分部	78 000	≤	90 400	否
合 计	904 000			

(3)经营利润(亏损)确定法，见下表

分 部	经营分部营业利润	比较符号	判定值	是否应该纳入报告分部
食品分部	300 000	≥	112 800	是
化工分部	396 000	≥	112 800	是
纺织分部	374 000	≥	112 800	是

续表

分　部	经营分部营业利润	比较符号	判定值	是否应该纳入报告分部
家具分部	18 000	≤	112 800	否
饮料分部	40 000	≤	112 800	否
合　计	1 128 000			

所以,食品分部、化工分部和纺织分部均为报告分部。

报告分部的75%标准的判定值为企业对外营业收入的75%,即(164 000＋882 000＋600 000＋98 000＋182 000)×0.75＝1 444 500。

食品分部、化工分部和纺织分部三个分部对外营业收入合计为1 646 000万元,符合报告分部的75%标准要求,所以不需要确定其他分部作为报告分部。

2.(单位:万元)

(1)营业收入确定法,见下表

分　部	经营分部收入	比较符号	判定值	是否应该纳入报告分部
华东分部	24 000	≥	24 000	是
华西分部	20 000	≤	24 000	否
华南分部	22 000	≤	24 000	否
华北分部	25 000	≥	24 000	是
华中分部	149 000	≥	24 000	是
合　计	240 000			

(2)资产确定法,见下表

分　部	经营分部可辨认资产	比较符号	判定值	是否应该纳入报告分部
华东分部	30 000	≥	25 000	是
华西分部	19 000	≤	25 000	否
华南分部	20 000	≤	25 000	否
华北分部	31 000	≥	25 000	是
华中分部	150 000	≥	25 000	是
合　计	250 000			

(3)经营利润(亏损)确定法,见下表

分　部	经营分部营业利润	比较符号	判定值	是否应该纳入报告分部
华东分部	6 000	≥	5 000	是
华西分部	8 000	≥	5 000	是

续表

分部	经营分部营业利润	比较符号	判定值	是否应该纳入报告分部
华南分部	5 000	≥	5 000	是
华北分部	7 000	≥	5 000	是
华中分部	24 000	≥	5 000	是
合　计	50 000			

所以,华东分部、华西分部、华南分部、华北分部、华中分部均为报告分部。

3. 牡华公司 20×9 年度估计的税率

	估计的税前利润	税　率	估计的应纳税额
第一季度	40 000	20%	8 000
第二季度	60 000	20%	12 000
第三季度	120 000	30%	36 000
第四季度	100 000	30%	30 000
估计的应纳税额合计			86 000
减:股利免税部分(40 000×80%×30%)			(9 600)
所得税估计数			76 400
估计应税利润			320 000
估计的年度税率(76 400÷320 000)			23.875%

教材课后习题参考答案

1.(1)营业收入确定法,见下表(单位:万元):

分部	经营分部收入	比较符号	判定值	是否应该纳入报告分部
中国分部	432 000	≥	166 300	是
美国分部	521 000	≥	166 300	是
英国分部	570 000	≥	166 300	是
法国分部	49 000	≤	166 300	否
德国分部	91 000	≤	166 300	否
合　计	1 663 000			

(2)资产确定法,见下表(单位:万元):

分　部	经营分部可辨认资产	比较符号	判定值	是否应该纳入报告分部
中国分部	48 000	≥	45 200	是
美国分部	180 000	≥	45 200	是
英国分部	158 000	≥	45 200	是
法国分部	27 000	≤	45 200	否
德国分部	39 000	≤	45 200	否
合　计	452 000			

(3)经营利润(亏损)确定法,见下表(单位:万元):

分　部	经营分部营业利润	比较符号	判定值	是否应该纳入报告分部
中国分部	150 000	≥	56 400	是
美国分部	198 000	≥	56 400	是
英国分部	187 000	≥	56 400	是
法国分部	9 000	≤	56 400	否
德国分部	20 000	≤	56 400	否
合　计	564 000			

所以,中国分部、美国分部和英国分部均为报告分部。

报告分部的75%标准的判定值为企业对外营业收入的75%,即(82 000＋441 000＋300 000＋49 000＋91 000)×0.75＝722 250。

中国分部、美国分部和英国分部三个分部对外营业收入合计为823 000万元,符合报告分部的75%标准要求,所以不需要确定其他分部作为报告分部。

2. 公司在第一季度转回前期已注销的应收账款420万元,占第一季度净利润600万元的70%,对于理解第一季度的经营成果和第一季度末的财务状况来讲,属于重要事项。但占1～6月份总利润的3%,占全年总利润的1.5%,因而对于半年度报告和年度报告来讲,就不属于重要事项。

牡丹公司应在第一季度财务报告的会计报表附注中披露该事项。

3. 20×5年3月份发生的广告费300万元应在当月确认为营业费用,但该费用占到第一季度营业收入的30%,占上半年营业收入的10%,对于理解第一季度及上半年公司财务状况、经营成果和现金流量而言是重要的事项。

因此甲公司应在第一季度财务报告及中期报告的会计报告附注中披露该事项。

4.(1) **会计政策变更的累积影响数**　　　　　　　　　　　　　　单位:万元

折旧额	直线法	双倍余额法	累积影响数
20×3年	150	300	150
20×4年1～3月	37.5	60	22.5

调整会计政策变更对以前年度损益的影响

借:以前年度损益调整　　　　　　　　　　　1 500 000
　　贷:累计折旧　　　　　　　　　　　　　　　　　　1 500 000
借:利润分配——未分配利润　　　　　　　　1 500 000
　　贷:以前年度损益调整　　　　　　　　　　　　　　1 500 000
借:盈余公积　　　　　　　　　　　　　　　　225 000
　　贷:利润分配——未分配利润　　　　　　　　　　　　225 000

(2)企业应在第一季度会计报表中列报:20×3年末资产负债表累计折旧调增1 500 000元,未分配利润调减1 500 000元,盈余公积调减225 000元;20×3年第一季度管理费用调增375 000元,利润总额减少375 000元,净利润减少375 000元。

在会计报表附注中做会计政策变更说明:本公司一台管理用设备原来采用直线法计提折旧,但为了适应经济形势变化,提供公司财务状况、经营成果和现金流量方面更可靠、更相关的会计信息,自20×4年1月1日起,改为用双倍余额法计提折旧。此项会计变更已采用了追溯调整法,对20×3年比较会计报表的相关数字已经作了调整,此项会计政策变更对以前年度的累计影响数为1 500 000元。20×3年第一季度净利润调减375 000元,20×3年全年净利润调减了1 500 000元。该项会计政策变更使20×4年第一季度利润减少225 000元。

5.(1)年度实际税负率的计算(单位:万元)

估计税前利润	14 800
减:免税国债利息	1 800
估计应税利润	13 000
所得税估计数	4 290
年度实际税负率	29%

(2)各季度所得税
第一季度:3 800×29%=1 102(万元)
第二季度:(5 900-3 800)×29%=609(万元)
第三季度:(9 800-5 900)×29%=1 131(万元)
第四季度:(15 800-800-300)×33%-1 102-609-1 131=2 009(万元)

第十五章
租赁会计

案例 东方航空经营租赁

一、公司简介

作为中国三大航空集团之一的东航集团,成立于1993年10月。1995年4月,东航改制为东方航空集团(以下简称"东航集团")和中国东方航空股份有限公司(以下简称"东方航空"或者"东航")。1997年2月及11月,东方航空分别在纽约证交所、香港联交所和上海证交所成功挂牌上市,被媒体誉为"中国航空概念股",港股股票代码为0670.HK,A股股票代码为600115.SH。东方航空自上市后进行了一系列的兼并重组活动。截至2015年末,公司机队由526架客机、9架货机和16架公务机组成。公司构建了延伸至179个国家、1 057个目的地的航空运输网络。公司业务范围覆盖全球,为全世界近9 400万名旅客提供服务。

公司的主营业务为国际、地区航空客、货、邮、行李运输业务及延伸服务。此外,公司还开展以下业务经营:通用航空业务;航空器维修;航空设备制造与维修;国内外航空公司的代理业务;空中超市;商品批发、零售。截至2015年末,公司总资产为人民币1 957.09亿元,较2014年末增长19.67%,其中境外资产为人民币10.35亿元;净资产为人民币376.51亿元,较2014年末增长27.69%;流动资产为人民币230.78亿元,较2014年末增长26.50%,其中货币资金为人民币91.15亿元,较2014年末增加77.22亿元;非流动资产为人民币1 726.31亿元,较2014年末增长18.81%,其中固定资产为人民币1 314.30亿元,较2014年末增长22.51%。2015年公司实现营业收入938亿元,同比增长4.57%,实现归属于上市公司股东的净利润45亿元,同比增长32.89%。

二、主要内容[①]

表1所列示的是东方航空自1998年至2004年经营租赁飞机的情况。表2所列示的是东方航空自1998年至2004年的资产负债率。

[①] 本案例引用自陈倩:《经营租赁的真实动机——基于东方航空经营租赁的案例研究》,上海财经大学硕士学位论文,2006年。

表1　　　　　　　　　东方航空1998～2004年增加的经营租赁飞机数量

年份	经营租赁飞机增量(除湿租)	湿租*的飞机	合计
1998	5	0	5
1999	6	1	7
2000	6	1	7
2001	4	0	4
2002	2	0	2
2003	5	5	10
2004	0	0	0

注：*湿租是指在飞机租赁行业，按照租赁协议，承租人租赁飞机时携带出租人一名或者多名机组成员的租赁，即出租人在提供飞机的同时提供机组和乘务组为对方服务。

数据来源：香港联交所披露的年报。

表2　　　　　　　　　　东方航空1998～2004年的资产负债率　　　　　　　　　　单位：千元

年份	流动负债	长期负债	股东权益(含少数股权)	资产负债率1(%)	资产负债率2(%)
1997	3 637 759	16 256 908	6 957 375	74.09	70.03
1998	4 521 821	17 018 499	6 450 427	76.96	72.52
1999	4 710 632	16 847 309	6 752 737	76.15	71.39
2000	4 841 513	16 772 722	7 412 905	74.46	69.35
2001	6 572 622	14 517 021	7 895 999	72.76	64.77
2002	12 047 550	12 930 413	7 783 620	76.24	62.42
2003	14 773 023	16 329 224	6 904 864	81.83	70.28
2004	17 711 266	17 003 070	7 713 452	81.82	68.79
2005	31 614 917	20 788 398	6 918 542	88.34	75.03

注：资产负债率1＝(流动负债＋长期负债)/(流动负债＋长期负债＋股东权益)

资产负债率2＝长期负债/(长期负债＋股东权益)

数据来源：香港联交所披露的年报。

如表1所示，1998～2001年以及2003年是东方航空经营租赁飞机显著增加的年份。同时值得关注的是，恰恰在1999～2002年东航资产负债率在逐渐下降，如表2所示。这当然与长期负债的不断减少有关，东航的长期负债从1999年的16 847 309 000元下降到2002年的12 930 413 000元。为什么东航在长期资产和营业收入不断增长的情况下，长期负债却在下降？是什么因素替代了长期负债的融资能力呢？

将东航与南航、海航、国泰等同行业公司相比较可以发现，东航的经营租赁行为表现得尤为明显。从经营租赁飞机(含湿租)数量占所有经营飞机数量的比重看(如表3所示)，东方航空经营租赁飞机比重较之国泰航空要高出很多。

表3 经营租赁飞机(含湿租)数量占所有经营飞机数量的比重

年份	1998	1999	2000	2001	2002	2003	2004
东航	22.03%	35.09%	39.34%	39.44%	39.74%	41.84%	36.54%
国泰	2.78%	8.06%	7.81%	8.00%	10.13%	10.59%	11.20%

数据来源:香港联交所披露的年报。

此外,表4列示了各大航空公司经营租赁资本承诺负债的净现值与当前经营租赁费用之和占购买和融资租赁及经营租赁总额的比重,即(经营租赁资本承诺负债的净现值+当期经营租赁费用)/(购买飞机账面净值+租赁飞机净值),其中,租赁飞机净值＝融资租赁飞机账面净值+经营租赁资本承诺负债的净现值+当前经营租赁费用。从这一指标的平均值来看,各航空公司经营租赁飞机的比重按照大小依次为:东方航空、南方航空、海南航空及国泰航空。

表4 经营租赁资本承诺负债的净现值与当前经营租赁费用之和
占购买和融资租赁及经营租赁总额的比重   单位:%

年份	1998	1999	2000	2001	2002	2003	2004	均值
东方航空	18.35	34.23	32.98	31.38	21.73	17.30	14.97	24.42
南方航空	15.06	17.69	19.53	19.45	22.28	21.86	25.04	20.13
海南航空	61.33	30.00	21.34	14.85	13.85	15.10	17.49	18.77
国泰航空	1.70	2.24	1.34	2.72	4.84	3.55	3.09	2.78

数据来源:香港联交所及上交所披露的年报。

同时,值得注意的是:东方航空的长期负债从1999年的16 847 309 000元下降到2002年的12 930 413 000元,资产负债率相应从1999年的71.39%下降到2002年的62.42%。长期负债主要由融资租赁负债和长期借款构成,从东航1997～2005年长期负债的构成进行分析,可以发现长期负债的减少主要是融资租赁负债减少的结果。由东航历年报表附注可知,租入飞机是东航融资租赁负债的主要功能。在东方航空长期营运能力和营业收入不断提升的背景下,飞机的增加主要通过以下四种途径:一是通过融资租赁租入飞机;二是通过自有资金购入飞机;三是通过长期借款负债购入飞机;四是通过经营租赁租入飞机。综合东航的现金流量表可知,购买飞机现金总流出占长期借款现金总流入的比重不仅远远小于1,而且也远远小于购买飞机长期借款占总长期借款的比重,因此,可以合理推断东航很少使用自有资金购买飞机。用于购买飞机的长期借款在1999、2000年减少,在2001、2002年增加;融资租赁和购买飞机数量于1999、2000年不变,在2001、2002年增加。可见,长期借款增加部分满足了购买飞机的一般需求,不能完全替代通过融资租赁购入飞机。因此,可以合理推断:经营租赁飞机起到了替代融资租赁租入飞机的作用。如表5所示,东航经营租赁飞机的比重从1998年至2003年逐年递增。

表5 东方航空1998～2004年飞机来源构成

年份	营业收入(千元)	飞机总数	融资租赁和购买	经营租赁	融资租赁和购买比重(%)	经营租赁比重(%)
1998	8 171 576	59	46	13	77.97	22.03
1999	10 163 271	57	37	20	64.91	35.09

续表

年 份	营业收入（千元）	飞机总数	融资租赁和购买	经营租赁	融资租赁和购买比重(%)	经营租赁比重(%)
2000	11 220 063	61	37	24	60.66	39.34
2001	12 152 808	71	43	28	60.56	39.44
2002	13 078 989	78	47	31	60.26	39.74
2003	14 277 158	98	57	41	58.16	41.84
2004	21 038 776	104	66	38	63.46	36.54

数据来源：香港联交所披露的年报。

三、尾声

由上面的分析可得：经营租赁的增加使得融资租赁负债大幅减少，长期负债随之降低，资产负债率也逐年递减，因此，进行经营租赁的一个可能动机就是隐藏负债，降低资产负债率。按照会计准则的分类划分出的经营租赁是真正意义上的经营租赁，这是无可厚非的；但如果利用会计准则的不完善，变实质长期融资租赁为形式上的短期经营租赁来隐藏负债、降低产权比率、粉饰报表，问题就有一定的严重性。

根据东航年报附注中披露的固定资产折旧的会计政策，是将飞机的折旧年限规定为20年，而截至2005年底，东方航空经营租赁飞机受益期间为4~12年，约占飞机整个使用年限的20%~60%，进而应合理确认东航确实存在受益期较长的经营租赁项目；但东航利用了会计准则中"经营租赁"和"融资租赁"界限的模糊未将其确认为长期负债，降低了资产负债率。

从东方航空这一案例可以发现，经营租赁增加的一部分动机很可能来自利用当前租赁会计准则在租赁分类、信息披露方面的不完善，变实质的融资租赁为表面的经营租赁以达到隐藏负债、降低资产负债率的目的，从而可能对投资者正确评估公司内在价值产生误导。

讨论题

1. 实务当中，如何对经营租赁和融资租赁进行划分？当一项实质上的融资租赁被认定为经营租赁后，会造成什么样的影响？
2. 你认为东方航空经营租赁的真正动机是什么？

案例分析要点提示

1. 提示：如果一项租赁资产被确认为经营租赁，那么该项资产不计入资产负债表；如果一项租赁资产被确认为融资租赁，那么该项资产须计入资产负债表。
2. 提示：经营租赁的增加使得融资租赁负债大幅减少，长期负债随之降低，资产负债率也逐年递减，因此经营租赁的一个可能动机就是隐藏负债，降低资产负债率。

学习指导

一、本章教学大纲

本章主要讲解融资租赁、经营租赁下承租人和出租人的会计处理以及售后租回交易的会计处理。

本章教学大纲

租赁概述	租赁业务的重要性	
	租赁业务的主要会计问题	
	租赁的相关概念及其分类	租赁的概念与特征
		租赁的相关概念
		租赁的分类
经营租赁	承租人对经营租赁的会计处理	
	出租人对经营租赁的会计处理	
	示例	
融资租赁	承租人对融资租赁的会计处理	承租人融资租赁业务的科目设置
		承租人的会计处理原则
		承租人的会计处理
		示例
	出租人对融资租赁的会计处理	承租人融资租赁业务的科目设置
		承租人的会计处理
		示例
售后租回	售后租回交易的概念	
	售后租回交易的会计处理原则	
	售后租回交易的会计处理	售后租回交易形成融资租赁
		售后租回交易形成经营租赁
		售后租回交易的披露
		示例

二、本章重点、难点解析

1. 租赁的相关概念

租赁	租赁是指出租人在承租人定期支付租金的条件下,授予承租人在约定的期限内占有和使用租赁资产权利的一种合同。
租赁开始日	租赁协议日与租赁各方就主要租赁条款作出承诺日中的较早者。
租赁期开始日	承租人有权执行其使用租赁资产权利的开始日。它是租赁的初始确认日,即对租赁引起的资产、负债、收益或费用进行合理确认的时点。
租赁资产的公允价值	指在买卖双方不存在任何关联方关系的情况下,依照公平交易,租赁物所能成交的价格。
优惠购买选择权	指承租人有权在租赁期届满或者在约定的日期,依照低于当时公允价值的价格购买租赁资产。
优惠续租权	指承租人有权在租赁期届满或者从约定的日期起,依照低于当时公平租金的租金继续承租资产,其价格会低到在租赁开始日几乎可以确定承租人一定会继续承租。

续表

租赁期	指租赁合同规定的不可撤销的租赁期间。
资产余值	指在租赁开始日估计的租赁期届满时租赁资产的公允价值。
担保余值	就承租人而言,是指由承租人或与其有关的第三方担保的资产余值;就出租人而言,是指就承租人而言的担保余值加上独立于承租人和出租人,但在财务上有能力担保的第三方担保的资产余值。
未担保余值	指租赁资产余值中扣除就出租人而言的担保余值以后的资产余值。
或有租金	指金额不确定、以时间长短以外的其他因素(如销售百分比、使用量、物价指数等)为依据计算的租金。
履约成本	履约成本又称为执行成本,指在租赁期内为租赁资产支付的各种使用成本,如技术咨询和服务费、人员培训费、维修费、保险费等。
最低租赁付款额	指在租赁期内,承租人应支付或可能被要求支付的各种款项(不包括或有租金和履约成本),加上由承租人或与其有关的第三方担保的资产余值。 (1)如果租赁协议没有规定优惠购买选择权,则最低租赁付款额包括: ①租赁期内承租人每期支付的租金; ②租赁期届满时,由承租人或与其有关的第三方担保的资产余值; ③租赁期届满时,承租人未能续租或展期造成的任何应由承租人支付的款项。 (2)如果租赁协议规定有优惠购买选择权,则最低租赁付款额包括: ①自租赁开始日起至优惠购买选择权行使之日,即整个租赁期内承租人每期支付的租金; ②承租人行使优惠购买选择权而支付的任何款项。 即,最低租赁付款额＝各期租金付款额＋优惠购买价格;或,＝各期租金付款额＋(承租人)担保余值。
最低租赁收款额	指最低租赁付款额加上与承租人和出租人均无关,但在财务上有能力担保的第三方对出租人担保的资产余值。
租赁内含利率	租赁内含利率实际上是租赁资产内含的报酬率,是指在租赁开始日,使最低租赁收款额的现值与未担保余值的现值之和等于租赁资产公允价值与出租人的初始直接费用之和的折现率。
初始直接费用	在租赁谈判和签订租赁合同的过程中发生的可直接归属于租赁项目的费用,如差旅费、律师费、佣金费等。

2. 资产余值、担保余值、未担保余值

资产余值与担保余值、未担保余值之间的关系如下图所示:

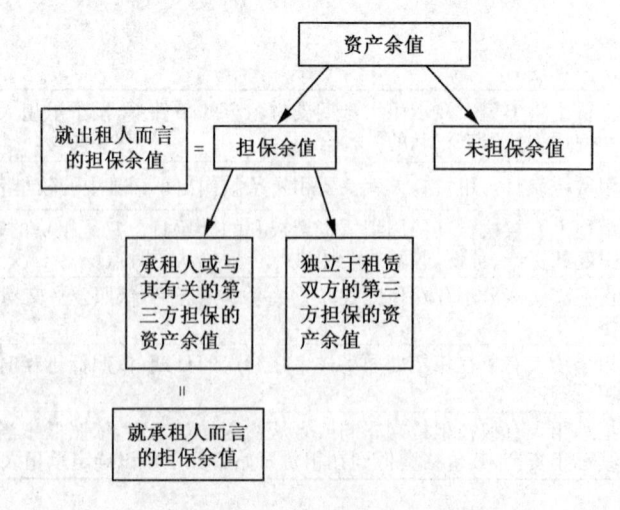

3. 最低租赁付款额、最低租赁收款额

最低租赁付款额与最低租赁收款额之间的关系如下图所示：

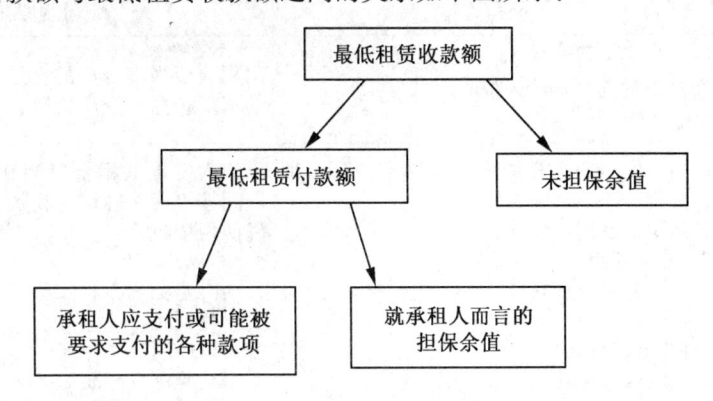

```
              最低租赁收款额
              ／        ＼
       最低租赁付款额    未担保余值
        ／      ＼
承租人应支付或可能被   就承租人而言的
要求支付的各种款项     担保余值
```

4. 租赁的分类流程图

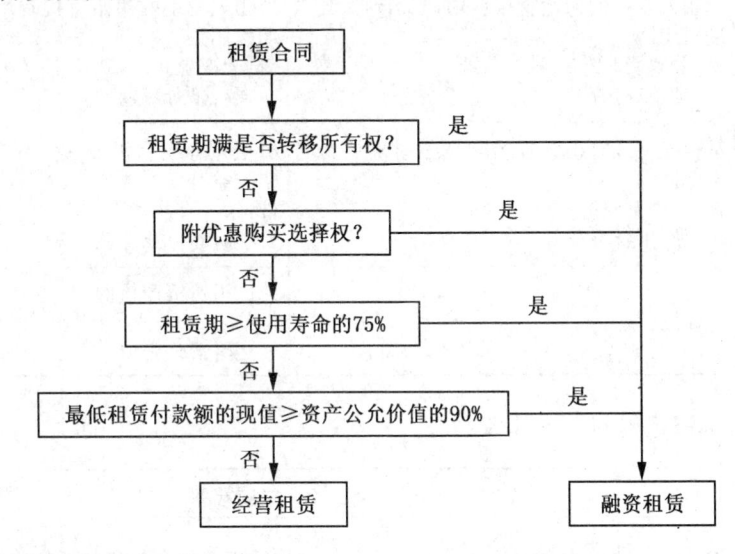

```
          租赁合同
            ↓
      租赁期满是否转移所有权？ ——是——→
            ↓否
         附优惠购买选择权？ ——是——→
            ↓否
        租赁期≥使用寿命的75% ——是——→
            ↓否
   最低租赁付款额的现值≥资产公允价值的90% ——是——→
            ↓否
          经营租赁              融资租赁
```

5. 经营租赁与融资租赁的区别

项　目	融资租赁	经营租赁
风险和报酬	承租人承担	出租人承担
租期	租赁期较长	租赁期较短
租赁合同	不可撤销	可以中途解除合同
租金	视租赁期长短而定，租金较低	每期租金固定，且较高
设备成本	租赁期内全部或者能大部分收回	合同期内不能全部收回
使用成本	维护费用、保险费、税金由承租人承担	维护费用、保险费、税金由出租人承担
目的	以融物来代替融资	短期使用

6. 经营租赁的会计处理

	承租人	出租人
经营租赁资产在会计报表中的处理	经营租赁资产不计入报表。	出租人应当按资产的性质，将用作经营租赁的资产包括在资产负债表上的相关项目内。
租金的会计处理	承租人发生的租金应当在租赁期内各个期间按直线法确认为费用。 确认租金费用： 借：管理费用等 　贷：其他应付款 支付时： 借：其他应付款 　贷：银行存款	出租人发生的租金应当在租赁期内的各个期间按直线法确认为收入。 确认租金收入： 借：其他应收款 　贷：其他业务收入等 实际收到时： 借：银行存款 　贷：其他应付款
初始直接费用的处理	承租人发生的初始直接费用，应当确认为当期费用。 借：管理费用等 　贷：银行存款	出租人发生的初始直接费用，应当确认为当期费用。 借：管理费用等 　贷：银行存款
或有租金的处理	承租人将或有租金在实际发生时确认为当期费用。 借：管理费用等 　贷：银行存款等	出租人将或有租金在实际发生时确认为当期收益。 借：银行存款等 　贷：其他业务收入等
租赁资产折旧	不计提折旧。	计提租赁资产折旧。 借：其他业务成本 　贷：累计折旧

7. 承租人对融资租赁的会计处理

项　目		会计处理
租赁期开始日		(1)租赁资产资本化的入账价值＝租赁资产公允价值与最低租赁付款额现值两者中较低者＋初始直接费用 (2)最低租赁付款额＝各期租金付款额＋优惠购买价格(有优先购买权时)或最低租赁付款额＝各期租金付款额＋担保余值(承租人有担保余值时) (3)未确认融资费用＝最低租赁付款额－租赁开始日租赁资产的入账价值 借：固定资产——融资租入固定资产 　　未确认融资费用 　贷：长期应付款——应付融资租赁款 　　　银行存款(初始直接费用)
租赁期内	支付租金	借：长期应付款 　贷：银行存款
	分摊未确认融资费用	按实际利率分摊： (1)租赁资产如果是以最低租赁付款额现值入账，实际利率即为计算最低租赁付款额现值的折现率。 (2)租赁资产如果是以公允价值入账，实际利率为租赁内含利率。租赁内含利率是指能使最低租赁付款额的现值加上未担保余值的现值等于租赁资产的公允价值加上承租人初始直接费用的折现率。 (3)每期摊销额＝期初应付本金余额×实际利率。

续表

项　目		会计处理
		(4)应付本金余额＝长期应付款余额－未确认融资费用余额。 借：财务费用(每期摊销额) 　　贷：未确认融资费用
	计提折旧	(1)折旧政策与自有应折旧资产一致。 (2)折旧总额＝入账价值－担保余值。 (3)能合理确定租赁期届满时承租人将会取得租赁资产所有权,并以从租赁开始日起租赁资产的使用寿命作为折旧期间。 (4)如果无法合理确定租赁期届满后承租人是否能够取得租赁资产的所有权,则应以租赁期与租赁资产使用寿命两者中较短者作为折旧期间。 借：管理费用等 　　贷：累计折旧
	履约成本	借：制造费用等 　　贷：银行存款
	或有租金	或有租金在实际发生时计入当期损益。 借：销售费用等 　　贷：银行存款
租赁期届满	返还租赁资产	(1)如果存在承租人担保余值。 借：长期应付款——应付融资租赁款 　　累计折旧 　　贷：固定资产——融资租入固定资产 (2)如果不存在承租人担保余值。 借：累计折旧 　　贷：固定资产——融资租入固定资产
	续租租赁资产	支付租金时： 借：长期应付款 　　贷：银行存款
	留购租赁资产	借：长期应付款——应付融资租赁款 　　贷：银行存款 同时,结转资产所有权： 借：固定资产 　　贷：固定资产——融资租入固定资产

8. 出租人对融资租赁的会计处理

项　目	会计处理
租赁期开始日	(1)应收融资租赁款＝最低租赁收款额＋初始直接费用 (2)未实现融资收益＝(最低租赁收款额的现值＋未担保余值的现值)－(最低租赁收款额的现值＋未担保余值的现值) (3)将租赁资产的账面价值与公允价值之间的差额确认为营业外收入或支出。 借：长期应收款——应收融资租赁款 　　未担保余值 　　贷：融资租赁资产 　　　　银行存款(初始直接费用) 　　　　未实现融资收益 　　　　营业外收入(租赁资产公允价值大于账面价值的差额；反之,借记"营业外支出") 对于直接融资租赁,应结转初始直接费用： 借：未实现融资收益 　　贷：长期应收款

续表

项目		会计处理
租赁期内	收取租金	借：银行存款 　　贷：长期应收款
	分摊未实现融资收益	按实际利率分摊： (1)实际利率为租赁内含利率，租赁内含利率是指能使最低租赁收款额的现值加上未担保余值的现值等于租赁资产的公允价值加上出租人初始直接费用的折现率。 (2)每期摊销额＝期初租赁投资净额×实际利率 (3)租赁投资净额＝长期应收款余额＋未担保余值－未实现融资收益余额 借：未实现融资收益 　　贷：租赁收入（每期摊销额）
	未担保余值发生变动	重新计算租赁内含利率，并以此利率为标准分摊未实现融资收益。 借：资产减值损失 　　贷：未担保余值减值准备 同时， 借：未实现融资收益 　　贷：资产减值损失
	或有租金	在实际发生时计入当期损益。 借：银行存款等 　　贷：租赁收入
租赁期届满	收回租赁资产	(1)存在担保余值，不存在未担保余值。 借：融资租赁资产 　　贷：长期应收款——应收融资租赁款 如果收回租赁资产的价值低于担保余值，则应向承租人收取价值损失补偿金。 借：其他应收款 　　贷：营业外收入 (2)存在担保余值，同时存在未担保余值。 借：融资租赁资产 　　贷：长期应收款——应收融资租赁款 　　　　未担保余值 如果收回租赁资产的价值低于担保余值，则应向承租人收取价值损失补偿金。 借：其他应收款 　　贷：营业外收入 (3)存在未担保余值，不存在担保余值。 借：融资租赁资产 　　贷：未担保余值 (4)担保余值和未担保余值均不存在。 此时，出租人无需做账务处理，只需做相应的备查登记。
	续租租赁资产	应视同该项租赁一直存在而做出相应的账务处理。
	留购租赁资产	收到购买价款时： 借：银行存款 　　贷：长期应收款 如果存在担保余值： 借：营业外支出 　　贷：未担保余值

9. 售后租回

含 义		售后租回交易是一种特殊形式的租赁业务,是指卖主(即资产的所有者)将资产出售后,又将该项资产从买主(即资产的新所有者)处租回。
会计处理原则	售后租回交易形成融资租赁	(1)卖主出售资产时,不确认收益。
		(2)未实现售后租回损益＝售价－资产账面价值
		(3)未实现售后租回损益按该项租赁资产的折旧进度进行分摊,作为折旧费用的调整。
	售后租回交易形成经营租赁	(1)如果售价等于资产的公允价值,则售价与资产账面价值的差额应当计入当期损益。
		(2)如果售价高于公允价值,则售价与公允价值的差额应递延并在预计的资产使用期限内摊销,公允价值与账面价值的差额计入当期损益。
		(3)如果售价低于公允价值,若在租金方面有补偿(即未来租赁付款额低于按市价计算的租金),则售价与账面价值的差额应递延;若在租金方面没有补偿(即未来租赁付款额高于按市价计算的租金),则售价与账面价值的差额应确认为当期损益。

三、名词中英文对照

租赁	Lease
租赁开始日	Inception of the Lease
租赁期开始日	Inception of the Term of the Lease
租赁资产的公允价值	Fair Value of the Leased Property
优惠购买选择权	Bargain Purchase Option
优惠续租权	Bargain Renewal Option
租赁期	Lease Term
不可撤销租赁	Non-cancelable Lease
承租人	Lessee
出租人	Lessor
担保余值	Guaranteed Residual Value(GRV)
未担保余值	Unguaranteed Residual Value
或有租金	Contingent Rentals
履约成本	Executory Cost
最低租赁付款额	Minimum Lease Payments(MLP)
最低租赁收款额	Minimum Lease Receivable(MLR)
应收租赁款	Lease Receivable
内含利率	Implicit Interest Rate(IIR)
增量借款利率	Incremental Borrowing Rate
履约合同	Executory Contract
融资租赁	Financing Leases
经营租赁	Operating Leases
直接融资租赁	Direct-financing Leases
销售型租赁	Sales-type Leases

初始直接费用	Initial Direct Costs
售后租回	Sale-lease Backs
投资总额	Gross Investment
投资净额	Net Investment
未实现融资收益	Unearned Income

练习题

一、思考题

1. 最低租赁付款额包括哪些内容？
2. 什么是融资租赁、经营租赁？它们的区别有哪些？
3. 在经营租赁中，承租人如何处理或有租金？出租人又如何处理？
4. 在融资租赁中，承租人会计处理的原则有哪些？
5. 在融资租赁中，承租人如何分摊未确认融资费用？
6. 在融资租赁中，租赁期届满时，出租人如何进行会计处理？
7. 什么是售后租回交易？售后租回交易形成的融资租赁和经营租赁在会计处理上有什么区别？

二、选择题

1. 20×5年1月1日，甲公司从丁公司经营租入办公室一套。租赁合同规定：租赁期为5年，第1年免租金；第2年和第3年各支付租金20万元；第4年和第5年各支付租金40万元；租金总额合计120万元。甲公司在租赁期的第1年和第2年应确认的租金费用分别为（　　）。

A. 0、20万元　　　　　　　　　　B. 0、30万元
C. 24万元、20万元　　　　　　　 D. 24万元、24万元

2. 担保余值对承租人而言是指（　　）。

A. 由承租人或与其相关的第三方担保的资产余值
B. 在租赁开始日估计的租赁期届满时租赁资产的公允价值
C. 就出租人而言的担保余值加上独立于承租人和出租人但在财务上有能力担保的第三方担保的资产余值
D. 承租人担保的资产余值加上独立于承租人和出租人但在财务上有能力担保的第三方担保的资产余值

3. 承租人采用融资租赁方式租入一台设备，该设备尚可使用年限为10年，租赁期为8年，承租人租赁期满时可以2万元的优惠价格购买该设备，该设备在租赁期满时的公允价值为60万元。则该设备计提折旧的期限为（　　）。

A. 2年　　　　　B. 8年　　　　　C. 10年　　　　　D. 9年

4. 承租人在租赁谈判和签订租赁合同过程中发生的、可直接归属于租赁项目的初始直接费用，如印花税、佣金、律师费、差旅费等，应当确认为（　　）。

A. 当期费用

B. 计入租赁资产成本

C. 部分计入当期费用,部分计入租赁成本

D. 计入其他应收款

5. 在售后租回交易形成融资租赁的情况下,对所售资产的售价与其账面价值之间的差额,应当采用的会计处理方法是(　　)。

　　A. 计入递延损益

　　B. 计入当期损益

　　C. 售价高于其账面价值的差额计入当期损益,反之计入递延损益

　　D. 售价高于其账面价值的差额计入递延损益,反之计入当期损益

6. 牡丹公司于20×8年1月1日采用经营租赁方式从紫檀公司租入机器设备一台,租赁期为6年,该设备价值为300万元,预计使用年限为10年。租赁合同规定:第1年免租金,第2年至第6年的租金分别为34万元、38万元、36万元、32万元、40万元,租金于每年年初支付。则20×8年牡丹公司就此项租赁确认的租金费用为(单位:万元)(　　)。

　　A. 0　　　　　　B. 30　　　　　　C. 34　　　　　　D. 36

7. 牡兴公司采用融资租赁方式租入一台设备,租赁期开始日为20×6年1月1日,最低租赁付款额的现值为330万元,在租赁谈判和签订合同过程中发生律师费、差旅费等1万元。在租赁开始日,租赁资产的公允价值为340万元。牡兴公司安装设备过程中支付安装费15万元,设备于20×6年6月10日安装完成,达到预定可使用状态并交付使用。不考虑其他因素,该设备的入账价值为(单位:万元)(　　)。

　　A. 345　　　　　B. 340　　　　　C. 346　　　　　D. 355

8. 牡华公司采用融资租赁方式租入一台设备,租赁期开始日为20×8年1月1日,当日该设备的公允价值为190万元。租赁合同规定:牡华公司租赁该设备4年,每半年支付租金30万元。牡华公司为该设备提供的担保余值为25万元,另外,担保公司担保的资产余值为10万元,在租赁开始日估计资产余值为40万元,租赁合同规定的半年利率为7%。牡华公司该项资产的入账价值为[单位:万元,已知(P/A,7%,8)=5.971 3,(P/F,7%,8)=0.582 0] (　　)。

　　A. 193.69　　　B. 240　　　　　C. 265　　　　　D. 190

9. 以租赁合同利率作为折现率将最低租赁付款额折现,且以该现值作为租赁资产的入账价值的,分摊未确认融资费用时应采用的分摊率是(　　)。

　　A. 合同利率　　　　　　　　　　B. 内含利率

　　C. 同期银行存款利率　　　　　　D. 同期银行贷款利率

三、业务题

1. 紫檀公司20×1年1月1日将公允价值为8 000万元的全新办公楼出租给牡丹公司。租赁合同规定:租赁期6年,总租金600万元,在租赁开始日牡丹公司向紫檀公司一次性预付租金400万元,以后1~5年每年年末支付租金20万元,第6年年末再支付租金100万元;租赁期满后紫檀公司收回该办公楼。紫檀公司在每年年末确认租金收入,各次租金按期收到。

要求:根据上述资料分别为两家公司做出有关会计处理(假设不考虑办公楼的折旧问题)。

2. 紫鹃公司20×6年7月1日将成本为600 000元的设备出租给牡江公司,租赁期2年,每年租金60 000元,于每年的7月1日支付。紫鹃公司采用直线法计提折旧,该项设备尚可

使用10年,期末估计残值为20 000元。

要求:根据上述资料分别为两家公司做出有关会计处理。

3. 假设20×1年12月1日,牡丹公司与紫兰公司签订了一份租赁合同。合同主要条款如下:

(1)租赁标的物为大型彩印设备。

(2)起租日为20×2年1月1日,租赁期为3年。

(3)租金支付方式:自租赁开始日起每年年末支付租金400 000元。

(4)该机器的保险、维护等费用均由牡丹公司负担,估计每年约40 000元。

(5)该机器在租赁开始日的公允价值为1 000 000元。

(6)租赁合同规定的利率为8%(年利率)。

(7)该机器的估计使用年限为8年,已使用3年,期满无残值。承租人采用年限平均法计提折旧。

(8)租赁期届满时,牡丹公司享有优惠购买该机器的选择权,购买价为2 000元,估计该日租赁资产的公允价值为160 000元。

(9)该租赁资产不需安装。

已知(P/A,8%,3)=2.577 1,(P/A,9%,3)=2.531 3,(P/A,10%,3)=2.486 9,(P/F,8%,3)=0.793 8,(P/F,9%,3)=0.772 2,(P/F,8%,3)=0.751 3。

要求:

(1)判断该租赁的类型,并说明理由。

(2)编制牡丹公司和紫兰公司在起租日的有关会计分录,并说明计算过程。

(3)编制牡丹公司和紫兰公司在租赁期间的有关会计分录,并说明计算过程。

(4)编制租赁期届满时,牡丹公司和紫兰公司的有关会计分录。

4. 方达公司于20×3年1月1日将其在用且可以使用10年、期满无残值的一套设备出售给景泰公司,随即又租回。出售时设备的账面原值为700 000元,累计折旧100 000元,公允价值与售价相同,均为700 000元。该租赁合同不可撤销,租赁期为10年,每年年末支付租金120 000元。景泰公司的内含报酬率为10%,其固定资产采用直线法计提折旧。

要求:试为方达公司做出20×3年年初和年末的所有会计分录。

练习题参考答案

二、选择题

1. D 提示:经营租赁的租金在租赁期内的各个期间按直线法确认为费用,所以每年的租金费用=120÷5=24(万元)。

2. A

3. C

4. B

5. A

6. B 提示:(34+38+36+32+40)÷6=30。

7. C 提示:根据孰低原则,因为最低租赁付款额的现值小于租赁开始日租赁资产的公允价值,所以入账价值=最低租赁付款额的现值+差旅费+安装费=330+15+1=346。

8. D 提示:最低租赁付款额的现值=各期租金现值+承租人担保余值的现值=30×(P/A,7%,8)+25×(P/F,7%,8)=193.69>租赁期开始日设备的公允价值190。根据孰低原则,入账价值=190。

9. A

三、业务题

1. (单位:万元)

(1)承租人(牡丹公司)的会计处理

该项租赁不符合融资租赁的任何一条标准,应作为经营租赁处理。确认租金费用时,不能依据各期实际支付租金的金额确定,而应采用直线法平均分摊确认各期的租金费用。

年　度	会计分录
第1年年初,预付租金	借:预付租金　　　　　　　　　　　400 　贷:银行存款　　　　　　　　　　　　　　400
第1~5年支付租金	借:管理费用　　　　　　　　　　　100 　贷:银行存款　　　　　　　　　　　　　　20 　　　预付租金　　　　　　　　　　　　　80
第6年支付租金	借:管理费用　　　　　　　　　　　100 　贷:银行存款　　　　　　　　　　　　　100

(2)出租人(紫檀公司)的会计处理

年　度	会计分录
第1年年初,预收租金	借:银行存款　　　　　　　　　　　400 　贷:其他应收款　　　　　　　　　　　　400
第1~5年收取租金并确认租金收入	借:银行存款　　　　　　　　　　　20 　　　其他应收款　　　　　　　　　　80 　贷:其他业务收入　　　　　　　　　　　100
第6年收取租金并确认租金收入	借:银行存款　　　　　　　　　　　100 　贷:其他业务收入　　　　　　　　　　　100

2. (单位:元)

该项租赁不符合融资租赁的任何一条标准,应作为经营租赁处理。

(1)承租人(牡江公司)的会计处理:

20×6年7月1日

借:预付租金　　　　　　　　　　　　　　　　　60 000
　贷:银行存款　　　　　　　　　　　　　　　　　　　　　60 000

20×6年12月31日

借:管理费用　　　　　　　　　　　　　　　　　30 000
　贷:预付租金　　　　　　　　　　　　　　　　　　　　　30 000

20×7年7月1日

借:预付租金　　　　　　　　　　　　　　　　　60 000
　贷:银行存款　　　　　　　　　　　　　　　　　　　　　60 000

20×7年12月31日

借:管理费用	60 000	
贷:预付租金		60 000

20×8年6月30日

借:管理费用	30 000	
贷:预付租金		30 000

(2)出租人(紫鹃公司)的会计处理:

20×6年7月1日

借:银行存款	60 000	
贷:其他应收款		60 000

20×6年12月31日

借:其他应收款	30 000	
贷:其他业务收入		30 000
借:其他业务支出	29 000	
贷:累计折旧		29 000

20×7年7月1日

借:银行存款	60 000	
贷:其他应收款		60 000

20×7年12月31日

借:其他应收款	60 000	
贷:其他业务收入		60 000
借:其他业务支出	58 000	
贷:累计折旧		58 000

20×8年6月30日

借:其他应收款	30 000	
贷:其他业务收入		30 000
借:其他业务支出	29 000	
贷:累计折旧		29 000

3.(单位:元)

(1)牡丹公司拥有该项租赁资产的优惠购买选择权,优惠购买价2 000元远低于行使选择权日租赁资产的公允价值160 000元(2 000/160 000=1.25%<5%),所以在20×2年1月1日就可合理确定牡丹公司将会行使这种选择权,符合第2条判断标准;另外,最低租赁付款额的现值为1 032 671.6元(计算过程见后),大于租赁资产公允价值的90%,即900 000元(1 000 000×90%),符合第4条判断标准。所以这项租赁应当认定为融资租赁。

(2)①对于牡丹公司,应当选择租赁合同规定的利率8%作为最低租赁付款额的折现率。

最低租赁付款额=各期租金之和+行使优惠购买选择权时支付的金额=400 000×3+2 000=1 202 000(元)

最低租赁付款额的现值=400 000×(P/A,8%,3)+2 000×(P/F,8%,3)=400 000×2.577 1+2 000×0.793 8=1 032 671.6(元)>1 000 000(元)

最低租赁付款额大于租赁资产的公允价值,根据孰低原则,租赁资产的入账价值应为其公允价值1 000 000元。

未确认融资费用＝最低租赁付款额－租赁开始日租赁资产的入账价值＝1 202 000－1 000 000＝202 000(元)。

牡丹公司(承租人)在租赁开始日的有关会计处理：

20×2年1月1日

借：固定资产——融资租入固定资产　　　　　　　　　　　1 000 000
　　未确认融资费用　　　　　　　　　　　　　　　　　　　202 000
　　　贷：长期应付款——应付融资租赁款　　　　　　　　　　　　　　1 202 000

②对于紫兰公司，应该计算租赁内含利率，该内含利率能使最低租赁收款额的现值等于租赁资产的公允价值。

400 000×(P/A,R,3)+2 000×(P/F,R,3)＝1 000 000

当$R=8\%$时，400 000×2.577 1+2 000×0.793 8＝1 032 671.6＞1 000 000

当$R=10\%$时，400 000×2.486 9+2 000×0.751 3＝996 262.6＜1 000 000

采用插入法，$R=8\%+(10\%-8\%)×(1\ 032\ 671.6-1\ 000\ 000)/(1\ 032\ 671.6-996\ 262.6)=9.79\%$，即租赁内含利率为9.79%。

最低租赁收款额＝400 000×3+2 000＝1 202 000(元)

最低租赁收款额现值＝租赁开始日租赁资产公允价值＝1 000 000(元)

未实现融资收益＝1 202 000－1 000 000＝202 000(元)

紫兰公司(出租人)在租赁开始日的有关会计处理：

20×2年1月1日

借：长期应收款——应收融资租赁款　　　　　　　　　　　1 202 000
　　　贷：融资租赁资产　　　　　　　　　　　　　　　　　　　　　　1 000 000
　　　　　未实现融资收益　　　　　　　　　　　　　　　　　　　　　202 000

(3) 20×2年12月31日

牡丹公司(承租人)在租赁期内的有关会计处理：

①牡丹公司支付租金时的分录

借：长期应付款——应付融资租赁款　　　　　　　　　　　400 000
　　　贷：银行存款　　　　　　　　　　　　　　　　　　　　　　　　400 000

②确认当年应分摊的融资费用

A. 确定融资费用分摊率

由于租赁资产入账价值为公允价值，因此应重新计算融资费用分摊率。计算过程如下：

租赁开始日最低租赁付款的现值＝租赁开始日租赁资产公允价值

即：2 400 000×(P/A,R,3)+2 000×(P/F,R,3)＝1 000 000

当$R=8\%$时，400 000×2.577 1+2 000×0.793 8＝1 032 671.6＞1 000 000

当$R=10\%$时，400 000×2.486 9+2 000×0.751 3＝996 262.6＜1 000 000

采用插入法，$R=8\%+(10\%-8\%)×(1\ 032\ 671.6-1\ 000\ 000)/(1\ 032\ 671.6-996\ 262.6)=9.79\%$，即融资费用分摊率为9.79%。

B. 在租赁期内采用实际利率法分摊融资费用如表1所示

表1　　　　　　　　　未确认融资费用分摊表（实际利率法）　　　　　　　　单位：元

日期	租金	确认的融资费用	应付本金的减少	应付本金余额
(1)	(2)	(3)＝期初(5)×9.79%	(4)＝(2)－(3)	期末(5)＝期初(5)－(4)
20×2/1/1				1 000 000
20×2/12/31	400 000	97 900	302 100	697 900
20×3/12/31	400 000	68 324	331 676	366 224
20×4/12/31	400 000	35 776*	364 224*	2 000
20×5/1/1	4 000		2 000	
合计	1 202 000	202 000	1 000 000	

注：* 做尾数调整。

C. 牡丹公司相关会计分录如下

借：财务费用　　　　　　　　　　　　　　　　　　　　　　　97 900
　　贷：未确认融资费用　　　　　　　　　　　　　　　　　　　　　　97 900

③计提折旧

融资租入固定资产折旧计算如表2所示。

表2　　　　　　　　　融资租入固定资产折旧计算表（年限平均法）　　　　　　　单位：元

日期	固定资产原价	估计余值	折旧率	当年折旧费	累计折旧	固定资产净值
20×2/1/1	1 000 000	0				1 000 000
20×2/12/31			20%	200 000	200 000	800 000
20×3/12/31			20%	200 000	400 000	600 000
20×4/12/31			20%	200 000	600 000	400 000
20×5/12/31			20%	200 000	800 000	200 000
20×6/12/31			20%	200 000	1 000 000	0
合计	1 000 000	0	100%	1 000 000		

会计分录为：

借：制造费用——折旧费用　　　　　　　　　　　　　　　　　200 000
　　贷：累计折旧　　　　　　　　　　　　　　　　　　　　　　　　　200 000

④牡丹公司支付该机器发生的保险费、维护费

借：制造费用　　　　　　　　　　　　　　　　　　　　　　　40 000
　　贷：银行存款　　　　　　　　　　　　　　　　　　　　　　　　　40 000

⑤以后2年年末的分录同20×2年12月31日，其中未确认融资费用的摊销额见表1、每年的折旧金额见表2

紫兰公司（出租人）在租赁开始日的有关会计处理

①收到租金时的会计分录

借:银行存款		400 000	
贷:长期应收款——应收融资租赁款			400 000

②确认当年应分摊的租赁收入(计算过程参见表3)

借:未实现融资收益		97 900	
贷:租赁收入			97 900

表3   未确认融资收益分配表(实际利率法)   单位:元

日期	租金	确认的租赁收入	租赁投资净额的减少	租赁投资净额的余额
(1)	(2)	(3)=期初(5)×9.79%	(4)=(2)-(3)	期末(5)=期初(5)-(4)
20×2/1/1				1 000 000
20×2/12/31	400 000	97 900	302 100	697 900
20×3/12/31	400 000	68 324	331 676	366 224
20×4/12/31	400 000	35 776*	364 224*	2 000
20×5/1/1	4 000		2 000	
合计	1 202 000	202 000	1 000 000	

注:* 做尾数调整。

③以后2年年末的分录同20×2年12月31日,其中未确认融资收益的摊销见表3

(4)租借期届满,牡丹公司行使优惠购买权时

牡丹公司的会计处理如下:

借:长期应付款——应付融资租赁款		2 000	
贷:银行存款			2 000

同时,

借:固定资产		1 000 000	
贷:固定资产——融资租入固定资产			1 000 000

紫兰公司的会计处理如下:

借:银行存款		2 000	
贷:长期应收款——应收融资租赁款			2 000

4.(单位:元)

最低租赁付款额的现值=120 000×(P/A,10%,10)=737 400,大于租赁资产公允价值的90%,即630 000(700 000×90%),因此该项售后租回交易形成一项融资租赁。

20×3年1月1日

借:银行存款		700 000	
贷:固定资产清理			600 000
递延收益——未实现售后租回损益			100 000
借:固定资产清理		600 000	
累计折旧		100 000	
贷:固定资产			700 000
借:固定资产——融资租入固定资产		700 000	
未确认融资费用		500 000	
贷:长期应付款			1 200 000

20×3年12月31日

借:长期应付款 120 000
　　贷:银行存款 120 000

由于融资租入资产以租赁资产公允价值入账,所以需重新计算融资费用分配率,即使得最低租赁付款额的现值等于租赁资产公允价值的分配率,120 000×(P/A,R,10)=700 000。

根据这一等式,可在多次测试的基础上,用插入法计算出租赁内含利率为11.26%。

借:财务费用(700 000×11.26%) 78 820
　　贷:未确认融资费用 78 820
借:制造费用 70 000
　　贷:累计折旧 70 000
借:递延收益——未实现售后租回损益 10 000
　　贷:制造费用 10 000

教材课后习题参考答案

1.(单位:元)

显然该项租赁为经营租赁。

(1)德发公司

20×2年7月1日

借:银行存款 30 000
　　贷:其他应收款 30 000

20×2年12月31日

借:其他应收款 15 000
　　贷:其他业务收入 15 000
借:其他业务支出 14 500
　　贷:累计折旧 14 500

20×3年7月1日

借:银行存款 30 000
　　贷:其他应收款 30 000

20×3年12月31日

借:其他应收款 30 000
　　贷:其他业务收入 30 000
借:其他业务支出 29 000
　　贷:累计折旧 29 000

20×4年6月30日

借:其他应收款 15 000
　　贷:其他业务收入 15 000
借:其他业务支出 14 500
　　贷:累计折旧 14 500

(2)大江公司

20×2年7月1日

借:预付租金　　　　　　　　　　　　　　　　　　　30 000
　　贷:银行存款　　　　　　　　　　　　　　　　　　　　　　30 000

20×2年12月31日

借:管理费用　　　　　　　　　　　　　　　　　　　15 000
　　贷:预付租金　　　　　　　　　　　　　　　　　　　　　　15 000

20×3年7月1日

借:预付租金　　　　　　　　　　　　　　　　　　　30 000
　　贷:银行存款　　　　　　　　　　　　　　　　　　　　　　30 000

20×3年12月31日

借:管理费用　　　　　　　　　　　　　　　　　　　30 000
　　贷:预付租金　　　　　　　　　　　　　　　　　　　　　　30 000

20×4年6月30日

借:管理费用　　　　　　　　　　　　　　　　　　　15 000
　　贷:预付租金　　　　　　　　　　　　　　　　　　　　　　15 000

2.(单位:元)

(1)A公司

20×2年1月1日

借:银行存款　　　　　　　　　　　　　　　　　　　900 000
　　贷:预收租金　　　　　　　　　　　　　　　　　　　　　　900 000

20×2年12月31日

借:预收租金　　　　　　　　　　　　　　　　　　　720 000
　　贷:其他业务收入　　　　　　　　　　　　　　　　　　　　720 000

借:其他业务支出　　　　　　　　　　　　　　　　　520 000
　　贷:累计折旧　　　　　　　　　　　　　　　　　　　　　　520 000

20×3年1月1日

借:银行存款　　　　　　　　　　　　　　　　　　　900 000
　　贷:预收租金　　　　　　　　　　　　　　　　　　　　　　900 000

20×3年12月31日

借:预收租金　　　　　　　　　　　　　　　　　　　720 000
　　贷:其他业务收入　　　　　　　　　　　　　　　　　　　　720 000

借:其他业务支出　　　　　　　　　　　　　　　　　520 000
　　贷:累计折旧　　　　　　　　　　　　　　　　　　　　　　520 000

20×4年1月1日

借:银行存款　　　　　　　　　　　　　　　　　　　792 000
　　贷:预收租金　　　　　　　　　　　　　　　　　　　　　　792 000

20×4年12月31日

借:预收租金　　　　　　　　　　　　　　　　　　　720 000
　　贷:其他业务收入　　　　　　　　　　　　　　　　　　　　720 000

借：其他业务支出 520 000
　　贷：累计折旧 520 000
20×5年1月1日
借：银行存款 504 000
　　贷：预收租金 504 000
20×5年12月31日
借：预收租金 720 000
　　贷：其他业务收入 720 000
借：其他业务支出 520 000
　　贷：累计折旧 520 000
20×6年1月1日
借：银行存款 504 000
　　贷：预收租金 504 000
20×6年12月31日
借：预收租金 720 000
　　贷：其他业务收入 720 000
借：其他业务支出 520 000
　　贷：累计折旧 520 000
(2)B公司
20×2年1月1日
借：预付租金 900 000
　　贷：银行存款 900 000
20×2年12月31日
借：管理费用 720 000
　　贷：预付租金 720 000
20×3年1月1日
借：预付租金 900 000
　　贷：银行存款 900 000
20×3年12月31日
借：管理费用 720 000
　　贷：预付租金 720 000
20×4年1月1日
借：预付租金 792 000
　　贷：银行存款 792 000
20×4年12月31日
借：管理费用 720 000
　　贷：预付租金 720 000
20×5年1月1日
借：预付租金 504 000
　　贷：银行存款 504 000

20×5年12月31日
借：管理费用 720 000
　　贷：预付租金 720 000
20×6年1月1日
借：预付租金 504 000
　　贷：银行存款 504 000
20×6年12月31日
借：管理费用 720 000
　　贷：预付租金 720 000

3. (单位:元)
(1) A公司(承租人)的会计处理

最低租赁付款额的现值＝100 000×(P/A,10%,5)+50 000×(P/F,10%,5)＝410 125，大于租赁资产公允价值的90%，即405 000(450 000×90%)，符合融资租赁的第4条判断标准。所以这项租赁应当认定为融资租赁。

20×2年1月1日，租赁开始日的会计分录为：
借：固定资产——融资租入固定资产 410 125
　　未确认融资费用 139 875
　　贷：长期应付款 550 000

20×2年12月31日：
①支付租金时的分录
借：长期应付款——应付融资租赁款 100 000
　　贷：银行存款 100 000
②确认当年应分摊的融资费用(计算过程参见表1)
当年应分摊的融资费用＝410 125×10%＝41 012.5
借：财务费用 41 012.5
　　贷：未确认融资费用 41 012.5

表1　　　　　　　　　未确认融资费用分摊表(实际利率法)　　　　　　　　单位:元

日　期	租　金	确认的融资费用	应付本金的减少	应付本金的余额
(1)	(2)	(3)＝期初(5)×10%	(4)＝(2)－(3)	期末(5)＝期初(5)－(4)
20×2/1/1				410 125
20×2/12/31	100 000	41 012.50	58 987.50	351 137.50
20×3/12/31	100 000	35 113.75	64 886.25	286 251.25
20×4/12/31	100 000	28 625.13	71 374.87	214 876.38
20×5/12/31	100 000	21 487.64	78 512.36	136 364.02
20×6/12/31	100 000	13 635.98*	86 364.02	50 000
20×7/1/1	50 000		50 000	
合　计	550 000	139 875	410 125	

注：*做尾数调整。

③计提折旧

当年应计提的折旧=410 125/5=82 025

借:制造费用　　　　　　　　　　　　　　　　　　82 025

　　贷:累计折旧　　　　　　　　　　　　　　　　　　　　82 025

④承租人发生履约成本时

借:制造费用　　　　　　　　　　　　　　　　　　4 000

　　贷:银行存款　　　　　　　　　　　　　　　　　　　　4 000

以后4年年末的分录同20×2年12月31日,其中未确认融资费用的摊销见表1,每年的折旧金额相同。

行使优惠购买权时:

借:长期应付款——应付融资租赁款　　　　　　　　50 000

　　贷:银行存款　　　　　　　　　　　　　　　　　　　　50 000

同时,

借:固定资产　　　　　　　　　　　　　　　　　　410 125

　　贷:固定资产——融资租入固定资产　　　　　　　　　　410 125

(2)B公司(出租人)的会计处理

20×2年1月1日,租赁开始日的会计分录:

借:长期应收款——应收融资租赁款　　　　　　　　550 000

　　贷:融资租赁资产　　　　　　　　　　　　　　　　　　450 000

　　　　未实现融资收益　　　　　　　　　　　　　　　　100 000

20×2年12月31日:

①收到租金时的会计分录

借:银行存款　　　　　　　　　　　　　　　　　　100 000

　　贷:长期应收款——应收融资租赁款　　　　　　　　　　100 000

②确认当年应分摊的融资收入(计算过程见表2)

计算租赁内含利率,即能使最低租赁收款额的现值和未担保余值的现值之和等于租赁资产的公允价值与出租人的初始直接费用之和的折现率,用来分配未实现融资收益。

$100\ 000×(P/A,R,5)+50\ 000×(P/F,R,5)=450\ 000$

当 $R=10\%$ 时, $100\ 000×(P/A,R,5)+50\ 000×(P/F,R,5)=410\ 125$

当 $R=6\%$ 时, $100\ 000×(P/A,R,5)+50\ 000×(P/F,R,5)=458\ 605$

采用插值法, $R=6\%+4\%×(458\ 605-450\ 000)/(458\ 605-410\ 125)=6.71\%$

借:未实现融资收益　　　　　　　　　　　　　　　30 195

　　贷:租赁收入　　　　　　　　　　　　　　　　　　　　30 195

表2　　　　　　　　　未实现融资收益分摊表(实际利率法)　　　　　　　　单位:元

日期	租金	确认的融资收益	租赁投资净额的减少	租赁投资净额的余额
(1)	(2)	(3)=期初(5)×6.71%	(4)=(2)-(3)	期末(5)=期初(5)-(4)
20×2/1/1				450 000

续表

日 期	租 金	确认的融资收益	租赁投资净额的减少	租赁投资净额的余额
(1)	(2)	(3)=期初(5)×6.71%	(4)=(2)−(3)	期末(5)=期初(5)−(4)
20×2/12/31	100 000	30 195	69 805	380 195
20×3/12/31	100 000	25 511.08	74 488.92	305 706.08
20×4/12/31	100 000	20 512.88	79 487.12	226 218.96
20×5/12/31	100 000	15 179.29	84 820.71	141 398.25
20×6/12/31	100 000	8 601.75*	91 398.25	50 000
20×7/1/1	50 000		50 000	
合 计	550 000	100 000	450 000	

注:*做尾数调整。

以后4年年末的分录同20×2年12月31日,其中未实现融资收益的摊销见表2。
对方行使优惠购买权时:
借:银行存款　　　　　　　　　　　　　　　　　　　　　　　　　　50 000
　　贷:长期应收款——应收融资租赁款　　　　　　　　　　　　　　　　　　　　50 000

4.(单位:万元)

(1)最低租赁付款额的现值=1 000×(P/A,6%,2)+100×(P/F,6%,2)=1 922.39,大于租赁资产公允价值的90%,即1 800(2 000×90%),符合第4条判断标准。所以这项租赁应当认定为融资租赁。

(2)甲公司租赁开始日的会计分录
借:固定资产——融资租入固定资产　　　　　　　　　　1 922.39
　　未确认融资费用　　　　　　　　　　　　　　　　　177.61
　　贷:长期应付款　　　　　　　　　　　　　　　　　　　　　　　2 100

(3)20×2年12月31日
借:长期应付款　　　　　　　　　　　　　　　　　　　1 000
　　贷:银行存款　　　　　　　　　　　　　　　　　　　　　　　　1 000
借:财务费用(1 922.38×6%)　　　　　　　　　　　　　115.34
　　贷:未确认融资费用　　　　　　　　　　　　　　　　　　　　　115.34
借:制造费用　　　　　　　　　　　　　　　　　　　　911.195
　　贷:累计折旧　　　　　　　　　　　　　　　　　　　　　　　　911.195

20×3年12月31日
借:长期应付款　　　　　　　　　　　　　　　　　　　1 000
　　贷:银行存款　　　　　　　　　　　　　　　　　　　　　　　　1 000
借:财务费用{[1 922.39−(1 000−115.34)]×6%}　　　　62.26
　　贷:未确认融资费用　　　　　　　　　　　　　　　　　　　　　62.26
借:制造费用　　　　　　　　　　　　　　　　　　　　911.195
　　贷:累计折旧　　　　　　　　　　　　　　　　　　　　　　　　911.195

借:长期应付款　　　　　　　　　　　　　　　　　　　　　　　100
　　累计折旧　　　　　　　　　　　　　　　　　　　　　　　1 822.39
　　贷:固定资产——融资租入固定资产　　　　　　　　　　　　　　1 922.39

5.(单位:元)

最低租赁付款额=68 956×4+40 000=315 824

最低租赁付款额的现值=68 956×(P/A,12%,4)+40 000×(P/F,12%,4)=234 866.95 大于租赁资产公允价值的90%,即234 000(260 000×90%),该项租赁应认定为融资租赁。

(1)租赁开始日

出租人(B公司)的会计处理:

借:长期应收款——应收融资租赁款　　　　　　　　　　　　　315 824
　　贷:融资租赁资产　　　　　　　　　　　　　　　　　　　　260 000
　　　　未实现融资收益　　　　　　　　　　　　　　　　　　　55 824

承租人(A公司)会计处理:

借:固定资产——融资租入固定资产　　　　　　　　　　　　　234 866.95
　　未确认融资费用　　　　　　　　　　　　　　　　　　　　80 957.05
　　贷:长期应付款　　　　　　　　　　　　　　　　　　　　　315 824

(2)出租人应收融资租赁款的分配(见表1)

计算租赁内含利率,即能使最低租赁收款额的现值和未担保余值的现值之和等于租赁资产的公允价值与出租人的初始直接费用之和的折现率,用来分配未实现融资收益。

68 956×(P/A,R,4)+40 000×(P/F,R,4)=260 000

当R=12%时,68 956×(P/A,R,4)+40 000×(P/F,R,4)=234 866.95

当R=6%时,68 956×(P/A,R,4)+40 000×(P/F,R,4)=270 623.44

采用插值法,R=12%-6%×(260 000-234 866.95)/(270 623.44-234 866.95)=7.78%

表1　　　　　　　　　未实现融资收益分配表(实际利率法)　　　　　　　　　单位:元

日　期	租　金	确认的融资收入	租赁投资净额的减少	租赁投资净额的余额
(1)	(2)	(3)=期初(5)×7.78%	(4)=(2)-(3)	期末(5)=期初(5)-(4)
第1年年初				260 000
第1年年末	68 956	20 228	48 728	211 272
第2年年末	68 956	16 436.96	52 519.04	158 752.96
第3年年末	68 956	12 350.98	56 605.02	102 147.94
第4年年末	68 956	6 808.06*	62 147.94	40 000
合　计	275 824	55 824	220 000	

注:* 做尾数调整。

承租人应付融资租赁款的分配(见表2,承租人融资费用分配率即为12%)。

表2　　　　　　　　　　未确认融资费用分摊表(实际利率法)　　　　　　　　单位:元

日　期	租　金	确认的融资费用	应付本金的减少	应付本金的余额
（1）	（2）	（3）=期初(5)×12%	（4）=（2）-（3）	期末(5)=期初(5)-(4)
第1年年初				234 866.95
第1年年末	68 956	28 184.03	40 771.97	194 094.98
第2年年末	68 956	23 291.40	45 664.60	148 430.38
第3年年末	68 956	17 811.65	51 144.35	97 286.03
第4年年末	68 956	11 669.97*	57 286.03	40 000
合　计	275 824	80 957.05	194 866.95	

注:*做尾数调整。

(3)租赁期届满时,若租赁设备的残值为40 000
①承租人(A公司)
借:长期应付款——应付融资租赁款　　　　　　　　40 000
　　累计折旧　　　　　　　　　　　　　　　　　　194 866.95
　　贷:固定资产——融资租入固定资产　　　　　　　　　　　　234 866.95
②出租人(B公司)
借:融资租赁资产　　　　　　　　　　　　　　　　40 000
　　贷:长期应收款——应收融资租赁款　　　　　　　　　　　　40 000

第十六章
养老金会计

> **案例** 平安银行的养老金信息

养老金作为支付给离退休职工用于保障日后生活的资金,人们对其性质的认识,先后有过两种主要观点:一是"社会福利观";二是"劳动报酬观"。

社会福利观认为,职工在职时取得工资收入,体现了按劳分配;在退休后领取养老金是对剩余价值的分配,体现了国家和企业对职工费用的必要支出。随着市场经济的发展,这一观点在理论和实践中的弊端日渐暴露,一是养老金费用无法预提,企业无法估计未来应付养老金数额;二是成本和收入不相配比,使得企业各期的损益缺乏可比性,不利于企业间的竞争。劳动报酬观克服了社会福利观的弊端,它认为养老金是职工在职服务期间提供劳务所赚取的劳动报酬的一部分,职工退休后领取的养老金,是以其在职时提供服务为依据的,其实质是递延工资。因此,做会计处理时不再作为一项营业外支出,而是在劳务发生时就确认为当期成本费用。

我国《企业会计准则第9号——职工薪酬》关于"离职后福利"的会计处理要求即为对养老金的会计处理要求。其中,设定提存计划,又称约定缴费办法,是指企业按照养老金办法的规定,每年缴纳一定数额的养老基金,交给信托机构保管运用;在职工退休时,由后者将属于该职工的养老基金支付给该退休职工。设定受益计划,又称约定给付办法,是指企业承诺在职工退休时一次性支付一定数额的养老金,或者在职工退休时分期支付一定数额的养老金。

平安银行股份有限公司(以下简称"平安银行")前身是深圳市商业银行。2009年,平安银行的实际控制人中国平安保险集团通过一系列资本运作,整合了深圳发展银行股份有限公司(详情见本书第一章案例),实现了平安银行的上市,公司股票代码为000001.SZ。截至2015年末,平安银行资产总额25 071亿元,同比增长14.67%;各项存款余额17 339亿元,同比增长13.09%;各项贷款(含贴现)12 161亿元,同比增长18.68%。2015年实现营业收入961.63亿元,同比增长31.00%,其中:非利息净收入300.64亿元,同比增长47.65%;准备前营业利润593.80亿元,同比增长43.93%;净利润218.65亿元,同比增长10.42%。

对平安银行2015年年报养老金会计信息披露摘编如下。

1. 根据平安银行2015年年报,在"财务报表附注"的"重要会计政策与估计"中披露的有关养老金政策

(1)离职后福利

本公司将离职后福利计划分为设定提存计划和设定受益计划。设定提存计划是本公司向独立的基金缴存固定费用后,不再承担进一步支付义务的离职后福利计划;设定受益计划是除设定提存计划以外的离职后福利计划。报告期内,本公司的离职后福利主要是为员工缴纳的基本养老保险、失业保险及参加由保险公司管理的定额缴费退休保险计划,均属于设定提存计划。

(2)基本养老保险

本公司职工参加了由当地劳动和社会保障部门组织实施的社会基本养老保险。本公司按当地规定的社会基本养老保险缴纳基数和比例,按月向当地社会基本养老保险经办机构缴纳养老保险费。职工退休后,当地劳动及社会保障部门有责任向已退休员工支付社会基本养老金。本公司在职工提供服务的会计期间,将根据上述社保规定计算出的应缴纳的金额确认为负债,并计入当期损益。

(3)内退福利计划

对于本公司的境内特定员工,本公司比照辞退福利进行会计处理,在符合辞退福利相关确认条件时,将自职工停止提供服务日起至正常退休日这一期间拟支付的内退职工工资和拟缴纳的社会保险费等,确认为负债,一次性计入当期损益。内退福利的精算假设变化及福利标准调整引起的差异于发生时计入当期损益。这些福利为不注入资金的福利,其提供成本采用预期累计福利单位法进行精算评估确定。

2. 在"财务报表附注"的"财务报表主要项目附注"中披露了本期支付的基本养老保险、补充养老保险以及设定提存计划、设定受益计划

(1)短期薪酬

2015年度　　　　　　　　　　　　　　　　　　单位:人民币百万元

	2015年1月1日	本期增加额	本期支付额	2015年12月31日
工资、奖金、津贴和补贴	7 265	12 198	(9 887)	9 576
其中:应付递延奖金	308	137	(88)	357
社会保险、补充养老保险及职工福利	478	1 290	(1 209)	559
住房公积金	—	610	(610)	—
工会经费及培训费	95	335	(332)	98
其他	—	31	(31)	—
合　计	7 838	14 464	(12 069)	10 233

2014年度　　　　　　　　　　　　　　　　　　单位:人民币百万元

	2014年1月1日	本期增加额	本期支付额	2014年12月31日
工资、奖金、津贴和补贴	5 403	11 626	(9 764)	7 265
其中:应付递延奖金	202	156	(50)	308
社会保险、补充养老保险及职工福利	427	991	(940)	478
住房公积金	—	513	(513)	—
工会经费及培训费	56	293	(254)	95

续表

	2014年1月1日	本期增加额	本期支付额	2014年12月31日
其他	—	44	(44)	—
合 计	5 886	13 467	(11 515)	7 838

(2) 设定提存计划和设定受益计划

	2014年12月31日	本期增加额	本年支付额	2015年12月31日
基本养老保险	46	752	(749)	49
失业保险费	2	43	(42)	3
设定受益计划	49	6	(4)	51
合 计	97	801	(795)	103

另外，根据2015年年报，截至报告期末，本行共有在职员工37 937人（含派遣人员5 638人），需承担退休费的离退休职工93人。

讨论题

平安银行为在职员工缴纳的基本养老保险属于设定提存计划还是设定受益计划？

案例分析要点提示

提示：基本养老保险是养老保险制度中最重要的组成部分，它保证了职工退休后的基本生活需要，从养老金的给付方式上看是设定受益计划（即约定给付办法）与设定提存计划（即约定缴费办法）的结合，其中社会统筹部分属于约定给付办法，而个人账户部分属于约定缴费办法。

学习指导

一、本章教学大纲

本章主要内容是结合《国际会计准则第19号——员工给付》，以及《我国会计准则第9号——职工薪酬》中有关内容讲解养老金的会计处理方法。

本章教学大纲

养老金办法的种类	按养老金的筹措方式分	
	按养老金给付的确定方式分	约定缴费办法
		约定给付办法
	按职工是否共同缴费养老基金分	
	按养老金的支付方式分	

续表

养老金的性质及其会计处理流程和特征	养老金的性质	
	养老金的会计处理流程	
	养老金会计的基本特征	当期确认
		净额反映
		互相抵销
约定给付办法的会计处理	约定给付义务	
	养老基金资产	
	计入当期损益的养老金成本	(1)服务成本 ①当期服务成本 ②前期服务成本 ③结算损益
		(2)利息净额
	计入其他综合收益的养老金成本	约定给付义务和养老基金资产的重新计量
		计入其他综合收益的构成项目 (1)精算损益 (2)养老基金资产报酬 (3)资产上限的变动
综合示例		

二、本章重点、难点解析

1. 养老金办法的类型

按养老金的筹措方式分	置存基金的养老金办法	企业平时提取养老基金交给独立的信托机构,如银行或保险公司等,由其保管运用,在职工退休时,该信托机构再动用养老基金向退休职工支付养老金。
	未置存基金的养老金办法	企业平时不专门缴纳养老基金给信托机构保管运用,或者企业虽提取了养老基金,但自行保管运用而不是交付给信托机构保管使用,在职工退休时,由企业自行筹措资金来解决向职工支付养老金的资金需求问题。
按养老金给付的确定方式分	约定缴费办法	我国会计准则称之为设定提存计划,企业按照养老金办法的规定,每年缴纳一定数额的养老基金,交给信托等机构保管运用,在职工退休时,由信托等机构将属于该职工的养老基金支付给该退休职工。
	约定给付办法	我国会计准则称之为设定受益计划,是指企业承诺在职工退休时一次性支付一定数额的养老金,或者在职工退休时分期支付一定数额的养老金。
按职工是否共同缴纳养老基金分	共同缴纳养老金办法	企业与职工共同缴纳养老基金,交给独立的信托机构保管运用,双方缴纳的比例不一定相同。
	非共同缴纳养老金办法	养老基金全部由企业缴纳,职工不参与缴纳。
按养老金的支付方式分	一次支付养老金办法	职工退休时企业一次性支付养老金,之后对职工不再承担任何给付义务。
	分期支付养老金办法	职工退休后企业分期(如按年或按月)支付养老金,直至职工死亡。

2. 养老金的性质及其会计处理

养老金的性质
(1)养老金是职工在职服务期间提供劳务所赚取的劳动报酬的一部分。 (2)职工退休后领取的养老金,是以其在职时提供服务为依据的,其实质是递延工资。 (3)养老金应在劳务发生时确认为当期费用,所以企业一方面要确认和计量在职职工的养老金费用,计入当期成本;另一方面也要承担为职工提存养老金的义务。

养老金的会计处理		
含义	养老金会计处理是指企业确认、计量养老金负债和资产的相关事项。企业会计工作人员依据精算师提供的精算报告来确认、计量养老金负债和资产。	
处理流程	养老金会计处理分为两个阶段:精算阶段和会计处理阶段。 (1)精算阶段:精算师根据事先提出的合理的精算假设,计算出企业的养老金成本和约定给付义务,最后给出精算报告。 (2)会计处理阶段:企业会计人员根据精算报告来编制养老金工作底稿,然后根据工作底稿编制会计分录。	
基本特征	当期确认	所谓当期确认是指对某些与养老金相关的事项在当期确认。 养老金相关事项主要是指企业养老金给付义务和养老基金资产发生的变动,这些变动应当在其发生年度确认。
	净额反映	所谓净额反映是指养老金成本以净额反映。
	互相抵销	互相抵销是指资产、负债互相抵销。企业所确认的养老金负债与缴纳的养老金资产,在财务报表上加以抵销,以其净额列示,若超额缴纳则视为预付养老金(资产),若缴纳不足则视为应计养老金负债。

3. 精算报告、精算假设

精算报告	精算报告是精算师根据企业的人事记录等资料,经过精算后,提出的正式报告。精算报告中列示了精算假设、精算所包括的年度养老金成本构成项目、缴纳养老基金与支付养老金数额、特定日期的约定给付义务以及养老基金资产公允价值的实际数和预计数。
精算假设	(1)精算假设是指精算师用以计算养老金成本的一些假设因素,这些假设是对影响退休义务的各种变量的最佳估计。 (2)精算假设应当是客观公正和相互可比的、无偏且相互一致的。 (3)精算假设包括人口统计假设和财务假设。 (4)人口统计假设包括死亡率、职工的离职率、伤残率、提前退休率等;财务假设包括折现率、福利水平和未来薪酬等。

精算报告部分内容示例如下:

精算报告部分内容 单位:元

提交日期:20×6年10月,年度报告结束日为20×6年12月31日	
各项目(均为现值)及主要说明	金额
(1)约定给付义务,期初余额(上年期末余额)	900
(2)当期服务成本(20×6年间养老金给付的现值)	80
(3)利息成本(900+60)×8%,包括前期义务(4)和20×6年1月1日确认的前期服务成本的利息	77

续表

(4)前期服务成本,20×6年1月1日(指养老金办法建立以前职工的服务)	60
(5)精算损益(精算师根据精算假设变动计算,有10元的损失包括在900元约定给付义务中,作为以前年度结转下来的数额)	6
(6)支付给职工的养老金	(30)
(7)约定给付义务,期末余额	1 093
(8)精算师采用的折现率(利率)	8%
(9)职工平均剩余服务年限	10年

4. 约定给付义务、养老基金资产、约定给付盈余、约定给付不足

项目	内容
约定给付义务	(1)是指企业将要承担的养老金义务形成的养老金负债。 (2)根据养老金给付公式以及相关的精算假设,将养老金义务折现计算出约定给付义务。
养老基金资产	(1)是指企业提缴的养老基金,这些养老基金交由基金受托人管理,以备支付给退休者,形成养老基金资产。 (2)养老基金资产包括两部分: ①投资部分,如股票、债券;②自用资产部分,如房屋、办公设备等。 (3)养老基金资产＝企业缴纳的养老金＋员工缴纳的养老金(共同缴费时)＋养老基金投资实际报酬－已支付的养老金
约定给付盈余	养老基金资产的公允价值超过约定给付义务部分称为约定给付盈余。
约定给付不足	约定给付义务超过养老基金资产的公允价值部分称为约定给付不足。

5. 预期累计给付单位法

这是计算约定给付义务的方法,即职工每提供一个期间的服务,就会增加一个单位的福利权利,企业应当对每一单位的福利权利进行单独计量,并将所有单位的福利权利累计形成最终义务。在确认约定给付义务时,企业应当将养老金给付归于职工的服务期间。通常,职工的服务期间就是其工作年限,即从开始工作至退休前那一段时间。

6. 计入当期损益的养老金成本

项目		内容
服务成本	当期服务成本	是指因职工当期提供服务所导致的约定给付义务现值的增加额。
	前期服务成本	也称为过去服务成本,是指企业修改或缩减养老金办法所导致的与以前期间职工服务相关的约定给付办法现值的增加或减少。 养老金办法的修改是指企业增加或取消一项约定给付办法或是改变现有约定给付办法的应付给义务。 养老金办法的缩减是指企业显著减少养老金办法所包括的职工数量。
	结算损益	是指企业在结算约定给付义务时,确认的一项结算利得或损失。结算损益＝结算价格－约定给付义务现值(结算日)。
利息净额		是指约定给付净负债或净资产在职工提供服务期间由于时间变化而产生的变动,包括养老基金资产的利息收入、约定给付义务的利息费用以及资产上限所影响的利息。
		利息净额＝约定给付义务×折现率－养老基金资产的公允价值×折现率

7. 计入其他综合收益的养老金成本

含 义		计入其他综合收益的养老金成本是指重新计量约定给付净负债或净资产的价值变动。
构成项目	精算损益	即精算利得或损失,是指由于精算假设和经验调整导致之前所计量的约定给付义务现值的增加或减少。
	养老基金资产报酬	计入其他综合收益的养老基金资产报酬,是指扣除包括在约定给付净负债或净资产的利息净额中的那部分金额的养老基金资产报酬。 养老基金资产报酬是指养老基金资产产生的利息、股利和其他收入,以及养老基金资产已实现和未实现的利得或损失。
	资产上限的变动	计入其他综合收益的资产上限的变动,是指扣除包括在约定给付净负债或净资产的利息净额中的金额的资产上限变动。 资产上限是指企业可从约定给付办法退款或减少未来向独立主体缴费而获得的经济利益的现值。

8. 约定给付办法的披露

企业应当在附注中披露与约定给付办法有关的下列信息:
(1)约定给付办法的特征及与之相关的风险。
(2)约定给付办法在财务报表中确认的金额及其变动。
(3)约定给付办法对企业未来现金流量金额、时间和不确定性的影响。
(4)约定给付义务现值所依赖的重大精算假设及有关敏感性分析的结果。

三、名词中英文对照

置存基金的养老金办法	Funded Pension Plan
未置存基金的养老金办法	Unfunded Pension Plan
约定缴费办法/固定缴费办法	Defined Contribution Pension Plan
约定给付办法/固定养老金办法	Defined Benefit Pension Plan
共同缴费养老金办法	Contributory Pension Plan
非共同缴费养老金办法	Non-contributory Pension Plan
精算假设	Actuarial Assumption
精算报告	Actuarial Report
精算现值	Actuarial Present Value
约定给付义务	Defined Benefit Obligation
约定给付不足	Defined Benefit Deficit
约定给付盈余	Defined Benefit Surplus
预期累计给付单位法	The Projected Unit Credit Method
养老基金资产	Plan Assets
基金资产预期报酬	Expected Return on Plan Assets
基金资产实际报酬	Actual Return on Plan Assets
服务成本	Service Cost
当期服务成本	Current Service Cost(CSC)
前期服务成本	Past Service Cost(PSC)
利息净额	Net Interest

精算损益	Actuarial Gains and Losses
基金资产损益	Plan Assets Gains and Losses
缩减	Curtailment
结算	Settlement
缩减或结算损益	Gains and Losses from Curtailment or Settlement
重计量	Remeasurement
资产上限	Asset Ceiling

练习题

一、思考题

1. 什么叫置存基金的养老金办法？
2. 解释精算报告、精算假设以及精算现值。
3. 什么是预期累计给付单位法？
4. 试解释下列名词：约定给付义务、养老基金资产、约定给付盈余、约定给付不足。
5. 试解释下列名词：当期服务成本、前期服务成本、结算损益、精算损益。
6. 重新计量约定给付净负债或净资产所发生的变动包括哪些内容？会计上如何处理这些变动？
7. 企业应当披露约定给付办法的哪些信息？

二、选择题

1. 从养老金给付的角度来讲，以下哪一种养老金办法是指职工退休后从信托机构而不是从企业领取养老金？（   ）
   A. 约定缴费办法　　　　　　　　B. 约定给付办法
   C. 共同缴纳养老金办法　　　　　D. 非共同缴纳养老金办法

2. 以下关于"劳动报酬观"的说法中错误的是（   ）。
   A. 认为职工养老金的实质是递延工资
   B. 认为职工在职服务期间不需确认养老金费用
   C. 认为职工在职服务期间应当确认养老金费用
   D. 是养老金会计核算原则的基础

3. 如果企业养老金约定给付义务超过养老基金资产公允价值，则（   ）。
   A. 无需任何处理
   B. 超过部分应在当期全额确认为养老金负债
   C. 超过部分应确认为养老金负债，若之前企业账上"应付职工薪酬——约定给付义务"已有余额，但余额小于养老金负债，则应按两者差额补计当期养老金负债
   D. 应按超过部分冲减当期养老金负债，会计分录为借记"应付职工薪酬——约定给付义务"，贷记"养老金成本"

4. 下列哪一项是计入其他综合收益的？（   ）
   A. 当期服务成本　　　　　　　　B. 前期服务成本

C. 结算损益　　　　　　　　　　D. 精算损益

5. 牡丹公司在2015年1月1日建立了一项养老金办法以向其将在未来退休的在职员工提供退休金,退休金金额依据员工的工作年限设定,该办法于当日开始实施。该养老金办法为一项约定给付办法。李铭在2015年初入职,年折现率为10%,预计李铭在牡丹公司工作5年后退休。根据李铭的工作年限,精算师预计在李铭退休时,即2020年年初,牡丹公司对李铭的养老金给付义务为200 000元。假定精算假设不变,李铭不会提早也不会延迟退休。根据以上材料回答下列问题(单位:元):

(1)根据预期累计给付单位法,2016年年末牡丹公司应确认的当期服务成本是(　　)。
A. 27 320　　　　B. 30 052　　　　C. 40 000　　　　D. 200 000

(2)假设牡丹公司员工陈兴在2014年就已经入职,即牡丹公司2015年年初建立这项养老金办法时,陈兴已经入职1年,那么在2015年确认的前期服务成本是(　　)。
A. 27 320　　　　B. 30 052　　　　C. 40 000　　　　D. 200 000

6. 牡兰公司20×8年约定给付办法的有关信息如下:20×8年1月1日养老基金资产公允价值为500 000元,约定给付义务的现值为500 000元,养老基金资产和约定给付义务的折现率为10%,本年度当期服务成本为5 000元,本年度牡兰公司养老金缴费为4 500元(支付方式为现金),支付的给付义务为4 000元。根据以上材料回答下列问题(单位:元):

(1)20×8年12月31日养老基金资产的公允价值为(　　)。
A. 550 000　　　B. 500 500　　　C. 550 500　　　D. 500 000

(2)20×8年12月31日约定给付义务的公允价值为(　　)。
A. 551 000　　　B. 555 500　　　C. 550 000　　　D. 500 000

(3)20×8年度牡兰公司养老金成本为(　　)。
A. 55 000　　　　B. 1 000　　　　C. 500　　　　　D. 5 000

三、业务题

1. 牡丹公司于20×1年1月1日建立了一项约定给付养老金办法为将要退休的在职员工提供退休金,退休金金额依据员工的工作年限设定,该办法于当日开始实施。王明于20×1年初入职,预计在牡丹公司工作5年后退休。根据王明的工作年限,精算师预计在王明退休时,即20×6年年初,牡丹公司对王明的养老金给付义务为300 000元。假定精算假设不变,王明不会提早退休也不会延迟退休,且年折现率为10%。

要求:
(1)根据预期累计给付单位法确定王明在职期间的当期服务成本。
(2)计算牡丹公司每期期末约定给付义务。

2. 牡兰公司20×1年约定给付办法的有关信息如下:20×1年1月1日养老基金资产公允价值为2 000 000元,约定给付义务的现值为2 000 000元,养老基金资产和约定给付义务的折现率为10%,本年度当期服务成本为20 000元,本年度牡兰公司养老金缴费为18 000元(支付方式为现金),支付的给付义务为16 000元。

要求:
(1)计算20×1年末牡兰公司养老基金资产的公允价值。
(2)计算20×1年末牡兰公司约定给付义务的现值。
(3)计算20×1年牡兰公司确认的养老金成本,并给出相关会计分录。

3. 牡发公司20×1年12月31日养老基金资产公允价值为100 000元,约定给付义务的现值为100 000元。牡发公司于20×2年增加了养老金办法所包括的员工数量,并于20×2年年初确定了前期服务成本30 000元。20×2年当期服务成本为15 000元,20×2年牡发公司养老金缴费为9 000元,支付方式为银行存款,支付的给付义务为8 000元。假设养老基金资产和约定给付义务的年折现率为10%。

要求:

(1)计算20×2年末牡发公司养老基金资产的公允价值。

(2)计算20×2年末牡发公司约定给付义务的现值。

(3)计算20×2年牡发公司确认的养老金成本,并给出相关会计分录。

4. 牡鹃公司20×3年1月1日养老基金资产公允价值为250 000元,约定给付义务的现值为200 000元。20×3年养老基金资产的实际资产报酬为50 000元。根据精算师提供的精算报告,由于精算假设的改变,牡鹃公司20×3年末约定给付义务的现值变为300 000元。牡鹃公司20×3年约定给付办法的其他信息如下:当期服务成本为20 000元,本年度牡鹃公司养老金缴费为15 000元,支付方式为银行存款,支付的给付义务为10 000元。假设养老基金资产和约定给付义务的折现率为10%。

要求:

(1)计算20×3年末牡鹃公司养老基金资产的公允价值。

(2)计算20×3年牡鹃公司确认的精算损益。

(3)计算20×3年牡鹃公司应确认的约定给付净负债或净资产。

(4)计算20×3年牡鹃公司确认的养老金成本,并给出相关会计分录。

练习题参考答案

二、选择题

1. A

2. B

3. C

4. D

5.(1)B 提示:200 000÷5÷(1+10%)^3=30 052。

(2)A 提示:200 000÷5÷(1+10%)^2=27 320。

6.(1)C 提示:500 000×(1+10%)+4 500-4 000=550 500。

(2)A 提示:500 000×(1+10%)+5 000-4 000=551 000。

(3)D 提示:当期服务成本5 000+利息净额0=5 000。

三、业务题

1. (单位:元)

职工服务期间每期服务成本计算表

年 度	20×1	20×2	20×3	20×4	20×5
给付归属					
——以前年度	0	60 000	60 000	60 000	60 000
——当年	60 000	60 000	60 000	60 000	60 000
——以前年度+当年	60 000	120 000	180 000	240 000	300 000
期初义务	0	40 980	90 156	148 759	218 181
利息(期初义务×10%)	0	4 098	9 016	14 876	21 818
当期服务成本	①40 980	②45 078	③49 587	④54 546	⑤60 000
期末义务(期初义务+利息+当期服务成本)	40 980	90 156	148 759	218 181	300 000

其中,当期服务成本的计算如下:

① $40\ 980 = 60\ 000 \div (1+10\%)^4$
② $45\ 078 = 60\ 000 \div (1+10\%)^3$
③ $49\ 587 = 60\ 000 \div (1+10\%)^2$
④ $54\ 546 = 60\ 000 \div (1+10\%)$

2. (单位:元)

计算养老基金资产和约定给付义务的工作底稿

	养老基金资产	约定给付义务
20×1年1月1日公允价值/现值	2 000 000	2 000 000
利息收入/费用	200 000	200 000
当期服务成本	—	20 000
养老金缴费	18 000	—
支付的给付义务	(16 000)	(16 000)
20×1年12月31日公允价值/现值	2 202 000	2 204 000

(1) 20×1年末牡兰公司养老基金资产的公允价值 = 2 000 000 + 200 000 + 18 000 − 16 000 = 2 202 000

(2) 20×1年末牡兰公司约定给付义务的现值 = 2 000 000 + 200 000 + 20 000 − 16 000 = 2 204 000

(3) 20×1年末牡兰公司约定给付净负债 = 期末约定给付义务现值 − 期末养老基金资产公允价值 = 2 204 000 − 2 202 000 = 2 000

20×1年度牡兰公司约定给付净负债的利息净额 = 利息费用 − 利息收入 = 0

20×1年度牡兰公司养老金成本 = 当期服务成本 + 利息净额 = 20 000 + 0 = 20 000

相关的会计处理为:

```
借:养老金成本                              20 000
    贷:应付职工薪酬——约定给付义务                   2 000
        现金                                     18 000
```

3.(单位:元)

计算养老基金资产和约定给付义务的工作底稿

	养老基金资产	约定给付义务
20×1年12月31日公允价值/现值	100 000	100 000
20×2年1月1日确认的前期服务成本		30 000
20×2年1月1日公允价值/现值	100 000	130 000
利息收入/费用	10 000	13 000
当期服务成本	—	15 000
养老金缴费	9 000	—
支付的给付义务	(8 000)	(8 000)
20×2年12月31日公允价值/现值	111 000	150 000

(1) 20×2年末牡发公司养老基金资产的公允价值=100 000+10 000+9 000−8 000=111 000

(2) 20×2年末牡发公司约定给付义务的现值=130 000+13 000+15 000−8 000=150 000

(3) 20×2年末牡兴公司约定给付净负债=期末约定给付义务现值−期末养老基金资产公允价值=150 000−111 000=39 000

20×2年度牡兴公司约定给付净负债的利息净额=利息费用−利息收入=13 000−10 000=3 000

20×2年度牡兴公司养老金成本=当期服务成本+前期服务成本+利息净额=15 000+30 000+3 000=48 000

相关的会计处理为:

```
借:养老金成本                              48 000
    贷:应付职工薪酬——约定给付义务                  39 000
        银行存款                                   9 000
```

4.(单位:元)

计算养老基金资产和约定给付义务的工作底稿

	养老基金资产	约定给付义务
20×3年1月1日公允价值/现值	250 000	200 000
利息收入/费用	25 000	20 000
当期服务成本	—	20 000
养老金缴费	15 000	—
支付的给付义务	(10 000)	(10 000)

续表

	养老基金资产	约定给付义务
扣除利息收入的资产报酬(50 000－20 000)(计入其他综合收益)	25 000	—
精算损失(轧差)(计入其他综合收益)	—	70 000
20×3年12月31日公允价值/现值	305 000	300 000

(1)20×3年末牡鹃公司养老基金资产的公允价值＝250 000＋50 000＋15 000－10 000＝305 000

(2)20×3年牡鹃公司确认的精算损失＝300 000－(200 000＋20 000＋20 000－10 000)＝70 000

(3)20×3年末牡鹃公司约定给付净资产＝期末养老基金资产公允价值－期末约定给付义务现值＝305 000－300 000＝5 000

因为20×3年初牡鹃公司约定给付净资产＝期末养老基金资产公允价值－期末约定给付义务现值＝250 000－200 000＝50 000，所以本期应确认45 000元(50 000－5 000)的约定给付净负债。

(4)20×3年牡鹃公司约定给付净负债的利息净额＝利息费用－利息收入＝25 000－20 000＝5 000

20×3年牡鹃公司养老金成本＝当期服务成本＋利息费用－利息收入＝20 000＋20 000－25 000＝15 000

20×3年牡鹃公司约定给付净负债或净资产重计量计入其他综合收益部分＝扣除利息净额的资产报酬－精算损失＝25 000－70 000＝－45 000

相关的会计处理为：

借：养老金成本　　　　　　　　　　　　　　　　　15 000
　　其他综合收益——约定给付净负债或净资产重计量　45 000
　　贷：应付职工薪酬——约定给付义务　　　　　　　　　　45 000
　　　　银行存款　　　　　　　　　　　　　　　　　　　　15 000

教材课后习题参考答案

1.(单位：元)

职工张三退休后15年内领取的退休金在退休日的现值＝100 000×(P/A,10%,15)＝100 000×7.606 1＝760 610，根据预期累计给付单位法计算服务期间的每期服务成本，见下表。

计算职工服务期间每期服务成本

服务年份	服务第1年	服务第2年	……	服务第29年	服务第30年
给付归属			……		
——以前年度	0	25 353.67	……	709 902.67	735 256.33

续表

服务年份	服务第1年	服务第2年	……	服务第29年	服务第30年
——当年	25 353.67	25 353.67	……	25 353.67	25 353.67
——以前年度+当年	25 353.67	50 707.33	……	735 256.33	760 610
期初义务	0	1 598.28	……	586 696.42	668 414.85
利息	0	159.83	……	58 669.64	66 841.49
当期服务成本	①1 598.28	②1 758.11	……	③23 048.79	25 353.67
期末义务（期初义务+利息+当期服务成本）	1 598.28	3 516.22	……	668 414.85	760 610*

注：* 做尾数调整。

(1)当期服务成本计算如下
① $1\ 598.28 = 25\ 353.67/(1+10\%)^{29}$
② $1\ 758.11 = 25\ 353.67/(1+10\%)^{28}$
③ $23\ 048.79 = 225\ 353.67/(1+10\%)$

(2)相关会计处理
服务第1年年末，牡丹公司会计处理如下：
借：管理费用（或相关资产成本） 1 598.28
　　贷：应付职工薪酬——约定给付义务 1 598.28
服务第2年年末，牡丹公司会计处理如下：
借：管理费用（或相关资产成本） 1 758.11
　　贷：应付职工薪酬——约定给付义务 1 758.11
借：财务费用（或相关资产成本） 159.83
　　贷：应付职工薪酬——约定给付义务 159.83
服务第3年至第30年，以此类推。

2.（单位：元）
(1)计算养老基金资产和约定给付义务的工作底稿

	养老基金资产	约定给付义务
20×6年1月1日公允价值/现值	100 000	100 000
利息收入/费用	10 000	10 000
当期服务成本	—	9 000
养老金缴费	8 000	—
支付的给付义务	(7 000)	(7 000)
20×6年12月31日公允价值/现值	<u>111 000</u>	<u>112 000</u>

20×6年末牡发公司约定给付净负债=期末约定给付义务现值-期末养老基金资产公允价值=112 000-111 000=1 000
相关的会计处理为：

```
借:养老金成本                                                    9 000
    贷:应付职工薪酬——约定给付义务                                        1 000
        银行存款                                                      8 000
```

(2)计算养老基金资产和约定给付义务的工作底稿

	养老基金资产	约定给付义务
20×6年12月31日公允价值/现值	111 000	112 000
20×7年1月1日确认的前期服务成本		95 000
20×7年1月1日公允价值/现值	111 000	207 000
利息收入/费用	11 100	20 700
当期服务成本	—	10 000
养老金缴费	15 000	—
支付的给付义务	(13 000)	(13 000)
20×7年12月31日公允价值/现值	<u>124 100</u>	<u>224 700</u>

20×7年末牡发公司约定给付净负债＝期末约定给付义务现值－期末养老基金资产公允价值＝224 700－124 100＝100 600

因为约定给付净负债20×6年末余额为1 000元,20×7年期末余额为100 900元,所以20×7年应确认99 600元(100 600－1 000)的约定给付净负债。

20×7年度牡发公司约定给付净负债的利息净额＝利息费用－利息收入＝20 700－11 100＝9 600

20×7年度牡发公司养老金成本＝当期服务成本＋前期服务成本＋利息净额＝10 000＋95 000＋9 600＝114 600

相关的会计处理为:
```
借:养老金成本                                                   114 600
    贷:应付职工薪酬——约定给付义务                                       99 600
        银行存款                                                    15 000
```

(3)计算养老基金资产和约定给付义务的工作底稿

	养老基金资产	约定给付义务
20×8年1月1日公允价值/现值	124 100	224 700
利息收入/费用	12 410	22 470
当期服务成本	—	20 000
养老金缴费	30 000	—
支付的给付义务	(25 000)	(25 000)
扣除利息净额的资产报酬(200 000－12 410)(计入其他综合收益)	187 590	—
精算损失(利得)(轧差)(计入其他综合收益)	—	(92 170)
20×8年12月31日公允价值/现值	<u>329 100</u>	<u>150 000</u>

20×8年末牡发公司约定给付净资产＝期末养老基金资产公允价值－期末约定给付义务现值＝329 100－150 000＝179 100

因为约定给付净负债20×7年期末余额为100 600元,所以20×8年应确认279 700元(179 100＋100 600)的约定给付净资产。

20×8年度牡发公司养老金成本＝服务成本＋利息净额＝20 000＋(22 470－12 410)＝30 060

20×8年度牡发公司约定给付净负债或净资产重计量计入其他综合收益＝扣除利息净额的资产报酬＋精算利得＝187 590＋92 170＝279 760

相关的会计处理为：

借：养老金成本　　　　　　　　　　　　　　　　　30 060
　　应付职工薪酬——约定给付义务　　　　　　　　279 700
　　贷：其他综合收益——约定给付净负债或净资产重计量　279 760
　　　　银行存款　　　　　　　　　　　　　　　　30 000

3.(单位：元)

(1)计算相关约定给付义务的现值工作底稿如下表所示

计算约定给付义务的现值工作底稿　　　　　　单位：千元

	20×6	20×7	20×8
年初约定给付义务现值	1 000	1 200	1 600
利息费用（10%）	100	120	160
当期服务成本	140	150	150
前期服务成本			40
支付的给付义务	(120)	(140)	(150)
结算损失(利得)		(50)	
精算损失(利得)(轧差)	80	320	(100)
年末约定给付义务现值	1 200	①1 600	1 700

注：①1 600 000＝1 650 000－50 000。

(2)计算相关养老基金资产的公允价值工作底稿如下表所示

计算养老基金资产的公允价值工作底稿　　　　单位：千元

	20×6	20×7	20×8
年初养老基金资产的公允价值	1 000	1 250	1 402
利息收入（10%）	100	125	②140
养老金缴费	110	120	120
支付的给付义务	(120)	(140)	(150)
结算利得(损失)		(38)	
扣除利息净额的资产报酬(轧差)	160	95	98
年末养老基金资产的公允价值	1 250	③1 402	1 610

注：②此处为四舍五入之后的结果。
③1 402 000＝1 450 000－48 000。

(3) 约定给付净负债或净资产的计算、养老金成本净额的确定以及其他综合收益的重计量在财务报表中的列示如下表所示

相关项目在财务报表中的列示　　　　　　　　　　　　单位：千元

	20×6	20×7	20×8
约定给付净负债或净资产将在资产负债表中确认：			
约定给付义务的现值	1 200	1 600	1 700
养老基金资产的公允价值	1 250	1 402	1 610
资产负债表中确认的负债/(资产)	(50)	198	90
养老金成本净额将在利润表中确认：			
当期服务成本	140	150	150
前期服务成本	—	—	40
结算损益	—	(2)	—
④利息费用净额	—	(5)	20
利润表中确认的养老金成本净额	140	143	210
以下重计量将在其他综合收益中确认：			
精算损益	(80)	(320)	100
扣除利息净额的资产报酬	160	95	98

注：④利息费用净额＝利息费用－利息收入。

(4) 相关的会计处理

牡豪公司20×6年约定给付办法会计处理为：

借：养老金成本	140 000
应付职工薪酬——约定给付义务	50 000
贷：其他综合收益——约定给付净负债或净资产重计量	80 000
银行存款	110 000

牡豪公司20×7年约定给付办法会计处理为：

借：养老金成本	143 000
其他综合收益——约定给付净负债或净资产重计量	225 000
贷：应付职工薪酬——约定给付义务	248 000
银行存款	120 000

牡豪公司20×8年约定给付办法会计处理为：

借：养老金成本	210 000
应付职工薪酬——约定给付义务	108 000
贷：其他综合收益——约定给付净负债或净资产重计量	198 000
银行存款	120 000

第十七章
公司财务困境

案例 *ST 川化重整计划①

一、*ST 川化公司简介

川化股份有限公司(以下简称"川化股份")是于1997年9月经原国家经济体制改革委员会批准,由川化集团作为唯一发起人,以川化集团的下属公司及相关部门经评估确认的净资产折股,而发起设立的股份有限公司。公司设立时的注册资本为3.4亿元,按每股面值1元,折合3.4亿股,全部由川化集团持有,股权性质为国有法人股。2000年9月26日,川化股份在深圳证券交易所挂牌上市,股票代码为000155.SZ。川化股份经营范围为:肥料制造、基础化学原料制造及销售;生产食品添加剂;道路运输经营;危险化学品经营。

2016年5月6日,川化股份收到深圳证券交易所《关于川化股份有限公司股票暂停上市的决定》(深证上[2016]268号),因川化股份2013年、2014年、2015年连续3个会计年度经审计的净利润为负值,2014年、2015年连续两个会计年度经审计的期末净资产为负值,根据《深圳证券交易所股票上市规则(2014年修订)》14.1.1条、14.1.3条规定,深圳证券交易所决定川化股份股票自2016年5月10日起暂停上市。暂停上市后,川化股份面临终止上市的风险。因川化股份连续3年经营亏损,深圳证券交易所对其股票交易进行特别处理(英文为 Special Treatment,缩写为"ST")并加风险提示(即股票名称前须加"*")。

二、公司重整期间资产、债务分析

川化股份债权人以川化股份不能清偿到期债务,且资产不足以清偿全部债务为由,向法院申请对川化股份进行重整。2016年3月24日,法院做出民事裁定书,裁定受理债权人对川化股份提出的重整申请,并于2016年4月5日做出决定书,指定北京大成律师事务所担任管理人,管理人履行《破产法》规定的管理人的各项职责,向法院报告工作,并接受债权人会议和债权人委员会的监督。

根据评估机构出具的评估报告,以2016年3月24日(即川化股份重整案件受理日)为评估基准日,川化股份资产账面价值为39 374.47万元,评估值为35 949.42万元。根据川化股份

---
① 资料来源:深圳证券交易所网站(http://www.szse.cn)。

第一次债权人会议通过的《川化股份有限公司资产处置方案》，四川省嘉士利拍卖有限公司对川化股份非货币资产进行公开拍卖，变现所得价款为450 000 000元，另有未纳入拍卖范围的资产9 779 499元，前述两项资产合计为459 779 499元。

重整期间，管理人根据《破产法》规定，聘请审计机构对川化股份资产负债情况进行审计，审查债权人申报的债权，并对职工债权进行调查公示。川化股份负债整体情况如下：有特定财产担保债权110 962 954.75元，职工债权284 660 595.08元，税款债权27 118 609.6元，普通债权1 090 338 572.1元；已向管理人申报但经管理人审查暂不确认的债权，以及川化股份账面记载在其进入重整程序前已成立但未依法申报的债权69 252 146.64元；另有债权人合计申报77 880 495.32元债权，经管理人审查不予确认。

为测算破产清算状态下川化股份普通债权的清偿率，管理人委托评估机构对川化股份在破产清算状态下的偿债能力进行分析。根据偿债能力分析报告，在假设对川化股份进行破产清算的情况下，分析确定2016年3月24日川化股份的无财产担保的普通债权清偿率为零。

三、公司重整计划

（一）债务人经营方案

1. 剥离处置川化股份原有资产

川化股份原有主营业务受到产能过剩和市场环境等的影响，长期处于亏损状态。2015年12月16日，川化股份第六届董事会2015年第三次临时会议审议通过了《公司关于装置长期全面停产的议案》。川化股份从2016年5月10日起暂停上市。川化股份需要调整业务方向、全面转型以实现盈利和恢复上市。重整期间，根据川化股份债权人会议表决通过的《川化股份有限公司资产处置方案》，管理人依法处置了川化股份非货币资产，变现所得按照本重整计划的规定进行使用。

2. 开展贸易经营活动

由于川化股份已暂停上市，且存在退市风险，如不及时采取措施，川化股份退市风险会加大，不利于川化股份重整。为保护债权人和股东利益，重整期间，川化股份开展了贸易经营活动。贸易经营活动开展后，一定程度上弥补了公司在2016年的亏损，降低了川化股份的退市风险。

3. 处置资本公积金转增股份，引入重整投资人

根据偿债能力分析报告，在破产清算条件下，川化股份普通债权的清偿率为零。如川化股份不能满足《深圳证券交易所股票上市规则（2014年修订）》关于恢复上市的条件，将面临退市的风险。为挽救川化股份，降低川化股份退市和破产清算的风险，在本重整计划中，安排对出资人权益进行调整，实施资本公积金转增股本，引入有实力的投资人。处置转增股份变现所得按照本重整计划的规定用于支付重整费用、共益债务，清偿债权人的债权，剩余资金由川化股份作为后续经营发展资金使用。

4. 投资人注入资产使公司恢复持续经营能力，满足恢复上市条件

重整投资人依法注入符合承诺利润要求的优质资产，并完成川化股份组织架构重建、人员整合、业务优化等一系列工作，使得川化股份恢复持续经营能力和盈利能力，满足恢复上市的条件，力争使川化股份成为经营稳健、业绩优良的上市公司。

5. 遴选确定重整投资人

重整计划批准后，在法院的监督下，通过公开遴选方式确定重整投资人，由重整投资人有

条件受让川化股份资本公积金转增的股份。川化股份重整投资人参加遴选受让资本公积金转增股份的条件包括但不限于：

(1)以不低于4元/股的价格标准受让川化股份资本公积金转增的股份，受让资本公积金转增的股份所支付价款按照本重整计划的规定用于支付重整费用、共益债务，清偿债权人的债权，剩余资金由川化股份作为后续经营发展资金使用。

(2)承诺使川化股份2016年度经审计的期末净资产为正值，经审计的净利润及扣除非经常性损益后的净利润均达到正值，且经审计的营业收入不低于1 000万元，并通过恢复经营、注入优质资产、整合人员、优化业务等一系列工作，使川化股份具备持续经营能力，满足2017年申请恢复上市的各项要求。

(3)承诺川化股份2017年度实现的经审计归属于母公司的净利润不低于3.1亿元；承诺川化股份2018年度实现的经审计归属于母公司的净利润不低于3.5亿元。如果实际实现的净利润低于上述承诺净利润的，由重整投资人在相应会计年度审计报告出具后1个月内以现金方式补足未达到承诺净利润的差额部分。

(4)作出利润承诺的重整投资人受让的资本公积金转增股份，在利润承诺期以及如果未能满足承诺利润、在完成现金补足差额之前，不得通过二级市场抛售、协议转让等方式进行减持。

(二)债权分类及调整方案

1. 有特定财产担保债权

有特定财产担保债权以担保财产实际变现所得优先清偿，以担保财产实际变现所得未获清偿的部分作为普通债权，按照普通债权的调整及清偿方案进行清偿。

2. 职工债权

职工债权全额清偿，不作调整。

3. 税款债权

税款债权全额清偿，不作调整。

4. 普通债权

根据偿债能力分析报告，川化股份在破产清算状态下普通债权清偿比例为零。本重整计划将提高普通债权清偿比例，具体调整方法如下：

(1)每个普通债权人债权额100万元以下(含100万元)的债权全额清偿；

(2)每个普通债权人债权额超过100万元的部分按照50%的比例清偿。对于上述债权中未获清偿的部分，根据《破产法》的规定，川化股份不再承担清偿责任。

(三)债权清偿方案

1. 有特定财产担保债权

有特定财产担保债权在本重整计划执行期限内，以担保财产的实际变现所得优先进行清偿，未获全额清偿的部分，按照普通债权清偿比例进行清偿。

2. 职工债权

职工债权在本重整计划执行期限内，以川化股份无担保财产及转增股份实际变现所得的资金一次性全额清偿。

3. 税款债权

税款债权在本重整计划执行期限内，以川化股份无担保财产及转增股份实际变现所得的资金一次性全额清偿。

4. 普通债权

普通债权在本重整计划执行期限内,以川化股份无担保财产及转增股份实际变现所得的资金按照本重整计划规定的普通债权清偿比例一次性予以清偿。

5. 其他

经管理人审查确定,但尚未经债权人会议核查和法院裁定确认的债权,在法院裁定确认后,按照本重整计划规定的同类债权的清偿条件获得清偿。已向管理人申报但经管理人审查暂不确认的债权,待该债权依法得到最终确认后,按照本重整计划规定的同类债权清偿条件进行清偿。川化股份账面上记载的在川化股份进入重整程序前已成立但未依法申报的债权,重整计划执行完毕后,按照本重整计划规定的同类债权的清偿条件获得清偿。

(四)重整计划执行完毕的标准及执行期限

1. 重整计划执行完毕的标准

(1)本重整计划确定的债权已按照本重整计划的规定获得清偿,或者债权人与川化股份就执行本重整计划的债权清偿另行达成协议且不损害其他债权人利益的,视为债权人已按照本重整计划的规定接受清偿。

(2)债权人未领受的分配款项以及已向管理人申报但经管理人审查暂不确认的债权,川化股份账面上记载的在其进入重整程序前已成立但未依法申报债权对应的偿债资金,已按照本重整计划的规定提存至管理人指定的银行账户。

(3)按照本重整计划规定实施资本公积金转增股份已被经遴选确定的重整投资人依法受让,该转增股份划转至重整投资人账户。

2. 重整计划的执行期限

本重整计划的执行期限为 3 个月,自法院裁定批准重整计划之日起计算。在此期间内,川化股份应当严格依照本重整计划的规定清偿债务,并随时支付重整费用和共益债务。本重整计划提前执行完毕的,执行期限在执行完毕之日到期。如非川化股份自身原因,致使重整计划无法在上述执行期限内执行完毕,川化股份应于执行期限届满前,向法院提交延长重整计划执行期限的申请,并根据法院批准的执行期限继续执行。

(五)重整计划执行的监督期限

本重整计划执行的监督期限为 3 个月,自法院裁定批准重整计划之日起计算。重整计划执行期限延长的,执行监督期限相应延长。重整计划执行期限提前到期的,执行监督期限相应提前到期。监督期届满或者重整计划被提前执行完毕时,管理人将向法院提交监督报告。自监督报告提交之日起,管理人的监督职责终止。

本重整计划执行的监督期限内,川化股份应接受管理人的监督,对于重整计划的执行情况、公司财务状况等事项,及时向管理人报告。

讨论题

我国资本市场上,很多 ST 公司、*ST 公司在被借壳之后,股价不跌反而暴涨,你是如何看待的?

案例分析要点提示

提示:因为我国股票上市实行的是核准制,所以壳资源是一种稀缺资源。虽然上市公司被

"戴星戴帽",但是这种壳资源的稀缺性会引来很多投资者,因此二级市场上这类公司的股价不跌反升。

学习指导

一、本章教学大纲

本章主要介绍了企业债务重组、企业重组、破产清算的会计处理。

本章教学大纲

财务困境及其补救措施		
债务重组	债务重组的概念及其方式	债务重组的概念
		债务重组的方式
		债务重组日
	债务重组的会计处理	债务人对债务重组的会计处理
		债权人债务重组的会计处理
	示例	以现金清偿债务
		以非现金资产清偿债务
		债务转为资本
		修改其他债务条件
企业重组	企业重组的含义	
	企业重组的法定程序	向法院提出重整申请
		企业重整计划的制订和批准
		企业重整计划的执行
	企业重组的主要方式以及会计处理	
	示例	
破产清算	公司破产界限	
	破产清算的基本程序	
	破产清算的会计处理	破产清算会计的特点
		破产清算会计的确认和计量
		破产财务报表的列报与披露
		破产清算会计的处理程序
		示例

二、本章重点、难点解析

1. 债务重组

含义		在债务人发生财务困难的情况下,债权人按照其与债务人达成的协议或法院的裁定做出让步的事项。
重组方式	债务人以现金清偿债务	这里的现金是指货币资金,即库存现金、银行存款和其他货币资金。
	债务人以非现金资产清偿债务	债务人将其所拥有的非现金资产转让给债权人以抵偿债务。这里的非现金资产,主要是指短期投资、存货、长期投资、固定资产和无形资产等。
	将债务转为资本	也叫"债转股",即债务人将债务转为资本,同时,债权人将债权转为股权。
	修改其他债务条件	债权人同意延长债务偿还期限,同意延长债务偿还期限但要加收利息,同意延长债务偿还期限并减少债务本金或债务利息等。
	混合重组	采用两种以上的方法共同清偿债务的债务重组形式。

2. 债务重组的会计处理

(1)以现金清偿债务	
债务人	重组利得=重组债务账面价值-实际支付的现金 借:应付账款 　贷:银行存款 　　营业外收入——债务重组利得
债权人	重组损失=重组债权账面价值-实际收到的现金 重组债权账面价值=重组债权账面余额-计提的坏账准备 如果收到的现金高于重组债权的账面价值,说明以前多计提了坏账准备,要冲减资产减值损失。 借:银行存款 　坏账准备 　营业外支出——债务重组损失 　贷:应收账款 　　资产减值损失
(2)以非现金资产清偿债务	
债务人	重组利得=重组债务账面价值-转让的非现金资产的公允价值 资产转让损益=转让的非现金资产的公允价值-其账面价值 ①以存货清偿债务 借:应付账款 　贷:主营业务收入(存货的公允价值) 　　营业外收入——债务重组利得 借:主营业务成本 　贷:库存商品

续表

债务人	②以固定资产清偿债务 借:固定资产清理(固定资产账面价值) 　　累计折旧 　　固定资产减值准备 　　贷:固定资产(固定资产原值) 借:应付账款 　　贷:固定资产清理 　　　营业外收入——处置非流动资产利得(或借记"营业外支出") 　　　营业外收入——债务重组利得
债权人	重组损失＝重组债权账面价值－受让的非现金资产的公允价值 转让非现金资产的入账价值＝受让的非现金资产的公允价值 借:存货 　　固定资产等 　　坏账准备 　　营业外支出——债务重组损失 　　贷:应收账款
(3)债务转为资本	
债务人	重组利得＝重组债务账面价值－股份的公允价值总额(或实收资本) 股份的公允价值总额与股本(或者实收资本)之间的差额确认为资本公积。 借:应付账款 　　贷:股本(或实收资本) 　　　资本公积——股本溢价 　　　营业外收入——债务重组利得
债权人	重组损失＝重组债权账面价值－享有的股份的公允价值 借:长期股权投资/可供出售金融资产 　　坏账准备 　　营业外支出——债务重组损失 　　贷:应收账款
(4)修改其他债务条件	
①不附有或有条件的债务重组	
债务人	重组利得＝重组债务账面价值－修改条件后债务的公允价值 借:应付账款 　　贷:应付账款——债务重组(重组后债务的公允价值) 　　　营业外收入——债务重组利得
债权人	重组损失＝重组债权账面价值－修改条件后债务的公允价值 借:应收账款——重组债权(重组后债权的公允价值) 　　坏账准备 　　营业外支出——债务重组损失 　　贷:应收账款
②附有或有条件的债务重组	
债务人	重组利得＝重组债务账面价值－(修改条件后债务的公允价值＋预计负债) A. 债务重组日 借:应付账款 　　贷:应付账款——债务重组(重组后债务的公允价值) 　　　预计负债(符合确认条件的或有应付金额) 　　　营业外收入——债务重组利得

续表

债务人	B. 预计负债后续期间 a. 预计负债没有发生 借：预计负债 　　贷：营业外收入——债务重组利得 b. 预计负债实际发生 借：预计负债 　　贷：银行存款
债权人	重组损失＝重组债权账面价值－修改条件后债务的公允价值 修改后的债务条款中涉及或有应收金额的，债权人不应当确认或有应收金额，不得将其计入重组后债权的账面价值。 借：应收账款——重组债权（重组后债权的公允价值） 　　坏账准备 　　营业外支出——债务重组损失 　　贷：应收账款

(5) 混合重组

债务人	重组利得＝重组债务账面价值－支付的现金－非现金资产公允价值－股份的公允价值－修改条件后债务的公允价值－预计负债 借：应付账款 　　贷：固定资产清理 　　　　营业外收入——处置非流动资产利得（或借记"营业外支出"） 　　　　股本（或实收资本） 　　　　资本公积——股本溢价 　　　　应付账款——债务重组（重组后债务的公允价值） 　　　　预计负债（符合确认条件的或有应付金额） 　　　　营业外收入——债务重组利得
债权人	重组损失＝重组债权账面价值－支付的现金－非现金资产公允价值－股份的公允价值－修改条件后债务的公允价值 借：银行存款 　　长期股权投资/可供出售金融资产 　　应收账款——重组债权（重组后债权的公允价值） 　　坏账准备 　　营业外支出——债务重组损失 　　贷：应收账款

3. 破产清算

含　义	破产是指债务人不能清偿到期债务时，为了维护债权人及债务人的利益，由法院强制执行其全部财产，公平清偿给全体债权人，或在法院监督下，由债务人与债权人达成和解协议，清偿债务。
破产界限	(1) 企业法人不能清偿到期债务，并且资产不足以清偿全部债务。 (2) 企业法人不能清偿到期债务，并且明显缺乏清偿能力。
破产清算的基本程序	(1) 提出破产申请	提出破产申请的申请人可以是债务人、债权人以及依法负有清算责任的人。申请人向人民法院提出破产申请的，应当提交破产申请书和有关证据，破产申请必须采用书面形式。
	(2) 法院受理破产申请	人民法院收到破产申请后应当及时对申请人的主体资格、债务人的主体资格和破产原因以及有关材料和证据等进行审查，并依据《破产法》第十条的规定作出是否受理的裁定。

续表

破产清算的基本程序	(3)指定破产管理人	破产管理人由人民法院指定,是指具体实施对债务人财产的管理、处分、整理、变价、分配等工作的专门机构。
	(4)确认破产财产和破产债权	破产财产在破产宣告前被称为债务人财产。破产债权是人民法院受理破产申请时对债务人享有的债权。
	(5)破产费用和共益债务的界定	破产费用是指在破产程序中为全体债权人的共同利益而支出的旨在保障破产程序顺利进行所必需的程序上的费用。 共益债务是指破产程序开始后为了全体债权人的共同利益而负担的非程序性债务。
	(6)债权人会议	依法申报债权的债权人为债权人会议的成员,有权参加债权人会议,享有表决权。
	(7)破产清算	①破产宣告 破产宣告是指人民法院对于具备破产原因的债务人的破产事实予以判定,并使债务人进入破产清算程序的一种司法裁定行为。 ②破产财产变价与分配 破产管理人在进行最后破产分配前,必须对非金钱状态的破产财产实施变价。 破产财产在优先清偿破产费用和共益债务后,按照一定顺序进行清偿。 ③破产程序的终结 破产财产分配完毕是破产程序终结的法定条件和标志。

4. 破产清算会计的特点

(1)从会计核算的基本前提看,破产清算会计不再遵循传统财务会计的一些会计假设。"清偿假设"将会取代以前的"持续经营假设",会计主体由"破产清算企业"取代了"企业自身"。
(2)从会计核算的一般原则看,破产清算会计超越了传统财务会计基本原则的规范。 在破产清算会计中,对资产和负债的价值更加注重现时清算和清偿的价值,资产的计量属性为破产清算净值,即企业在破产清算期间内,快速变现资产所能获得的款项并扣除与之相关的处置税费的净额;负债的计量属性为清偿价值,即应当清偿的金额。
(3)从会计周期看,破产清算会计循环变成单周期核算活动。 企业进入清算状态后,持续经营的会计前提不复存在,破产清算会计循环周期不再以年为单位,而是以清算业务完成实际耗用的时间为准。
(4)从编写的会计报告看,破产清算会计报告发生了较大的变化。 传统的财务会计报告的目标在于反映企业的收益和净资产变化的过程及结果,而破产清算会计的主要目标是反映破产财产的处理情况以及债务的清偿情况。

5. 破产清算的会计处理

(1)破产宣告日余额结转	将"股本"、"资本公积"、"盈余公积"、"其他综合收益"、"未分配利润"等科目余额,转入"清算净值"科目。
	借:股本
	    资本公积
	    未分配利润
	    盈余公积
	    其他综合收益
	  贷:清算净值

续表

(2)破产宣告日余额调整	①破产管理人应当对破产企业拥有的各类财产,按照其破产清算净值对各财产科目余额进行调整,并相应调整"清算净值"科目。 ②破产管理人应当对破产企业的各类债务进行核查,估计其清偿价值,按照其清偿价值对各债务科目余额进行调整,并相应调整"清算净值"科目。 借:固定资产(清算净值与账面价值差额,或在贷方) 　　存货(清算净值与账面价值差额,或在贷方) 　　应收账款等(清算净值与账面价值差额,或在贷方) 　　应付账款(账面价值与清偿价值差额) 　　应付票据等(账面价值与清偿价值差额) 　贷:清算净值(或在借方)
(3)处置破产财产	①破产企业收回应收票据、应收款项类债权、应收款项类投资,按照收回的款项,借记"现金"、"银行存款"等科目,按照应收款项类债权或应收款项类投资的账面价值,贷记相关资产科目,按其差额,借记或贷记"资产处置净损益"科目。 ②破产企业出售各类投资、存货、固定资产、无形资产等,按照这些科目的账面价值,按应当缴纳的税费,贷记"应交税费"科目,按上述各科目发生额的差额,借记或贷记"资产处置净损益"科目。 ③破产企业处置破产财产发生的各类评估、变价、拍卖等费用,按照发生的金额,借记"破产费用"科目,贷记"现金"、"银行存款"、"应付破产费用"等科目。 借:现金 　　银行存款 　　破产费用 　　资产处置净损益(或在贷方) 　贷:应收账款 　　　存货 　　　长期股权投资等 　　　应付破产费用
(4)清偿债务	①支付清算费用 借:破产费用 　贷:银行存款 ②支付有担保、抵押的债务 借:长期借款 　　应付债券等 　贷:银行存款 ③偿还普通债务 借:应付职工薪酬 　　短期借款 　　应付票据等 　贷:银行存款 ④破产清算结束日注销未清偿债务 借:短期借款 　　应付票据 　　应付账款等 　贷:其他收益 ⑤结转清算损益类科目 借:其他收益 　贷:资产处置净损益 　　　破产费用 　　　当期清算净损益 同时, 借:清算净损益 　贷:清算净值

三、名词中英文对照

财务困境	Financial Distress
财务危机	Financial Crisis
债务重组	Debt Restructuring
企业重组	Enterprise Restructuring
企业改组	Reorganization
和解	Reconciliation
清算	Liquidation
可转换公司债券	Convertible Bond
无偿债能力	Insolvency
破产	Bankruptcy
立场公告	Statement of Position
初始报告	Fresh Start Reporting
受托人	Trustee
破产保护	Order for Relief
自愿性破产	Voluntary Bankruptcy
强制性破产	Involuntary Bankruptcy
有财产担保的债权人	A Secured Creditor
持续经营假设	Going-concern Assumption

练习题

一、思考题

1. 根据我国《企业会计准则第12号——债务重组》，债务重组的定义是什么？
2. 对于债务转资本这种重组方式，债务人的会计处理有什么特点？
3. 企业重组的法定程序包括哪些阶段？
4. 根据我国《破产法》，简要概述破产清算的法律程序。
5. 破产清算会计有什么特点？
6. 请解释清算组的概念。

二、选择题

1. 甲企业应收乙企业账款的账面余额为585万元，由于乙企业财务困难无法偿付应付账款，经双方协商同意，乙企业以85万元现金和其200万股普通股偿还债务。乙公司普通股每股面值1元，市价2.2元，甲企业取得投资后确认为可供出售金融资产，甲企业对该应收账款提取坏账准备50万元。甲企业债务重组损失和初始投资成本分别是（　　）。

　　A. 95万元，485万元　　　　　　　　B. 60万元，200万元
　　C. 60万元，440万元　　　　　　　　D. 145万元，525万元

2. 某工业企业债务重组时，债权人对于受让非现金资产过程中发生的运杂费、保险费等

相关费用,应计入( )。

  A. 管理费用   B. 其他业务支出
  C. 营业外支出   D. 接受资产的价值

3. 以下适用《企业会计准则第12号——债务重组》准则规范的债务重组事项是( )。

  A. 企业兼并中的债务重组
  B. 企业进行公司制改组时的债务重组
  C. 持续经营条件下的债务重组
  D. 企业破产清算时的债务重组

4. 根据《中华人民共和国企业破产法》的有关规定,债权人会议通过和解整顿协议草案的决议应当由( )。

  A. 出席会议的有表决权的债权人过半数通过,并且其所代表的债权额占无财产担保债权总额的2/3以上
  B. 出席会议的有表决权的债权人过半数通过,并且其所代表的债权额占全部债权总额的2/3以上
  C. 全体有表决权的债权人过半数通过,并且其所代表的债权额占无财产担保债权总额的2/3以上
  D. 全体有表决权的债权人过半数通过,并且其所代表的债权额占全部债权总额的2/3以上

5. 债务重组中,下列说法正确的有( )。

  A. 以现金清偿债务的,支付的现金小于应付债务账面价值的差额,计入资本公积
  B. 以非现金资产清偿债务的,债务人应当将重组债务的账面价值与转让的非现金资产公允价值之间的差额,计入当期损益
  C. 修改其他债务条件的,债务人应当将修改其他债务条件后债务的公允价值作为重组后债务的入账价值。重组债务的账面价值与重组后债务的入账价值之间的差额,计入当期损益
  D. 债权人收到存货、固定资产、无形资产、长期股权投资等非现金资产的,应当以其公允价值入账
  E. 如果修改后的债务条款涉及或有支出的,应将或有支出包括在未来应付金额中,含或有支出的未来应付金额小于债务重组前应付债务账面价值的,应将其差额计入资本公积。在未来偿还债务期间内未满足债务重组协议所规定的或有支出条件,即或有支出没有发生的,其已记录的或有支出转入营业外收入

6. 牡丹公司对紫檀公司的应收账款为32 000元,该应收账款已经逾期,牡丹公司为该应收账款计提了2 400元坏账准备,经双方协商,紫檀公司以银行存款偿还牡丹公司20 000元,并以一项固定资产和一项长期股权投资偿还所欠余额。紫檀公司账上固定资产余额为1 000元,该固定资产的公允价值为1 200元;长期股权投资的账面价值为1 100元,公允价值为1 400元。假设不考虑相关税费,该项债务重组中,牡丹公司计入营业外支出的金额为(单位:元)( )。

  A. 7 500   B. 9 400   C. 7 000   D. 9 900

7. 牡兰公司应收紫鹃公司货款400 000元,因紫鹃公司财务困难到期无法偿付。牡兰公司就该项债权计提了80 000元的坏账准备。经双方协商,紫檀公司以自己生产的10 000件甲

产品抵偿该债务。紫檀公司甲产品售价为 26 元/件(不含增值税),成本 20 元/件。牡丹公司、紫檀公司均为增值税一般纳税人,适用的增值税税率为 17%,不考虑其他因素,牡丹公司应确认的债务重组损失是(单位:元)(　　)。

　　A. 15 800　　　　B. 55 800　　　　C. 60 000　　　　D. 120 000

8. 牡兴公司依法宣告破产,清算组的清算结果表明:牡兴公司破产财产共 4 000 万元,发生破产清算费用 400 万元,欠职工工资 400 万元,欠税款 2 000 万元,破产债权 2 000 万元,其中紫檀公司拥有破产债权 600 万元,则紫檀公司破产债权受偿的金额为(单位:万元)(　　)。

　　A. 500　　　　　B. 600　　　　　C. 360　　　　　D. 560

三、业务题

1. 牡兴公司 20×8 年 3 月 1 日欠紫兰公司货款 600 万元,到期日是 20×8 年 8 月 1 日。牡兴公司发生财务困难,经协商,紫兰公司同意牡兴公司以账面价值 178 万元的存货和账面价值 362 万元的固定资产抵债。牡兴公司于 20×8 年 8 月 30 日将固定资产运抵紫兰公司,20×8 年 9 月 8 日将存货运抵紫兰公司并办理有关债务解除手续。存货公允价值为 184 万元,该固定资产的公允价值为 394 万元,固定资产原值 400 万元,累计折旧 38 万元。不考虑其他因素影响。

要求:
(1)确定本次债务重组交易的债务重组日。
(2)计算牡兴公司这次债务重组损益。
(3)编制债务重组时牡兴公司、紫兰公司的会计分录。

2. 牡宏公司应收紫飞公司货款 200 万元已逾期,牡宏公司对此笔应收账款计提了 10 万元的坏账准备。20×9 年 3 月 10 日,牡宏公司与紫飞公司达成将债权转为股权协议。紫飞公司将债务转为资本后,注册资本为 800 万元,牡宏公司所占股权比例为 20%(公允价值为 180 万元)。紫飞公司于 6 月 6 日办妥了增资手续,并出具了出资证明。

要求:
(1)计算牡宏公司应确认的债务重组损失。
(2)编制紫飞公司在债务重组日的会计分录。
(3)编制牡宏公司在债务重组日的会计分录。

3. 牡发公司 20×6 年 8 月 8 日宣告破产,其资产负债表如下(单位:万元):

资　产	金　额	负债及所有者权益	金　额
应收账款	2 800	应付账款	1 200
投资性房地产	2 000	应付职工薪酬	300
固定资产	1 200	应交税费	300
		应付债券	1 200
		长期借款——抵押借款	1 000
		股本	1 000
		资本公积	500
		未分配利润	500
资产合计	6 000	负债及所有者权益合计	6 000

公司破产时能变现的资产有应收账款1 050万元,投资性房地产1 500万元,固定资产500万元,总计3 050万元;破产清算费用为50万元。通过破产管理人的一致协商决定,破产财产在支付清算费用之后,优先偿还抵押债务,然后清偿普通债务。

要求:

(1)计算偿还率。

(2)计算普通债务的偿还金额。

(3)编制处置破产财产的相关会计分录。

(4)编制清偿债务的相关会计分录。

4.20×6年4月1日,牡丹公司销售一批商品给紫檀公司,销售货款总额为360万元(含增值税)。牡丹公司于同日收到一张票面金额为360万元、期限为6个月、票面年利率为5%的商业汇票。牡丹公司按月计提该商业汇票的利息。

20×6年10月1日,紫檀公司未能兑付到期票据,牡丹公司将应收票据本息余额转入应收账款,但不再计提利息。20×6年12月5日,甲、乙双方经协商进行债务重组,签订的债务重组协议内容如下:

(1)紫檀公司以其持有的一项拥有完全产权的房产抵偿72万元的债务。该房产在紫檀公司的账面原价为120万元,已计提折旧36万元,已计提减值准备6万元,该设备公允价值为70万元。

(2)牡丹公司同意豁免紫檀公司债务本金48万元及从20×6年4月1日至20×6年9月30日计提的全部利息。

(3)将剩余债务的偿还期限延长至20×7年12月31日,在债务延长期间,剩余债务余额按年利率5%收取利息,本息到期一次偿付,现行贴现率为6%。

(4)该协议自20×6年12月31日起执行。

债务重组日之前,牡丹公司对上述债权未计提坏账准备。

上述房产的所有权变更、部分债务解除手续及其他有关法律手续已于20×6年12月31日完成。牡丹公司将取得的房产作为固定资产进行核算和管理。

紫檀公司于20×7年12月31日按上述协议规定偿付了所有债务。

要求:

(1)计算牡丹公司20×6年12月31日该重组债权的账面金额。

(2)牡丹公司及紫檀公司20×6年12月31日与该债务重组相关的会计分录(不考虑税费)。

(3)牡丹公司及紫檀公司20×7年12月31日债权、债务实际清偿时的会计分录。

练习题参考答案

二、选择题

1. C 提示:重组损失=585-(85+200×2.2)=60万元,初始投资成本=2.2×200=440万元。

2. D

3. C

4. A
5. BCD
6. C 提示：32 000－2 400－(20 000＋1 200＋1 400)＝7 000。
7. A 提示：400 000－80 000－10 000×26×(1＋17%)＝15 800。
8. C 提示：600/2 000×(4 000－2 000－400－400)＝360。

三、业务题

1. (单位：万元)

(1) 债务重组日：20×8年9月8日

(2) 牡兴公司(债务人)

重组债务的账面价值	600
减：存货公允价值	(184)
设备公允价值	(394)
重组损失	22

牡兴公司这次债务重组损失为22万元。

(3) 债务重组会计分录

① 牡兴公司(债务人)

借：固定资产清理	362	
累计折旧	38	
贷：固定资产		400
借：应付账款——紫兰公司	600	
贷：营业收入		184
固定资产清理		362
营业外收入——处置非流动资产利得		32
营业外收入——债务重组利得		22
借：营业成本	178	
贷：库存商品		178

② 紫兰公司(债权人)

借：存货	184	
固定资产	394	
营业外支出——债务重组损失	22	
贷：应收账款——甲公司		600

2. (单位：万元)

(1) 牡宏公司确认的债务重组损失：200－180－10＝10

(2) 紫飞公司(债务人)债务重组会计分录

借：应付账款——牡宏公司	200	
贷：实收资本(或股本)		160
资本公积——资本溢价(或股本溢价)		20
营业外收入——债务重组利得		20

(3) 牡宏公司(债权人)债务重组会计分录

借:长期股权投资 180
　　坏账准备 10
　　营业外支出——债务重组损失 10
　　贷:应收账款——紫飞公司 200

3. (单位:万元)

(1)破产财产净值＝3 050

破产财产在支付破产费用、偿还抵押债务之后还剩余2 000万元(3 050－50－1 000＝2 000)

需要偿还的破产债务＝1 200＋300＋300＋1 200＝3 000

所以,偿还率＝2 000÷3 000＝66.67%

(2)普通债务偿还金额

偿还的应付账款＝1 200×2/3＝800

应付职工薪酬＝300×2/3＝200

应交税费＝300×2/3＝200

应付债券＝1 200×2/3＝800

(3)处置破产财产时

借:银行存款 3 050
　　财产处置损益 2 950
　　贷:应收账款 2 800
　　　　投资性房地产 2 000
　　　　固定资产 1 200

(4)清偿债务时

①支付清算费用

借:破产费用 50
　　贷:银行存款 50

②支付抵押借款

借:长期借款——抵押借款 1 000
　　贷:银行存款 1 000

③清偿普通债务

借:应付账款 800
　　应付职工薪酬 200
　　应交税费 200
　　应付债券 800
　　贷:银行存款 2 000

④破产清算结束日注销未清偿债务

借:应付账款 400
　　应付职工薪酬 100
　　应交税费 100
　　应付债券 400
　　贷:其他收益 1 000

4.(1)20×6年12月31日,牡丹公司重组债务的账面价值＝360×(1＋5‰×6÷12)＝369万元

其中,20×6年4月1日至10月1日计提的利息＝369－360＝9万元

减:房产的公允价值　　　　　　　　　　　　　　70万元
减:房产的公允价值与抵偿的债权价值差额　　　　 2万元
　　　　　　　　　　　　　　　　　　　　　　　297万元

将来应收金额＝(297－48－9)×(1＋5%)＝　　　 252万元
将来应收金额的现值＝2 520 000÷(1＋6%)＝　　 2 377 358元
差额＝2 970 000－2 377 358＝612 642元,确认为当期损失

(2)20×6年12月31日,牡丹公司(债权人)会计分录为:

借:固定资产　　　　　　　　　　　　　　　　　700 000
　　营业外支出——债务重组损失　　　　　　　　612 642
　　应收账款——债务重组　　　　　　　　　　 2 377 358
　　贷:应收账款——紫檀公司　　　　　　　　　　　　　　3 690 000

紫檀公司(债务人)

将来应付金额:252万元

将来应付金额的现值:2 377 358元

债务的账面价值:2 970 000元

与债务的账面价值差额612 642元,确认为当期债务重组利得

会计分录为:

借:固定资产清理　　　　　　　　　　　　　　　780 000
　　累计折旧　　　　　　　　　　　　　　　　　360 000
　　固定资产减值准备　　　　　　　　　　　　　 60 000
　　贷:固定资产——房产　　　　　　　　　　　　　　　1 200 000
借:营业外支出——处置固定资产净损失　　　　　 80 000
　　贷:固定资产清理　　　　　　　　　　　　　　　　　　80 000
借:应付账款——牡丹公司　　　　　　　　　　 3 690 000
　　贷:应付账款——债务重组　　　　　　　　　　　　2 377 358
　　　　营业外收入——债务重组利得　　　　　　　　　 612 642
　　　　固定资产清理　　　　　　　　　　　　　　　　 700 000

(3)20×7年12月31日

牡丹公司收到紫檀公司的账款,会计分录为:

借:银行存款　　　　　　　　　　　　　　　 2 520 000
　　贷:应收账款——债务重组　　　　　　　　　　　　2 377 358
　　　　财务费用　　　　　　　　　　　　　　　　　　142 642

紫檀公司偿还债务,会计分录为:

借:应付账款——债务重组　　　　　　　　　 2 377 358
　　财务费用　　　　　　　　　　　　　　　　 142 642
　　贷:银行存款　　　　　　　　　　　　　　　　　　2 520 000

教材课后习题参考答案

1. (单位:元)

(1)债务重组日:20×5年9月2日

(2)债务重组会计分录:

①甲企业(债务人)

重组债务的账面价值:	3 000 000
减:存货公允价值	(920 000)
设备公允价值	(1 970 000)
重组利得	110 000

相关会计分录为:

借:固定资产清理	1 810 000	
贷:固定资产		1 810 000
借:应付账款——乙公司	3 000 000	
贷:营业收入		920 000
固定资产清理		1 810 000
营业外收入——处置非流动资产利得		160 000
营业外收入——债务重组利得		110 000
借:营业成本	890 000	
贷:库存商品		890 000

②乙企业(债权人)

借:库存商品	920 000	
固定资产	1 970 000	
营业外支出——债务重组损失	110 000	
贷:应收账款——甲公司		3 000 000

2. (单位:元)

(1)宏达公司确认的债务重组损失:1 000 000-900 000-50 000=50 000

(2)飞达公司债务重组会计分录:

借:应付账款——宏达公司	1 000 000	
贷:实收资本(或股本)		800 000
资本公积——资本溢价(或股本溢价)		100 000
营业外收入——债务重组利得		100 000

3. (单位:元)

20×4年9月1日甲公司应收票据账面价值为:1 170 000×(1+10%×2÷12)=1 189 500

20×5年9月6日债权的账面价值:1 350 000

20×5年9月6日债权的现值:1 350 000÷(1+6%)=1 273 585>1 189 500

由于债权人甲公司没有作出让步,因而不适用债务重组具体准则,不能按"修改其他债务条件"的规定进行会计处理。

4.(单位:元)

(1)飞马公司接受天马公司固定资产的会计分录:

借:固定资产　　　　　　　　　　　　　　　　800 000
　　贷:应收账款——天马公司　　　　　　　　　　　　　800 000

(2)天马公司以固定资产抵偿债务的会计分录:

借:固定资产清理　　　　　　　　　　　　　　800 000
　　累计折旧　　　　　　　　　　　　　　　　400 000
　　贷:固定资产　　　　　　　　　　　　　　　　　　1 200 000
借:应付账款——飞马公司　　　　　　　　　　800 000
　　贷:固定资产清理　　　　　　　　　　　　　　　　800 000

(3)飞马公司未来应收账款金额:(8 000 000－800 000)×(1－20%)=5 760 000

未来应收金额现值:5 760 000÷(1+6%)=5 433 962

差额 1 766 038 元(8 000 000－800 000－5 433 962)确认为当期损失

会计分录:

借:应收账款——债务重组　　　　　　　　　　5 433 962
　　营业外支出——债务重组损失　　　　　　　1 766 038
　　贷:应收账款　　　　　　　　　　　　　　　　　　7 200 000

(4)天马公司重组债务的账面价值:8 000 000

减:固定资产公允价值　　　　800 000
　　　　　　　　　　　　　7 200 000

将来应付金额:7 200 000×(1－20%)=5 760 000

加:预计负债 5 760 000×5%=<u>288 000</u>

合计:<u>6 048 000</u>

将来应付金额现值:5 760 000÷(1+6%)=5 433 962
　　　　　　　　　288 000÷(1+6%)=271 698

合计:5 705 660

差额:7 200 000－5 705 660=1 494 340,确认为重组收益

会计分录:

借:应付账款　　　　　　　　　　　　　　　　7 200 000
　　贷:应付账款——债务重组　　　　　　　　　　　　5 433 962
　　　　预计负债　　　　　　　　　　　　　　　　　　271 698
　　　　营业外收入——债务重组利得　　　　　　　　1 494 340

第十八章
合伙企业会计

案例　合伙企业的经营

2016年3月1日，张三和李四合伙经营一家咨询企业，主要是为客户提供广告策划以及公关策划。张三投入合伙企业现金600 000元，李四投入合伙企业现金200 000元和一间价值400 000元的写字楼。2016年7月1日，李四增资200 000元。2016年，张三于5月2日减资80 000元，并于10月1日增资80 000元。2016年，张三每月提款16 000元，李四因经营管理合伙企业每月提款20 000元。这些提款计入工资费用。假设不考虑相关税费的影响。2016年12月31日的结账前试算平衡表列示如下（单位：元）：

	借方	贷方
现金	180 000	
应收账款——净值	300 000	
固定资产——净值	1 000 000	
其他资产	380 000	
负债		330 000
实收资本——张三		600 000
实收资本——李四		800 000
服务收入		500 000
办公用品费用	40 000	
水电费	10 000	
应付合伙人工资[(16 000+20 000)×10]	360 000	
其他费用	30 000	
总　额	2 230 000	2 230 000

与一般的公司制企业不同的是，合伙企业每月给合伙人的工资并不计入相关的成本费用，而是直接冲减合伙人的投入资本。所以，2016年12月31日，该合伙企业结转经营利润时应该编制的会计分录是：

```
借:营业收入                                              500 000
    贷:管理费用——办公用品                                        40 000
       管理费用——水电费                                          10 000
       管理费用——其他费用                                        30 000
       本年利润                                              420 000
```

相应地,合伙人每个月从合伙企业的提款应该冲减合伙人的投入资本,即

```
借:实收资本——张三                                        160 000
   实收资本——李四                                        200 000
   贷:合伙人提款——张三                                        160 000
      合伙人提款——李四                                        200 000
```

如果张三和李四约定,企业经营利润两人平分,那么企业的经营利润要结转至"实收资本"账户,即

```
借:实收资本——本年利润                                      420 000
   贷:实收资本——张三                                          210 000
      实收资本——李四                                          210 000
```

如果张三和李四约定:2016年,张三和李四分别可获得工资津贴80 000元和100 000元,剩余利润按平均资本余额在两人中分配,期末时,应编制合伙人实收资本变动表反映合伙人投入资本变动情况。

首先,计算张三和李四的平均资本余额,计算过程如下(单位:元):

张三的平均资本余额		李四的平均资本余额	
600 000×2个月	1 200 000	600 000×4个月	2 400 000
520 000×5个月	2 600 000	800 000×6个月	4 800 000
600 000×3个月	1 800 000	合 计	7 200 000
合 计	5 600 000		÷10
	÷10		
平均资本余额	560 000	平均资本余额	720 000

所以,张三和李四对于剩余利润的分配比例分别为43.75%[560 000÷(560 000+720 000)]、56.25%[720 000÷(560 000+720 000)]。

其次,编制合伙企业的利润分配表,结果如下(单位:元):

	净利润	张三	李四
净利润	420 000		
工资津贴	180 000	80 000	100 000
剩余利润	240 000		
分配比例			
张三——43.75%	(105 000)	105 000	
李四——56.25%	(135 000)		135 000
利润分配	0	185 000	235 000

最后，编制合伙人实收资本变动表，结果如下(单位:元)：

经济事项	张三(60%)	李四(40%)	合　计
期初资本余额(2016年3月1日)	600 000	600 000	1 200 000
加:增资			
李四(7月1日)		200 000	200 000
张三(10月1日)	80 000		800 000
减:减资			
张三(5月2日)	(80 000)		(80 000)
提款(应付合伙人工资)	(160 000)	(200 000)	(360 000)
投入资本净额	440 000	600 000	1 040 000
加:本期净利润	185 000	235 000	420 000
期末资本余额(2016年12月31日)	625 000	835 000	1 460 000

讨论题

在处理经营成果时，合伙企业的会计核算有什么特点？

案例分析要点提示

提示：以公司为组织形式的经济实体在损益分配上一般是按照投资者的资本比例进行分配，而合伙企业的损益分配是按照合伙协议的约定进行分配，如果损益分配的方法没有在合伙协议中约定，则平均分配。对于合伙企业来说，损益的分配除了要考虑每一个合伙人的资本投入因素外，还需要考虑管理才能和时间投入等因素，因而合伙企业的损益分配要比公司组织的损益分配复杂得多，需按不同情况进行不同的处理。

学习指导

一、本章教学大纲

本章主要介绍合伙企业设立、经营、合伙权益变动以及清算阶段的会计处理。

第十八章 合伙企业会计

本章教学大纲

合伙企业的内涵及特征	合伙企业的概念	
	合伙企业的种类	
	合伙协议	
	合伙企业的基本特征	
合伙企业会计的特点	合伙企业会计核算特点	
	合伙企业会计账户设置特点	
合伙企业设立及经营会计处理实务	合伙企业设立时的初始投资会计处理	以现金投资
		以非现金资产投资
	合伙人初始投资计量确认的方法	红利法
		商誉法
	合伙人提款及合伙企业借贷款业务的会计处理	合伙人提款
		合伙人借款
		合伙人向合伙企业贷款
		合伙人增资与减资的会计处理
		合伙企业损益及其分配的会计处理
合伙权益的变动会计处理	转让合伙权的会计处理	
	新合伙人入伙的会计处理	购买原合伙人的部分或全部合伙权益
		直接向合伙企业投资取得权益入伙
	合伙人退伙或死亡的会计处理	
合伙企业的解散与清算	清算程序	
	合伙企业清算的会计处理方法	
	简单合伙清算	合伙企业有偿债能力
		合伙企业无偿债能力
	分期清算	安全清偿表法
		现金分配计划法

二、本章重点、难点解析

1. 合伙企业

含 义		合伙是指两个或两个以上的个人为了共同的目的相互约定,共同出资、共同经营、共担风险、共享收益的一种自愿联合。 合伙企业是指依照《中华人民共和国合伙企业法》在中国境内设立的由各合伙人订立合伙协议,共同出资、合伙经营、共享收益、共担风险,并对合伙企业债务承担无限责任的营利性组织。
分 类	普通合伙和有限合伙	普通合伙是指每个合伙人对合伙企业的债务都负有个人连带责任的合伙企业,当合伙企业的财产不足以清偿其债务时,合伙人应当以自己的个人财产承担该不足部分的清偿责任。
		有限合伙是一种特殊的合伙企业,由一名以上普通合伙人和一名以上有限合伙人组成。有限合伙人是指对合伙企业债务承担有限责任的合伙人。
	个人合伙和法人合伙	个人合伙是以两个或两个以上公民之间的协议为基础,以共同出资、共同经营为主要内容的一种自然人的联合体。
		法人合伙是以两个或两个以上的法人联营,共同出资,联营各方按照出资比例或协议约定,以各自所有的或经营管理的财产承担连带责任的一种法人的联合体,并且该联合体不具备法人条件。

续表

基本特征	由各合伙人组成。
	以合伙协议为法律基础。
	内部关系属于合伙关系。
	合伙人对合伙企业债务承担无限连带责任。
	相互代理：除合伙人协议约定外，在合伙企业经营活动范围内，每一个合伙人都可以代表其他合伙人从事经营业务活动，其代表合伙企业的行为，对其他合伙人均有约束力。
	有限经营期。
	共有财产：合伙人不能对某项特定的资产提出要求权，也不能单独占有与该资产相关的收益。
	合伙人共享收益和共担损失。
	非纳税主体：《关于个人独资企业和合伙企业投资者征收个人所得税的规定》明确了从2000年1月1日起，个人独资企业和合伙企业投资者将依法缴纳个人所得税，合伙企业无须对其经营所得缴纳所得税。

2. 合伙企业所有者权益账户

"实收资本——合伙人"账户	当合伙人投入资本时： 借：银行存款 　　固定资产 　　存货等 　贷：实收资本——合伙人 该账户贷方余额随着合伙人追加投资以及利润的分配而增加，并随着合伙人提用资产以及对亏损的分担而减少。
"合伙人提款"账户	用来核算合伙人暂时性的资本变化。 会计年度末，将"合伙人提款"账户的借方余额结转到"实收资本——合伙人"账户。

3. 合伙企业初始投资确认

(1)合伙人相对的资本权益与所投入的可辨认资产一致时	
按照出资额或者出资资产的公允价值，借记相关资产，贷记"实收资本——合伙人"	借：固定资产 　　银行存款 　　存货等 　贷：实收资本——合伙人A 　　实收资本——合伙人B等
(2)合伙人相对的资本权益与所投入的可辨认资产不一致时	
红利法	不调整资产价值，仅按交易本身调整合伙人资本比例。
商誉法	按照可辨认资产来推定合伙企业资本总额，并将不可辨认资产确认为商誉。

例如，张三、李四两人合伙成立一家商店，张三投资一台设备，价值为50 000元，李四出资42 000元，但两人同意平分初始时的合伙资本。

(1)红利法下，张三、李四两合伙人的资本权益应是相同的。张三的资本转让了4 000元到李四的名下，以使双方的资本份额相等。

借:固定资产——设备	50 000
现金	42 000
贷:实收资本——合伙人张三	46 000
实收资本——合伙人李四	46 000

(2)商誉法下,应按张三投资的 50 000 元来推定合伙企业的资本总额,两人各占 50%,整个合伙企业的资本则为 100 000 元(50 000÷50％),故有商誉 8 000 元(合伙企业资本 100 000 元减去可辨认资产 92 000 元的差额),该商誉被视为李四提供的不可辨认资产的价值。

借:固定资产——设备	50 000
现金	42 000
商誉	8 000
贷:实收资本——合伙人张三	50 000
实收资本——合伙人李四	50 000

4. 合伙人提款及合伙企业借贷款业务的会计处理

(1)合伙人提款	提款时: 借:合伙人提款——合伙人 A 　　合伙人提款——合伙人 B 等 　贷:现金 　　　银行存款 期末: 借:实收资本——合伙人 A 　　实收资本——合伙人 B 等 　贷:合伙人提款——合伙人 A 　　　合伙人提款——合伙人 B 等
(2)合伙人向合伙企业借款	借款时: 借:其他应收款——合伙人 A 等 　贷:银行存款 还本付息时: 借:银行存款 　贷:其他应收款——合伙人 A 等 　　　财务费用
(3)合伙企业向合伙人借款	借款时: 借:银行存款 　贷:短期借款——合伙人 A 等 还本付息时: 借:短期借款——合伙人 A 等 　　财务费用 　贷:银行存款
(4)合伙人增资与减资	增资时: 借:银行存款 　贷:实收资本——合伙人 A 等 减资时: 借:实收资本——合伙人 A 等 　贷:银行存款

5. 合伙企业损益分配方法及其会计处理

(1) 合伙企业损益分配方法

约定比例分配法		合伙人在考虑了影响损益分配的各因素后,由合伙人事先商定按某一约定比例或在以后各个不同时期的具体比例分配损益,并在合伙协议中加以规定。
资本比例分配法	原始资本比例分配法	原始资本比例分配法主要是考虑了合伙企业在开创时资本的重要性,按合伙人初始投入资本的比例进行损益分配。
	期初资本比例分配法	以合伙人每期期初投入的资本比例作为损益分配的标准。
	期末资本比例分配法	以合伙人期末投资额与往来账户余额合计数的比例作为损益分配的依据。
	加权平均比例分配法	以合伙人在损益分配的年度内平均资本额的比例作为损益分配的标准。
资本收益分配法		该方法要求对损益先按各合伙人投入的资本以约定的利率分配后,余额部分再按协议约定的分配方式进行分配。
合伙人薪金分配法		为了公平分配合伙损益,当其他合伙人不在合伙企业任职时,把时间投入合伙企业的合伙人应得到工资津贴,但工资津贴可以随合伙人才能的差异而有所不同。

(2) 损益分配的会计处理

按照合伙人的损益分配比例:
借:本年利润
　　贷:实收资本——合伙人A
　　　　实收资本——合伙人B
　　　　实收资本——合伙人C 等

6. 合伙权益变动的会计处理

(1) 转让合伙权的会计处理:	
假设张三将其在合伙企业中权益的25%以80 000元转让给李四,张三的25%的权益的账面资本额为50 000元。	
借:实收资本——合伙人张三	50 000
贷:实收资本——合伙人李四	50 000

(2) 新合伙人入伙的会计处理:

| ①购买原合伙人的部分或全部合伙权益 | A. 向一位合伙人直接付款取得其部分或全部合伙权益
会计处理只要将新合伙人购入的合伙权益所对应的金额从原合伙人的资本账户转到新合伙人的资本账户。
借:实收资本——合伙人A
　　贷:实收资本——合伙人B
B. 向两个或两个以上合伙人购入合伙权益
新合伙人如果通过向两个或两个以上的合伙人购入合伙权益入伙,会计处理上仍只需将新合伙人购进的合伙权益从原来的"实收资本——合伙人"账户转入新合伙人的资本账户中,但通常新合伙人付出的款项要高于其享有的合伙权益比例,超出部分应按损益分配的比例在原合伙人之间分配,会计处理方法有两种,一种是红利法,另一种是商誉法。
红利法:不确认协议中承认的某种不可辨认资产,新合伙人付出的超额部分直接按原合伙协议约定的损益分配比例在原合伙人之间分配。
商誉法:需要确认协议中承认的某种不可辨认资产,这种不可辨认资产称为商誉。商誉就是合伙企业的公允价值与账面价值的差额,按损益分配比例在原合伙人之间进行分配。 |

		续表
②直接向合伙企业投资取得权益入伙	A. 取得账面资本权益的账面价值等于其投入资产价值直接以新合伙人投入资产的公允价值作为其在合伙企业中资本权益的账面价值。 借:银行存款等 　贷:实收资本——合伙人A B. 取得账面资本权益的账面价值低于其投入资产价值。 如果合伙企业有很强的获利能力,原合伙人会要求新加入的合伙人付出较高的投资才能获得合伙企业合伙人资格。此时,会计处理方法有两种:红利法和商誉法。例如,张三和李四的资本余额都是40 000元并且利润平均分配,二人同意王五投资现金100 000元以取得新合伙企业1/3的资本及利润分配权。 a. 红利法下: 借:现金　　　　　　　　　　　　　　　　　　　　　　　100 000 　贷:实收资本——合伙人张三　　　　　　　　　　　　　　　　20 000 　　实收资本——合伙人李四　　　　　　　　　　　　　　　　20 000 　　实收资本——合伙人王五　　　　　　　　　　　　　　　　60 000 b. 商誉法下: 借:现金　　　　　　　　　　　　　　　　　　　　　　　100 000 　商誉(100 000÷1/3－100 000－80 000)　　　　　　　　　120 000 　贷:实收资本——合伙人张三　　　　　　　　　　　　　　　　60 000 　　实收资本——合伙人李四　　　　　　　　　　　　　　　　60 000 　　实收资本——合伙人王五　　　　　　　　　　　　　　　100 000 C. 所取得账面资本权益的账面价值高于其投入资产价值。 由于合伙企业面临技术"瓶颈"、资金周转困难等难题时,原合伙人可能会同意新合伙人以较少的投资取得多于其投资数额的合伙权益,此时,新合伙人所取得资本权益的账面价值会高于其投入的资产价值,其会计处理也有红利法和商誉法两种。例如,假设张三和李四的资本余额都是40 000元,且利润平均分配,二人同意王五投资现金10 000元以取得新合伙1/3的资本及利润分配权。 a. 红利法下: 借:现金　　　　　　　　　　　　　　　　　　　　　　　10 000 　实收资本——合伙人张三　　　　　　　　　　　　　　　　10 000 　实收资本——合伙人李四　　　　　　　　　　　　　　　　10 000 　贷:实收资本——合伙人王五　　　　　　　　　　　　　　　30 000 b. 商誉法下: 借:现金　　　　　　　　　　　　　　　　　　　　　　　10 000 　商誉(80 000÷2/3－10 000－80 000)　　　　　　　　　　30 000 　贷:实收资本——合伙人王五　　　　　　　　　　　　　　　40 000	
(3)合伙人退伙或死亡的会计处理		
①按账面数退还资本	借:实收资本——合伙人张三 　贷:现金	
②按高于账面数退还资本	按高于账面数退还资本,也称超额付款,是指合伙企业付给退伙人的财产数额高于退伙人在原合伙企业中的资本权益的账面数额。在该方法下,留在企业中的其他合伙人的资本数额就要相应减少,以弥补退出的合伙人所多得到的那一部分权益。 会计处理方法可以用红利法,也可以用商誉法。	
③按低于账面数退还资本	按低于账面数退还资本,也称折价付款,是指退出企业的合伙人从企业取得的资产价值将低于其权益的账面价值。会计处理方法一般采用红利法。	

7. 合伙清算

含 义		终止合伙关系并解散企业主体所涉及的结束合伙事务,通常称为合伙清算。合伙解散指合伙人之间的合伙关系改变,以使作为法律主体的合伙终止。
清算程序		合伙清算涉及将非现金资产转换为现金、确认损益及清算期间的清算费用、清偿债务,最后按照实收资本——合伙人账户余额将现金分配给各合伙人。合伙清算时债务清偿顺序如下: (1)对合伙人以外的债权人所欠的债务; (2)除资本、利润以外,积欠合伙人的债务; (3)合伙人应得的资本。
清算方法	简单合伙清算	简单合伙清算又称一次总付清算,是指将所有合伙资产全部变卖为现金,并在收回了债权,偿付了所有的债务后,将剩余资产按照资本比例一次分配给各合伙人的清算方法。
	分期分配合伙清算	分期分配清算是指把资产分批出售所得现金,在清偿负债后,将所剩数额陆续分配给合伙人的一种清算方法。通常,分期分配清算方法有两种:安全清偿法和现金分配计划法。

8. 现金分配计划法

合伙清算时,现金分配计划的拟订涉及合伙人按其对可能损失易受伤害的程度排列优先顺序。依据易受伤害程度的排序,可编制假定损失吸收表,再由假定损失吸收表编制现金分配计划。

【例】张三、李四、王五的合伙企业将于20×8年12月31日后尽快解散,张三、李四、王五损益分配比例为50%、30%、20%,20×8年12月31日合伙企业资产负债表如下:

张三、李四、王五合伙企业资产负债表

资　产		负债和所有者权益	
现金	480 000	应付账款	600 000
应收账款(净)	560 000	应付票据	400 000
其他应收款——合伙人王五	80 000	短期借款——合伙人李四	40 000
存货	800 000	实收资本——合伙人张三(50%)	680 000
固定资产(净)	600 000	实收资本——合伙人李四(30%)	680 000
无形资产		实收资本——合伙人王五(20%)	400 000
——土地使用权	200 000		
——商誉	80 000		
合　计	2 800 000	合　计	2 800 000

(1)易受伤害程度的排序

清算开始时,张三、李四和王五的资本账户余额分别为680 000元、680 000元和400 000元。而他们的权益(资本±借贷款)分别为680 000元、720 000元和320 000元。确定合伙人对可能损失易受伤害的程度时,先将合伙人的权益除以其损益分配率,以确认每个合伙人所能吸收而不致使其权益小于0的最大损失。张三、李四和王五易受伤害程度的排序确定如下表:

易受伤害程度排序

合伙人	①合伙人权益	②损益分配率	③吸收损失程度（①÷②）	易受伤害程度
张三	680 000	50%	1 360 000	1
李四	720 000	30%	2 400 000	3
王五	320 000	20%	1 600 000	2

由易受伤害程度的排序可知,张三最易受伤害。因为在整个合伙的清算损失达2 400 000元以前,李四的权益都足以吸收他应负担部分的损失。

(2)假定损失的吸收

编制假定损失吸收表是进行现金分配计划的第二步。这张表从清算前的权益开始,将损失额按损益分配,并从每一个合伙人权益中减去,而这笔损失的大小足以抵销最易受伤害合伙人的权益。下一步,再将另一笔损失按相对损益分配比例从合伙人剩余的权益中减去,此时这笔损失应足以抵销次一级受伤害合伙人的权益。一直进行下去,直到除最不易受伤害的合伙人以外,其余合伙人的权益皆为0为止。张三、李四、王五合伙企业的假定损失吸收表如下：

合伙企业假定损失吸收表

	张三(50%)	李四(30%)	王五(20%)	合　计
清算前权益	680 000	720 000	320 000	1 720 000
吸收张三权益的假定损失（按50%、30%、20%分配）	(680 000)	(408 000)	(272 000)	(1 360 000)
余额	—	312 000	48 000	360 000
吸收王五权益的假定损失（按60%、40%分配）		(72 000)	(48 000)	(120 000)
余额		240 000	—	240 000

在第一步,将张三权益减为0之后,损失是按60%、40%分给李四和王五,直到王五的权益为0。这笔将王五权益减为0的损失为120 000元,是在不考虑张三的情况下,也即假设张三个人无偿债能力,将王五的权益48 000元除以他的相对损益分配率40%得出的。当王五的权益减为0之后,最不易受伤害的合伙人李四将有240 000元的权益。

(3)现金分配计划

李四应先分得240 000元。由假定损失吸收表编制张三、李四和王五合伙企业的现金分配计划(见下表)。

合伙企业现金分配计划

序号	金额	优先债务	李四贷款	张三	李四	王五
1	1 000 000	100%				
2	40 000		100%			
3	200 000				100%	

续表

序号	金额	优先债务	李四贷款	张三	李四	王五
4	120 000				60%	40%
其余				50%	30%	20%

进行现金分配计划时,第一笔可供分配的现金用来偿还合伙人以外的债务,这些债务包括应付账款600 000元和应付票据400 000元。既然合伙人贷款比实收资本——合伙人能优先清偿,接下来的40 000元就应分配给李四,以清偿李四的贷款。考虑到李四的资本账户后,则接下来的200 000元应分配给李四,此项分配使李四和王五的资本余额比例与损益比例一致。接下来的120 000元应按60%、40%比例分配给李四和王五。此项分配已使实收资本——合伙人余额比例相当于损益分配比例,因此剩余的分配将按损益分配比例进行。

(4)现金分配表

假定张三、李四、王五合伙企业分两期清算。第一期分配现金1 100 000元,第二期即最后一期分配现金500 000元。根据以上假定,利用现金分配计划所编制的现金分配表,见下表:

合伙企业现金分配表

	可分配现金	优先债务	李四贷款	张三资本	李四资本	王五资本
第一期						
优先债权人	1 000 000	1 000 000				
李四贷款	40 000		40 000			
李四资本	60 000	—			60 000	
	1 100 000	1 000 000	40 000		60 000	
第二期						
李四资本	140 000				140 000	
李四和王五(6∶4)	120 000				72 000	48 000
剩余现金(5∶3∶2)	240 000			120 000	72 000	48 000
	500 000			120 000	284 000	96 000

第一期分配的现金1 100 000元中,1 000 000元用来清偿合伙人以外的债务,而40 000元用来清偿李四的贷款,余下的60 000元分配给李四,减少其资本账户余额。在第二期分配中,先将140 000元分配给李四,以使李四和王五的资本余额比例与损益分配比例一致。接下来的120 000元按李四和王五的损益分配比例6∶4分配,最后将240 000元按张三、李四、王五的损益分配比例5∶3∶2分配。

三、名词中英文对照

普通合伙(企业)　　　　　General Partnership
有限合伙(企业)　　　　　Limited Partnership
联营(企业)　　　　　　　Joint Venture

合伙协议	Partnership Agreement/Partnership Contract/Articles of Partnership
实收资本——合伙人账户	Partners' Capital Accounts
合伙人提款账户	Partners' Drawing Accounts
红利法	Bonus Approach/Methods
商誉法	Goodwill Approach/Methods
合伙损益	Partnership Net Income or Loss
合伙清算	Partnership Liquidation
清算费用	Liquidating Expenses
无偿债能力	Insolvency
简单清算	Simple Liquidation
分期分配清算	Installment Liquidation
一次总付清算	Lump-sum Partnership Liquidation
安全清偿法	Safe Payment
现金分配计划法	Cash Distribution Plan
假定损失吸收	Assumed Loss Absorption
易受伤害程度排序	Vulnerability Ranking

练习题

一、思考题

1. 什么叫合伙企业？合伙企业的类型有哪些？合伙企业有哪些基本特征？
2. 确认合伙人初始投资的方法有哪些？
3. 合伙企业的损益分配的基本方法有哪些？
4. 何谓合伙清算表？此表对合伙人和涉及清算的其他人有何帮助？
5. 在编制安全清偿表时，为什么采用合伙人权益而不是实收资本账户余额？
6. 安全清偿计算会如何影响合伙的分类账户余额？
7. 若合伙清算已清偿所有非合伙人债务，并有现金可分配给合伙人，在何种情况下可按损益分配比例进行分配？
8. 若某合伙人无清偿能力，则该如何计算分配给各合伙人的现金额？
9. 在清算时，当合伙资产已分配，有些实收资本账户为借方余额，有些则为贷方余额，若实收资本账户为借方余额的合伙人具有清偿能力，则这些账户余额应如何处理？若不具有清偿能力，又将如何处理？

二、选择题

1.《合伙企业法》所称合伙企业的特征不包括（　　）。
   A. 只能由自然人依法设立
   B. 合伙企业包括普通合伙企业和有限合伙企业
   C. 合伙协议依法由全体合伙人协商一致、以书面形式订立

D. 普通合伙人对合伙企业债务承担无限连带责任,有限合伙人以其认缴的出资额为限对合伙企业债务承担责任

2. 下列对普通合伙企业设立的论述中,符合法律规定的是(　　)。

A. 公民张某与自己年仅 12 周岁的儿子成立一个合伙企业

B. 合伙人必须一次全部缴付出资,不可以约定分期出资

C. 公民甲、乙、丙出资设立一个普通合伙企业,甲可以以劳务出资

D. 合伙企业名称中没有标明"普通"或是"有限"字样的话,就视为普通合伙企业

3. 周某、王某、李某共同投资设立了一家普通合伙企业,经营一年后,周某欲把其在普通合伙企业中的份额转让给普通合伙企业以外的第三人,合伙协议没有相关的约定,则以下判断正确的是(　　)。

A. 周某的转让无须经过其他合伙人的一致同意

B. 如王某不同意周某将其份额转让,则王某可以在同等条件下优先购买该份额

C. 如周某经王某、李某同意,将其份额转让给了第三人,则周某对合伙企业的债务就免除了责任

D. 第三人购得该份额后,其对合伙企业以前的债务不必负责

4. A、B、C 三人同为甲普通合伙企业的合伙人。A 欠 D 人民币 50 万元,无力用个人财产清偿。D 在不满足于用 A 从甲合伙企业分得的收益偿还其债务的情况下,还可以(　　)。

A. 代位行使 A 在甲合伙企业的权利

B. 自行接管 A 在甲合伙企业的财产份额

C. 直接变卖 A 在甲合伙企业的财产份额用于清偿

D. 依法请求人民法院强制执行 A 在甲合伙企业的财产份额用于清偿

5. 甲、乙、丙设立一普通合伙企业,合伙协议没有约定损益的分配和分担比例。该企业欠丁 5 万元,无力清偿。债权人丁的下列做法中,正确的有(　　)。

A. 要求甲、乙、丙分别清偿 2 万元、1.5 万元、1.5 万元

B. 要求甲、乙、丙分别清偿 2 万元、2 万元、1 万元

C. 要求甲、乙、丙分别清偿 1.5 万元、1.5 万元、2 万元

D. 要求甲清偿 5 万元

E. 要求乙清偿 5 万元

6. 在合伙企业的解散清算中,编制安全清偿表的前提条件是(　　)。

A. 损益分配比例与各合伙人的资本余额比例不相等

B. 所有合伙人本身无清偿能力

C. 所有现金资产均有可能损失

D. 所有非现金资产均有可能损失

E. 为支付清偿费用等而保留的现金,在决定安全清偿时,视为实际损失

7. 在合伙清算中,最后分配给合伙人的现金应依据(　　)分配。

A. 合伙的损益分配比例　　　　　　B. 合伙人资本账户余额

C. 合伙人资本投入比例　　　　　　D. 安全清偿的计算

8. 合伙清算的会计处理中,当所有非合伙债权人的要求已得到满足,但并未到最后清偿,这时现金分配应根据(　　)分配。

A. 相关的损益分配比例　　　　　　B. 合伙资本账户的最后余额

C. 合伙清算的损益分配比例　　　　D. 安全清偿的计算

9. 在张三和李四的合伙清算中,当所有非现金资产变现后,分类账户的余额如下所示(单位:元):

	借　方	贷　方
现金	68 000	—
应付账款	—	50 000
短期借款——合伙人张三	—	18 000
实收资本——合伙人张三	16 000	—
实收资本——合伙人李四	—	16 000

现金分配情况应为:50 000元支付应付账款,以及(　　)。

A. 18 000元用于支付向张三的借款

B. 支付张三和李四各9 000元

C. 分别支付张三和李四2 000元和16 000元

D. 分别支付张三和李四16 000元和2 000元

10. 在王五和陈六的合伙企业中,王五与陈六分配损益的比例为60∶40。该合伙企业简要的资产负债表(单位:元)如下所示:

其他资产	900 000	应付账款	240 000
其他应收款——合伙人王五	40 000	实收资本——合伙人王五	390 000
	940 000	实收资本——合伙人陈六	310 000
			940 000

合伙人已决定清算合伙企业。若其他资产出售获770 000元,可分配现金中分配给王五的为(单位:元)(　　)。

A. 272 000　　　　B. 312 000　　　　C. 318 000　　　　D. 390 000

三、业务题

1. 张三、李四、王五三人于20×6年年初合伙成立了一家4S汽车店,张三投资房屋一栋,成本价为1 200 000元;李四投资设备,成本价为720 000元;王五投入现金480 000元。经三人同意,房屋和设备均以成本价入账,张三、李四、王五三人损益分配比例为5∶3∶2,20×6年实现净利润300 000元。

要求:

(1)编制该店设立时的会计分录。

(2)编制分配净利润时的会计分录。

2. 张三、李四和王五合伙开了一家商店,他们对损益分配约定是:张三和王五每年拿固定工资各2万元;合伙人根据年内平均资本余额可获10%的利息补贴;剩余部分按40%、20%和40%的比例在张三、李四和王五中分配。20×7年12月31日结账后的余额如下所示(单位:元):

净资产	300 000	实收资本——合伙人张三	120 000
		实收资本——合伙人李四	50 000
		实收资本——合伙人王五	130 000
			300 000

20×8年1月,合伙人准备清算合伙企业时,发现对年末的存货错误地低估了30 000元,使20×7年的净利润计算出错。

要求:确定张三、李四和王五正确的资本余额。

3.假设张三、李四、王五于20×8年1月合伙开办一汽车修理店,合伙损益分配率分别为张三50%、王五25%、李四25%。20×9年5月,王五决定退伙,在王五退伙日,这三个合伙人的资本余额、分配比例如下表所示,李四在合伙权益的最后清偿中共得52 000元。

合伙人资本余额、分配比例　　　　　　　　　　　　　单位:元

合伙人	资本余额	资本比例	损益分配比例
张三	100 000	50%	50%
王五	60 000	30%	25%
李四	40 000	20%	25%
合 计	200 000	100%	100%

要求:
(1)请用红利法对李四退伙事项进行会计处理;
(2)请用商誉法对李四退伙事项进行会计处理。

4.假定张三和李四于20×8年12月31日的合伙资产负债表如下(单位:元):

资　产		负债和所有者权益	
现金	20 000	应付账款	80 000
应收账款(净)	60 000	短期借款	20 000
存货	60 000	实收资本——合伙人张三	50 000
固定资产(净)	80 000	实收资本——合伙人李四	70 000
合 计	220 000	合 计	220 000

张三和李四的损益分配比例为70%和30%,他们协议于20×9年1月1日以后尽快解散合伙。清算时,存货卖得50 000元,固定资产卖得60 000元,应收账款共收现44 000元。

要求:
(1)计算清算损益。
(2)计算分配给张三和李四的现金。
(3)编制清算期间的相关会计分录。

5.20×7年12月31日,张三、李四和王五合伙企业的资产负债表以及损益分配比例列示如下(单位:元):

资　产		负债和所有者权益	
现金	120 000	应付账款	180 000
应收账款(净)	240 000	短期借款——合伙人李四	100 000
其他应收款——合伙人张三	30 000	实收资本——合伙人张三(20%)	190 000
存货	300 000	实收资本——合伙人李四(30%)	320 000
其他资产	510 000	实收资本——合伙人王五(50%)	410 000
合　计	1 200 000	合　计	1 200 000

20×8年1月1日之后，合伙人决定尽快将合伙企业解散并将所有库存可分配现金进行分配。

要求：
(1)将张三、李四、王五的易受伤害程度进行排序。
(2)编制假定损失吸收表。
(3)编制现金分配计划表。

练习题参考答案

二、选择题

1. A

2. C

3. B

4. D

5. ABCDE

6. ABDE

7. D

8. D

9. C

10. A　提示：390 000－40 000－(900 000－770 000)×60%＝272 000。

三、业务题

1.(单位：元)

(1)20×6年初，该店设立时

借：固定资产——房屋　　　　　　　　　　　　　　1 200 000
　　固定资产——设备　　　　　　　　　　　　　　　720 000
　　现金　　　　　　　　　　　　　　　　　　　　　480 000
　　贷：实收资本——合伙人张三　　　　　　　　　　　　　　1 200 000
　　　　实收资本——合伙人李四　　　　　　　　　　　　　　　720 000
　　　　实收资本——合伙人王五　　　　　　　　　　　　　　　480 000

(2)2015年末，分配净利润时

		300 000	
借:本年利润			
贷:实收资本——合伙人张三			150 000
实收资本——合伙人李四			90 000
实收资本——合伙人王五			60 000

2.(单位:元)

张三、李四和王五正确的资本余额计算如下:

	实收资本—— 合伙人张三	实收资本—— 合伙人李四	实收资本—— 合伙人王五
20×7年12月31日,资本余额	120 000	50 000	130 000
加:被低估的存货(30 000)	12 000	6 000	12 000
正确的资本余额	132 000	56 000	142 000

3.(单位:元)

(1)红利法下:

李四的资本余额为40 000元,李四在合伙权益的清偿中得到了52 000元,差额12 000元由张三和王五以2∶1的相对损益分配率借记其资本账户,会计分录如下:

借:实收资本——合伙人李四	40 000	
实收资本——合伙人张三	8 000	
实收资本——合伙人王五	4 000	
贷:现金		52 000

(2)在商誉法下:

还可以细分两种处理方法:一种是只确认退伙人的那部分商誉;另一种是确认全部商誉。

①在部分商誉确认法下,将付给李四的现金中超过其资本余额的12 000元作为商誉处理。会计处理分录如下:

借:实收资本——合伙人李四	40 000	
商誉	12 000	
贷:现金		52 000

②在全部商誉确认法下,商誉计算方法为退伙人权益增值部分÷退伙人损益分配比例。则,合伙企业商誉=(52 000-40 000)÷25%=48 000(元),其确认商誉的会计处理分录如下:

借:商誉	48 000	
贷:实收资本——合伙人张三		24 000
实收资本——合伙人王五		12 000
实收资本——合伙人李四		12 000

退还李四钱款的会计处理分录如下:

借:实收资本——合伙人李四	52 000	
贷:现金		52 000

4.(单位:元)

(1)清算损失=(60 000-50 000)+(80 000-60 000)+(60 000-44 000)=46 000

(2)清算损失按70%和30%的比例在张三和李四之间分配,即张三承担32 200元的清算损失,李四承担 13 800 元的清算损失。

分配给张三的现金＝50 000－32 200＝17 800

分配给李四的现金＝70 000－13 800＝56 200

(3)清算期间的会计分录

①记录存货出售,并将 10 000 元损失按损益分配比例分配到各实收资本——合伙人账户:

借:现金	50 000	
实收资本——合伙人张三	7 000	
实收资本——合伙人李四	3 000	
贷:存货		60 000

②记录固定资产出售,并将 20 000 元损失按损益分配比例分配到各实收资本——合伙人账户:

借:现金	60 000	
实收资本——合伙人张三	10 000	
实收资本——合伙人李四	6 000	
贷:固定资产(净)		80 000

③记录应收账款收现 44 000 元,并将 16 000 元坏账冲销作为损失,按损益分配比例分配到各实收资本——合伙人账户:

借:现金	44 000	
实收资本——合伙人张三	11 200	
实收资本——合伙人李四	4 800	
贷:应收账款(净)		60 000

④清偿非合伙人的债务:

借:应付账款	80 000	
短期借款	20 000	
贷:现金		100 000

⑤将现金分配给合伙人,结束合伙清算:

借:实收资本——合伙人张三	17 800	
实收资本——合伙人李四	56 200	
贷:现金		74 000

5.(单位:元)

(1)易受伤害程度排序

清算开始时,张三、李四和王五的资本账户余额分别为 190 000 元、320 000 元和 510 000 元,而他们的权益(资本＋贷款或资本－借款)分别为 160 000 元、420 000 元和 510 000 元。确定合伙人对可能损失易受伤害程度时,先将合伙人的权益除以其损益分配率,以确认每个合伙人所能吸收而不会致使其权益小于 0 的最大损失。张三、李四和王五易受伤害程度的排序确定如下表:

张三、李四、王五易受伤害程度排序

合伙人	①合伙人权益	②损益分配率	③吸收损失程度(①÷②)	易受伤害程度
张三	160 000	20%	800 000	1
李四	420 000	30%	1 400 000	3
王五	410 000	50%	820 000	2

(2)张三、李四、王五合伙企业的假定损失吸收表如下：

张三、李四、王五合伙企业假定损失吸收表

	张三(20%)	李四(30%)	王五(50%)	合　计
清算前权益	160 000	420 000	410 000	990 000
吸收张三权益的假定损失（按20%、30%、50%分配）	(160 000)	(240 000)	(400 000)	(800 000)
余额	0	180 000	10 000	190 000
吸收王五权益的假定损失（按3/8、5/8分配）		(6 000)	(10 000)	(16 000)
余额		174 000	0	174 000

(3)李四应先分得174 000元。由假定损失吸收表编制张三、李四和王五合伙的现金分配计划表，如下所示。

张三、李四、王五合伙企业现金分配计划表

序号	金额	优先债务	李四贷款	张三	李四	王五
1	180 000	100%				
2	100 000		100%			
3	74 000				100%	
4	16 000				3/8	5/8
其余				20%	30%	20%

教材课后习题参考答案

1.(单位:元)

(1)2015年初,商店设立时

借:固定资产——房屋　　　　　　　　　　　　　　600 000
　　固定资产——设备　　　　　　　　　　　　　　200 000
　　现金　　　　　　　　　　　　　　　　　　　　200 000
　　贷:实收资本——合伙人张三　　　　　　　　　　　　　　600 000
　　　　实收资本——合伙人李四　　　　　　　　　　　　　　200 000
　　　　实收资本——合伙人王五　　　　　　　　　　　　　　200 000

(2) 2015 年末,分配净利润时

借:本年利润	150 000	
贷:实收资本——合伙人张三		75 000
实收资本——合伙人李四		45 000
实收资本——合伙人王五		30 000

2.(单位:元)

(1) 4 月 29 日

借:固定资产清理	4 675	
累计折旧	225	
贷:固定资产——照相机		4 900
借:合伙人提款——张三	4 700	
贷:固定资产清理		4 675
估价损益		25

结平 4 月份"合伙人提款"账户

借:实收资本——合伙人张三	4 675	
估价损益	25	
贷:合伙人提款——张三		4 700

(2) 5 月 1 日

借:合伙人提款——张三	96	
贷:存货		96

结平 5 月份"合伙人提款"账户

借:实收资本——合伙人张三	96	
贷:合伙人提款——张三		96

(3) 7 月 9 日

借:合伙人提款——李四	3 000	
贷:现金		3 000

结平 7 月份"合伙人提款"账户

借:实收资本——合伙人张三	3 000	
贷:合伙人提款——张三		3 000

(4) 8 月 10 日

借:现金	10 000	
贷:实收资本——合伙人王五		10 000

(5) 12 月 5 日

借:合伙人提款——王五	6 000	
贷:现金		6 000

(6) 12 月 20 日

借:其他应收款——李四	5 000	
贷:现金		5 000

结平 12 月份"合伙人提款"账户

借：实收资本——合伙人王五 6 000
　　贷：合伙人提款——王五 6 000

3.（单位：元）

(1)2015年实现利润90 000元,张三初始资本100 000元,李四初始资本200 000元,则,

张三应分配的利润:90 000×(100 000/300 000)=30 000(元)

李四应分配的利润:90 000×(200 000/300 000)=60 000(元)

会计分录为：

借：本年利润 90 000
　　贷：实收资本——合伙人张三 30 000
　　　　实收资本——合伙人李四 60 000

(2)假设张三获得的红利为 B,则：

$(90\,000-1\,000\times12-800\times12-B)\times10\%=B$

解方程得 $B=6\,218.18$

则可供张三和李四分配的利润为:90 000−1 000×12−800×12−6 218.18=62 181.82(元),张三和李四分别分得:62 181.82÷2=31 090.91(元)

张三分得的利润总数为:1 000×12+6 218.18+31 090.91=49 309.09(元)

李四分得的利润总数为:800×12+31 090.91=40 690.91(元)

利润分配的会计分录为：

借：本年利润 90 000
　　贷：实收资本——合伙人张三 49 309.09
　　　　实收资本——合伙人李四 40 690.91

4.（单位：元）

(1)红利法下：

王五资本余额20 000元,王五在合伙权益的清偿中得到了26 000元,差额6 000元由张三和李四以2∶1的相对损益分配率借记其资本账户,会计分录如下：

借：实收资本——合伙人王五 20 000
　　实收资本——合伙人张三 4 000
　　实收资本——合伙人李四 2 000
　　贷：现金 26 000

(2)在商誉法下：

还可以细分两种处理方法,一种是只确认退伙人的那部分商誉,另一种是确认全部商誉。

①在部分商誉确认法下,将付给王五的现金中超过其资本余额的6 000元作为商誉处理。会计处理分录如下：

借：实收资本——合伙人王五 20 000
　　商誉 6 000
　　贷：现金 26 000

②在全部商誉确认法下,则商誉计算方法为退伙人权益增值部分÷退伙人损益分配比例。则,合伙企业商誉=(26 000−20 000)÷25%=24 000(元),其确认商誉的会计处理分录如下：

借:商誉	24 000	
贷:实收资本——合伙人张三		12 000
实收资本——合伙人李四		6 000
实收资本——合伙人王五		6 000

退还王五的会计处理分录如下:

借:实收资本——合伙人王五	26 000	
贷:现金		26 000

5.(单位:元)

张、李、王律师事务所易受伤害程度排序

合伙人	①合伙人权益	②损益分配率	③吸收损失程度（①÷②）	易受伤害程度
张三	300 000	50%	600 000	1
李四	250 000	25%	1 000 000	3
王五	200 000	25%	800 000	2

(1)假定损失吸收表

张、李、王律师事务所假定损失吸收表

	张三(50%)	李四(25%)	王五(25%)	合　计
清算前权益	300 000	250 000	200 000	750 000
吸收张三权益的假定损失(按50%、25%、25%分配)	(300 000)	(150 000)	(150 000)	(600 000)
余额	—	100 000	50 000	150 000
吸收王五权益的假定损失(按50%、50%分配)		(50 000)	(50 000)	(100 000)
余额		50 000	—	50 000

(2)现金分配计划表

张、李、王律师事务所现金分配计划表

序号	金额	优先债务	张三	李四	王五
1	500 000	100%			
2	50 000			100%	
3	100 000			50%	50%
其余			50%	25%	25%

(3)现金分配表

张、李、王律师事务所现金分配表

	可分配现金	优先债务	张三资本	李四资本	王五资本
第一期					
优先债权人	500 000	500 000			
李四资本	<u>20 000</u>	——————		<u>20 000</u>	
	520 000	500 000		20 000	
第二期					
李四资本	30 000			30 000	
李四和王五(5∶5)	100 000			50 000	50 000
剩余现金(5∶2.5∶2.5)	<u>870 000</u>		<u>435 000</u>	<u>217 500</u>	<u>217 500</u>
	1 000 000		435 000	317 500	267 500

后 记

本书是《高级财务会计》(上海财经大学出版社2017年版,储一昀主编)的配套用书。

本书由上海财经大学会计学院储一昀教授主持编写。各章的具体分工如下:第一、第二章储一昀教授,第三至第八章、第十六章储一昀、储溢泉博士(上海财经大学会计学院),第九章储一昀、蒋卫(上海新世纪资信评估投资服务有限公司)、王琳(审计署驻西安特派办)、储溢泉,第十章储一昀、贾延立(国泰君安期货有限公司)、储溢泉,第十一、第十二、第十五章储一昀、王妍玲博士(上海大学),第十三章储一昀、谢香兵博士(河南财经政法大学会计学院副院长、教授)、储溢泉,第十四、第十七、第十八章储一昀、仓勇涛博士(上海外国语大学国际金融贸易学院副院长、副教授)。各章案例由储一昀、储溢泉、储睿(上海理工大学管理学院)编写。全书由储一昀教授设计体系、统稿和定稿。

本书内容主要由案例分析、学习指导、练习题、教材课后习题参考答案组成,之所以采用这样的框架设计,主要是为了便于读者的学习和教学的灵活性,其中练习题的选择题和业务题配有答案,有助于读者的自我检查和理解。

承担编辑、排版、校对与出版工作的同仁为本书的顺利出版,付出了艰苦努力并表现出了巨大的耐心,他们良好的专业素养与高度的敬业精神,避免了本书不应有的差错,谨此向他们表示衷心的感谢。

储一昀

2018年2月